근대 전쟁의 탄생

1500~1763년 유럽의 무기, 전투, 전술

THE FIGHTING
TECHNIQUES
OF THE EARLY MODERN WORLD

근대
전쟁의
탄생

1500~1763년
유럽의 무기, 전투, 전술

크리스터 외르겐젠 외 지음 | 최파일 옮김

미지북스

일러두기
대괄호로 표시한 부분은 옮긴이의 설명이다.

THE FIGHTING TECHNIQUES OF THE EARLY MODERN WORLD 차례

|1장| 보병의 역할 —008

스위스인, 란츠크네히트, 테르시오 | 란츠크네히트들 | 에스파냐의 테르시오 | 16세기: 실험의 시대 | 1525년 파비아 전투: 전술적 기습 | 네덜란드의 개혁 | 30년 전쟁: 스웨덴식 종합 | 1631년 브라이텐펠트 전투: 화력과 유연성 | 전투 배치 | 선형 전술의 부상: 1660~1715년 | 1708년 오우데나르더 전투: 분산된 지휘 체계와 혼란 | 변경 전쟁과 '작은 전쟁' | 선형전의 시대가 오다: 1715~1763년 | 신기술 | 1757년 로이텐 전투: 실력의 승리 | 전투가 맞물리다 | 결론: 통합과 대형

전투 지도   파비아 전투 _026 | 브라이텐펠트 전투 _042 | 오우데나르더 전투 _056 | 로이텐 전투 _068

|2장| 기마전 —074

16세기: 장창과 총알 | 라이터는 전방으로 | 바퀴식 방아쇠와 선회 대형 | 1632년 뤼첸 전투: 스웨덴의 개혁 | 황제군 지휘관 발렌슈타인의 대응 | 전투 대형 전개 | 연기, 화염, 안개 | 1642년 에지힐 전투: 전속력으로 돌격 | 위풍당당하게 성급한 | 측면 우회 기동 | 예비 부대를 대령하라 | 1706년 라미예 전투: 기병을 일제히 | 프랑스군의 원대한 계획 | 은폐된 움직임 | 돌격과 맞돌격 | 붕괴와 도주 | 1759년 민덴 전투: 빛나는 어리석음 | 경기병의 재등장 | 예비 기동 | 가망 없었지만 | 결론: 영광을 향한 꿈

전투 지도   뤼첸 전투 _094 | 에지힐 전투 _108 | 라미예 전투 _122 | 민덴 전투 _140

|3장| 지휘와 통제 —144

전쟁의 기술에 대한 연구 | 지휘 성격의 변화 | 네덜란드파 | 1600년 니우포르트 전투: 피와 모래 | 해변의 대참패 | 사구에서의 승리 | 상비군 | 1683년 칼렌베르크 전투: 빈을 구하라 | 빈 숲 속의 타타르인들 | 날개 단 경기병들 | 최고 사령부와 상비군 | 직업 군대 | 1704년 블레넘 전투: 대담한 전략 | 병참 | 전역과 전장 통솔력 | 1757년 로스바흐 전투: 승승장구하는 프로이센군 | 적에게 둘러싸이다 | 신속한 대응 | 결론

전투 지도 니우포르트 전투 _158 | 칼렌베르크 전투 _166 | 블레넘 전투 _176 | 로스바흐 전투 _186

|4장| 포위전 —190

프랑스 대포 | '이탈리아식' 요새: 새로운 공성포에 대한 대응 | 오스만군의 굴착 기술 | 1565년 몰타 포위전: 유럽을 구한 포위전 | 포위전: 80년 전쟁 | 에스파냐–네덜란드 전쟁의 경험 | 포위에 들어가기 | '스웨덴의 방법': 강습 | 1718년 프레드리크스텐 포위전: 노르웨이를 구한 포위 | 축성술의 대가들: 보방과 쿠호른 | 보방의 전성기: 태양왕의 전쟁들 | 응용된 보방: 북아메리카의 7년 전쟁 | 1759년 퀘벡 포위전: 북아메리카에서 프랑스의 종말이 시작되다 | 1762년 아바나 포위전: 에스파냐를 꺾은 포위전

전투 지도 몰타 포위전 _202 | 프레드리크스텐 _218 | 퀘벡 포위전 _226 | 아바나 포위전 _232

| 5장 | 해전 —236

전술 | 기술 | 기동 능력 대 화력 | 지형 | 1571년 레판토 해전: 갤리선들의 충돌 | 비밀 무기 | 1588년 그라블린 해전: 바람과 조수 | 시행착오 | 에스파냐의 준비 과정과 난제 | 각종 방해와 지연 요인들 | 영국을 뒤덮은 포화 | 잠깐의 휴식 | 화선 | 1639년 다운스 해전: 에스파냐의 쇠퇴 | '바다의 제왕'호 | 전투가 개시되다 | 1759년 키베롱 만 해전: 자연의 힘 | 우수한 프랑스식 설계 | 랭뱅시블호 모방하기 | 해군 교본 | 지휘관들 | 언제나 대담하게

전투 지도   레판토 해전 _250 | 그라블린 해전 _258 | 다운스 해전 _268 | 키베롱 만 해전 _278

주요 전투 설명 _282

옮긴이 후기 _284

참고 문헌 _285

찾아보기 _288

1장
보병의 역할

유럽의 중세 거의 내내 기마 전사는 대부분의 야전군에서 단 하나의 가장 중요한 구성원이었다. 그러나 15세기 중반에 유럽의 전쟁에서 나타난 변화들은 거대한 상비군의 탄생을 낳았다. 상비군은 지속적으로 수가 증가하는, 고도로 훈련되고 장비를 잘 갖춘 보병에 의존하게 되었다.

그다음 3세기 동안 보병은 다시 한 번 전장의 지배적 병력이 된다. 매우 중요한 요인 두 가지가 보병의 역할이 커지는 데 기여했다. 첫째 요인이자 아마도 가장 중요한 요인은 근대 초기early modern〔16세기 종교 개혁 시기부터 프랑스 혁명이 일어난 18세기 말까지〕 국가들이 일찍이 보지 못한 대규모 상비군을 모집하고 궁극적으로 그 상비군을 유지하는 것을 가능케 한 행정 구조의 발전이었다. 처음에 유럽 국가들은 새로운 보병 부대를 구성하기 위해 계약 군인

그림_ 프리드리히 대왕은 오스트리아군을 패주시킨 후 로이텐 마을에서 머물 곳을 찾았다. 그를 따르는 병사들 가운데 일부가 이후 "로이텐 찬송가"로 알려지게 된 〈이제 우리 모두 주께 감사하네〉라는 찬송가를 부르기 시작했고 이내 프로이센 군대의 사실상 모든 병사들이 이 노래를 따라 불렀다.

과 용병에 의존했지만, 행정 및 재정 조직이 개선되자 국가는 곧 더 긴 기간 동안 현역에 복무하는 병사들을 보유할 수 있게 되었다. 이것은 다시 부대별 정체성과 결속력, 규율이 발전하는 기회를 제공했다.

둘째 요인은 고대부터 사용된 무기인 장창pike과 새로운 화약 기술에 바탕을 둔 소형 화기 — "탄환shot"이라고 불리는 — 의 결합에 기반을 둔 신무기 체계의 도입이다. 규율이 잡힌 용병 부대나 근대 초기 국가의 상비군에 각종 장대 무기, 특히 장창이 광범위하게 도입되면서 보병은 심지어 중무장한 기병도 저지할 수 있게 됐다. 규율이 잡힌 보병 부대는 화약 무기의 사정거리 및 저지 능력과 결합하자 가공할 전장의 도구가 되었다.

스위스인, 란츠크네히트, 테르시오

15세기 초 〔프랑스의〕 발루아 왕가와 〔오스트리아-중부 유럽의〕 합스부르크 왕가 사이의 전쟁 동안, 장창과 소형 화기로 무장한 보병 집단은 전투에서 점점 더 중요한 역할을 하게 되었다. 장창과 각종 장대 무기로 무장한 밀집 대형 보병과 소형 화기로 무장한 보병은 모두 이 시기에 나타나 보통 '장창과 탄환'으로 나란히 간주되었지만 두 집단이 각자 매우 다른 전통에 근거해 독자적으로 발전했음을 인식하는 것이 중요하다. 결국 장창과 탄환 전술의 진화는 끊임없는 실험과 거의 두 세기에 걸친 적응 과정을 반영한다.

비록 13세기와 14세기에도 흔히 도시 민병대에 바탕을 둔, 미늘창halberd으로 무장한 보병들을, 특히 저지대 국가〔오늘날의 프랑스 북부 지역 일부와 벨기에, 네덜란드 지역〕에서 볼 수 있었지만 1500년부터 죽 보게 되는 그러한 부대의 모델은 같은 시기 프랑스 군대의 고정 요소가 되는 스위스 용병 대대였다. 스위스인들은 1476년 그랑송과 모라에서 부르고뉴인들을 격파하고 1477년 낭시에서 재차 부르고뉴인들을 무찌르면서 15세기 동안 어마어마한 명성을 얻었다. 이 승리들은 스위스 군대가 주로 장창으로 무장하고, 미늘창을 휘두르는 창병들의 지원을 받는 보병 전열을 공격적으로 활용함으로써 거둔 것이다.

스위스 장창은 매우 긴 창으로, 길이가 6미터에 달하기도 한다. 미늘창은 도끼날과 창날을 결합해 부착한 장대 무기의 일종으로, 2미터 길이의 단단한 목재로 만든 자루에 부착된 도끼날 반대편에는 갈고리 날이나 뾰족한 대못spike이 달려 있었다. 장창은 보병이 밀집하여 두터운 대열을 형성할 수 있게 했기에, 때로 대열 간 간격은 고작 15센티미터에 불과했으며 제일선의 병사 앞마다 네댓 기의 뾰족한 창이 튀어나와 있었다.

방어 태세를 갖춘 장창병들은 특히 기병대에게 매우 위협적인 장애물이었다. 미늘창은 무게와 유효거리 덕분에 보병과 더불어 심지어 갑주로 무장한 기병을 상대로도 효과적인 무기가 되었다. 그러나 미늘창을 효과적으로 휘두르기 위해서는 넓은 공간이 필요했기에 밀집 대형에서는 적합하지 않았다. 1450년까지 스위스 병사들은 주로 미늘창으로 무장했으나 약 20년 전 밀라노의 중기병대重騎兵隊에게 패배한 이후에는 전장에 장창병이 압도적으로 배치

> 전투에 돌입한 스위스 병사들은 장창으로 적진을 매우 강하게 압박하여 금방 적의 대열에 구멍을 냈지만 에스파냐군 병사들은 둥근 방패의 엄호를 받으며 칼을 들고 날래게 돌진하여 아주 맹렬히 싸운 고로, 스위스 병사들을 모조리 도륙하고 압승을 거뒀다.
>
> —마키아벨리 (바를레타 전투에 관하여)

되기 시작했다. 그러나 미늘창병도 군기를 지키는 병사나 장창병 부대를 지원하는 개별 분견대로 여전히 활용되었다. 비록 일부는 갑주를 전혀 착용하지 않은 것 같지만 많은 부대원들은 흉갑brestplate과 투구를 착용했을 것이다. 제일선의 병사들은 무장을 더 단단히 하는데 여기에는 보통 태시트tasset(앞쪽 넓적다리를 보호하는 판금板金 갑옷)가 추가되며 팔죽지를 보호하는 완갑腕甲과 어쩌면 팔뚝을 보호하는 완갑도 추가되었을 것이다.

그러나 스위스인들의 성공을 그들의 무기나 전투 대형 덕분이라고 할 수만은 없다. 스위스 사회 조직도 스위스 전투 기술의 효율성에 크게 기여했다. 비록 장창은 다루기가 꽤 쉬운 무기이며 밀집 수비 대형에서는 특히 다루기 쉽지만, 개인적인 무기 운용 기술이 발휘될 여지가 별로 없기 때문에 장창 자체가 전장에서 장창 부대의 성공을 보장하지는 않는다. 그보다는 장창 부대의 단결력이 결정적 요소이며 스위스의 사회 조직 양식은 그러한 부대의 단결력을 강화했다.

스위스 장창병은 200명가량인 하우펜Haufen(중대)으로 조직되었다. 하우펜은 같은 지역 출신으로 구성되며 부대원들은 도시 중심지나 외지의 농촌 양쪽 모두에서 모집되었다. 중대는 하우프트만이라는 대장이 지휘했는데 이 대장은 시 위원회에서 임명하는 대표인 반면 부대의 다른 장교들은 부대원들에 의해 뽑혔다. 따라서 하우펜은 하우펜이 소속된 칸톤canton〔스위스의 주. 각각 독자적인 정부가 있는 이 칸톤들이 모여서 16세기에 스위스연방을 구성했다.〕 및 지역 사회와의 강한 유대에 바탕을 둔 긴밀한 조직이

그림_ 여기에는 16, 17세기 보병의 각종 장대 무기가 그려져 있는데 왼쪽부터 오른쪽으로 각각 장창 세 종, 미늘창, 낫창, 검창, 전투용 망치이다. 무기의 자루 부분 밑으로 길게 연장된 쇠붙이 투환銊環[긴 축 따위를 끼우는 관 모양의 쇠붙이]은, 특히 장창의 경우, 적이 무기 상단부를 잘라내기 어렵게 했다.

스위스 미늘창병

여기 보이는 15세기 말이나 16세기 초의 스위스 미늘창병들은 왼쪽 병사가 쓴 샐릿sallet〔중세의 가벼운 투구〕양식의 투구를 제외하면 딱히 갑주를 착용하지 않는다. 이들은 길고 무거우며 식칼처럼 생긴 날이 달린 단순한 형태의 미늘창으로 무장하는데 이 식칼 모양 창날은 적의 갑옷을 쪼개거나 창 자루를 자를 수 있었다. 미늘창은 또한 창날 반대편에 뾰족한 침이 달려 있다. 이것은 꿰찌르는 창끝으로 유용할 뿐만 아니라 심지어 판금 갑옷을 꿰뚫을 수도 있었다. 길이가 길기 때문에 이들의 무기는 보병과 기병 양쪽 모두에 효과적이었다. 게다가 미늘창병들은 각자 검을 소지했다. 왼쪽의 병사는 "고양이 배를 따는 칼"이란 뜻의 카츠발거Katzbalger라는 소검을 소지한 반면 오른쪽 병사는 더 긴 대검을 갖고 있다.

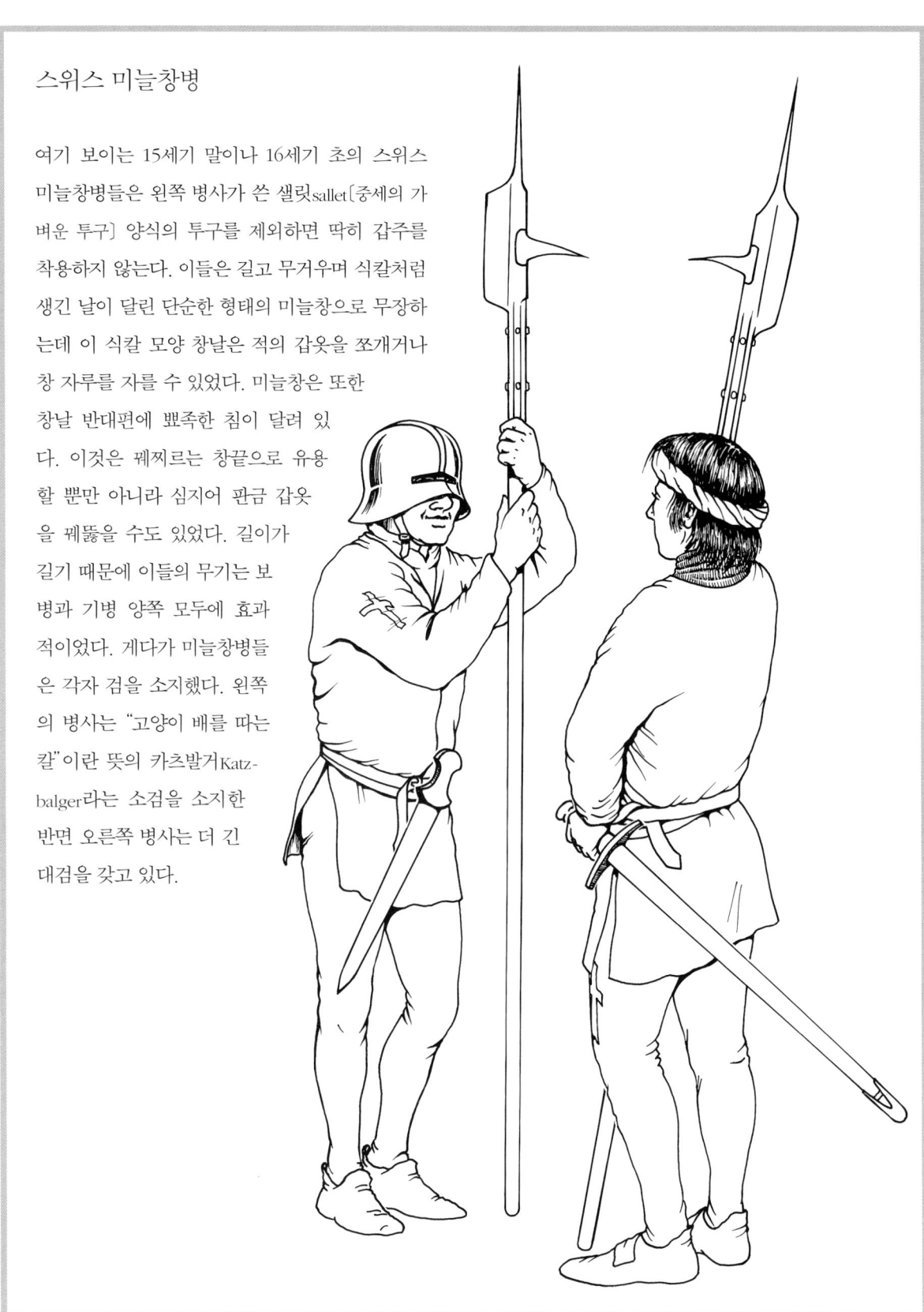

었다. 그것이 바로 스위스 보병들로 하여금 고향 전우들을 위해 기꺼이 희생하도록 만들었으며 때로 마지막 한 사람까지 싸우게 만든 원동력이었다.

더욱이 스위스인들이 적에게 자비를 베풀지 않은 것은 하우펜의 단합을 유지하는 것이 중요했기 때문일 수도 있다. 포로를 감시하기 위해서는 부대원 일부를 파견해야 하기 때문이다. 또한 지역 사회가 병사들을 젊어서부터 죽 훈련시킬 수 있었으므로 스위스 부대의 공동체적 특성도 훈련을 강화했다. 실제로, 15세기 말에 이르자 베른에는 장창 부대의 군사 훈련을 하는 공식 학교가 생겼다.

전장에서 하우펜은 전통적으로 두터운 세 종대로 배치되었다. 이 대형은 군대를 세 '진용battle', 다시 말해 전위, 중앙, 후위로 나누는 중세 관행에서 유래했다. 스위스인들은 이 세 종대를 일반적으로 사다리꼴 편대로 이동시켰다. 더욱이 스위스인들의 전술은 적과 육박전을 벌이기 위해 전장을 가로질러 매우 신속하고 공격적인 돌격을 감행하는 것이 특징이었다. 속도에 관한 스위스 병사들의 명성은 워낙 자자하여, 두 번째 포탄이 발사되기도 전에 적의 포대를 덮칠 수 있었다고 한다.

란츠크네히트들

15세기 말 스위스 보병의 큰 성공은 스위스 용병 부대에 대한 엄청난 수요를 낳았다. 안타깝게도, 전장에서 스위스 하우펜에 그런 놀라운 부대 결속력을 선사한 바로 그 긴밀한 사회 조직 탓에 고용할 수 있는 스위스 병사의 수는 많을 수가 없었다. 더욱이 구할 수 있는 스위스 용병 부대 대부분을 고용한 주요 고객들은 합스부르크 왕가보다는 오히려 프랑스인들이었다. 원래, 이 같은 양상은 합스부르크 왕가의 지배에서 벗어나기 위한 스위스의 독립 투쟁에서 기인한 것이었다. 스위스 용병에 대한 프랑스의 사실상의 독점은 1516년 프랑스와 스위스연방 간의 "영구 평화" 조약의 서명으로 공식화되었다. 그 결과, 합스부르크 왕가와 다른 국가들은 다른 대체 보병 병력을 찾아야 했다. 설상가상으로 스위스 병사들은 고향이 위험에 처했다고 느끼면 언제든 고용주를 떠나버리는 유감스러운 습관이 있는 탓에, 스위스 용병 기근 현상에 또 다른 원인을 제공했다.

그 결과, 군사적으로 경쟁력을 갖추길 원하는 국가들은 대안을 모색해야 했다. 합스부르크 왕가의 신성로마제국 황제는 제국 내에서 모집되어 장창 사용법을 훈련받은, 규율이 잘 잡힌 자신만의 보병 부대를 창설함으로써 해답을 찾았다. 그에 따라 1486년 막시밀리안 1세는 첫 란츠크네히트 Landsknecht 부대를 모집하기 시작했다. 란츠크네히트는 '나라의 종복servants of the land'이란 뜻으로 풀이된다. 그들의 목적은 신성로마제국에 규율이 잘 잡힌 상비 보병 집단을 제공하는 것이었다. 막시밀리안 1세는 스위스인들과 경쟁할 수 있는 유일한 길은 현실적으로 가능한 한 최대로 스위스인들의 체제를 받아들이는 것이라는 점을 깨닫게 되었다. 조직과 장비, 훈련 과정 측면에서는 이것이 실현 가능했다. 하지만 스위스 부대의 결속력에서 기인하는 엄

> 그런고로 나는 훌륭한 보병이라면 기병을 저지할 수 있을 뿐 아니라 다른 어떤 종류의 보병의 공격에도 두려움 없이 맞설 수 있어야만 한다는 결론에 도달했다. 그리고 이것은 내가 앞에서 종종 말했듯이 전적으로 그들의 규율과 무기의 소산임이 틀림없다.
>
> —마키아벨리, 『전술론』

격한 규율은 흉내 내기가 여간 어려운 게 아니었다.

　스위스 하우펜의 결속력을 재연하기 위한 시도로서 막시밀리안 1세는 펜라인Fähnlein이라고 알려진 란츠크네히트의 중대를 스위스 체제에 따라서 모집해야 한다고 명령했다. 크리크스헤어kriegsherr(전쟁귀족)는 란츠크네히트의 중대나 연대를 모집하는 일을 위임받았다. 장교들이 선임되고 모병관들이 파견되었으며 잠재적 신병들이 지정된 장소에 모였다.

그림_16세기 후반 란츠크네히트 화승총병이 그 시대 전형적인 용병 의상인 화려한 트임이 들어간 저고리와 역시 알록달록한 속옷 위에 하의를 입은 모습이다. 이 병사들은 흉갑도 걸쳤고 화기를 소지하고 짧은 '고양이 배를 따는 칼'을 찼다.

제국 사령관 게오르크 폰 프룬츠베르크처럼 유명하거나 성공한 지휘관들은 몇 주 만에 수천 명의 지원자를 모을 수 있었다. 지원 병사들은 도열한 후, 두 미늘창이 장창 한 자루를 떠받치는 아치를 통과해 행진했다. 지원 병사들이 창을 세워 만든 이 관문에 이르면 복무에 적합한지 장교가 그들을 검사했다. 검사를 무사히 통과하면 신병들은 한 달치 보수를 받고 둥그렇게 둘러서서 낭독되는 '군법 조항'을 들었다. 이들의 임무와 행동거지를 설명한 규정과 규칙들이었다. 마지막으로, 집합한 란츠크네히트들은 지휘관에게 복종하고 조항에 나열된 모든 규정들을 따르겠다고 맹세했다.

　황제에 대한 충성심을 강화하기 위해 1490년부터 모든 란츠크네히트들은 "란츠크네히트의 아버지" 막시밀리안 1세에게 개인적인 충성 서약을 하게 되었다. 이론적으로 란츠크네히트는 신성로마제국에 대항해서 싸울 수 없었지만 크리크스헤어가 다른 국가들에게 보수를 받고 병력을 일으키는 것이 허용되었으므로 그러한 원칙이 언제나 지켜지지는 않았다.

　일단 입대하면 병사들은 펜라인에 배속되는데 펜라인의 병력은 이론적으로는 400명이었다. 병사들의 1/4은 전투에서 가장 위험한 위치를 맡게 되는 노련한 병사들이었는데 도펠죌트너Doppelsöldner(도펠은 두 배라는 뜻이고 죌트너는 용병이라는 뜻)라는 그들의 명칭이 암시하듯 보수를 두 배로 받았다. 대다수의 도펠죌트너는 미늘창이나 양손으로 잡는 큰 검으로 무장했지만 보통 25명에서 50명 사이인, 각 중대의 도펠죌트너 가운데 소수는 화기로, 즉 처음에는 화승총으로 무장했다. 그러면 여러 중대, 보통은 열 개의 중대가 모여 대략 4천 명 병력의 연대를 편

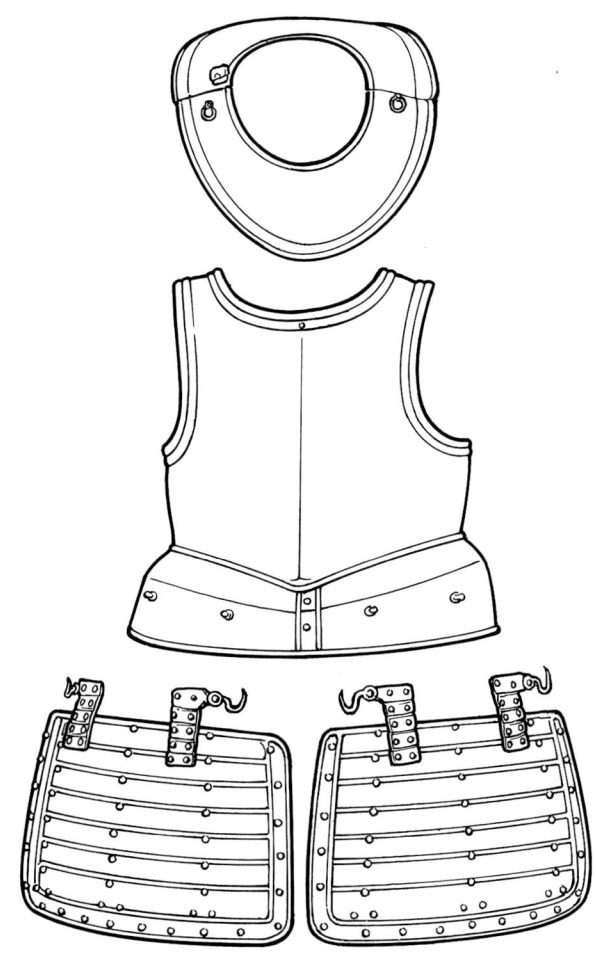

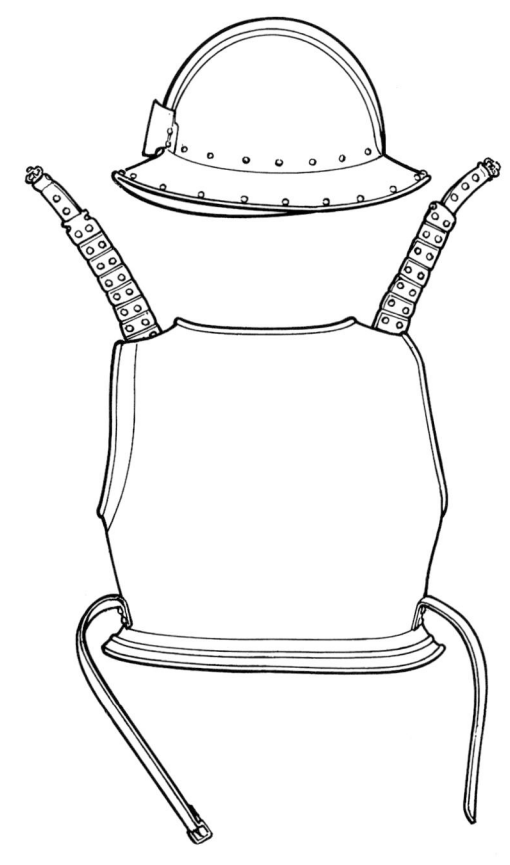

그림_ 장비를 잘 갖춘 17세기 보병의 갑옷 가운데에는 목을 보호하기 위한 목가리개(왼쪽 그림 상단)와 흉갑, 위쪽 넓적다리에 걸치는 태시트 등이 포함되었을 것이다. 오른쪽 그림은 병사의 등갑과 투구다. 이런 유형의 갑옷은 당시 장창병, 특히 선두 대열에서 싸워야 하는 병사들에게 전형적이었을 것이다.

성하게 된다.

표준 란츠크네히트 대형은 게피르테 오르트눙 gevierte Ordnung, 즉 장창 방진이었다. 이 대형은 특성상 스위스 병사들의 3개 종대 대형보다 더 방어적이었다. 란츠크네히트의 장창 방진은 미늘창과 특히 양손으로 잡는 검으로 무장한 도펠죌트너가 최전방에 위치하는, 장창병들로 구성된 견고한 방진이었다. 화승총으로 무장한 도펠죌트너는 방진의 측면을 따라 배치되었고 흔히 네 개의 작은 분대를 이루어 방진 네 귀퉁이 근처에서 적과 산발적인 소규모 교전을 벌이는 산병 skirmisher이었다. 이 화승총병들은 적의 위협에 처하면 장창병 대열 사이로 몸을 피했

다. 장창 방진이 전진할 때는 페어로르네 하우페 verlorne Haufe가 앞장섰는데, 페어로르네 하우페는 문자 그대로는 '주인 잃은 장비 일습'이란 뜻이지만 그들 가운데 많은 이들이 전투에서 살아남 수 없으리라 예상되었기 때문에 보통 '헛된 희망'이라고 해석되었다. 자원자들이나 제비로 뽑힌 사람들, 심지어 과오를 만회할(혹은 그러다가 죽을) 기회가 주어진 죄수들로 구성된 '헛된 희망'은 미늘창과 양손으로 잡는 검을 사용하기 위해 가는 대열로 배치되어 적진에 길을 뚫고 아군의 장창병이 공략할 수 있는 틈

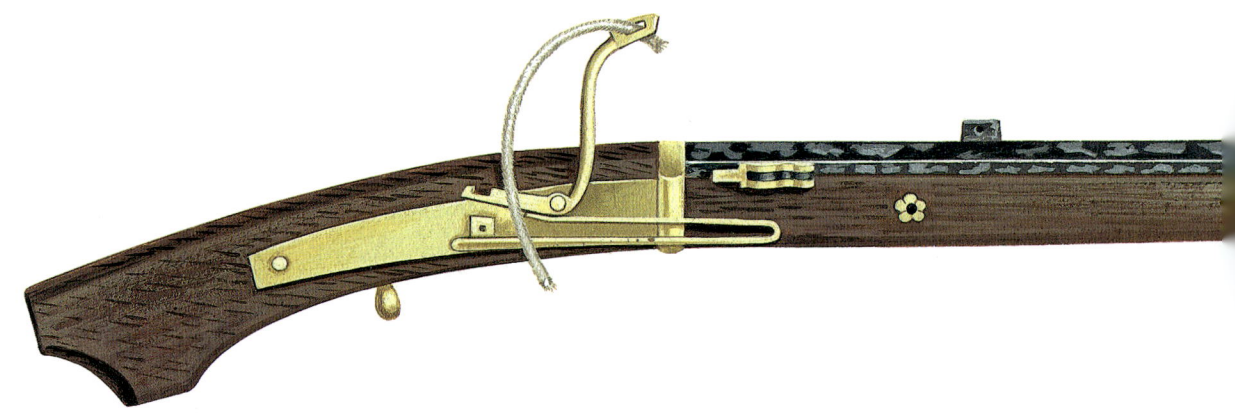

새를 만들어냈다.

대부분의 란츠크네히트들은 그들이 모방하고자 한 스위스 병사들과 비슷한 방식으로 무기와 갑옷을 갖췄다. 장창병은 보호 장비로 흔히 흉갑과 투구를 걸쳤고 장창과 소검 즉 카츠발거(고양이 배를 따는 칼)를 소지했다. 란츠크네히트가 애용한 장창은 일반적으로 스위스 창병들의 창보다 짧아서 길이가 때로 4.2미터에 그치기도 했다. 도펠죌트너와 전방의 장창병은 그들의 장비 일습에 태시트와 팔 보호구를 추가하는 등 보통 무장을 더 잘 갖췄다.

에스파냐의 테르시오

에스파냐인들도 발루아 왕가와 합스부르크 왕가 간 전쟁에 참가한 신성로마제국 군대의 중요 요소를 구성했다. 그러나 스위스 병사들을 모방한 란츠크네히트와 달리, 그 시기 에스파냐 군대는 무어인들로부터 이베리아 반도를 해방시키기 위한 장대한 투쟁을 벌인 국토 회복 운동 군대들을 반영했다. 이 시기 에스파냐 군대는 국토 회복 운동의 마지막 국면, 특히 15세기의 마지막 20년 사이에 형성되었다. 이 무력 충돌의 성격과 기간을 고려할 때 에스파냐인들은 무어인과 일종의 변경 지대 전투 양상의 전쟁을 치렀고 그 결과 에스파냐의 군대는 일반적으로 그러한 조건에 적합한, 더 가볍게 무장한 병사들로 구성되었다.

1490년대에 이르자 국토 회복 운동은 에스파냐에 상비군을 탄생시킨다. 프랑스군(그리고 그들의 스위스 용병들)과 중부 유럽의 신성로마제국 병사들처럼, 에스파냐군도 중무장한 병사들과 창으로 무장한, 에스파냐 여러 도시의 민병대에서 유래한 장창병 부대를 보유했으나 그들은 소수였다. 에스파냐 보병 가운데 1/3만이 장창병이었으며 나머지는 대략 칼과 둥근 방패로 무장한 경보병들과 각종 발사 무기로 무장한 산병들이었는데, 이 산병들은 석궁도 다루지만 점점 더 화승총에 의존하였다. 마키아벨리는 1502년 바를레타 전투에서 에스파냐군이 이 경무장한 산병들을 어떻게 효과적으로 활용했는지를 기록한다.

"전투에 돌입한 스위스 병사들은 장창으로 적진을 매우 강하게 압박하여 금방 적의 대열에 구멍을 냈지만 에스파냐군 병사들은 둥근 방패의 엄호를 받으며 칼을 들고 날래게 돌진하여 아주 맹렬히 싸운 고로, 스위스 병사들을 모조리 도륙하고 압승을 거뒀다."

경무장한 검병swordman들과 산병들은 국토 회복 운동의 치고 빠지는 전투에만 적합한 것이 아니라

그림_ 전형적인 초기 도화선 화승총의 방아쇠를 당기면, 불이 붙은 도화선이 흑색 화약이 담긴 화약 접시에 잠긴다. 화약에 불이 붙어 일어난 불꽃은 바로 옆의 구멍을 통해 총신으로 옮겨가서 차례로 총신 안의 화약을 점화하고 총신에서 총알이 나가게 한다.

에스파냐군 병사들이 이탈리아에 파견되었을 때도 유용했다. 롬바르디아 평야는 강과 무수한 운하가 어지러이 교차했으며 이탈리아인들은 야전 요새를 활용하기 시작했다. 그러한 조건에서 경무장한 에스파냐군 부대는 매우 소중했다.

에스파냐군 장창병의 장비는 동류의 다른 병사들과 비슷해서, 많은 병사들이 몸통 갑옷cuirass(몸통 앞부분만 가리는 흉갑과 달리 몸통 앞뒤를 모두 보호하는 갑옷)과 투구를 착용했다. 최전선의 병사는 흔히 팔과 넓적다리 보호구를 추가로 착용했다. 더 가볍게 무장하고 검과 방패를 든 병사와 석궁 사수, 화승총병은 가죽조끼와 강판鋼板을 박은 브리건틴brigantine(캔버스천이나 가죽으로 지은 저고리에 장방형의 작은 강판을 줄지어 박은 것), 몇몇 판금 동체 갑옷을 비롯해 다양한 무구를 착용했다.

이탈리아 전쟁 초기에 에스파냐군 보병은 콜루넬라colunela, 즉 종대로 조직되었다. 원래 이 부대 단위는 대략 600명을 헤아렸으나 1505년이 되면 1,000명으로 늘어나게 된다. 1505년 이탈리아에 있던 20개의 콜루넬라는 다시 네 개나 다섯 개의 더 큰 단위, 즉 반데라bandera로 편성되었다. 콜루넬라는 주로 장창병과 화승총병으로 구성되고, 검과 방패로 무장한 소수의 병사들의 지원을 받는 혼성 편제였다.

1534년, 에스파냐인들은 테르시오tercio를 도입하면서 보병을 크게 재편했다. 테르시오는 콜루넬라보다 더 큰 편성으로서 이론상으로는 거의 3,000명에 달했는데 아마도 세 콜루넬라를 합쳐서 조직된 것 같다(테르시오라는 용어에서 숫자 3에 대한 암시는 세 콜루넬라로 테르시오를 편성했다는 의미라기보다 전통적인 조직에서 사용되는 세 진용과의 유사성을 가리키는 것 같다.). 테르시오는 일반적으로 장창병 열 중대와 화승총병 두 중대, 총 열두 중대로 이루어졌다. 장창병 중대 하나에는 219명의 장창병이, 화승총병 중대 하나에는 224명의 화승총병이 있었다. 화승총병 중대에는 머스킷으로 무장한 병사가 15명 추가된 반면, 장창병 중대에는 20명이 추가되었다.

머스킷은 1521년에 도입된 무거운 화기로, 화승총보다 두 배 무거운 총알을 발사했다(머스킷은 1파운드(454그램)당 대략 총알 10알인 데 반해 화승총은 20알이었다.). 그에 따라 머스킷 총알이 관통력이 더 뛰어났지만 머스킷이 —— 9킬로그램에 달할 정도로 —— 매우 무거웠기 때문에 발사할 때 끝이 두 갈래로 갈라진 거치대에 받쳐야 했다. 이러한 편성에 따르면 테르시오에서는 대략 장창병 3.25명마다 화기로 무장한 병사 한 명이 배치된 셈이다. 그러나 실제 병력 명부를 보면 테르시오는 보통 1,500명 병력이고 장창병 2.25명마다 화기로 무장한 병사 한 명 비율이었으므로, 표와 조직, 장비가 가리키는 것보다 규모가 더 작고 화기에 더 크게 의존했다.

16세기: 실험의 시대

장창과 탄환의 시대 초기 국면에 전술의 발전은 두 무기 체계를 결합하는 최상의 길을 찾으려는 노력을 반영한다. 주요 문제는 전장에서 공격에 취약한 화승총병을 어떻게 보호하느냐였다. 전장에서 실제로 효과를 보려면 화승총병을 대규모로 배치해야 했지만 심지 점화식 화승총의 긴 장전 시간과 이후에 등장한 장전이 더 느린 머스킷 때문에 총병들은 특히 중기병의 돌격에 취약했다. 무거운 무기와 거치대, 뚜껑이 없는 용기에 담긴 흑색 화약을 다루면서 동시에 천천히 타들어가는 심지를 다루는 일은 번거로운 작업이었다.

여기에 대해 황제군〔신성로마제국 병사〕, 특히 에스파냐인들이 발전시킨 해결책은 화기를 야전 보루 뒤에서 운용하는 것이었다. 이러한 아이디어는 화기를 석궁과 같은 것으로 인식한 결과일 수도 있는데 석궁은 포위전에서 가장 효과적이었기 때문이다. 석궁과 화기는 둘 다 관통력이 뛰어났지만 장전이 느렸다. 게다가 이탈리아에서 활동한 화승총병 가운데 많은 이들이 도시 민병대에 기원을 두었으므로 고정된 방어 지점 뒤에서 싸우는 데 익숙했다. 에스파냐인들은 적군인 프랑스군의 도움을 얻었는데 프랑스의 저돌적인 장다름gendarme, 즉 귀족 중기병들과 공격적인 스위스 보병들은 고맙게도 번번이 야전 보루를 향해 돌격해왔기 때문이다. 여기에 관한 초창기 예는 1503년 4월 체리뇰라 전투에서 있었다. 이 전투에서 에스파냐군 사령관 곤살로 페르난데스 데 코르도바는 병사들을 흉벽으로 보강된 참호 뒤에 배치했다. 에스파냐군의 대열 중앙은 네 줄로 두텁게 배치된 2,000명 정도의 화승총병들이 장창과 포의 지원을 받아 지켰다. 네무르 공작 휘하의 프랑스 병사들은 적진으로 앞뒤 가리지 않고 돌격을 감행했다. 에스파냐군 포대에 쌓아둔 화약이 폭발하면서 대포는 잠잠해졌지만 화승총병들은 물러서지 않고 프랑스 중기병들에게 연속으로 총을 발사해 심각한 인명 손실을 입혔으며 프랑스측 사상자 가운데는 네무르 공작도 끼어 있었다. 프랑스군 보병의 공격 역시 화승총병의 화력으로 저지되었다.

에스파냐인들은 9년 후 라벤나 전투(1512년 4월)에서 다시 한 번 성공을 재연하려 했다. 9년 전 체리뇰라에서 화승총병들을 지휘한 페드로 나바로가 이끄는 에스파냐군과 교황군의 장창병과 화승총병 부대는 가벼운 소구경 포와 수레에 얹은 무거운 소총통handgun〔14세기 중반에 등장한 최초의 소형 화기의 일종〕을 비롯한 각종 포의 지원을 받는 참호 뒤에 배

그림_ 심지 점화식 머스킷 총병이 발사 준비를 하고 있다. 일단 장전을 한 후 머스킷 총병은 무겁고 거치적거리는 이 무기를 발사하기 위해 여러 단계의 동작을 거쳐야 했다. 촘촘한 대열 가운데에서 불이 붙은 심지를 다루어야 하고 끝이 갈라진 거치대에 무거운 머스킷을 올리고 발사해야 했기 때문에 세심한 주의가 필요했다.

치되었다. 그러나 프랑스 중기병들과 그들의 지휘관 가스통 드 푸아는 체리뇰라에서처럼 아무런 지원도 받지 않은 채 단독으로 참호를 향해 돌격하지 않았다. 그 대신 프랑스군은 포격을 개시했고 에스파냐군과 그들의 이탈리아 동맹군도 똑같이 대응 사격했다. 프랑스군의 포격은 에스파냐군의 대포를 잠재웠을 뿐 아니라 에스파냐와 이탈리아 중기병들이 무질서하게 돌격하도록 자극했다. 프랑스의 귀족 중기병들은 에스파냐와 이탈리아 기병대를 패주시켰고 에스파냐군 대열에 뚫린 구멍을 따라, 패주하는 적을 뒤쫓았다. 같은 시각, 이제는 프랑스를 위해 싸우고 있는 일부 란츠크네히트가 포함된 프랑스군 보병은 참호 뒤의 에스파냐군 보병을 공격하고 있었다. 이 시점에서 프랑스의 귀족 중기병들은 에스파냐군과 교황 동맹군의 기병들을 뒤쫓는 것을 그만두고 에스파냐 보병들의 배후를 쳤다. 비록 3천 명가량의 보병은 질서정연하게 퇴각할 수 있었지만 많은 에스파냐 병사들이 죽임을 당했다.

다음 10년간, 프랑스인들과 스위스인들, 에스파냐인들 모두 군대를 구성하는 다양한 유형의 부대원들을 배치하는 최상의 방법을 찾아 실험을 거듭했다. 1522년 4월 비코카 전투에서 에스파냐군은 다시 한 번 성공의 비결을 찾아냈다. 이번에는 그들은 푹 꺼진, 비교적 넓은 오솔길을 따라 대형을 전개하고 주변에 참호를 구축해 방어를 강화했다. 프랑스군은 포격으로 에스파냐군의 위치를 약화시킴으로써 라벤나에서의 승리를 재연하고 싶어 했지만 그들의 스위스 보병들은 예비 병력으로 대기하는 것을 거부하고 에스파냐군 진영을 향해 돌격했다. 에스파냐군의 포격으로 약화된 스위스 병사들은 푹 꺼진 오솔길에 도달했지만 참호가 너무 높아서 장창이 닿을 수 없다는 사실을 깨닫게 된다. 스위스 병사들이 참호를 강습하기 위해 흙벽 바닥에서 대형을 형성하자 에스파냐군 화승총병들은 빽빽하게 늘어선 스위스 보병 대형을 향해 발포했다. 몇몇 스위스 병사들은 방벽을 기어오를 수 있었지만 화승총병과 란츠크네히트 장창병들에게 재차 밀려났다. 스위스 부대는 궤멸되었고 프랑스군은 퇴각하는 수밖에 없었다.

1524년 프랑스를 침공했을 때, 에스파냐인들은 화기로 무장한 보병을 배치하는 방식에 극적인 변화를 도입했다. 4월 말, 프랑스 제독 기욤 드 보니베가 이끄는 프랑스군은 지난 달 이미 밀라노 근처에서 패배를 당하고, 수적으로 우세한 황제군 앞에서 후퇴하고 있었다. 프랑스군은 이탈리아 콘도티에레 condottiere〔용병 대장〕 조반니 데 메디치와 페스카라 후작 휘하의 황제군에게 추격당하고 있었다. 황제군에는 이동할 때는 말을 타지만 싸울 때는 말에서 내려서 싸우는, 다수의 화승총병과 머스킷 총병이 포함되어 있었다. 황제군은 끊임없이 측면에서 사격을 가하면서 스위스 장창병과 프랑스 귀족 중기병을 괴롭혔다. 스위스 장창병이나 프랑스 기병대가 측면으로 돌아서 돌격하려고 할 때마다 페스카라 후작이 이끄는 화승총병들은 자신들의 기동력을 살려 퇴각한 후 프랑스군의 행군 경로를 따라 또 다른 지점에서 재집결하기만 하면 되었다. 프랑스군은 사령관을 포함해 심각한 인명 피해를 입었다. "세시아 참패 Rout of Sesia"로 알려진 이 사건은 이제까지 준비된 위치에서 방어 사격에만 의존해온 화기의 공격 능력을 입증했다.

이듬해, 발루아 왕가와 합스부르크 왕가 간의 이탈리아 전쟁의 전술적 발전은 파비아 전투에서 절정에 달했다. 이 전투에서 에스파냐인들은 즉석에서 엄폐물을 활용함으로써 안정적인 장창과 탄환 부대가 준비된 방어 시설 없이도 얼마나 안정적으로 운용될 수 있는지를 보여주었다.

그림_ 황제군의 란츠크네히트와 프랑스군에 고용된 스위스 병사들이 1525년 파비아 전투에서 '장창 밀기'를 구사하고 있다. 장창으로 무장한 주력 보병 부대를 지원하는 화승총병과 미늘창병을 눈여겨보라.

1525년 파비아 전투: 전술적 기습

1524년 10월 28일, 프랑스의 프랑수아 1세와 그의 대규모 군대는 파비아 시를 포위하기 시작했다. 도시는 돈 안토니오 데 레이바가 지휘하는 황제군 수비대가 지키고 있었다. 프랑수아 1세의 계획은 나폴리를 탈환하기 위한 원정에 나서기 전에 파비아 시를 확보하는 것이었다. 프랑스군은 도시를 포위하고 프랑수아 1세는 나폴리 침공을 준비했다. 이를 위해 그리송에서 스위스 용병 6천 명을 추가로 얻고 다시 발레에서 2천 명을 더해 병력을 증강했다. 또한 조반니 데 메디치와 그가 이끄는 '검은 형제단'를 고용하여 200명 정도의 병력을 추가로 확보했던 것 같다. 12월에 프랑수아 1세는 황제파의 대의명분을 저버린 교황과의 조약에 서명하는 외교적 쾌거를 이룩했다. 국왕은 피렌체가 그리고 어쩌면 베네치아도 이 동맹에 합류할 수 있으리라는 희망을 품었다. 더

욱이 프랑수아 1세와 반목한 후 황제파에 가담한 프랑스군 사령관 샤를 부르봉이 이끈 남프랑스 침공은 성공적이지 못해, 부르봉의 군대는 상당한 손실을 입은 채 알프스 너머로 물러가야만 했다. 교황과 새로운 동맹을 맺은 직후, 프랑수아 1세는 군대를 나눠 전체 병력의 1/3인 약 1만 1천 명의 군사를 올버니 공작 존 스튜어트 휘하에 먼저 파견했다.

안타깝게도 파비아 포위전은 프랑수아 1세가 바라는 대로 흘러가지 않았다. 갑작스런 강습으로 도시를 손에 넣으려던 최초의 시도는 수포로 돌아갔고 프랑스군은 천천히 조금씩 포대를 전진시키면서 더 본격적인 포위전을 수행해야 했다. 11월, 프랑스군 공병들은 티치노 강의 물을 가두는 댐을 건설하기 시작했는데 아무런 방어 시설이 없는 도시 측면을 강습하기 위해서였다. 불행하게도 12월의 폭우로 강물이 불어나 댐은 떠내려가버렸다. 그 시점까지 아무런 성공을 거두지 못하자 나쁜 날씨와 질병으로 인한 병력 손실을 막기 위해 겨울 숙영지로 물러가야 한다는 의견이 대두되었다. 그러나 프랑수아 1세는 그러한 제안이 내키지 않았다. 무엇보다도 도시 수비대가 급료를 받지 못하고 포위에 따른 여건이 좋지 않아서 불만이 매우 높다는 사실을 알고 있었기에, 그는 그러한 제안을 물리치고 2월 내내 도시 포위를 풀지 않았다.

황제군도 겨울 내내 놀고만 있지는 않았다. 1월에 샤를 부르봉은 독일로 돌아와 황제의 허락과 자금을 받아 추가로 군사를 일으켰다. 그는 500명의 기병과 전설적인 게오르크 폰 프룬츠베르크가 이끄는 6천 명의 란츠크네히트 보병을 끌어 모아 이탈리아의 황제군에 합류하기 위해 진군했다. 부르봉의 병력을 더하자 황제군은 나폴리의 부왕 샤를 드 라누아와 그의 부관인 페스카라 후작 휘하에 대충 1만 7천 명의 보병과 1천 명의 기병을 보유하게 되었다. 그때가 되자 그들은 파비아로 진군하여 프랑스의 포위를 풀기로 결정했다.

황제군은 프랑수아 1세의 병참선을 위협해 파비아에서 그를 유인해내기를 바랐지만 프랑수아 1세는 포위를 풀지 않으리라 단단히 마음먹고 있었다. 황제군이 접근해오자 프랑수아 1세는 베르나쿨라 개울을 따라 자리를 잡고 토루와 포대로 위치를 강화했다. 그의 참호는 베르나쿨라 개울을 따라 티치노 강부터 북쪽으로 미라벨로 평원을 둘러싼 담벽까지, 즉 도시에서 북쪽으로 5킬로미터 떨어진 넓은

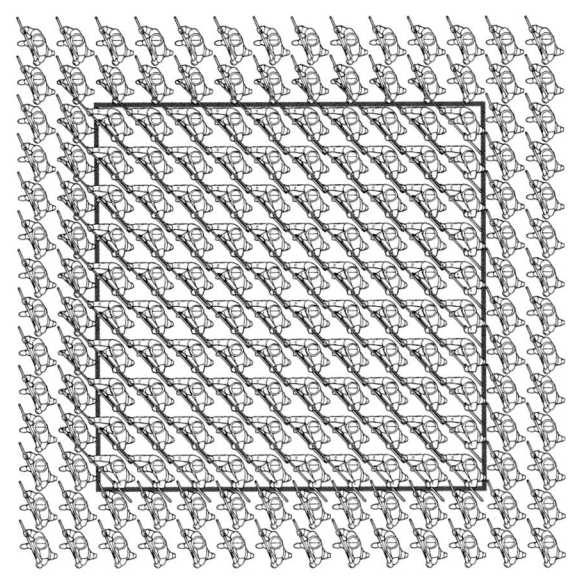

그림_ 화승총병에 둘러싸인 장창 방진 대형은 화기로 무장한 병사들이 방어 시설의 보호라는 이점을 누릴 수 없는 탁 트인 공간에 배치되어 있을 때 적에게 특히 기병대에게 노출되지 않게 해주었다.

공작령 수렵지까지 이어졌다. 라누아는 베르나쿨라 개울 반대편 강둑으로 병력을 이동시켜 그곳에 참호를 팠다.

3주 동안 두 군대는 각자의 야전 요새에서 포격을 주고받으며 어느 쪽도 실질적인 우위를 차지하지 못했다. 또 어느 쪽도 공격을 시도할 기미가 보이지 않았다. 대신 각자 상대방의 전력이 다른 요인들로 인해 약화되기를 바랐다. 황제군의 경우, 전장의 란츠크네히트 다수가 여러 달 동안 보수를 받지 못해서 군사 반란을 일으키거나 탈영하기 일보 직전이었다. 프랑스군에게 주요 위협 요인은 긴 겨울 동안 포위전을 벌일 때 흔한 질병이었다. 그러나 2월 17일, 상황을 크게 바꾼 소식이 라누아에게 도착했다. 우선 조반니 데 메디치가 출격을 나갔다가 부상을 당해 싸울 수 없게 되었다. 부대를 결집해줄 지휘관이 사라진 '검은 형제단'의 용병들은 와해되어 프랑수아 1세의 군대를 2천 명가량 감소시켰다. 또 다른 소식은 더더욱 희소식이었다. 그리송에서 온 스위스 용병 6천 명이 스위스 국경 지대에서 발생한 문제를 처리하도록 호출된 것이었다. 결국 프랑수아 1세는 가만히 앉아서 힘 한 번 써보지 못하고 8천 명의 군사를 잃은 셈이었고 1,300명의 귀족 중기병과 라벤나 전투 이후 프랑스군에 남아 있던 악명 높은 '검은 군단'을 포함해, 4,500명의 란츠크네히트, 5천 명의 스위스 용병, 9천 명의 프랑스 및 이탈리아 병사들만 보유하게 되었다.

프랑스군의 상당한 전력 손실과 아군 진영 내 반란의 기운을 고려한 라누아는 2월 23일 밤 기습 공격을 단행하기로 결심했다. 야음을 틈타, 베르나쿨라 개울을 따라 군대를 북쪽으로 이동시킨 그는 개울을 건널 적당한 지점을 찾아서 반대편 프랑스군 진영 쪽으로 넘어갔다. 그런 다음, 병력을 보병 다섯 사단으로 나누고 소규모 기병대 두 분대가 지원하게 했다. 황제군 포대는 군대의 이동을 엄호하기 위한 포격을 시작했고 이 기만 전술을 지원하기 위해 일부 보병들도 야전 참호에 머물러 있었다. 약 2천 명의 이탈리아 공병들이 프랑스군 진영의 북단 방어선을 형성하는, 미라벨로 평원을 둘러싼 담벽의 북동쪽 부분을 해체하기 시작했다. 담벽에 구멍이 뚫리자 황제군 병사들이 물밀듯이 쏟아져 들어가 전열을 갖추기 시작했다.

그러나 공작령 수렵지에는 생울타리가 늘어선 길이 나 있고 잡목 덤불이 무성했기 때문에 전형적인 전열을 형성할 수 없었다. 왼쪽에는 대략 1,500명의 에스파냐 화승총병과 이탈리아 화승총병, 머스킷 총병 그리고 2백 명의 경기병으로 구성된 바스토 후작의 분대가 섰다. 다음 분대는 페스카라 후작이 이끌었으며 에스파냐 보병들로 구성되었다. 세 번째 분대는 라누아 휘하의 란츠크네히트 본대였으며 소규모 기병대 두 개가 측면을 호위했다. 그다음으로 부

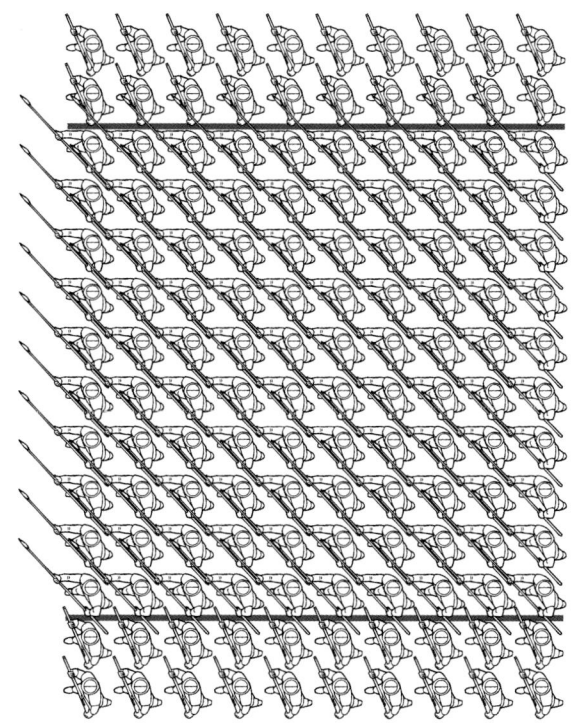

그림_ 이러한 대형을 위에서 내려다보면 장창병은 코트의 '몸통'으로, 화기로 무장한 머스킷 총병은 '소매'로 보인다. 이 대형은 장창병과 머스킷 총병의 전투력에 집중하지만, 장창병이 머스킷 총병보다 큰 비율을 차지하는 한, 여전히 화기로 무장한 병사들을 잘 보호해준다.

르봉이 휘하의 란츠크네히트 부대를 이끌었다. 마지막 분대는 이탈리아 보병과 에스파냐 보병이 뒤섞인 후위 부대였다. 비와 안개 덕분에 황제군은 거의 완벽하게 기습에 성공했고 그들이 맞닥뜨린 유일한 저항은 소수의 이탈리아 병사들뿐이라 금방 처리되었다.

이 무렵 프랑수아 1세는 적이 프랑스군의 방어선을 무너뜨렸을 뿐 아니라 이제 프랑스군 진영 안에서 대형을 형성하고 있다는 사실을 알게 되었다. 설상가상으로 프랑스군은 전선을 따라 여기저기 흩어져 있었고 베르나쿨라 개울과 파비아 양쪽 방향으로 배치되어 있었다. 도시에서 황제군 병사들이 출격하자 상황은 더욱 꼬였다([황제군 수비대 지휘관] 레이바는 전날에 프랑스군 대열을 몰래 지나온 전령으로부터 공격이 임박했다는 전갈을 들었다.). 반격을 하기 가장 좋은 위치에 있는 병사는 국왕의 사령부 근처에 진을 친 병사들이었는데 이들은 귀족 중기병대Gendarmerie 대다수와 약간의 포병 예비 병력이었다. 스위스 장창병과 '검은 군단'을 비롯한 란츠크네히트도 이들을 지원하기 위해 이동하고 있었다. 프랑수아 1세가 귀족 중기병들을 전진시키는 동안, 포대가 자리를 잡고 황제군의 후위를 향해 포문을 열었다. 황제군 병사들은 프랑스군의 포격에 피해를 입었으며 일부 프랑스 귀족 중기병의 돌격으로 무너졌다. 그 후 프랑수아 1세가 프랑스군 포대 전방을 가로질러 돌격을 이끄는 바람에 더 이상의 포격은 사실상 불가능했다. 그러나 그는 황제군 기병대에 돌격하여 기병대의 대열을 흐트러뜨리고 지휘관을 죽였다. 그 다음에 방향을 돌려 황제군 보병 종대를 공격했으나 중앙의 란츠크네히트 장창 대형을 돌파할 수 없었다. 우수한 프랑스 귀족 중기병대는 전장의 어느 기병대라도 휩쓸어버릴 수 있었지만 지원을 받지 않고 독자적으로 장창 방진을 물리칠 수는 없었는데, 프랑수아 1세는 그러한 지원을 제공할 수 있는 조직적 공격을 시도하지 못했다. 저항에 직면하자 프랑수아 1세의 귀족 중기병들은 결집력을 잃고 혼란에 빠졌다.

한편 프랑스군 진영의 스위스 용병과 란츠크네히트로 구성된 2열의 보병 종대가 공격에 합류하기 위해 움직였다. 스위스 용병들은 바스토 후작의 화승총병과 머스킷 총병을 공격했으나 비코카와 세시아에서의 경험은 전설적인 스위스 용병의 대담성을 무디게 한 모양이었다. 스위스 병사들은 바스토 후작의 병사들에 육박했으나 바짝 밀어붙이며 돌격하지는 않았다. 스위스 병사들이 접근하자, 화승총병들과 머스킷 총병들은 사냥터에서 이용 가능한 모든

엄폐물을 활용해 뒤로 물러서면서 끊임없이 사격을 해 스위스 병사들에게 인명 손실을 야기했던 것 같다. 앞선 여러 전투에서 스위스 병사들은 많은 사상자가 생기는 것을 내켜 하지 않았다. 그들은 화기로 무장한 보병이 위험한 적수라는 교훈을 익히 깨달은 바 있었다. 스위스 병사들은 페스카라 후작의 에스파냐 병사들을 상대로 잠시 '장창 밀기'를 한 후 전투에서 물러났다.

프랑스군 우익에는 '검은 군단'을 비롯한 란츠크네히트가 라누아의 군단을 형성한 란츠크네히트와 맞붙었다. 이 두 집단 간 백병전은 참혹했으며 프랑스군의 란츠크네히트는 잘 싸웠지만 부르봉 휘하의 게오르크 폰 프룬츠베르크의 란츠크네히트 부대에 의해 측면이 포위되고 말았다. 프랑스군의 란츠크네

그림_ 1525년에 벌어진 파비아 전투를 그린 이 그림은 미라벨로 사냥터 담벽을 부수고 전투 대형으로 정렬하는 황제군을 묘사하고 있다. 황제군의 보병 부대와 기병 부대가 뚜렷이 보인다.

작은 부대 단위로 나뉘어 일정한 전열을 형성하지 않은 채, 오랜 전통과 페스카라 후작의 새로운 지침에 따라 싸웠다."는 당대인의 진술에서 확인할 수 있다. 그들은 가능한 엄폐물을 이용해 바로 코앞에서 프랑스 귀족 중기병들에게 사격하기 시작했다. 혼란에 빠진 프랑스 귀족 중기병들은 덤불이나 생울타리를 넘어 돌격하는 것이 불가능하고, 일체의 기동과 탈출 시도를 막아버린 황제군 장창 방진 탓에 자신들이 더욱 궁지에 빠졌음을 깨달았다. 황제군의 화기는 그렇게 가까운 거리에서는 갑옷도 뚫을 수 있는 화승총과 머스킷이었기에 프랑스 기병대는 큰 인명 피해를 입었다. 이내 포위된 프랑수아 1세는 말에서 떨어져 부상을 입게 된다. 그는 어느 에스파냐 보병의 손에 하마터면 죽을 뻔했으나 샤를 부르봉을 따라 망명을 간 어느 프랑스 기사의 손에 구출되었다.

파비아 전투는 초창기 장창과 탄환 전술의 전형을 대변한다. 전투는 순전한 방어 기능에서 공격 기능으로 탈바꿈한 화기 운용법의 진화를 반영한다. 그러나 장창병과 화기로 무장한 보병이 긴밀히 협조하며 활동할 수 있는 온전히 통합된 전술 체계는 아직 등장하지 않았다.

히트는 한 치도 물러서지 않았고 뒤따른 격렬한 혼전에서 전멸당했다.

스위스 종대가 퇴각하자 에스파냐와 이탈리아의 화승총병과 머스킷 총병이 중앙을 지원하기 위해 이동할 길이 트였다. 그들은 지난 해 "세시아 참패"에서 썼던 전술을 다시 구사했다. 이 전술은 이후에 제도로 굳어졌는데 이 같은 사실은 "전장 전역에 걸쳐

네덜란드의 개혁

1568년에 네덜란드인들은 에스파냐에서 독립하기 위한 오랜 투쟁을 개시했고 80년간 에스파냐와 간헐적인 전쟁 상태에 놓이게 된다. 신생 네덜란드공화국이 직면한 문제는 이후 수십 년에 걸쳐 진행될 군사 개혁에서 중요한 역할을 담당했다. 비록 많은 개혁들이 보병 조직과 군사 훈련, 전술에 중점을 두었

파비아 전투

1525년

황제군은 파비아를 포위하고 있던 프랑수아 1세의 프랑스군을 공격했다. 그들은 프랑스군으로부터 보수를 받고 요지를 담당하고 있던 일부 스위스 용병들의 이탈에 힘입어 프랑스군이 진을 치고 있던 공작령 수렵지의 담벽에 구멍을 내는 복잡한 야간 기동 작전을 펼친 후 공격을 감행했다. 바깥의 황제군이 사냥터에 들어가 전투 대형을 갖추자 파비아의 황제군도 도시에서 출격하여 프랑스군을 더욱 궁지에 몰아넣었다. 기습을 당한 프랑수아 1세는 부대 간 협조를 조율하지 못한 채 각 부대를 여러 전선에 투입해 공격할 수밖에 없었다. 게다가 황제군은 사냥터의 지형을 활용해 아군 보병, 특히 화기로 무장한 보병을 보호했고 그에 따라 인명 손실을 최소화하면서 공격에 화력을 이용할 수 있었다. 결국 이 점이 프랑스군을 패퇴시키는 데 기여했음이 드러났다.

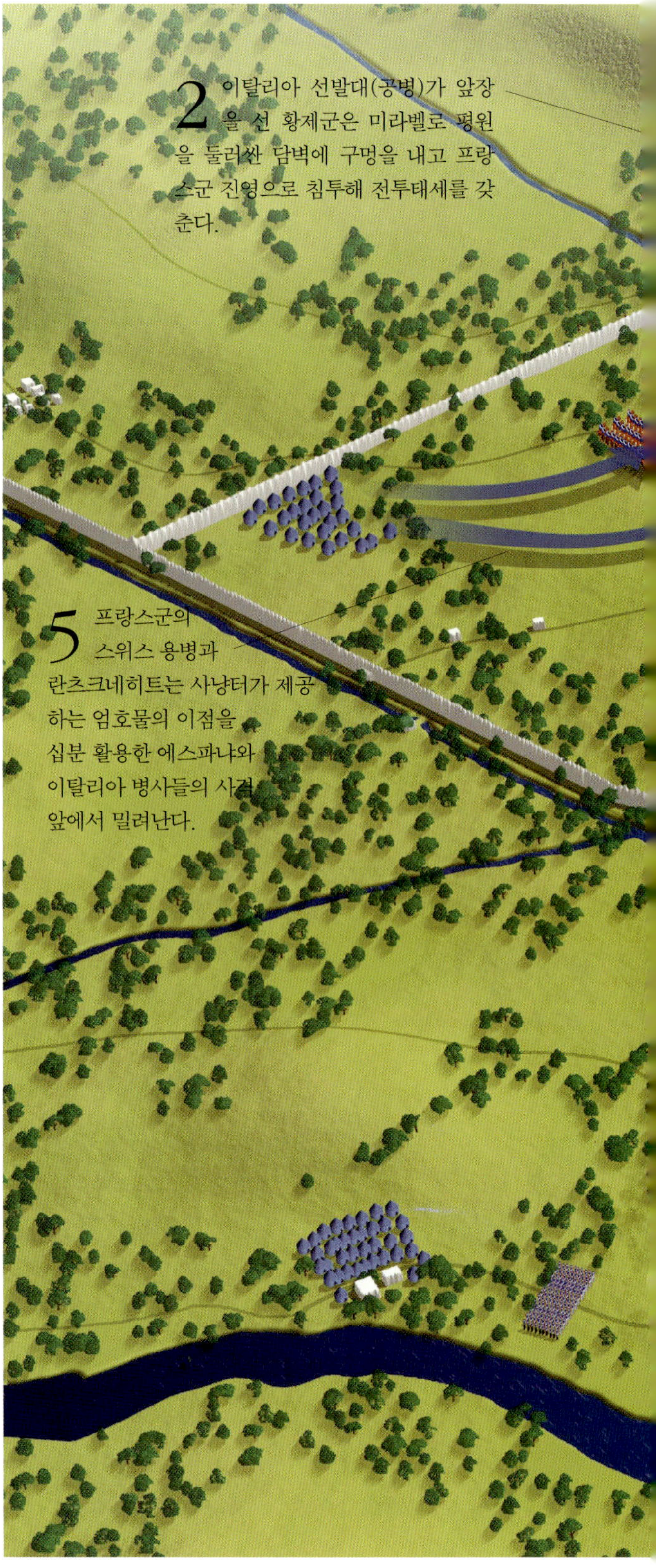
2 이탈리아 선발대(공병)가 앞장을 선 황제군은 미라벨로 평원을 둘러싼 담벽에 구멍을 내고 프랑스군 진영으로 침투해 전투태세를 갖춘다.
5 프랑스군의 스위스 용병과 란츠크네히트는 사냥터가 제공하는 엄호물의 이점을 십분 활용한 에스파냐와 이탈리아 병사들의 사격 앞에서 밀려난다.

오스트리아
프랑스
베네치아
밀라노
파비아
교황령
나폴리

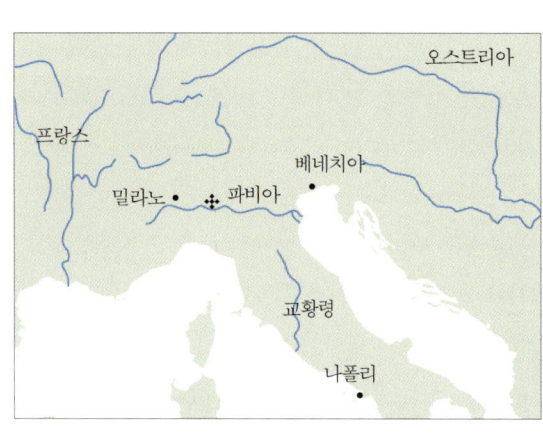

프랑스의 프랑수아 1세는 1524년 10월 북부 이탈리아의 전략적 요충지인 파비아 시를 포위했다. 그의 목적은 나폴리를 공격하기에 앞서 병참선을 확보하는 것이었다.

1장 보병의 역할 27

지만 네덜란드에서 전쟁의 성격은 일반적인 전투보다 포위전의 성격을 띠게 된다.

네덜란드 개혁 운동과 가장 자주 연결되는 이름은 나사우의 마우리츠(1567~1625년)다. 그는 네덜란드 반란의 주요 지도자 가운데 한 명인 침묵공 빌렘의 아들이었다. 1584년, 고작 열일곱 살의 나이에 마우리츠는 홀란트와 제일란트의 슈타트할터Stadt-halter(총독)가 되었다. 1590년에는 네덜란드의 전 육군을 통수하는 총사령관이 되어 개혁을 추진할 수 있는 위치에 서게 되었다.

당대의 많은 군사 전문가들처럼 마우리츠도 고대의 군사 제도, 특히 로마 시대의 예를 본받으려고 했다. 마우리츠는 고대부터 전해오는 군사 교본, 특히 베게티우스와 아일리아누스의 저작과 비잔티움 황제 레오의 『탁티카Taktika』뿐만 아니라 유스투스 립시우스 같은 동시대 논평가들의 저작도 사숙했다. 이를 통해 마우리츠가 알게 된 것은 정규 상비군에 대한 강조와 규율과 군사 훈련의 중요성이었다. 그러나 고전기 고대의 맥락 안에서 마우리츠는 지속적으로 향상되고 있는 화약 무기 기술을 더 효과적으

그림_ 총병들로 둘러싸이고 네 귀퉁이에 각각 총병의 '뿔'로 지원을 받는 장창 방진 대형은 사방에서 상당한 화력을 제공한다. 그러나 방진의 결속력을 유지하면서 이동하기가 쉽지 않기에 이것은 대체로 방어 대형이었다.

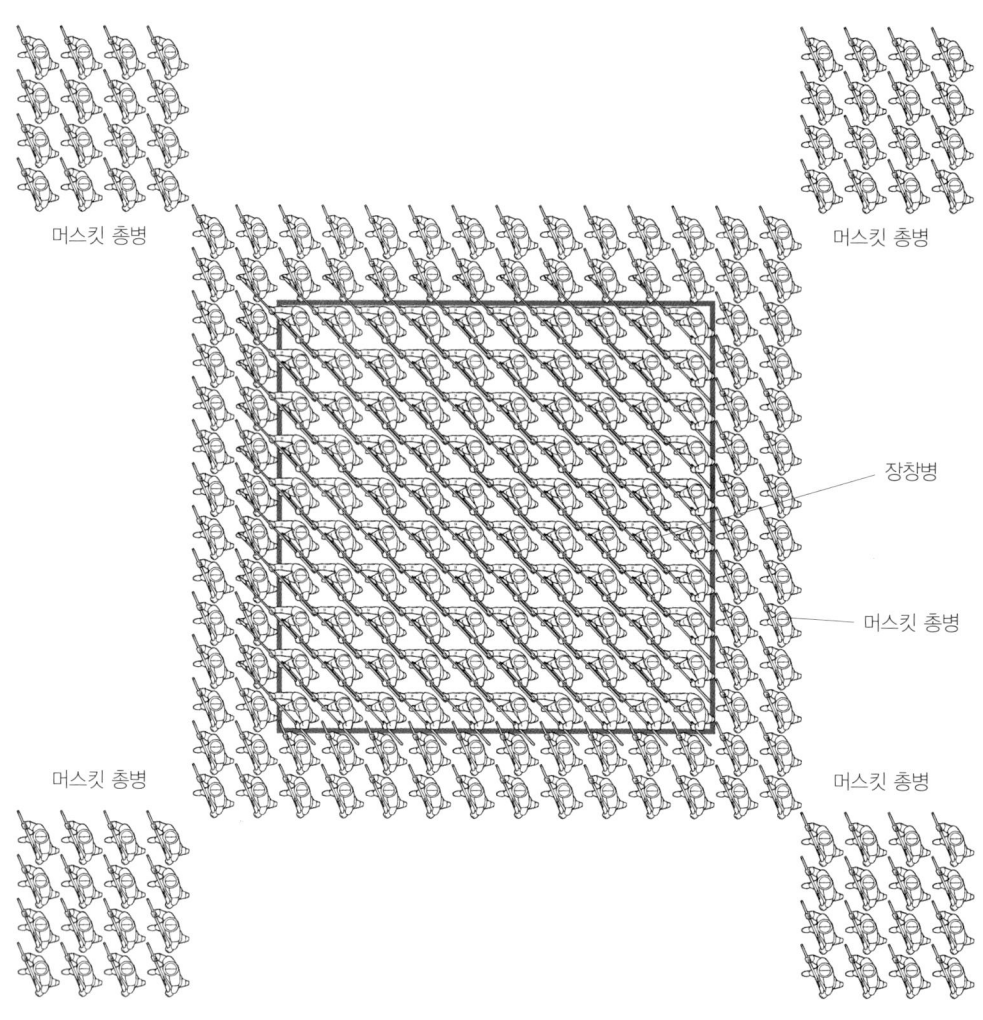

로 운용하는 것의 중요성도 놓치지 않았다.

마우리츠에 의해 시작된 가장 중요한 변화 가운데 하나는 상비군의 창설이었다. 군대는 여전히 주로 보수를 받고 복무하는 외국인으로 구성되었다. 그들 가운데 일부는 전통적 의미의 용병이었으나 일부는 네덜란드가 비용을 부담하고 네덜란드인의 지휘를 받아 복무하도록 외국 군주들이 파견한 외국인 병사들이었다(특히 잉글랜드 출신 병사들이 두드러졌다.). 일례로, 1603년 네덜란드 군대는 총 132개 중대로 구성되어 있었다. 그 가운데 잉글랜드 중대가 43개, 프랑스 중대가 32개, 스코틀랜드 중대가 20개, 왈롱 중대가 11개, 독일 중대가 9개였고 네덜란드 중대는 17개밖에 되지 않았다. 외국인 병사가 압도적 다수를 차지한 주된 까닭은 네덜란드의 인구가 비교적 적었기 때문이며 게다가 거의 80년간 끊임없이 전장에 군대를 보내야 하는 상황이었다는 요인도 작용했다. 마우리츠는 이 부대원들을 작전 휴지기off season나 군사 작전이 마무리될 때 제대를 시키기보다 일 년 내내 붙잡아두는 것이 네덜란드 군대를 장기적으로 더 효율적인 전력으로 만들 것이라고 인식했다.

이 상비군을 유지하고자 마우리츠는 새로운 규율과 군사 훈련의 새로운 표준을 정립했다. 여기서 마우리츠는 사촌인 나사우 백작 빌렘 로데비크와 요한〔요한 반 올덴바르네벨트Johan van Oldenbarnevelt〕의 도움을 받았다. 마우리츠와 사촌들은 군사 훈련과 장비의 표준화를 감독했고 네덜란드 군대의 모든 병사들이 출신에 상관없이 동일한 방법을 따르도록 만들었다. 장창의 길이와 장창병의 갑옷, 화기의 구경과 길이도 모두 표준화되었다. 어쩌면 더 중요한 것은 이 시기 '네덜란드 규율Dutch Discipline'의 훈련 내용을 성문화한 것이리라. 지휘·통솔 체계에서 사용되는 모든 용어는 물론이고 장창, 화승총, 머스킷에 대한 교본도 이에 따라 통일되었다. 1607년, 야콥 드 게인의 『무기 조작법Wapenhadelinghe』이 출판되었다. 장창과 화승총, 머스킷을 총망라한 교본인 이 책은 116장의 도판을 실었고 적절한 구령과 해설이 딸려 있었다.

마우리츠는 또한 네덜란드군 보병의 전술과 군사 조직을 수정했다. 다시금 그는 고대로 눈길을 돌려 영감을 찾았다. 그는 당대의 테르시오와 거대하고 운영이 불편한 연대를 대신해, 오백인대cohort에 기반을 둔 부대를 창설해 로마 군단의 유연성을 따르고 싶었다. 이를 위해 그는 각 네덜란드 연대를 둘이나 그 이상의 대대로 재편성했다. 이론적으로 각 대대는 베게티우스의 고대 군단Antique Legio 내 오백인대와 같이 총 550명이었고 장창병 250명, 화기로 무장한 병사 300명으로 구성되었는데, 이 가운데 60명은 산병 전열을 형성했다. 장창은 대대의 중앙을, 화승총병과 머스킷 총병은 양익을 맡았다.

더욱이 이 부대들은 이전의 연대나 테르시오보다 더 적은 수의 횡렬 대형으로 정렬했다. 숫자는 일정하지 않지만 장창병은 다섯 줄에서 열 줄 사이로 정렬했던 것 같고 총병들은 여덟 또는 열두 줄로 섰던 듯하다. 총병은 뒤돌아 행진하며 사격할 수 있도록 훈련받았는데 이 전술은 아일리아누스한테서 영감을 얻은 것이었다. 이러한 전투 대형에서 종렬 간 간격은 한 사람이 행진할 수 있을 만큼 넓었다.

맨 첫 줄의 병사들은 한 발을 발사한 후 '뒤로 돌아' 서 종렬 사이로 행진해 맨 마지막 줄로 합류하는데 그 사이에 총을 재장전하는 반복 훈련을 거친다. 이러한 과정이 두 번째 줄과 세 번째 줄로 계속 이어진다. 원래의 위치로 복귀할 무렵이면 맨 첫 줄의 병사들은 재장전을 마치고 두 번째 총알을 발사할 준비가 되어 있으며 앞에서 설명한 과정이 다시 반복된다.

이 사격 방법은 굉장한 규율을 요구하긴 하지만 부대가 지속적으로 대규모 화력을 유지할 수 있게 해주었다. 기병대의 위협을 받으면 화승총병과 머스킷 총병은 대형을 흐트러뜨리지 않으면서 장창병 뒤로 물러났다. 전투에서 네덜란드군은 대대를 보통 3선으로 배치했다. 이 3선은 바둑판 모양으로 서로 엇갈리게 배치되어 각 선의 대대가 다른 선의 대대를 지원할 수 있었다. 이러한 배치는 유사한 대형으로 정렬한 로마 군단의 3단 전투 대형 acies triplex과 굉장히 닮았다. 마우리츠는 지속적인 훈련과 고도의 규율에 기초한 근대 초기 상비군의 토대를 닦았다. 또한 일관된 방식에 따라 장창과 탄환을 진정으로 결합한 전술 체계를 개발했다. 그러나 아이러니하게도 에스파냐와의 20년에 걸친 대립 동안 마우리츠는 군대를 이끌고 전투에 딱 두 번(둘 다 승리했다.) 나선 반면 포위전에는 무려 29차례나 참가했다.

30년 전쟁: 스웨덴식 종합

나사우의 마우리츠가 창안한 체제와 그의 개혁들은 30년 전쟁(1618~1648년) 동안 구스타브 아돌프의 스웨덴 군대와 더불어 거의 완벽의 경지에 이르렀다. 구스타브 아돌프 아래서 반복된 군사 훈련과 규율의 ― 그리고 스웨덴의 경우 종교적 헌신으로 강화된 ― 결합에 바탕을 두고 더 유연한 소규모 부대 단위와 네덜란드군 체제의 전술로 무장한 상비군이 창설되었다. 이를 통해 스웨덴군은 17세기에 가공할 세력으로 부상했다.

구스타브 아돌프는 네덜란드 개혁가들에게 뚜렷이 영향을 받았다. 1601년, 그의 아버지 카를 9세는 스웨덴에 네덜란드군 체제를 들여오기 위해 마우리츠의 사촌인 나사우의 요한과 접촉하고 있었고 어린 구스타브가 네덜란드인 개인 교사 요한 쉬테에게 배울 수 있도록 조치했으며 쉬테는 구스타브 아돌프에

게 고대 군사 문헌과 당대 네덜란드 군사 문헌들을 소개해주었다. 나중에 구스타브 아돌프는 네덜란드군 지휘관에게서 지도를 받았고 1620년에 나사우의 요한을 몸소 만났다.

스웨덴의 왕으로서 구스타브 아돌프는 네덜란드군 체제를 수입하는 데 그치지 않고 이를 크게 개선했다. 아마도 그가 이룩한 가장 중요한 개선은 방어는 물론이고 공격의 수단으로서도 화력을 강조한 것이리라. 그는 스웨덴군 병사들이 소지하는 머스킷을 더 짧고 가볍게 함으로써 기동성을 높이고 장전과 사격 속도를 얼마간 빠르게 만들었다. 그는 가볍고 기동성이 뛰어난 포를 보병 부대에 배치함으로써 보병의 화력을 증강했다. 이 3파운드 포들은 보병들의 이동 속도를 따라갈 수 있었고 특히 탄약 부문이 개선되면서 보병 부대의 공격 화력에 적지 않게 기여했다. 17세기 스웨덴 군대는 이전 세기와 마찬가지로 10명당 1명씩 입대하는 국가 징병제를 바탕으로 건설되었다. 선발된 사람들은 지방의 란스레예멘트 Landsregement를 구성하며 란스레예멘트 각각은 다시 세 개의 야전 연대를 군대에 제공했다. 이 야전 연대들은 여덟 개의 중대로 구성되었지만 네덜란드군 체제와 마찬가지로 대대squadron(네덜란드군 체제의 대대battalion와 유사하다.)라는 〔연대보다〕 더 작은 부대 단위로 전개되었다. 대대의 정원을 살펴보면, 총 216명의 장창병이 18명씩, 12개의 분대로 나뉘었고 총 288명의 머스킷 총병은 24명씩, 12명의 하사

그림_ 17세기 교본에 묘사된 장창 반복 훈련을 순서대로 그린 이 그림은 장창의 다양한 위치를 보여준다. 오른쪽에서 두 번째 그림에서는 '장창 밀기' 동작을 볼 수 있으며 마지막 그림에서는 기병대의 돌격을 막는 전술을 볼 수 있다. 이러한 교본의 도입은 당시 점점 더 커지는 상비군의 반복 군사 훈련을 표준화하는 데 중요했다.

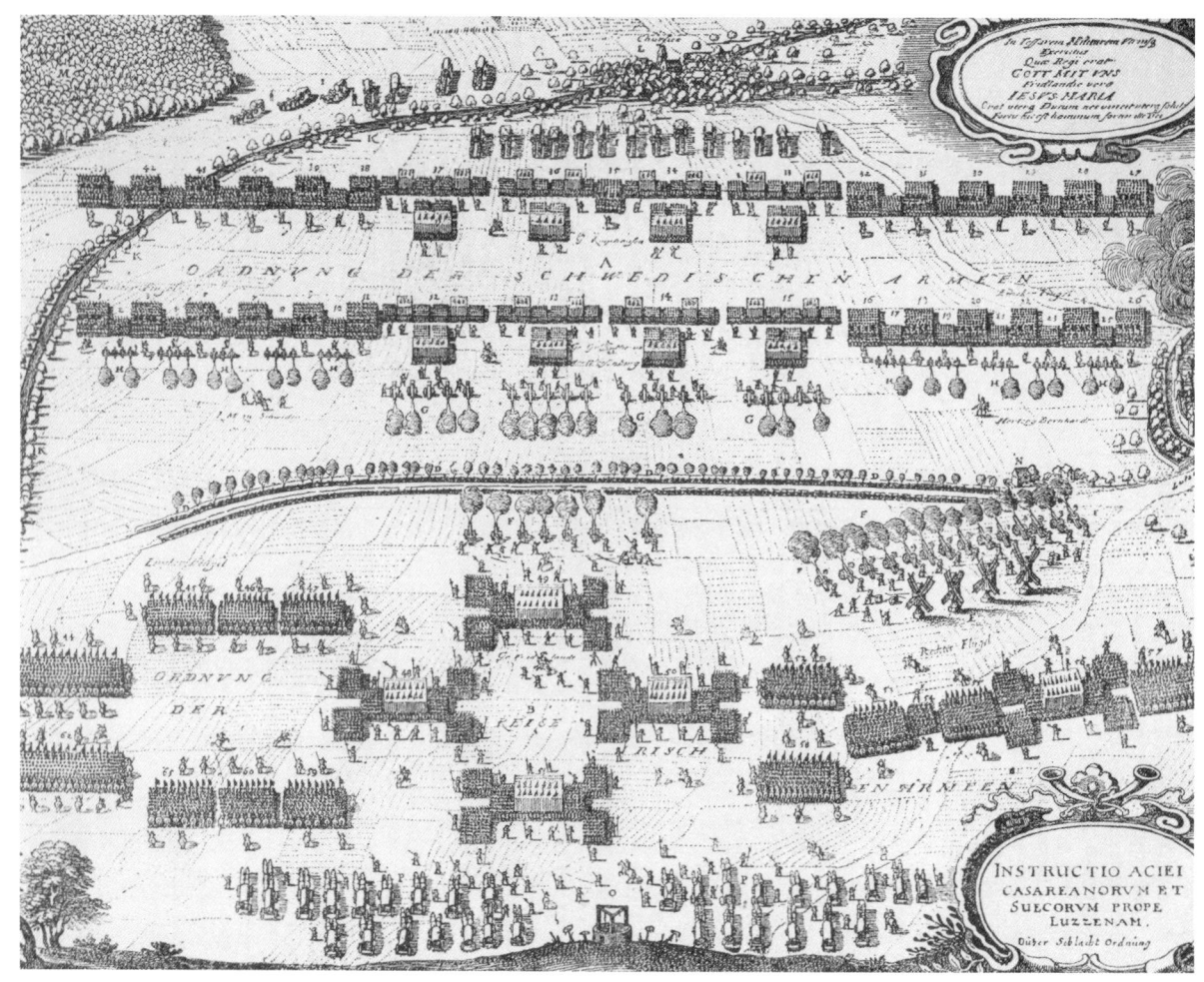

그림_ 구스타브 아돌프는 1632년 뤼첸 전투에서 전사했다. 스웨덴군의 위치는 삽화 위쪽이고 황제군은 아래쪽에 배치되어 있다. 더 선형적인 스웨덴군의 대형은 황제군 보병의 더 두터운 테르시오형 대형과 쉽게 구분된다.

관의 지휘를 받았다. 흔히 기병을 지원하기 위해 머스킷 총병 4분대를 따로 떼어내 파견하는 경우가 흔했다.

스웨덴 군대는 자국민만으로 매우 큰 상비군을 유지할 수 없었으므로 란스레예멘트의 병사들을 보충하기 위해 용병을 고용했다. 스웨덴군은 주로 두 군데의 공급원에 의지했다. 첫째는 용병 제공의 역사가 오래된 독일이었다. 둘째는 스코틀랜드였다.

구스타브 아돌프는 스코틀랜드인들을 광범위하게 모집했는데 사병(30년 전쟁 동안 13,000명 정도)뿐 아니라 장교들도 입대시켜서, 스웨덴 군대의 스코틀랜드 출신 장교들은 적어도 대령 30명, 장군 6명에 달했다. 용병들은 곧 여러 유럽 국가들이 모방하게 될 '스웨덴 규율Swedish Discipline' 이라는 스웨덴 규정에 따라 조직되고 훈련받았다. 네덜란드군처럼 스웨덴군도 자국민 부대와 용병 부대를 1년 내내 유지해서 고도의 규율을 기대할 수 있었다. 그 규율에는 예배에 의무적으로 참석하는 것도 포함되었다. 지나치게 잦은 불참은 사형으로 이어질 수도 있었다.

전장에서 대대는 여단으로 알려진 대형으로 뭉쳤

다. 스웨덴군의 여단은 일반적으로 서너 개의 대대로 구성되었다. 이 대대들은 서로를 지원하는 두 대열로 배치되었고 격자형 대형을 이루었다. 각각의 여단에는 3파운드 대대 포battalion gun가 열두 문이나 배치되었다. 이 경포는 보병대와 함께 전진할 수 있었고 여단의 화력을 증강시켰다. 화력 증강은 구스타브 아돌프가 탄약을 담는 나무 상자를 도입하면서 특히 두드러졌다. 탄약통을 사용함으로써 실제로 이 경포 포수들은 머스킷 총병보다 더 빨리 사격할 수 있었다(머스킷 총병이 여섯 발을 발사할 때 여덟 발을 발사하는 정도). 이 여단들은 30년 전쟁 동안 상설 대형이 되었고 고도의 결속력과 단체 정신esprit de corps을 발전시켰다. 그들은 여단 단위를 구성하는 한두 연대의 코트 색깔에 따라 불렸는데 이를테면 푸른 여단, 노란 여단, 녹색 여단 같은 식이었다.

스웨덴군의 전술은 화력을 강조했고 따라서 스웨덴인들은 심지어 네덜란드인들보다 더 가는 대형을 선호했다. 대대의 표준 대형은 6열 횡대였으며 장창병은 중앙을 이루고 머스킷 총병은 측면을 차지했으며 심지어 그중 일부는 부대 전방을 맡았다. 이 대형에서 머스킷 총병은 후진 사격을 했다. 그러나 적이 가까워지면 머스킷 총병들은 "오伍를 겹치라."라는 명령을 받은 것이 분명하다. 이 명령이 떨어지면 맨 뒤 3열의 머스킷 총병이 자신들이 속한 오와 바로 옆 오 사이 공간으로 이동했으며 따라서 한 번의 움직임으로 6열 횡대는 3열 횡대의 대형으로 탈바꿈했다. 이런 대형에서 제1열은 무릎을 꿇고 제2열은 웅크리며 제3열은 기립했다. 명령에 따라 모두 동시에 사격을 하고 배치된 3파운드 포에서도 불을 뿜으면 적에게 막대한 타격을 입힐 수 있었다. 적이 흔들리면 전 대대는 적의 대형을 무너트리기 위해 돌격한다. 적이 꿋꿋이 버티면 머스킷 총병들은 재장전을 하고 필요한 경우 안전하게 장창병들 뒤에서 또 한 차례 일제 사격을 한다. 이러한 과정은 적이 무너질

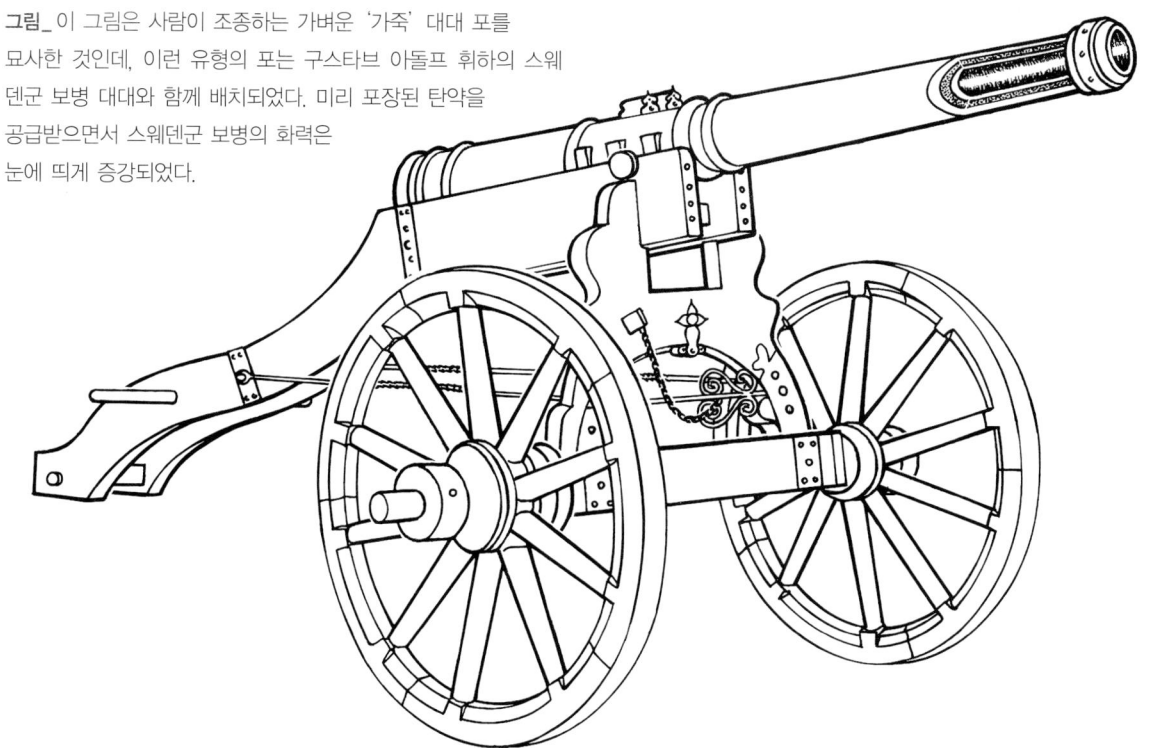

그림_ 이 그림은 사람이 조종하는 가벼운 '가죽' 대대 포를 묘사한 것인데, 이런 유형의 포는 구스타브 아돌프 휘하의 스웨덴군 보병 대대와 함께 배치되었다. 미리 포장된 탄약을 공급받으면서 스웨덴군 보병의 화력은 눈에 띄게 증강되었다.

1644년
스트라스보지 보병 연대의 장창병

스트라스보지 연대는 1639년, 왕당파를 지원하고자 2대 헌틀리 후작 조지 고든이 창설했다. 스트라스보지 연대는 주로 저지 스코틀랜드인들로 구성되었고 잘 훈련받았으며 장비도 잘 갖췄다. 주교 전쟁[1639년 찰스 1세가 장로제로 운영되는 스코틀랜드 교회에 영국 국교회의 주교 감독 체제를 강요하면서 일어난 내란] 시기에 스트라스보지 연대는 최대 600명가량을 동원했는데 그 가운데 1/3은 장창병이었으며 잉글랜드에서 구입한 무기로 무장했다. 잉글랜드에서 온 물자 가운데에는 "장창 1,000자루와 마구 및 갑옷"이 있었으므로 이 시기 장창병은 갑옷도 입었던 듯하다. 스트라스보지 연대는 직업 장교들의 매서운 눈길 아래 스트라스보지 성에서 두 달간 훈련을 받은 덕택에 규율 수준도 높았다. 1644년에 다시 모집되었을 때에도 왕당파에 가담했다. 다른 정부군과 통일하기 위한 명백한 노력의 일환으로 이때는 장창병에게 갑옷이 지급되지 않았다. 스트라스보지 연대는 1645~1646년의 전투에 여러 차례 참가했다.

때까지 반복된다.

 스웨덴군은 기병을 지원할 때도 보병의 화력에 의존했다. 기병이 돌격 공격 작전을 수행할 때 (피스톨에 의존하는 선회caracole[기병이 말을 오른쪽이나 왼쪽으로 180도 회전시키는 동작] 전술을 구사하는 대신) 흔히 머스킷 총병을 파견해 기병대 사이사이에 배치했다. 이 머스킷 총병들은 기병대가 돌격을 감행할 태세를 갖출 때까지 적군을 저지하는 수비 지원을 했다.

 구스타브 아돌프 아래서 장창과 탄환 결합 전술은 절정에 달했다. 구스타브 아돌프는 그때까지 가능했던 것보다 공격 전술에 더 집중할 수 있는 조직과 전술을 발전시켰다. 그러나 머스킷 총병은 총이 장전되지 않고 준비가 되지 않은 상태에서나 장창병의 지원이 없는 상태에서는 특히 기병대에게 취약했으므로 여전히 한계가 있었다. 그러나 17세기 이후에는 얼마간의 기술 혁신과 함께 그러한 상황에 변화가 찾아오게 된다.

1631년 브라이텐펠트 전투 : 화력과 유연성

 1628년 6월, 구스타브 아돌프는 북독일에서 고전하고 있는 프로테스탄트들의 전세를 역전시키고자 30년 전쟁에 뛰어들었다. 그의 초기 노력은 덴마크를 지원해 포메른에 있는 슈트랄준트 시에 대한 황제군의 포위를 푸는 데 국한되었다. 구스타브 아돌프가 개입을 자제한 데에는 여러 이유가 있었다. 그에게는 독일에서 군대를 창설하고 유지하는 데 필요한 자원이 한정되어 있었다. 스웨덴에서는 국민군이라는 든든한 기반이 있었던 반면, 북독일에서 진지한

> 전쟁에서 경무장 부대의 필요성은 익히 알려져 있다. 군대의 안전에 필수적이며 경무장 부대가 없는 군대는 …… 경무장 부대를 잘 갖춘 군대에 맞서 살아남을 수 없다는 것을 모르는 이는 없다.
>
> ─ 요한 폰 에발트, 『유격전에 관한 논고』

노력을 경주하려면 본국에서 더 많은 병사들을 동원해야 하고 용병과 동맹군을 충분히 모집하여 전투에 나설 수 있게 준비시켜야 했다. 더욱이 그의 제한된 군대는 이미 전장에 나가 있었다. 그는 근 2년간 폴란드와 전쟁 중이어서 폴란드에 군대를 주둔시키고 있었다. 그러나 신성로마제국은 구스타브 아돌프의 슈트랄준트 개입을 좌시하지 않았고 폴란드를 지원하기 위해 황제군을 파견했다. 구스타브 아돌프는 자신이 보유한 자원이 양쪽에서 전쟁을 치르기 위해 필요한 자원에는 한참 못 미친다는 사실을 인식하고 재빨리 유리한 조건에서 폴란드와 강화를 맺었다.

 2년 후인 1630년 6월, 구스타브 아돌프는 14,000명의 소규모 병력을 포메른에 상륙시켰다. 북독일에 상당한 규모의 황제군이 있었으나 여러 주둔지에 흩어져 있었기에 스웨덴군의 상륙은 저지되지 않았다. 다음 6개월에 걸쳐 구스타브 아돌프는 추가로 군사를 일으켜 군대를 5만 명까지 불린 것 같다. 그러나 이것도 포메른에 주둔하면서 황제군에게 공격을 감행하기에는 충분치 않았다. 구스타브 아돌프는 1631년 전역戰域 시즌이 개시될 무렵에 작전을 위해 8만 명의 병력을 추가로 모을 수 있기를 바랐지만 북독일 사람들 가운데서 별반 지원을 얻지 못했는데, 많은 이들이 그의 동기를 의심하고 있었거나 단순히 병력을 제공할 능력이 없었기 때문이었다. 슐레지엔과 작센을 침공해 제국의 수도 빈으로 밀고 들어가려던 그의 계획은 이루기가 너무 어려웠다. 사실, 그는 그 해 5월 황제군이 마그데부르크를 약탈하고 주민들을 학살하는 것도 막지 못했다. 그러

그림_ 이 삽화는 발포를 준비 중인 대포를 보여준다. 포수들은 이전에 발사하고 남은 종이 심지나 화약이 이번 발사를 위해 장전한 화약을 미리 점화하는 일이 없도록 우선 젖은 스펀지로 포신 내부를 닦아낸다. 그다음에 포수들은 화약과 포탄을 포신에 장전하고 꽂을대를 이용해 포신 맨 아래에 화약을 단단히 집어넣는다.

다음으로 포수들은 이전 발사에 의한 반동이 상당하기 때문에 지레를 이용해 대포를 움직여 조준한다. 마지막으로 화승간이라고 알려진, 끝이 갈라진 막대기에 부착된 심지를 가져다 점화하면 발포 준비가 끝난다.

나 그는 곧 프랑스와 브란덴부르크에서 현금 보조 형태로 지원을 받아 마침내 추가로 군대를 모집하고 절실한 동맹군을 끌어 모으게 된다. 그는 헤센-카셀에서 온 1만 명가량의 병력의 지휘권을 얻었고 작센 선제후 요한 게오르크도 그에게 접근해왔다. 요한 게오르크는 막 라이프치히 시를 잃은 차였다. 요한 체르클라에스 반 틸리 휘하 황제군이 저항 시 마그데부르크와 같은 운명을 겪게 될 것이라고 위협하여 라이프치히를 손에 넣은 것이다. 작센 선제후는 이때까지 신중하게 중립을 유지해왔으나 구스타브 아돌프는 자신과 공식적 동맹을 맺을 경우에만 선제후를 돕겠다고 조건을 내걸었다. 반反황제 진영에 가담하도록 공공연하게 선제후에게 강요한 것이다.

이 동맹에 따라 구스타브 아돌프는 요한 게오르크가 이끄는 작센군 병사들과 합류하기 위해 이동했다. 1631년 9월 5일, 두 군대는 라이프치히 북쪽 약 32킬로미터 지점에서 접선했다. 구스타브 아돌프는 2만 4천 명의 병력을 이끌었다. 여기에 1만 8천 명 규모의 작센 분견대가 합류했다. 구스타브 아돌프는 이 동맹군으로 틸리가 이끄는 3만 5천 명의 황제군과 싸워 이길 수 있으리라 자신했다. 베테랑 군대를 지휘하고 있던 틸리는 스웨덴군을 겁낼 이유가 없다고 생각했음이 분명하다. 게다가 이때까지 작센은 중립을 유지해서 영토가 유린되지 않았기 때문에 라이프치히와 주변의 시골 배후지는 틸리의 군대에 절실한 보급품을 제공해줄 수 있었다.

전투 배치

구스타브 아돌프와 요한 게오르크가 라이프치히를 향해 군대를 이동시키자, 틸리는 그들에 대적하고자 군대를 끌고 나와 도시 북쪽에서 8킬로미터 부근에 있는 등성이에 자리를 잡았다. 9월 7일 아침, 두 군대는 격돌했다. 틸리의 보병대가 등성이를 차지하고 있었는데 약 18개의 테르시오가 중앙을 맡아 일렬로 늘어섰다. 틸리의 기병은 양익에 정렬했다. 약 5천 명의 기병으로 구성된 좌익은 틸리의 부관인 파펜하임 백작 고트프리트 하인리히가 지휘했다. 우익의 기병대는 틸리가 직접 지휘했다. 그의 계획은 양익의 기병대가 적의 양익을 향해 합동 공격을 감행해 적을 몰아내고 그런 다음에 방향을 틀어 스웨덴군의 중앙을 양 측면에서 에워싸는 것이었다.

구스타브 아돌프는 군대를 2선의 전투 대형으로 배치하고 각 대형을 예비 부대로 뒷받침했다. 제1선의 예비 병력은 상당했으나 제2선의 예비 병력은 소규모 기병 부대 두 개뿐이었다. 스웨덴군 중앙 전면에 배치된 것은 중포 12문과 가벼운 야포 43문이었으며 3파운드 대대 포도 보병 부대 곳곳에 배치되었다. 비록 여러 부대가 스웨덴군 보병의 왼쪽을 보호하기는 했지만 스웨덴군 기병의 대부분은 파펜하임 백작의 돌격대에 맞서 우익을 형성했다. 스웨덴군 기병대에는 머스킷 총병 분견대가 여럿 배속되어 있었는데 각각이 약 200명 규모인 이 분견대들은 기병 부대들 사이사이에 배치되었다. 스웨덴-작센 동맹군의 좌익은 작센군이 담당했다. 그들은 황제군처럼 큰 연대 단위로 대형을 이뤘고 자체 기병대가 있었다. 우선 구스타브 아돌프는 포대로 전투를 개시한 후 전투가 어떻게 전개되는지 살펴보기로 했던 것 같다.

뒤따른 포격 대결은 스웨덴군이 우세했다. 스웨덴군은 대포가 더 많았을 뿐 아니라 탄약통 덕분에 황제군 포대보다 더 많은 양의 포탄을 날려보냈다. 스웨덴군 포대의 공격은 분명히 효과가 있었다. 스

그림_ 포병대의 장비: (위에서부터) 포탄을 포신 속에 장착할 때 쓰는 탄약 꽂을대, 포신 속에 남아 있는 불씨가 없도록 포강을 닦아내는 데 쓰는 스펀지, 이전 발사 후 남아 있을지 모르는 종이 심지를 제거하는 데 쓰는 도구, 화약 국자, 대포를 점화하기 위해 화문火門[구식 총포에 있는 점화 구멍]에 갖다 대는 심지가 부착된 화승간.

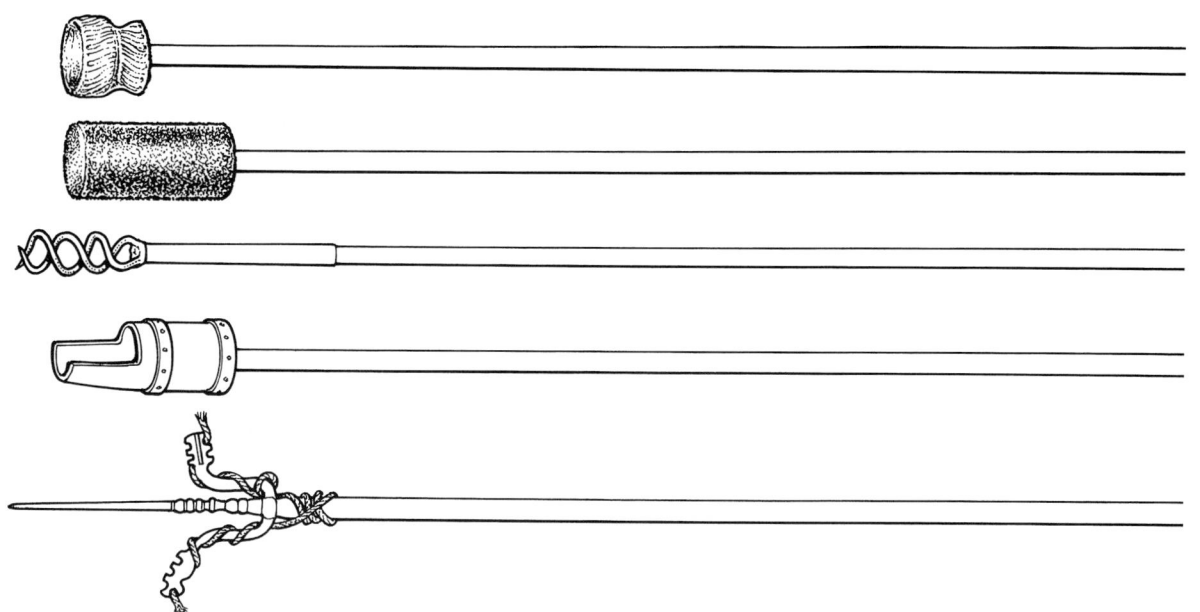

웨덴군의 맹포격에 타격을 입은 파펜하임 백작의 기병대는 스웨덴군의 포격을 피하고자 적의 기병대와 맞붙는 쪽을 택했고 이를 위해 전방으로 전진했다. 이 움직임은 예기치 못한 것이었기 때문에 틸리는 같은 시각에 그의 부대에 전진하라는 명령을 내리지 않았고 따라서 파펜하임 백작의 기병대는 지원 없이 전진했다.

파펜하임 백작의 기병대는 스웨덴군 기병대를 공격했으나 돌격해서 백병전을 벌이는 식이 아니라 선회 대형을 이용하는 방식을 따랐다. 이것은 피스톨 사정거리 안까지 말을 몰아가서 사격을 하고 재장전하기 위해 말을 선회한 후 다시 처음 과정을 반복하는 것을 말한다. 보병의 후진 사격과 유사한 개념이었다. 그러나 이 전술은 기병 부대 사이사이로 머스

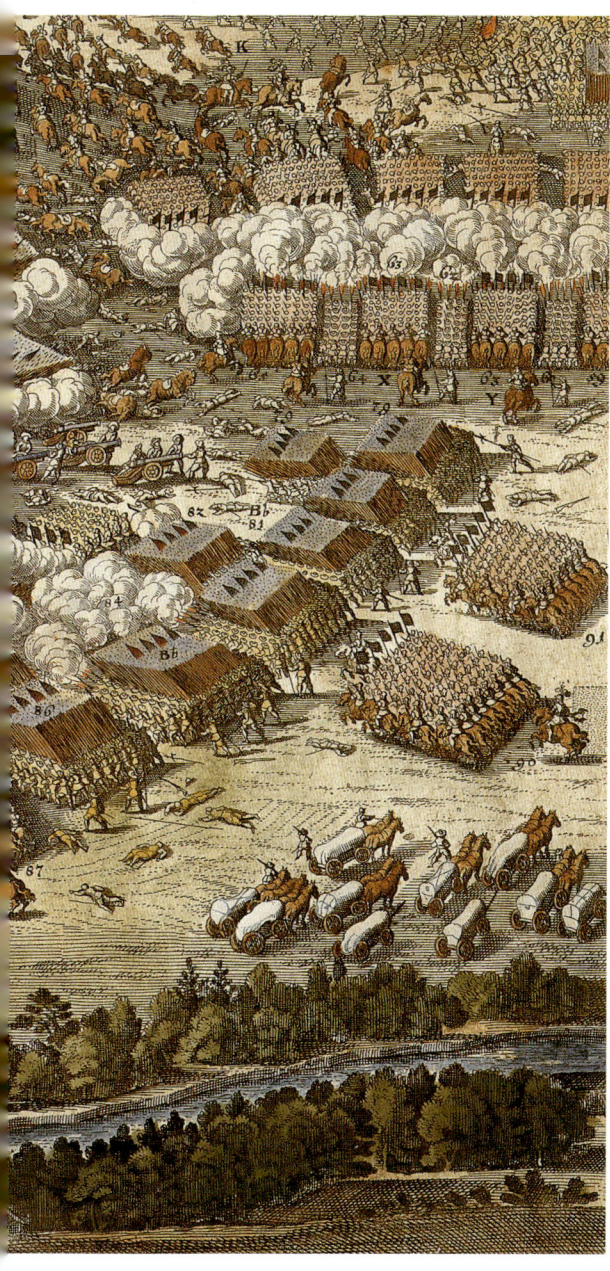

그림_ 일단, 보병이 백병전을 벌이게 되면 17세기 전투는 이 브라이텐펠트 전투 그림에서처럼 분명한 혼전 양상을 드러냈다. 이 그림에는 흑색 화약 무기에서 발생하는 엄청난 연기가 전장을 자욱하게 덮은 모습이 잘 드러나 있다.

킷 총병 분견대가 섞여 있는 스웨덴군 기병대를 상대로는 효과적이지 않았다. 스웨덴군 머스킷 총병들은 황제군 기마병들에게 상당한 피해를 입혔다. 그들의 일제 사격이 더 집중적이었고 그들 무기의 사정거리가 더 길었으며 관통력도 더 컸기 때문이다. 파펜하임 백작은 스웨덴군 측면을 우회하기 위해 전열을 길게 늘이는 것으로 대응했지만 스웨덴군 기병대도 그의 움직임에 맞서 전열을 길게 늘였다.

　[황제군의] 우익 쪽 상황은 황제군에게 더 유리하게 굴러갔다. 틸리의 기병대는 파펜하임 백작의 돌격대가 공격을 위해 전속력으로 질주하는 것을 보고 마찬가지로 움직이기 시작했다. 그들의 예봉은 작센 분견대로 떨어졌다. 풋내기 작센군 병사들은 베테랑 황제군 기병대와 맞닥뜨리자 도망쳤다. 단 한 차례 일격에 구스타브 아돌프의 병력 가운데 40퍼센트가 전장에서 떨어져 나갔다. 이를 보자 틸리의 군대는 "승리!"를 외치기 시작했다. 황제군 기병대가 자신들을 지원하기 위해 전진해오는 보병대와 함께 스웨덴군의 좌익을 포위할 수 있었다면 스웨덴 군대는 전멸했을지도 모른다.

　구스타브 아돌프한테는 천만다행이게도 군대 배치와 병사들의 규율 덕분에 스웨덴군의 좌익은 황제군 기병대 앞에서 무너지지 않았다. 이제 노출된 스웨덴군 좌익의 지휘관은 구스타브 아돌프의 가장 유능한 장교 가운데 한 명인 구스타브 호른이었다. 그는 적의 위협에 맞서 병사들의 탁월한 규율과 더 작은 단위인 대대 대형의 유연성에 의지할 수 있었다. 스웨덴군 대형은 2선 이상으로 배치되었기 때문에 호른은 뒤쪽에 배치된 예비 병력도 끌어올 수 있었다. 게다가 그는 이러한 기동을 신속하게 수행할 수 있었기에 황제군이 작센군을 재빨리 패주시킨 후 효과적으로 전열을 재정비하기 전에 공격할 수 있는 위치에 서게 됐다. 힘을 비축한 예비 병력과 전장의 다른 구역에서 온 병사들이 도착하자, 스웨덴군은 질서정연한 일제 사격으로 황제군을 몰아내기 시작했다.

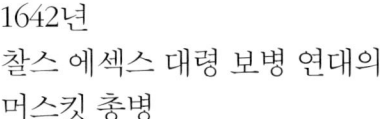

1642년
찰스 에섹스 대령 보병 연대의 머스킷 총병

이 그림은 영국 내전〔1642~1651년 영국의 의회파와 왕당파 간 무력 충돌〕기간의 전형적인 머스킷 총병을 보여준다. 크고 무거운 심지 점화식 머스킷으로 무장한 모습이다. 이 무기는 조준할 때 도움이 필요할 정도로 다루기가 매우 까다로웠기 때문에 병사는 왼손에 머스킷을 지지해주는 끝이 갈라진 거치대를 들고 있다. 또한 어깨에는 화약과 총알이 담긴 작은 나무통을 매단 탄띠를 둘렀다. 탄띠에는 전통적으로 그런 탄약통이 열두 개 달려 있었기 때문에, 이 머스킷 총병들은 흔히 "12사도"로 불렸다. 탄띠 끝에는 긴 심지를 감아서 다니는데 이 심지는 무기를 점화할 때 사용된다. 투구나 갑옷을 착용하지 않은 모습이다. 그러한 보호구는 창병에게만 주어지며 17세기가 흐르면서 심지어 창병들도 갑옷을 입지 않게 된다.

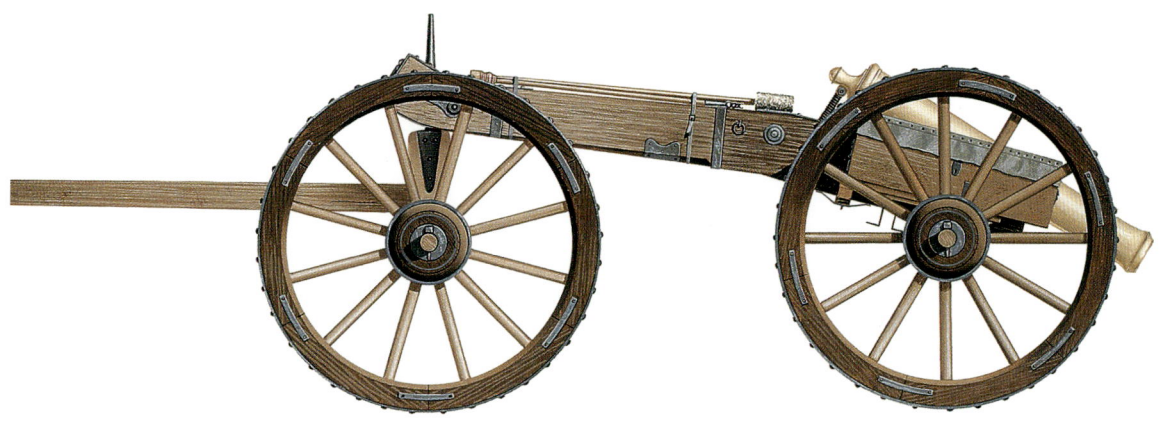

그림_ 이 18세기 포는 이동을 위해 포차에 장착되었다. 이 시기가 되자 포는 이전 시기 대포에 비해 더 가벼워지고 기동성이 향상되었다. 아래에 그려진 것은 탄약의 주요 유형이다. (왼쪽에서 오른쪽 순으로) 산탄, 포도탄, 구형球形 포탄인데, 많은 수의 머스킷 총알을 적에게 흩뿌리는 앞의 두 가지 포탄은 근거리에서 사용되었다. 구형 포탄은 더 장거리에 사용되었다.

이 무렵 전투는 다섯 시간째 격렬하게 진행되고 있었다. 스웨덴군의 우익은 구스타브 아돌프가 직접 지휘하고 있었고 파펜하임 백작과 그의 기병대는 마침내 격퇴되었다. 명장의 혜안을 드러내던 구스타브 아돌프는 이제 공격할 때가 왔음을 알아차렸다. 여러 기병대의 선두에 선 그는 스웨덴군 우익을 이끌고 황제군 중앙을 공격했다. 그곳의 병사들 가운데 많은 수는 교전을 지원하기 위해 전장의 다른 구역으로 이동한 터였다.

구스타브 아돌프와 병사들은 적의 중앙을 돌파해 틸리의 대포를 탈취하고 대포의 이전 주인을 향해 포구를 겨눴다. 중앙이 무너지고 포격이 가세하자 황제군은 더 이상 버티지 못하고 무너졌다. 스웨덴군 기병대는 적을 추적해 약 7천6백 명의 황제군 병사들을 죽이고 6천 명의 병사를 포로로 사로잡았다. 스웨덴군 측은 2천 명의 병사를 잃었다.

브라이텐펠트 전투는 특히 경험과 진취적 결단력을 갖춘 지휘관이 이끌 경우, 화력과 강타 전술shock action의 결합 및 뛰어난 규율과 조직적인 유연성이라는 '스웨덴식 종합'의 우수성을 보여주었다. 30년 전쟁이 지속되면서, 황제군을 포함한 여러 군대들은 더 작고 더 유연한, 네덜란드군 대대나 스웨덴군 대대 같은 부대 단위를 모방하게 된다.

선형 전술의 부상 : 1660~1715년

네덜란드식 전술 체제와 30년 전쟁의 경험으로 이후의 군사적 사고는 18세기의 선형 전술로 발전하게 될 방향으로 나아갔다. 더 작은 단위인 대대의 도입, 그러한 대대가 서로를 지원하는 대형 전개, 겹겹이 줄지어 선 병사들이 동시에 사격하는 스웨덴식 일제 사격 도입 등이 모두 18세기 전투의 특징이 되었다.

비록 이러한 발전들은 모두 이후의 전술을 예고했지만 17세기 후반의 몇몇 변화들이 특히 결정적이게 된다. 이러한 변화 가운데 일부는 기술적인 것이며 기술의 효과는 혁명적이기보다 다소 서서히 나타나게 된다. 다른 변화들은 더 제도적인 것이며 근대 초기 유럽의 국가 권력의 성장을 반영한다. 그러나 이러한 기술적, 제도적 변화들이 서로 결합하자 유

브라이텐펠트 전투

1631년

라이프치히를 점령한 황제군을 공격하기 위해 군대를 이끌고 가던 구스타브 아돌프는 도중에 틸리 백작이 지휘하는 황제군과 조우한다. 거대한 기병대가 양익을 담당한 황제군은 등성이를 따라 배치되었다. 구스타브 아돌프는 스웨덴 군대를 2선으로 배치했는데, 각각은 적은 수의 예비 병력을 보유했다. 스웨덴군 전열의 좌익은 작센 동맹군이 담당했다. 전투는 포격 대결로 시작되었고 속사포와 더 많은 수의 대포를 보유한 스웨덴군 포대가 우위를 보였다. 전투는 먼저 황제군 좌익의 기병대가, 그다음에는 황제군 우익이 전방으로 돌격하면서 개시되었다. 황제군 좌익은 머스킷 총병의 지원을 받는 스웨덴군 기병에 의해 저지되었으나 황제군 우익은 작센군을 패주시켰다. 다행스럽게도 더 작은 규모의 스웨덴군 부대 단위의 전술적 기동성과 규율 덕분에 스웨덴군 좌익의 균열을 메우고 우익에서 황제군의 중앙을 공격할 수 있게 되어, 구스타브 아돌프는 결국 황제군을 물리쳤다.

스웨덴
포메른
브라이텐펠트
라이프치히
프랑스
빈

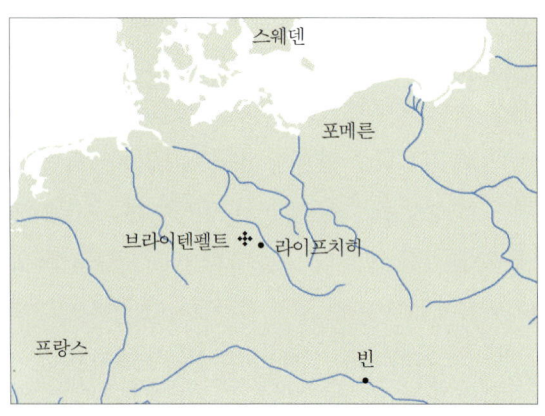

작센 선제후와 동맹을 체결한 스웨덴 국왕 구스타브 아돌프는 황제군으로부터 라이프치히를 해방시키고자 스웨덴-작센 동맹군을 이끌었다. 틸리 백작 휘하의 황제군은 도시에서 나와 브라이텐펠트에서 구스타브 아돌프의 군대와 맞붙었다.

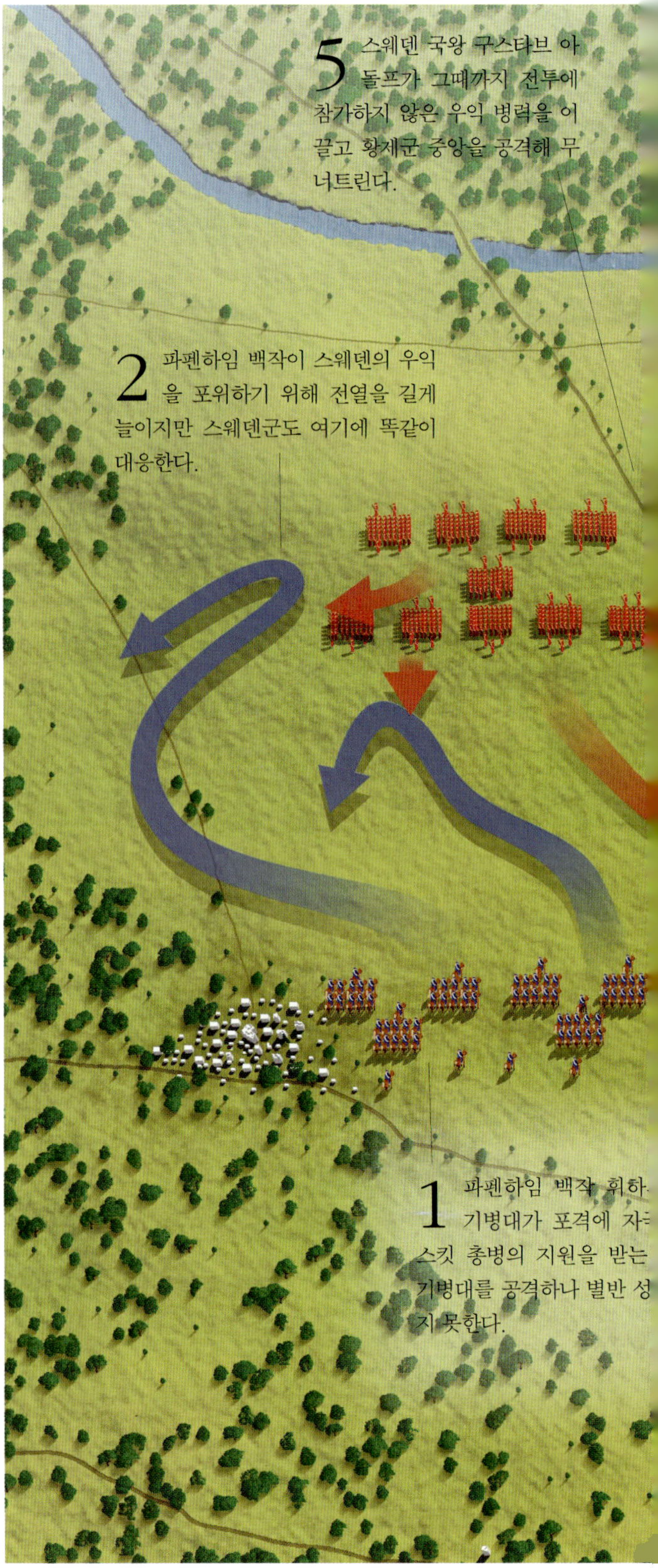
5 스웨덴 국왕 구스타브 아돌프가 그때까지 전투에 참가하지 않은 우익 병력을 이끌고 황제군 중앙을 공격해 무너트린다.
2 파펜하임 백작이 스웨덴의 우익을 포위하기 위해 전열을 길게 늘이지만 스웨덴군도 여기에 똑같이 대응한다.
1 파펜하임 백작 휘하
기병대가 포격에 자
스킷 총병의 지원을 받는
기병대를 공격하나 별반 성
지 못한다.

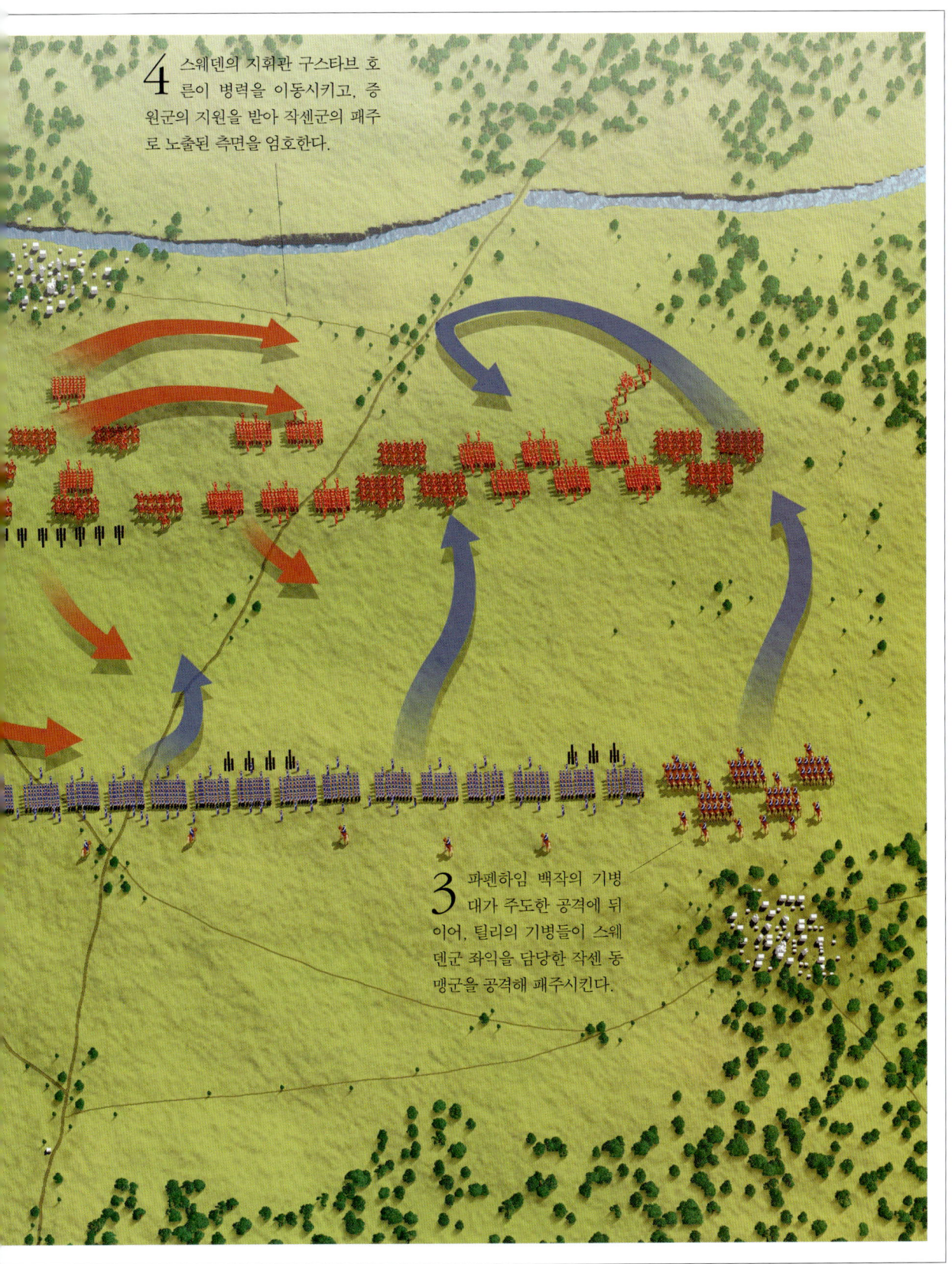

그림_ 창병 한 명당 머스킷 총병 다섯 명을 배치한 18세기 초 보병 대형. 이 삽화는 이러한 부대 단위에서 창병 배치의 어려움을 보여준다. 창병은 맨 뒷줄에 배치되어 있다. 이 경우 최대한 많은 수의 머스킷 총병이 집중될 수 있지만 창병은 더 이상 머스킷 총병을 보호할 수 없다.

럽의 거대 왕조 간 충돌을 위한 무대가 마련되었을 뿐만 아니라 유럽인들이 자신들의 군사적 위력을 유럽 이외의 지역에 과시하는 것이 가능해졌다.

17세기 동안 군대들이 배운 여러 교훈 가운데 하나는 전장에서 화력이 보여준 파괴적 효과였다. 머스킷의 경량화, 더 많은 총병들이 사격에 집중할 수 있는 더 가는 대형, 여러 대열이 동시에 사격하는 일제 사격 전술 등은 모두, 부대 단위에 더 많은 수의 총병을 배치하는 경향을 촉진했다. 15세기에 에스파냐 테르시오는 머스킷 총병 한 명당 서너 명의 창병을 배치했지만 17세기 중반이 되자 그 비율은 1 대 1에 가깝게 되었다. 스웨덴군 대대에서 그 비율은 창병 세 명당 머스킷 총병 네 명이었다. 물론 스웨덴군 총병 가운데 일부는 개별 부대 단위를 구성해 기병대에 파견되기도 했음을 감안해야 할 것이다.

17세기 마지막 사반세기가 되자 머스킷 대 장창의 비율은 극적으로 변했다. 이 시기 대다수 국가들의 대부분의 대대에서 장창병의 비율은 부대 내에서 1/5~1/6로 떨어졌다. 이것은 잠재적 화력을 증강시켰지만, 극복해야 할 문제는 여전히 남아 있었고 미래는 화약 무기에 달려 있다고 모두가 동의한 것도 아니었다. 어떤 이들은 장창으로의 복귀를 주장했다. 1674년 라이몬도 몬테쿠콜리는 여전히 장창을 "보병 무기의 여왕"으로 꼽았다.

머스킷 총병의 수가 늘어나는 것과 관련한 주요 문제 가운데 하나는 총병이 재장전을 할 때나 기병의 공격을 받을 때 그들을 어떻게 보호하느냐였다. 적은 수의 장창병으로 많은 수의 총병을 보호하려면 장창병을 어떻게 배치해야 할 것인가? 일례로, 17세기 후반 프랑스군 대대는 650명이었고 보통 5열 횡대로 정렬했다. 이 가운데 120명은 장창병, 480명은 머스킷 총병, 50명은 척탄병(수류탄과 머스킷으로 무

그림_ 이 삽화는 같은 부대 단위를 보여주지만 창병이 전방에 배치되어 머스킷 총병을 보호할 수 있다. 그러나 족히 절반이 넘는 머스킷 총병들은 사격을 할 수 없다. 이러한 대형은, 일시적으로 부대를 흐트러뜨리지 않으면 창병이 앞으로 나오기 힘들기 때문에 운용하기도 힘들다.

장하고 종종 요새를 급습할 때 투입되는 정예 보병)이었다. 표준 대형은 장창병이 중앙에 24열 종대를 구성하고 머스킷 총병이 양익에 48열 종대를 구성하며 척탄병이 최우익에 10열 종대로 서는 것이었다. 이때 바깥 종대의 머스킷 총병과 척탄병은 장창 뒤로 몸을 피하기에는 너무 멀리 떨어져 있어서 적 기병의 돌격에 고스란히 노출될 수밖에 없었다. 장창병에 비해 머스킷 총병의 수가 훨씬 많다는 것 또한 15세기 이후로 흔히 그런 것처럼, 총병이 장창병들 사이에서 피난처를 찾기 어렵다는 사실을 의미했다.

프랑스군이 채택한 한 가지 대안은 "대대에 말뚝을 박는 것"이라고 알려진 대형이었다. "말뚝이 박힌" 대대는 5열 횡대로 정렬한다. 처음 두 횡렬은 머스킷 총병으로 구성되며 셋째 횡렬은 장창병, 넷째 횡렬과 다섯째 횡렬은 머스킷 총병으로 구성되었다. 이런 대형에서 앞 두 줄의 총병들은 장창병의 엄호 하에서 사격을 할 수 있었다. 이 대형은 이중의 문제점을 노정했다. 우선, 대대 화력의 족히 절반은 장창병 뒤에 위치해서 머스킷을 일제 사격할 수 없었다.

둘째, 다루기 힘든 장창을 대형 중앙에 위치시키면 부대가 이동하려고 할 때 대형을 흐트러뜨리는 경우가 많았다. 장창을 모두 중앙에 두는 것 말고 다른 해결책은 그들은 넓게 펼쳐놓는 것이었다. 이 경우 60명의 장창병은 중앙에 위치하고 나머지 60명은 30명씩 대대의 양익을 차지했다. 이 대형의 의도는 종렬을 따라 장창을 제공하는 것이었으나 최종 결과는 다른 대형과 다르지 않았는데, 다른 이유가 아니라 그저, 화기로 무장한 병사들을 모두 보호하기에는 장창이 충분하지 않기 때문이다.

다른 문제는 3열 이상의 횡대로 정렬한 머스킷 보병을 효율적으로 운용하는 문제였다. 17세기 후반이 되었을 때 보병 대형의 표준 두께는 5열 횡대였다. 이 또한 적의 기병이 공격할 경우에 발생할 대형의

1장 보병의 역할 **45**

그림_ 이 삽화에서는 영국식·네덜란드식 사격 체제와 프랑스식 사격 체제를 비교해볼 수 있다. 영국군과 네덜란드군의 체제(왼쪽)에서는 3열 횡대로 정렬한 대대의 병사들이 세 차례 발사에 한 번씩 사격할 수 있게 일정한 간격을 두고 배치된다. 제2열과 제3열의 병사들은 제1열의 병사들이 대기하는 동안 차례로 총을 발사한다. 더 옛날 방식인 프랑스식 체제(오른쪽)에서는 사격이 횡렬별로 진행된다. 제1열 병사들이 총을 발사한 후 앞으로 약간 전진하여 엎드리면, 뒷줄의 병사들이 이어서 총을 발사할 수 있다. 네덜란드식 체제에 비해 프랑스식 체제는 횡렬 간 간격이 더 넓어야 한다.

심도에 대한 걱정에서 기인했다. 이때 다섯 명이 모두 동시에 사격할 수 있는 방법은 없었으므로 이 무렵 대안적인 사격 체계가 개발되었다. 한 가지 방법은 횡렬별로 사격하는 것이었다. 이 방식에 따르면, 제1열의 병사들이 세 걸음 전진해 총을 발사하고 다시 대대로 복귀해 재장전을 할 때 제2열의 병사들이 세 걸음 전진해 총을 발사하고 복귀해 재장전을 하고, 차례로 제3열, 제4열, 제5열의 병사들이 뒤따랐다. 이것은 언제든지, 한 열은 사격 중이고 한 열은 장전 중이며 한 열은 장전을 마치고 총을 발사할 준비가 되어 있었다는 것을 의미했다.

이것은 사실, 오래된 후진 사격 체제의 변형이었다. 다른 방법은 종렬별로 사격하거나 분대division 별로 사격하는 것이었다. 종렬별로 사격할 때는 열 명으로 구성된 두 종렬이 본대 앞으로 나와서 전열을 형성하고 총을 발사한 후 본대로 복귀하고 다시 두 종렬이 그 자리를 대신했다. 분대별로 사격할 때도 넷이나 여섯 종렬, 즉 20명이나 30명이 사선射線을 형성한다는 것을 제외하고 기본 과정은 똑같았다. 어느 체제도 효과적이지 않았고 공격 전술을 허용하지 않았다.

17세기 마지막 25년 동안 단계적으로 나타난 두 가지 기술 혁신, 부싯돌 발화식 머스킷과 총검의 등장은 장창과 탄환의 시대가 막을 내리고 선형 전술의 시대가 열렸음을 알렸다. 부싯돌 발화식 머스킷은 17세기 중반 혹은 그보다 앞서 등장했으나 대량으로 쓰기에는 너무 비싸다고 여겨졌다. 그것은 사촌뻘인 심지 점화식 머스킷을 크게 개량한 것이었다. 가장 분명한 이점은 천천히 타는 심지를 직접 화약에 갖다 대어서 불을 붙이는 대신 부싯돌과 부시〔부싯돌을 쳐서 불이 일어나게 하는 쇳조각〕를 맞부딪혀서 화약을 점화하는 것이었다. 이것은 오발이 더 적은 더 믿음직한 발화 방식이었다. 또한 특정 상황, 이를테면 흑색 화약이 많이 있는 장소에서는 이 발화 방식이 더 안전했다. 이 무기가 처음에, 포차와 다량의 화약을 지키는 임무를 맡은 병사들에게 지급

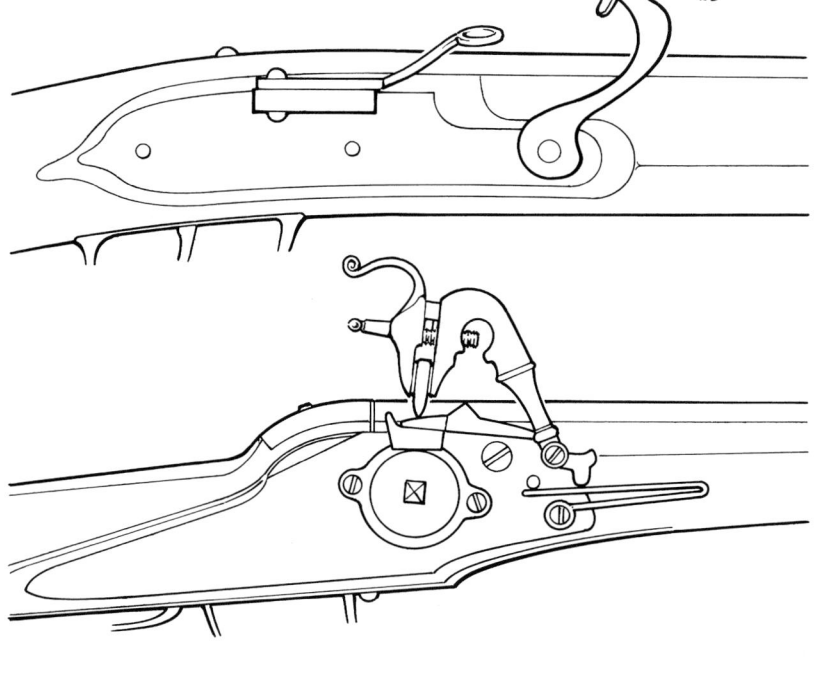

그림_ 화승식 격발 장치는 가장 초기에 등장한, 가장 저렴한 발사 장치이다. 방아쇠를 당기면 불이 붙은 심지가 약실의 장약과 접촉해 불꽃을 일으켜 화약을 점화한다.

그림_ 바퀴식 격발 장치는 유럽 화기 역사에서 매우 초기에 도입되었다. 방아쇠를 당기면 용수철이 장착된 쇠 톱니바퀴가 돌면서 황철광을 물고 있는 공이치기가 내려간다. 그 결과로 생기는 불꽃이 장약을 점화하고 그다음엔 무기를 발사한다. 널리 사용되기에는 너무 비싸고 복잡했다.

그림_ 용수철식 격발 장치는 부싯돌 발화식 발사 방식의 초기 형태이다. 방아쇠를 당기면 쐼쇠에 물려 있는 부싯돌이 약실 위의 철판과 접촉하고 그에 따라 발생하는 불꽃이 화약을 점화한다.

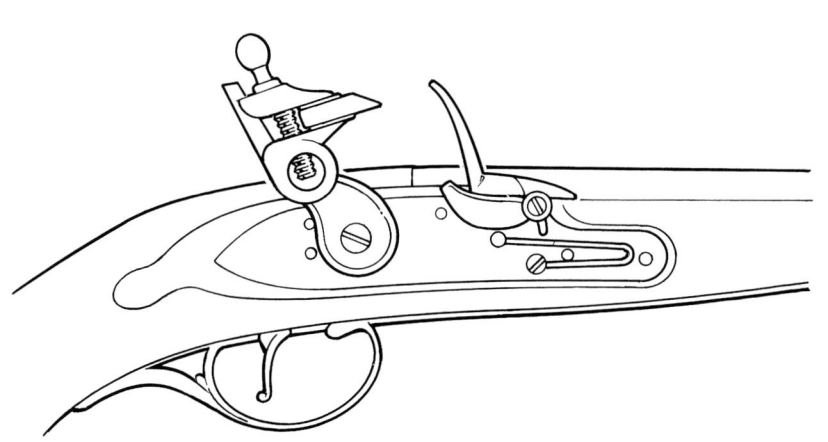

그림_ 파이어록 격발 장치는 부싯돌 발화식 발사 방식 가운데 가장 효율적인 형태이다. 방아쇠를 당기면 쐼쇠에 물려 있는 부싯돌이 약실을 덮고 있는 부시 판과 접촉해서 부시를 뒤로 밀면서 약실이 드러나고 그와 동시에 불꽃을 일으켜 화약을 점화한다.

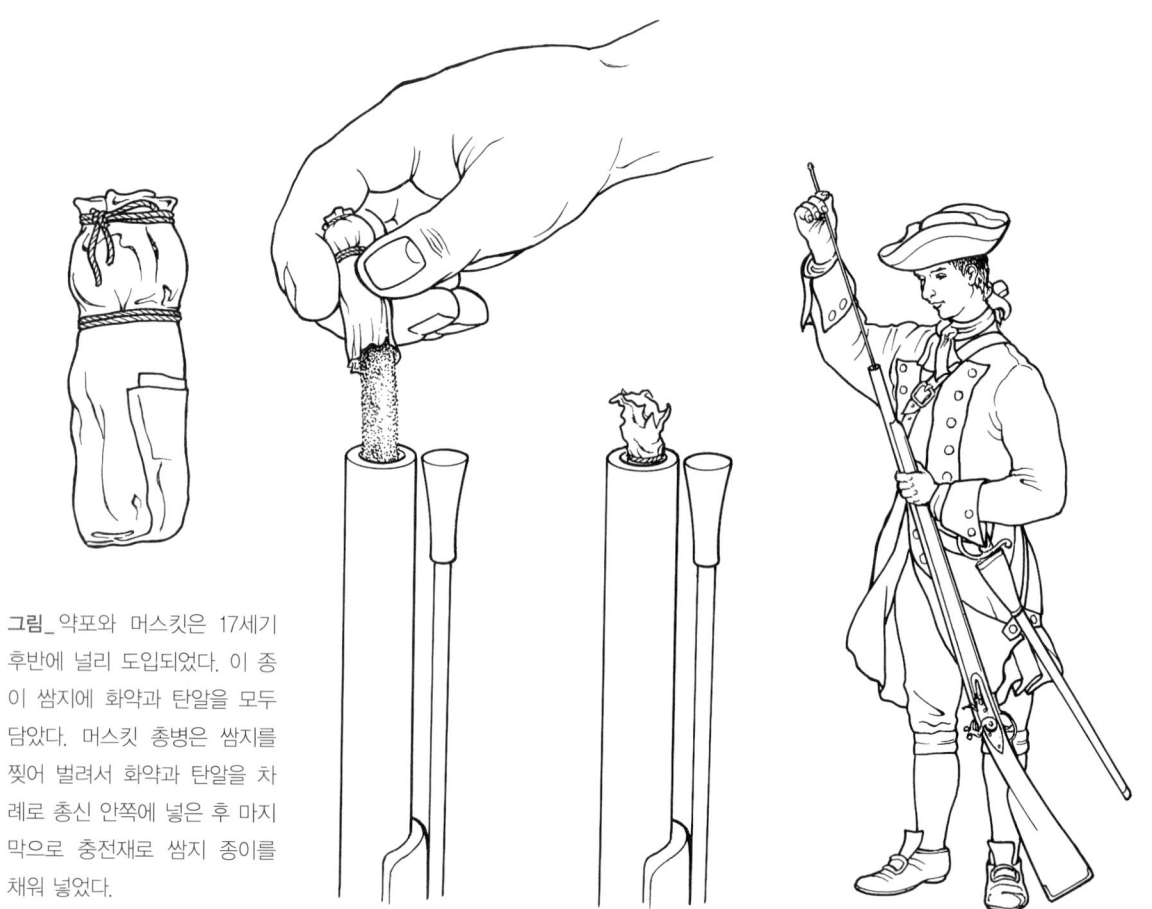

그림_ 약포와 머스킷은 17세기 후반에 널리 도입되었다. 이 종이 쌈지에 화약과 탄알을 모두 담았다. 머스킷 총병은 쌈지를 찢어 벌려서 화약과 탄알을 차례로 총신 안쪽에 넣은 후 마지막으로 충전재로 쌈지 종이를 채워 넣었다.

된 것도 당연하다. 그런 병사들은 흔히 퓨질리어 fusilier〔'부싯돌 발화식 머스킷 flintlock musket'을 '퓨질 fusil'로 줄여 부르면서 이 머스킷으로 무장한 보병을 지칭하는 표현이 되었다.〕라고 불렸다. 부싯돌 발화식 머스킷의 또 다른 이점은 이전 머스킷보다 대체로 더 가볍고 다루기 편하다는 것이었다.

이러한 요인들이 모두 결합하여 머스킷을 장전하는 데 필요한 동작은 44가지에서 26가지로 줄어들었고 사격 속도가 상당히 빨라졌다. 사격 속도는 종이 약포 cartridge의 도입으로 더 증가했다. 1690년대가 되자 부싯돌 발화식 머스킷은 유럽의 여러 군대에서 널리 보급되었고 다음 20년간 표준 보병 무기가 되었다.

총검은 1647년에 처음 등장했고 1670년대가 되자 퓨질리어 부대나 정예 부대, 용기병대 dragoon 같은 부대원들에게 지급되었다. 1680년대 중반이 되자 총검은 사실상 표준 지급 무기가 되었다. 최초의 총검 유형은 플러그식 총검으로, 기본적으로 양날 단도였다. 약 30센티미터 길이의 칼날이 머스킷 총구와 지름이 같은 자루에 부착되어 있었다. 자루를 머스킷의 총신에 천천히 끼우면 총검이 고정되었다. 플러그식 총검은 장단점이 있었다. 장점은 물론 머스킷 총병이 이제 장창병 없이 자신을 보호할 수 있다는 것이었다. 단점은 총검을 장착하는 일이 빠르지도 쉽지도 않은 일이었다는 것과 장착하는 동안 머스킷 총병은 외부 공격에 취약할 수밖에 없다는 것이었다. 게다가 일단 총검을 장착하고 나면 더 이상 총을 발사할 수 없으므로 총병은 사실상 장창병이 되었다.

훈련을 제대로 받지 못하거나 상대적으로 경험이 부족한 병사에게 플러그식 총검은 골칫거리였다. 예를 들어, 재커바이트 반란 중에 있었던 킬리크란키 전투(1689년 7월 27일)에서 일부 미숙한 정부군 병사들은 일제 사격을 했는데도 고지 스코틀랜드인의 돌격을 저지하지 못했고 동작이 서툴러서 제때에 총검을 장착하지 못했다. 결국 참패한 정부군은 1천 명이 전사하고 5백 명이 포로가 되었으나 고지 스코틀랜드인의 사상자는 2백 명에 그쳤다. 1697년이 되자 더 만족스러운 변형이 개발되어 여러 독일 군대와 영국 군대에 채택되었는데, 그 변형은 바로 소켓식 총검이었다. 소켓식 총검은 머스킷 총병으로 하여금 백병전에서 자신을 방어하고 동시에 총도 발사할 수 있게 했기 때문에 중대한 돌파구였다. 1703년이 되자 부싯돌 발화식 머스킷과 소켓식 총검의 결합으로 장창병은 쓸모없게 되어 거의 자취를 감췄다.

부싯돌 발화식 머스킷과 소켓식 총검의 점진적 도입은 기존 기술을 개량하여 중대한 효과를 낳은 사례를 대표하며, 이러한 기술 향상은 전술을 본질적으로 변화시키게 된다. 한 가지 중요한 변화는 대형이 3열로 가늘어진 것이며 그에 따라 보병의 사격 체제에도 변화가 나타난다. 널리 수용된 한 가지 방법은 네덜란드군 체제였다. 원래 네덜란드군과 잉글랜드군, 그리고 그들의 독일 동맹군에 의해 사용된 이 체제는 에스파냐 왕위 계승 전쟁이 끝날 무렵인 1715년이 되자 매우 보수적인 프랑스군을 제외하고 유럽 대부분의 군대에서 채택되었다.

네덜란드군 체제에서 대대의 중앙을 차지하는 중대(즉, 척탄병 중대를 제외한 모든 중대)는 네 분대로 나뉘었고 각각은 다시 네 사격 소대로 나뉘었다. 각 소대는 세 '사격 위치' 가운데 하나에 배치되었다. 각 소대는 3열 횡대로 정렬하며 제1열은 무릎을 꿇는다. 첫 번째 사격을 하는 모든 소대에 명령이 떨어지면 그 소대들의 제2열과 제3열의 병사들은 무기를

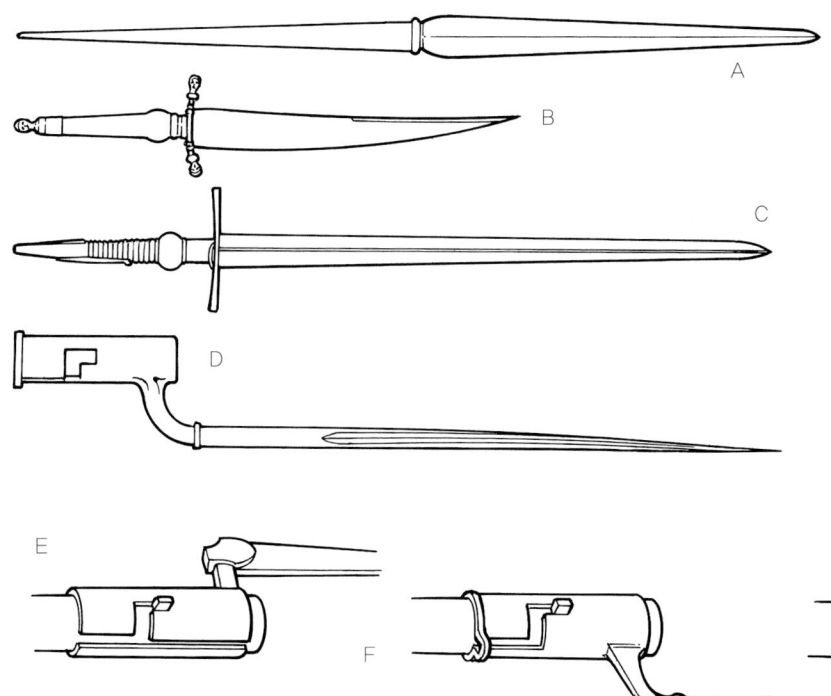

그림_ 가장 초기 총검은 1647년에 도입되었고 단순한 플러그식 총검이었다. 플러그식 총검은 17세기 말까지 가장 흔히 사용된 총검이었다(그 가운데 여러 형태를 여기 A, B, C에서 볼 수 있다.). 플러그식 총검은 일단 꽂고 나면 병사가 총을 사용할 수 없다는 단점이 있었다. 소켓식 총검은 굉장한 진보였다(그림 D). 이것은 이음 고리가 달려 있어서 총신에 끼운 후 고정시킬 수 있었다(그 다양한 잠금 방식은 그림 E, F, G와 같다.). 소켓식 총검 덕분에 머스킷 총병은 자신을 방어하면서 동시에 사격도 할 수 있게 됐다.

그림_ 18세기에 전형적인 3열 횡대 대형은 총검의 사용으로 가능했다. 이 그림에서 보병들이 기병의 공격을 받아낼 준비가 된 모습을 볼 수 있다. 제1열은 무릎을 꿇고 앉아서 총검으로 기병을 몰아내고 제2열과 제3열의 병사들은 총을 발사한다.

들고 발사하며 제1열의 병사들은 대기한다. 두 번째 사격도 똑같이 이루어지며 마지막으로 세 번째 사격이 뒤따른다. 세 번째 사격을 하는 소대가 일제 사격을 하면 첫 번째 사격을 한 소대들은 재장전을 마치고, 전 과정이 다시 시작된다. 따라서 일제 사격은 대대의 전체 전선 한쪽 끝에서 다른 쪽 끝까지 끊김 없이 이루어진다. 프랑스군은 유일하게 여전히 5열 횡대와 횡렬별 사격 방식을 고수했다. 제1열은 앞으로 약간 전진해서 총을 발사한 후 엎드린다. 제2열도 그와 똑같이 하고, 제3열, 제4열, 제5열이 뒤따른다. 전 대대가 총을 발사하고 나면, 모두 일어서서 다시 총을 장전하기 시작한다.

거대 전술 수준에서, 네덜란드군 체제와 스웨덴군 체제 모두에서 채택되었던 부대 간 간격은 사라졌다. 그 대신 여러 대대가 중단 없이 이어지는 단일한 전열을 형성했다. 그러나 제2선을 예비 병력으로 유지하는 것은 여전히 중시되었다. 병사들은 아직 보조를 맞추어 행진하지 않았기 때문에 오와 열 간 거리를 유지하는 것이 중요했다. 일단 전장에 도착하면 대대는 각자 배정된 위치로 나란히 정렬했다.

이 시기의 전투를 변모시킨 마지막 주요 변화는 근대 초기 국가의 제도 변화였다. 대다수 유럽 국가들은 민간 행정과 군사 분야 양쪽 모두에서 중앙 집권 체제를 갖췄다. 이것은 로마제국 시대 이후 그 어느 때보다 더 큰 군대의 탄생을 가져왔다. 예를 들어, 에스파냐 왕위 계승 전쟁 때 프랑스군은 민병대를 포함하여 40만 명에 육박했다. 중앙 집권적 행정 구조는 또한 국가가 규율과 군사 훈련에서 더 큰 일률성을 부과할 수 있게 해주었다. 연대는 그 어느 때보다 더 상시적인 구조가 되었다. 많은 군대에서 연대 내 대대의 수는 전시에 늘어났다가 평시에 다시 감축되었지만 연대 자체는 계속 유지되었다. 이로 인해 연대 정체성과 전통, 연대 간 경쟁의식이 생겨났다.

1715년이 되자 유럽 국가 대부분은 국가 방위의 수단이자 국내에서 권력을 유지하는 수단으로서 대규모 상비군을 보유하게 되었다. 과학 기술의 점진적 향상은 선형 전술과 선형 대형으로 이행할 수 있게 했으며 새롭게 바뀐 이 전술은 서유럽과 중유럽 전역에서 자리를 잡았다.

1708년 오우데나르더 전투: 분산된 지휘 체계와 혼란

에스파냐 왕위 계승 전쟁은 합스부르크 왕가 혈통의 에스파냐 군주 카를로스 2세가 죽으면서 일어났다. 카를로스 2세가 후사를 남기지 않고 죽으면서 유럽의 여러 군주들이 왕좌에 대한 야망을 키웠고 그들 간에 유지되던 권력 균형도 깨졌다. 카를로스 2세의 사망 전에 상황을 타개하려는 노력이 1700년 11월에 있었지만, 주요 국가들은 카를로스 2세가 죽기 직전에 루이 14세와 같은 부르봉 왕가 혈통인 앙주의 필리프를 후계자로 지목했다는 사실을 알게 되었다. 이것이 세력 균형에서 띠는 함의는 이듬해 2월 프랑스군 부대가 에스파냐군 수비대의 전적인 협조하에서 에스파냐령 네덜란드에 있는 핵심 요새들을 점령하면서 분명해졌다. 그러자 영국의 윌리엄 3세가 먼저 나서서 루이 14세의 야망을 가로막았다. 그는 말버러 공작 존 처칠을 총사령관으로 임명해 대륙으로 파견하고 프랑스와의 전쟁을 함께할 동맹군을 물색했다. 결국 오스트리아, 바이에른(곧 반대편에 가담하게 된다.), 덴마크, 영국, 네덜란드, 포르투갈, 프로이센과 여러 독일 공국들이 동맹을 맺게 되었다. 프랑스 편에는 에스파냐와 사부아, 만투아, 쾰른이 가담했다. 사실상 유럽의 모든 국가가 참전한 전쟁은 저지대 국가와 이베리아 반도는 물론이고 라인 강과

그림_ 1730년 총검 훈련을 묘사한 이 삽화에서 병사가 '밀기'로 알려진 동작을 펼치고 있다. 왼팔로 머스킷을 수평으로 받치고 오른팔로 개머리판을 강하게 미는 동작이다. 여기에 보이는 총검은 플러그식이며 따라서 초창기 교본에 실린 삽화일 것이다.

도나우 강을 따라 무수한 전역戰域에서 치러졌다.

무수한 포위전이 벌어졌고, 쉘렌베르크 전투(1704년), 블레넘 전투(1704년), 라미예 전투(1706년) 같은 주요 전투를 비롯해 적지 않은 전투가 벌어졌지만, 전쟁은 쉽게 끝이 나지 않았다. 1707년 저지대 국가에서 전쟁은 교착 상태에 빠졌다. 그러나 1708년 전쟁의 박자는 다시금 빨라졌다. 루이 14세는 산전수전을 다 겪은 노병인 방돔 공작과 자신의 손자이자 후계자인 부르고뉴 공작을 공동 사령관으로 임명하여 대군을 파견했다. 루이 14세의 의도는 물론, 손자에게 군사 경험을 쌓게 하고 프랑스 군대에 공개적으로 손자를 선보이는 것이었다. 그러나 그 같은 결정은 군대 지휘에서 재앙으로 드러났다. 노병 방돔 공작과 젊은 부르고뉴 공작은 잘 지내지 못했다. 상당한 전역 기간 동안 두 사람은 거의 소통을 하지 않았고 사실상 무엇 하나에도 뜻을 같이하지 않았다.

5월 말 기병 197개 대대와 보병 124개 대대로 구성된 10만 명의 프랑스군은 플랑드르 침공을 준비하며 몽스에 집결했다. 기병 180개 대대와 보병 112개 대대로 구성된 9만 명의 병력을 보유한 말버러 공작은 수적으로 열세였다. 그러나 말버러 공작은 이미, 라인 강 상류에서 작전 중이던 사부아의 외젠 공이 모젤 계곡에서 황제군을 이끌고 와서 브뤼셀 인근에서 자신과 합류하는 계획을 세워뒀다. 불행하게도 복잡한 사정이 겹쳐서 외젠 공의 도착은 지연되었고 외젠 공이 말버러 공작을 지원하기 위해 이동시킬 수 있는 병력의 규모도 크게 줄어들었다(4만 명에서 1만 5천 명으로). 더욱이 외젠 공은 이동이 발각되어 2만 7천 명의 프랑스군을 이끄는 베릭 공작의 추격을 받았다.

한편, 방돔 공작과 부르고뉴 공작은 약간의 예비 기동을 단행했으나 군대를 아직 전장에 투입하지는 않았고 대신 장블루에 머물렀다. 그러나 7월 4일 프랑스군은 갑자기 행동을 개시해 북北플랑드르의 헨트와 브뤼허로 병력을 보냈다. 프랑스군은 두 도시와 비밀리에 협상을 했고 시민들은 프랑스 편에 가담하기로 합의했다. 그렇게 함으로써 프랑스군은 본국과 이어지는 말버러 공작의 보급선을 차단했다. 게다가 프랑스군은 이내 브뤼셀과 스헬더 강 옆에 위치한 오우데나르더의 동맹군 수비대를 위협하는 위치에 서게 되었다. 7월 5일, 말버러 공작은 프랑스군의 움직임을 파악하고 병력을 서쪽으로 옮겼지만 헨트와 브뤼허가 프랑스군의 수중에 떨어졌음을 알게 되었다. 그런데도 그는 오우데나르더 수비대에 약 700명의 병력을 증원했다.

말버러 공작에게는 다행스럽게도 방돔 공작과 부르고뉴 공작 사이에는 더 많은 의견 충돌이 있었다. 프랑스군은 중요한 이동도 하지 않은 채 베르사유의 판단만 기다렸다. 7월 8일, 외젠 공은 소규모 호위대와 함께 말버러 공작의 본부에 도착했다. 두 동맹군 사령관이 보기에 외젠 공의 나머지 병력이 올 때까지 기다릴 수 없다는 것은 분명했기에, 두 사람은 말버러 공작의 병력만으로 공격하기로 하고 프랑스군과 대대적인 전면전을 벌이기로 결정했다. 이것은 그들이 재빠르게 움직여서 프랑스군에게 아주 가까

> 적은 우리를 향해서도 여러 차례 공격해왔다. 그러나 그때마다 자신들이 파놓은 참호를 넘느라 어김없이 혼란에 빠졌고 그래서 그들이 어떤 식으로든 대형을 갖추기 전에 …… 우리 소대들이 그들을 닥치는 대로 쓰러트린바, 그들은 …… 물러갈 수밖에 없었다.
>
> ― 블레넘에서 로버트 파커 대위

1643년
로바트 경 보병 연대의 머스킷 총병

이 머스킷 총병은 영국 내전기에 의회 편에 가담해 싸운 연대 가운데 하나인 로바트 경 보병 연대 소속이다. 이 연대는 1642~1644년에 에식스 백작 휘하에서 모집된 스무 개 연대 가운데 하나였고 에지힐 전투에서 다른 연대들이 도망치는 동안 자리를 지키며 용감하게 싸웠다. 규정 인원은 800명이었고 2/3는 장창병, 1/3은 머스킷 총병으로 추측된다. 병사들은 노란 줄무늬가 들어간 빨간 제복을 입었다. 1644년 말이 되자 연대원의 숫자는 고작 333명에 불과했다. 이 병사는 내전이 계속되면서 더 흔해진 짧고 가벼운 머스킷으로 무장하고 있다. 이 머스킷은 길고 무거운 머스킷에서는 흔한, 끝이 갈라진 거추장스러운 거치대의 도움 없이 발사할 수 있었다. 이 베테랑 병사는 화기와 더불어 엉덩이 쪽에 보병 검을 차고 있다.

이 접근함으로써 프랑스군이 더 이상 전투를 회피할 수 없게 해야 한다는 것을 의미했다.

그날 저녁 말버러 공작은 전위 부대를 내보내고 프랑스군이 덴더르 강을 따라 방어선을 형성하지 못하도록 레신으로 가기 위해 여러 차례의 야간 행군을 강행했다. 말버러 공작의 병사들이 레신과 덴더르 강을 향해 행군하는 동안 오우데나르더에서의 작전이 방해받지 않도록 방돔 공작도 레신으로 이동하기로 결심했다. 그러나 프랑스군은 더 느긋한 속도로 이동했기에 윌리엄 카도간 휘하의 동맹군 전위 부대가 도시를 먼저 장악했다. 방돔 공작은 기병대로부터 동맹군이 레신을 장악했다는 소식을 듣고 본대가 도착하기 전에 그곳의 전위 부대를 공격하고 싶어 했던 것 같다. 그러나 부르고뉴 공작은 그를 지원하기를 거부하고 대신 스헬더 강을 따라 방어선을 형성하자고 주장했다. 방돔 공작은 분통이 터졌지만 오우데나르더에서 북쪽으로 5킬로미터 떨어진 가브르 근방에서 느긋한 속도로 스헬더 강 너머로 퇴각했다. 그동안 윌리엄 카도간은 새벽 1시에 1만 명의 전위 부대와 함께 레신에서 밀고 나와 고된 행군 끝에 스헬더 강변에 자리한 에이나머의 작은 마을에 다다랐다. 그는 고지에서 아직 강을 건너고 있는 방돔 공작의 군사를 다수 볼 수 있었다. 그는 사령관 말버러 공작에게 전령을 보내 보고한 후 지시에 따라 스헬더 강을 가로지르는 부잔교를 놓기 시작했다. 말버러 공작은 프로이센군 용기병 20개 대대의 호위를 받으며 말을 달려 본대에 앞서 도착했다. 그가 움직이자 본대도 한층 더 힘을 내서 구보로 이동하며 전장으로 발길을 재촉했다.

카도간의 도착은 프랑스군에게 발각되지 않았고 정오가 되자 카도간은 16개의 대대와 용기병 8개 대대로 교두보를 확보했다. 오후 1시경 카도간의 용기병들은 비롱 후작 휘하의 스위스 여단의 초계병들과 맞닥뜨렸다. 비롱 후작은 자신의 여단을 지원하기

그림_17세기 말이 되자 많은 군대에 척탄병 부대가 생겼는데 이 연속 삽화는 이들의 수류탄 투척 연습 과정을 보여준다. 이 무기는 주로 포위전 때 쓰려고 만든 것이고 강습을 이끄는 돌격 부대가 소지했다. 수류탄을 소지하는 척탄병은 힘이 세고 용감한 병사들 가운데서 뽑혔기 때문에 척탄병 부대는 보병 정예 부대가 되었다.

위해 병력을 이동시키는 중이었지만 프랑스군 참모장 퓌세귀르 후작에게서 이동을 중단하라는 명령을 받았다. 덕분에 말버러 공작과 외젠 공은 추가로 영국군과 독일군 보병을 도강시켜 카도간의 보병과 용기병을 지원할 수 있었고, 오후 3시 직후 그들은 비롱 후작의 스위스 여단을 절반 가까이 죽이거나 포로로 잡으며 압승을 거뒀다. 오후 4시가 되자 20개가량의 하노버군과 헤센군 대대, 그리고 영국군 보병이 강을 건너 디펜베이크 개울로 향했다. 대담한 도강으로 동맹군 병사들은 주도권을 잡은 반면, 방돔 공작과 부르고뉴 공작은 스헬더 강 북쪽에서 프랑스군의 상당한 수적 우세에도 불구하고 여전히 합동 작전을 펼칠 생각을 하지 않았다. 부르고뉴 공작은 그루네발트 마을 방면으로 프랑스군 보병 6개 대대를 보냈지만, 이 공격은 난관에 부딪쳐 꼼짝 못하게 되었다. 이를 본 방돔 공작은 먼저 보병 6개 대대를 지원군으로 파견했다가 결국엔 추가로 12개 대대를 몸소 이끌고 갔다. 오후 5시 30분이 되자 방돔 공작은 50개 대대를 그루네발트 공격에 투입한 상태였으나, 직접 전투에 참가하고 있었기 때문에 효과적으로 전투를 지휘할 수 없었다. 안타깝게도 부르고뉴 공작은 상황을 몰랐던 것 같고 공격을 지원하려는 움직임을 딱히 보이지 않았다. 그는 기병 16개 대대를 보냈으나 그들의 전진은 질퍽질퍽한 진흙탕에 막혔다. 전투는 치열하게 지속되었고 소대별로 우수한 사격 실력을 선보인 동맹군은 프랑스군에게 큰 타격을 입혔다. 그러나 방돔 공작의 존재와 일부 뛰어난 프랑스군 연대들 덕분에 전투는 백중세였다.

한편 동맹군 진영에서는, 이제 동맹군 좌익을 지휘하고 있던 말버러 공작과 우익의 외젠 공이 합동 작전의 본보기라 할 만한 협조를 보였다. 오후 6시 말버러 공작은 아직까지 전투에 참가하지 않고 있던 헤센군, 작센군, 하노버군의 18개 대대를 전선에 새로 투입했고 동시에 로툼 휘하의 프로이센군·하노

오우데나르더 전투
1708년

말버러 공작과 외젠 공의 동맹군이 서로 떨어져 있는 사이, 프랑스군은 플랑드르를 침공했다. 동맹군은 재빨리 대응하여, 외젠 공이 말버러 공작의 군대에 합류하기 위해 군대를 이끌고 이동했다. 말버러 공작의 군대는 오우데나르더의 수비대를 지원하고 브뤼셀로 이어지는 보급선을 보호하기 위해 이동했다. 본대에 앞서 황급히 달려온 사부아의 외젠 공과 합류한 동맹군은 부잔교로 스헬더 강을 건너 전투의 주도권을 잡았다. 불화가 그치지 않았던 프랑스군 사령관 부르고뉴 공작과 방돔 공작은 동맹군에게 합동 공격을 펼치지 못했다. 오히려 그들은 동맹군이 스헬더 강을 건너 진지를 강화하도록 수수방관하고 자신들의 군대는 조금씩 투입했다. 포위 작전을 위해서 증원군이 절실하던 차에 동맹군이 요청한 증원군은 오우데나르더 다리로 스헬더 강을 건넜다. 동맹군 보병의 우수한 사격 규율, 프랑스 최고 사령부의 불협화음과 대조되는 동맹군의 합동 작전, 측면 지원 부대의 도착 등이 모두 결합해 프랑스군의 패배를 이끌었다.

4 서서히 전개되는 측면 포위전의 시간을 벌기 위해 동맹 기병이 프랑스군 우익을 공격하자 심각한 인명 손실을 입는다.

3 오버커크 백작 휘하의 덴마크와 네덜란드 병사들이 프랑스군의 우익을 포위하기 위해 오우데나르더에서 천천히 스헬더 강을 건넌다.

말버러 공작과 외젠 공의 동맹군이 떨어져 있는 동안 프랑스군은 헨트와 브뤼허를 장악하여 오우데나르더 수비대와 말버러 공작 간의 연락선을 위협했다.

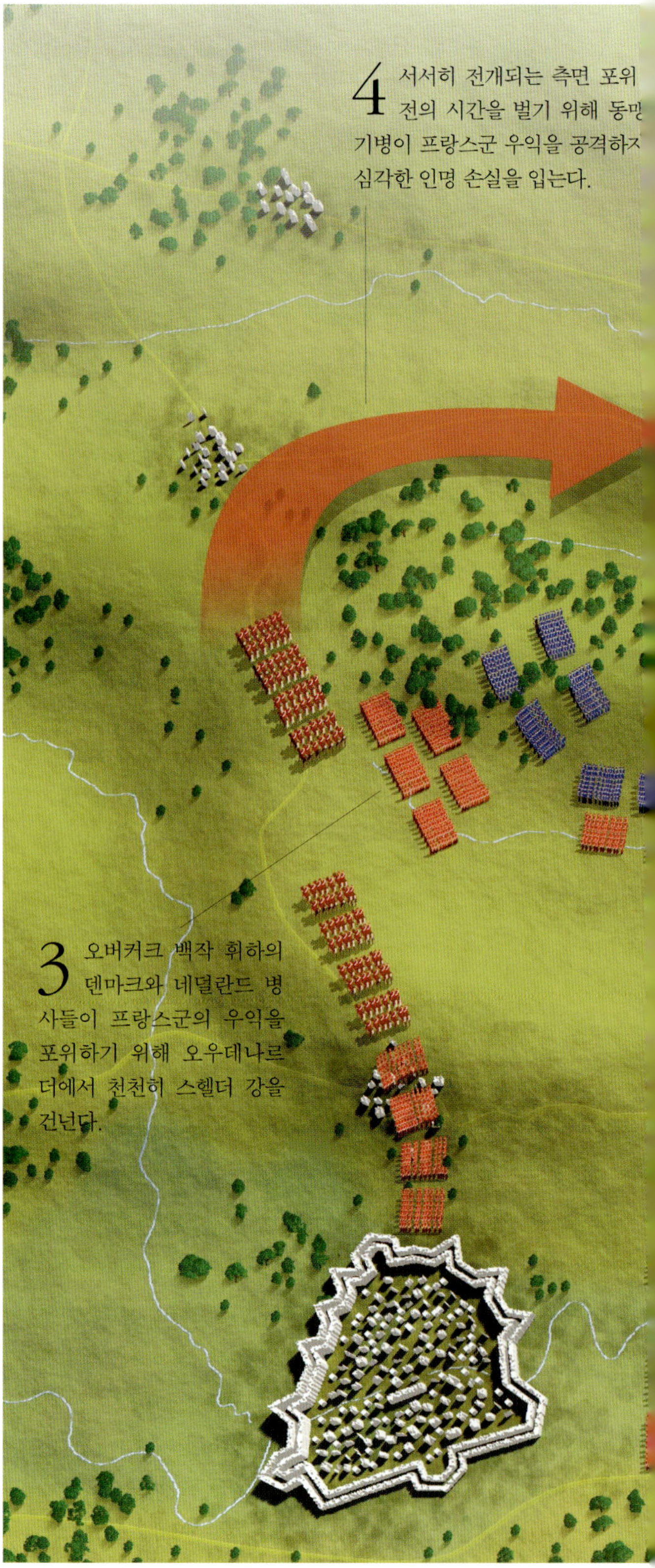

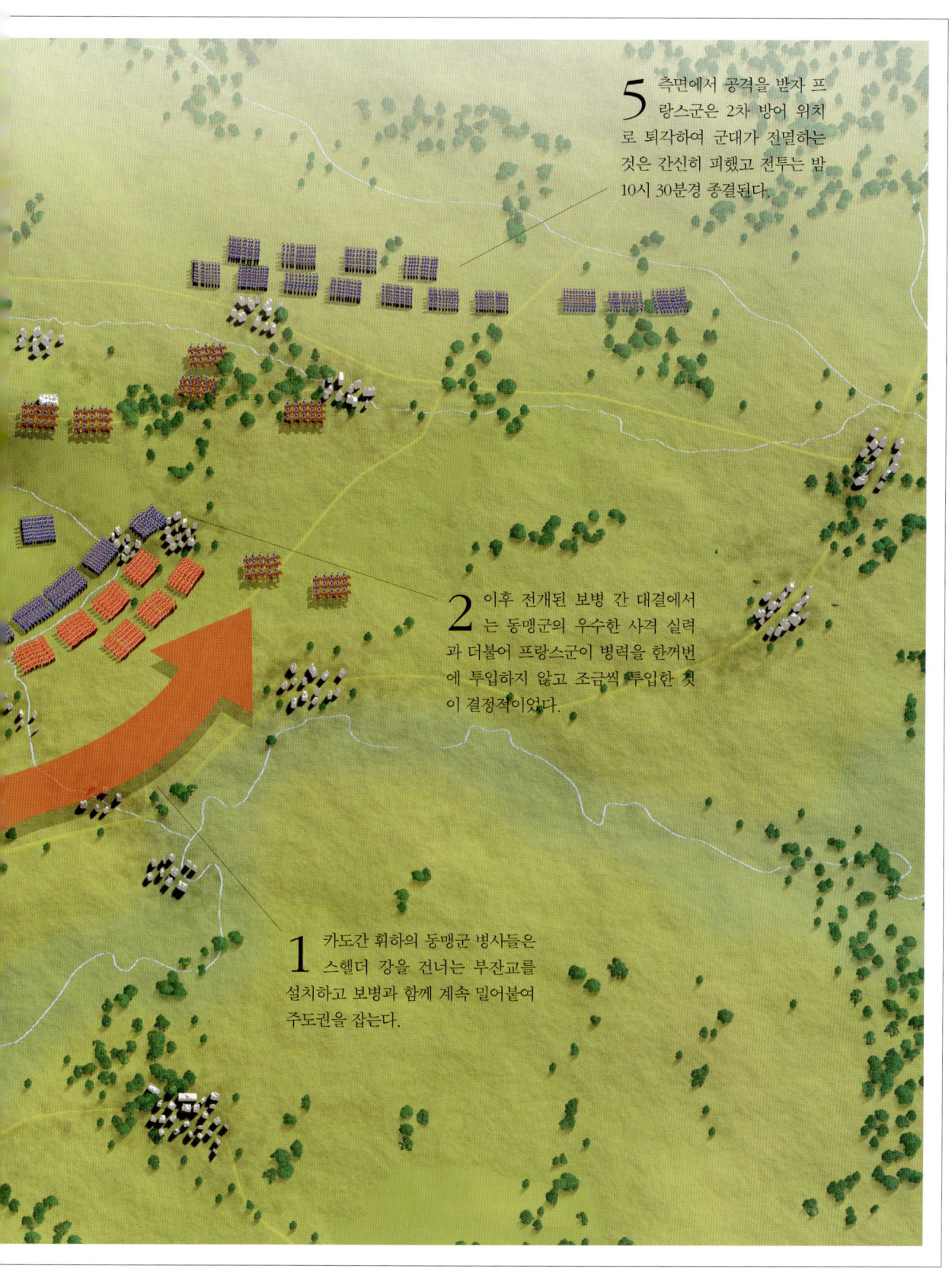

5 측면에서 공격을 받자 프랑스군은 2차 방어 위치로 퇴각하여 군대가 전멸하는 것은 간신히 피했고 전투는 밤 10시 30분경 종결된다.

2 이후 전개된 보병 간 대결에서는 동맹군의 우수한 사격 실력과 더불어 프랑스군이 병력을 한꺼번에 투입하지 않고 조금씩 투입한 첫이 결정적이었다.

1 카도간 휘하의 동맹군 병사들은 스헬더 강을 건너는 부잔교를 설치하고 보병과 함께 계속 밀어붙여 주도권을 잡는다.

1장 보병의 역할 57

버군 20개 대대를 전장에서 철수시켰다. 훌륭한 규율을 선보인 이 병사들은 재빨리 전열을 재정비하고 탄약을 다시 채운 후 우익에 있는 카도간의 병사들을 지원하러 이동했다.

저녁 7시, 말버러 공작은 드디어 레신에서 도착한 오버커크 백작 휘하 네덜란드군과 덴마크군 병사들로 구성된 보병 24개 대대와 기병 12개 대대라는 귀중한 증원군을 얻었다. 말버러 공작은 이 병력을 프랑스군 우익을 포위하는 데 쓸 작정으로 오우데나르더에 있는 다리들을 지나 스헬더 강을 건너도록 지시했다. 그러나 병목 현상 때문에 이 병사들이 스헬더 강을 건너는 것은 한참 동안 지연되었다. 그동안 보병 간 치열한 전투는 계속되었고 말버러 공작은 오버커크 백작에게 일부 부대의 즉각적인 임무 교대를 요청하는 전갈을 보냈다. 오버커크 백작의 병력 가운데 8개 대대가 급파돼 몰리고 있던 동맹군 좌익의 헤센과 하노버 대대를 곧장 지원하러 갔다. 오버커크 백작의 측면 기동 작전을 위한 시간을 벌기 위해 말버러 공작은 기병 16개 대대를 보내 외젠 공을 지원했다. 그러자 외젠 공도 프로이센군 기병 20개 대대를 내보냈는데 이들은 프랑스군 기병대를 일부 돌파하고 보병 2개 대대와 포대 1개를 무너트렸다. 안타깝게도 이 기병들은 적을 너무 깊숙이 뒤쫓는 바람에 프랑스 근위 기병대 메종 뒤 루아Maison du Roi에게 큰 인명 피해를 입고 도로 밀려났다.

비록 전투는 거의 밤 10시 30분까지 지속되었지만, 오버커크 백작 휘하의 네덜란드군과 덴마크군 병사들이 도착하자 부르고뉴 공작은 게임이 끝났다는 것을 깨달았다. 8시 30분에 그와 그의 수행원들은 전장을 떠났다. 방돔 공작은 더 오래 버텼으나 결국에는 후퇴하는 수밖에 없었고, 밤 10시에 헨트 도상에서 부르고뉴 공작에게 합류했다. 오버커크 백작이 더 일찍 도착했더라면 프랑스군은 전멸했을지도 모른다. 궤멸을 모면한 프랑스군은 5,500명이 죽거나 다쳤고 9,000명이 포로로 붙잡혔으

그림_ 1700년경 오스만제국의 예니체리는 오스만군의 정예 군인이었다. 그들은 화기로 잘 무장했고 근대 초기 대부분의 기간 동안 유럽과 중동에서 규율이 가장 뛰어난 머스킷 총병 부대로 여겨졌다. 그러나 18세기 말이 되자, 규모가 크고 규율이 뛰어난 유럽 강대국들의 상비군에 밀렸다.

며 포로 가운데에 장교 800명도 포함되어 있었다. 동맹군은 100여 기의 군기와 4,500필의 말과 노새를 빼앗은 반면, 자신들이 입은 피해는 3천 명이 죽거나 다치는 데 그쳤다. 전투는 8시간 동안 지속되었는데 이 시기 보병 간 전투에서 필요한 인내력이 어느 정도인지를 보여준다. 전투는 까다로운 지형에서 서로 매우 가까운 곳에서 치러졌고 이 시기 전쟁 하면 흔히 연상되는 자로 잰 듯 반듯한 전투 대형이 부재한 채, 전체적인 구상이 없이, 임기응변에 따라 보병 대대와 기병 대대가 전투에 뛰어드는 방식으로 이뤄졌다.

변경 전쟁과 '작은 전쟁'

비록 18세기 군대는 규율이 더 강화되고 더 정교해졌지만, 군대를 매우 다른 방향으로 발전시키는 다른 영향들도 존재했다. 이 영향들은 대체로 특히 발칸 같은 유럽 변방이나 주목할 만하게도 북아프리카 지역 같은 유럽 바깥 지역에서 건너왔다. 이 지역들에서는 지형의 특성이나 적의 유형, 혹은 그 둘 다 때문에 선형 전술이 쉽게 적용될 수 없었다. 선형 전술은 새롭게 등장한 대규모 군대, 대규모 전투와 잘 맞고 결정적 승리를 거둘 수 있는 원동력인 반면, 클라이너 크리크 kleiner Krieg, 즉 작은 전쟁은 결정적인 승리와는 거리가 먼, 지속적인 전쟁 상태를 반영했다. 이것은 합스부르크제국과 오스만제국을 가르는 군사적 경계나 영국의 북아메리카 식민지와 여러 아메리카 원주민 부족들을 나누는 경계 지역 혹은 심지어 저지 스코틀랜드인과 고지 스코틀랜드인을 나누는 경계 지역처럼 적대 세력 간 변경을 따라 벌어지는 전쟁의 일종이었다. 이 변경 지대를 따라 펼쳐지는 전쟁의 형태는 지속성을 특징으로 하며, 심지어 평시에도 약탈을 목적으로 한 것이든 단순히 혼란을 유발하기 위한 것이든 습격의 가능성이 상존했다.

작은 전쟁에 운용되는 기술은 서유럽에서 발전한 기술과 매우 상이했다. 대대 크기의 부대 단위가 전투 대형을 이뤄 엄격한 사격 체계에 따라 싸우는 것은 이런 유형의 전쟁에 적합하지 않았다. 대신 이 비정규전은 더 독자적으로 행동하고 작게 무리 지어 산병으로 싸우는 병사들을 요구했다. 그에 따라 발칸과 헝가리에서는 크로아티아인 비정규병과 헝가리인 비정규병이 모집되었고 이들은 보통 합스부르크제국을 지원하도록 회유된 현지 지도자 밑에서 싸웠다.

가장 유명한 예는 탁월한 경보병으로 이름을 떨친 크로아티아의 판두르 pandours였다. 영국에서는 정부 요새와 떨어진 곳에서 평화를 유지하기 위해 고지 스코틀랜드인들의 독자적 부대가 조직되었다. 이들은 나중에 왕립하일랜드연대, 즉 블랙와치 Black Watch로 통합되었다. 북아메리카에서는 영국군이 식민지 척후병과 아메리카 원주민 전사를 고용했다.

대부분의 경우, 이 비정규병은 이 시기 유럽에서 벌어진 큰 전쟁에 참여하지 않았다. 중요한 예외는 오스트리아 왕위 계승 전쟁과 7년 전쟁인데 이 시기에 오스트리아는 군사적 국경 지대에서 가용한 인력을 동원했다. 때때로 오스트리아는 한 전역에서 4만 명이나 그 이상의 크로아티아인을 동원할 수 있었다. 이들은 오스트리아 군대의 병력에서 적지 않은 비중을 차지했다. 또한 적어도 초기에는 프로이센군을 골치 아프게 했다. 이 크로아티아인들은 대대와 중대 조직을 갖춘 그렌처 Grenzer 연대로 편성되었다. 그러나 그들의 전투 스타일을 보면 정규 대형보다는 산병으로 배치되었음을 알 수 있다. 그들은 정찰과 초계 임무를 수행하고 적은 수의 적군 병사들을 괴롭혔다. 비정규병의 골치 아픈 교란 활동은 적군에게 국한되지 않고 종종 현지 민간인한테로 확대

될 수도 있었다. 그러나 그들의 산개 대형 전투 방식은 때로 가장 뛰어난 정규 부대를 물리칠 수도 있었다. 예를 들어, 1757년 4월 23~24일, 프로이센군 척탄병 2개 대대는 야산에서 사실상 함정에 빠져, 많은 수의 크로아티아인 비정규병에게 포위되었다. 크로아티아인들은 특히 장교들을 포함한 프로이센군 대대에 적지 않은 인명 손실을 입혔다.

크로아티아인들의 승리는 그들에 맞서 산개 대형으로 싸울 수 있는 병사들이 프로이센군에 애초부터 별로 없었다는 사실에서 기인한다. 프로이센군에도 몇몇 예거Jäger[사냥꾼, 소총병이라는 뜻] 중대가 있었지만 이들은 주로 헌병military police으로 활용되었고 나중에 가서야 경보병으로 활용되었다. 프로이센군은 종종 탈영병이나 외국인 혹은 기타 범죄자나 위험인물로 구성된 의용군Freikorps 부대를 창설하는 것으로 대응했다. 프리드리히 대왕 본인은 이 부대원들을 얕잡아봤으며 그들이 크로아티아인들보다 언제나 한 수 아래라고 생각했던 것 같다. 7년 전쟁 후, 비정규병들이 아니라 가장 유능한 장교들 휘하의 정규병들 사이에서 작은 전쟁(비정규전)을 지향하는 움직임이 생겼다. 이것은 작은 전쟁이 당시 군사 인텔리겐치아에게 끼친 영향력을 보여주는데, 그들은 작은 전쟁에서 당시의 큰 전쟁을 지원하는 역할, 정보를 수집하고 명령 전달을 교란할 수 있는 가능성을 보았던 것이다.

선형전의 시대가 오다 : 1715~1763년

에스파냐 왕위 계승 전쟁 이후 몇 십 년간 나타난 여러 가지 변화로 인해 선형전의 발전은 절정에 이르게 된다. 예를 들어, 전장에서 보병의 화력과 살상력을 증강시키는 사격 전술과 사격 방식에서 변화가 나타났다. 또한 활강滑腔식 머스킷[총포 안쪽에 나선형의 홈이 없는 머스킷] 기술도 점진적으로 향상되어 머스킷의 잠재력을 최고 수준으로 끌어올렸다. 국가 기구 안에서 권력 집중화도 지속되어, 이는 다시, 군사 훈련과 규율에서 엄격한 표준을 부과하는 등 당시 군대에 갈수록 고도의 통일성을 부과했다. 마지막으로 이 시기는 폴란드 왕위 계승 전쟁(1733~1735년)과 오스트리아 왕위 계승 전쟁(1740~1748년), 세 대륙에 걸쳐서 수행된 7년 전쟁(1756~1763년)을 비롯해 여러 대규모 전쟁으로 몸살을 앓던 시기였다. 이러한 변화상의 결과로 '전쟁학'에 대한 연구와 문헌이 증가했다. 이러한 문헌의 저술가들은 전쟁의 보편적 원리를 이끌어내려는 사람부터 장교들에게 전쟁 지휘에 대해 가르치기 위해 기획된 더 교육적인 저서의 저자들까지 다양했다.

에스파냐 왕위 계승 전쟁의 여파로, 대부분의 군대는 에스파냐 왕위 계승 전쟁 당시에 도입된 네덜란드군 체제와 같은 소대별 사격 방식을 어떤 형태로든 채택했다. 보병 대대의 일반적인 대형은 1720년대 이후로 내내, 4열이나 3열 횡대가 되며 시간이 흐름에 따라 3열 횡대가 점차 우세하게 되었다. 부대를 3회 '사격'으로 나누는 방식의 여러 변형들도 18세기 중반에 이르러서는 대부분의 나라에서 채택된다. 영국은 이전 네덜란드군 체제에 따라 대대를 3회 사격으로 나누는 것에 바탕을 둔 일제 사격 방식을 계속 고수했다.

'백전노장 데사우어'라는 별명으로 이름난 안할트-데사우의 레오폴트 공의 지도하에서 발전한 프로이센군 보병은 대대의 8개 소대가 차례차례 개별적으로 총을 발사하는 체제를 운용했다. 이 체제에서는, 대대의 양익 가운데 어느 한쪽에 있는 소대(아마도 가장 우익에 서는 선임 소대)가 가장 먼저 사격을 하고 나면 곧장 반대편 끝에 있는 소대가 사격한다. 그다음에 처음 사격한 소대 바로 옆의 소대가 사격하고, 다시 두 번째로 사격한 소대의 옆 소대가 사격

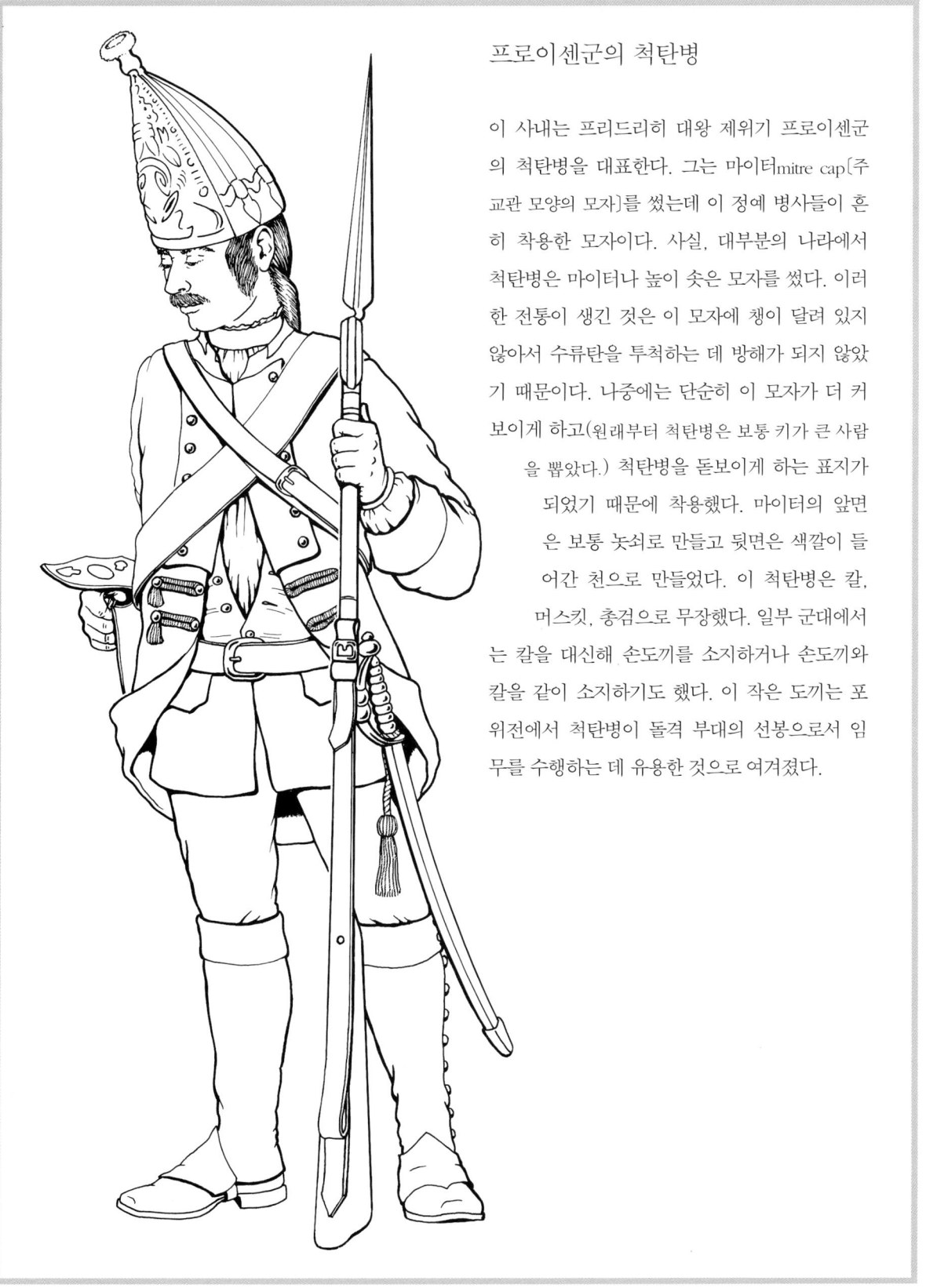

프로이센군의 척탄병

이 사내는 프리드리히 대왕 제위기 프로이센군의 척탄병을 대표한다. 그는 마이터mitre cap[주교관 모양의 모자]를 썼는데 이 정예 병사들이 흔히 착용한 모자이다. 사실, 대부분의 나라에서 척탄병은 마이터나 높이 솟은 모자를 썼다. 이러한 전통이 생긴 것은 이 모자에 챙이 달려 있지 않아서 수류탄을 투척하는 데 방해가 되지 않았기 때문이다. 나중에는 단순히 이 모자가 더 커 보이게 하고(원래부터 척탄병은 보통 키가 큰 사람을 뽑았다.) 척탄병을 돋보이게 하는 표지가 되었기 때문에 착용했다. 마이터의 앞면은 보통 놋쇠로 만들고 뒷면은 색깔이 들어간 천으로 만들었다. 이 척탄병은 칼, 머스킷, 총검으로 무장했다. 일부 군대에서는 칼을 대신해 손도끼를 소지하거나 손도끼와 칼을 같이 소지하기도 했다. 이 작은 도끼는 포위전에서 척탄병이 돌격 부대의 선봉으로서 임무를 수행하는 데 유용한 것으로 여겨졌다.

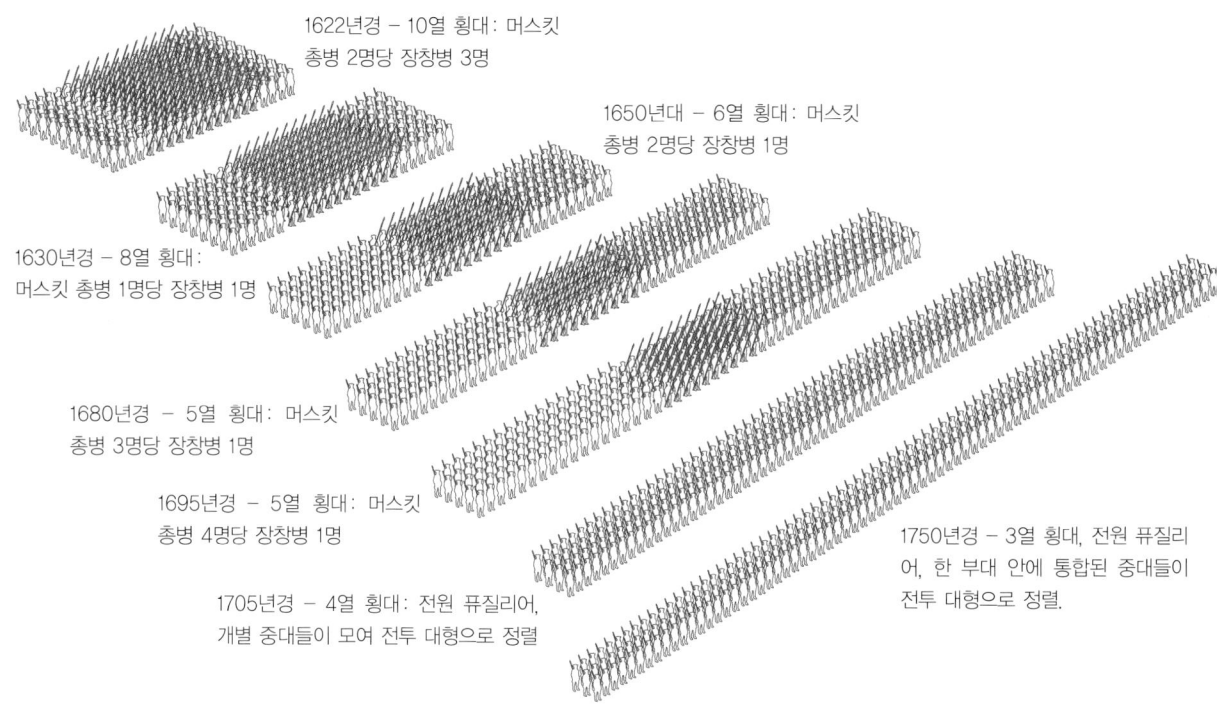

그림_ 이 도해는 17세기 초부터 18세기 중반 사이에 머스킷에 대한 의존도가 점점 높아졌음을 보여준다. 장창 대비 머스킷의 비율이 커짐에 따라 대형도 가늘어졌다. 1675년부터 1705년까지 장창병의 수는 계속 줄어들어 사실상 무용지물이 되었다. 이 시기에 대검이 도입되면서 장창은 완전히 사라졌다.

을 한다. 이 과정이 중앙 쪽으로 계속되어 여덟 소대가 각자 사격을 마치게 된다. 이 전 과정은, 적어도 연병장에서는 15~20초 안에 완료되며 여덟 번째 소대가 사격을 마칠 때면 첫 번째 소대는 재장전을 마치고 새로 일제 사격을 할 준비가 된다. 유럽의 주요 군대 가운데 프랑스군만이 횡렬별 사격 방식을 계속 유지하다 18세기 중반에 마침내 소대별 사격 체계를 채택하게 된다.

말버러 공작의 여러 전투를 목격한 로버트 파커 대위는 1709년 말플라케 전투에 대한 이야기에서 이런 유형의 전투에 관한 아주 흥미로운 이야기를 전한다.

"이에 맞서, 당시 연대장이었던 케인 대령은 우리를 소대별로 정렬시켰고 여섯 소대가 첫 사격을 준비하면서 조심스레 적을 향해 전진했다. 우리가 100보 이내로 접근하자 프랑스군의 제1열이 일제히 총을 발사했다. 여기에 우리도 멈춰 서서 여섯 소대가 즉시 응사한 후 곧장 여섯 소대에 두 번째 사격을 준비시키고 다시 프랑스군 쪽으로 전진했다. 프랑스군의 제2열이 두 번째 사격을 한 뒤 우리도 두 번째 사격으로 응사하자, 그들은 주춤주춤 물러서기 시작했다. 그래도 프랑스군의 제3열은 산발적으로 세 번째 사격을 했고 그런 뒤에 크게 우왕좌왕하며 숲 속으로 후퇴했다. 그러자 우리는 그들을 향해 세 번째 사격을 했고 프랑스군은 모두 자취를 감췄다."

신기술

18세기 중반까지 일반적으로 채택된 이전 시기의 또 다른 발전은 활강식 머스킷을 위한 종이 약포의 사용이었다. 이것은 화약, 총알, 충전재를 하나로 묶어 포장한 것이었다. 1738년이 되자 모든 나라의 군대는 보병에게 약포를 지급했다. 이것은 재장전 속도와 사격 속도를 높였을 뿐 아니라 보병이 전투에 나설 때 더 많은 탄약을 챙길 수 있게 했다. 이 시기 병사들은 대부분 전투에 60알을 들고 갔다.

이 시기의 또 다른 중요한 기술 혁신은 1718년 안할트-데사우의 레오폴트 공에 의한 쇠 탄약 꽂을대의 도입이었다. 이때까지 탄약 꽂을대는 나무로 만들어졌다. 각종 목재 꽂을대는 쓸 만했지만 몇 가지 중대한 결함이 있었는데 특히 전투의 열기가 한창일 때 부서져버리기 일쑤였다. 따라서 새로 등장한 쇠 꽂을대는 궁극적으로 목재 꽂을대에서 적지 않게 진보한 것이었지만 이것도 초기에 애로 사항이 없지는 않았다. 주요 문제는 쇠 탄약 꽂을대를 만드는 데 사용되는 합금의 적절한 구성 비율을 찾는 것이었다. 금속이 너무 무르면 꽂을대가 구부러져 총신 안으로 집어넣거나 빼기가 힘들었다. 반대로 너무 단단하면 딱딱해서 나무 꽂을대처럼 부러지기 쉬웠다. 그러나 일단 적당한 경도를 찾게 되자 쇠 꽂을대는 머스킷 총병들이 더 빨리 총을 발사할 수 있게 해주었다. 게다가 이 시기 국가들은 더욱 중앙 집권화되어 규격화된 머스킷과 탄약을 만들어낼 수 있었다. 가장 유명한 예는 영국제 '브라운 베스 Brown Bess'였다. 1730년이 되자 총신의 길이는 1,067밀리미터, 총구의 지름은 0.75구경(19밀리미터)으로 정해졌고 18밀리미터 직경의 총알이 지급되었다. 이보다 더 작은 직경의 총알을 쓸 경우, 총신 안쪽을 따라 총알이 움직이는 동안 일정 정도 '편차 windage'〔바람에 의해 탄환의 궤도가 빗나가는 현상〕가 발생해 명중률이 감소했다. 이러한 편차는 총알을 더 쉽게 집어넣어 장전을 더 빨리 할 수 있다는 이점을 크게 상쇄한다고 여겨졌다. 브라운 베스는 매우 성공적이었기 때문에 125년 이상 제작되어 단종될 때까지 약 780만 정이 생산되었다.

새로운 사격 방법과 화기의 기술 진보 덕분에 잘 훈련받은 머스킷 총병은 분당 최대 다섯 발을 발사할 수 있었다. 그러나 이것은 완벽한 여건을 갖춘 연병장에서나 가능한 기록이었다. 전투에서는 상황이 퍽 달라질 수 있기에 분당 발사 횟수는 흔히 절반 이하로 줄어들었다. 다양한 요인들이 사격 속도 감소에 영향을 미쳤다. 첫째, 병사들은 군사 훈련을 할 때보다 배낭이나 수통 등과 같은 각종 장비를 더 많이 들고 전장에 나갔다. 둘째, 복잡한 소대별 사격 체계는 18세기 전장을 뒤덮은 연기와 귀를 먹먹하게 하는 소음 속에서 무너지기 일쑤였다. 소음과 연기 때문에 병사들은 소대별 사격 체계에서 운용되는 구령을 들을 수 없었다. 결국 병사들은 각자 알아서 사격을 하는 수밖에 없었고 개별적으로 사격을 이어나갔다. 또한 혼란스러운 전쟁 통에는 꽂을대를 놔두고 대신에 약포의 내용물을 총구에 넣은 다음에 개머리판을 땅바닥에 세게 두드려 장전을 마치기도 했을 것이다. 이 같은 개별 사격은 아주 흔해서, 1756년이 되면 프랑스 훈련 교본에 독자적 사격도 소대별 사격, 횡렬별 사격과 나란히 허용 가능한 사격 방법으로 포함됐다.

레오폴트 공, 즉 백전노장 데사우어는 더 중대한 전술적 함의를 띠는 또 다른 군사 훈련상의 혁신도 가져왔다. 1730년대 어느 무렵에 프로이센군에 보조를 맞춘 행진을 도입한 것이다. 보조를 맞춘 행진이

> 보병은 …… 방어할 때는 화력에, 공격할 때는 총검에 의지한다. 우리 병사들은 공격에 전력을 쏟아야 하며 이유 없이 공세를 포기하는 것은 현명하지 못한 일이다.
> ___프리드리히 대왕, 『군사 지침』

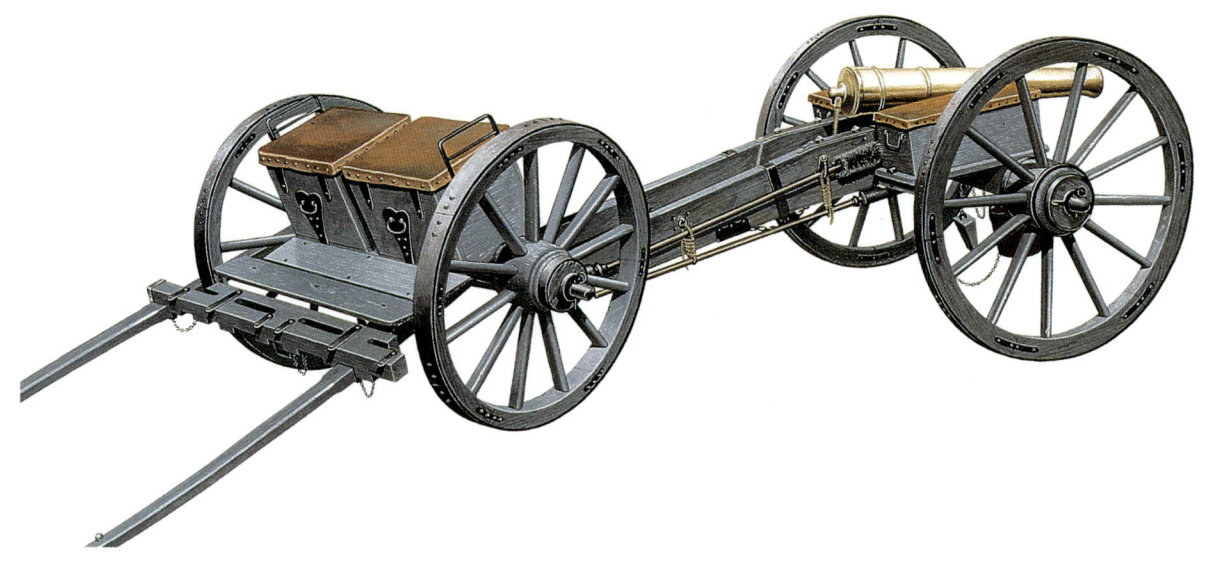

그림_ 이 18세기 대포는 전장에서 이동이 쉽도록 바퀴를 달았다. 여기에는 포수들이 올라탈 수도 있었다. 일부 탄약은 포차를 끄는 병사의 자리 아래에 실었을 것이다.

도입되면서 프로이센군 병사 각각은 동료들과 박자를 맞추어 행진함으로써 한몸처럼 전진할 수 있었다. 병사들은 북소리에 보조를 맞췄다. 이런 형태의 행진은 규율이 매우 뛰어난 병사들이 할 수 있었는데 유럽의 전 군대 가운데 프로이센군 병사들이 고도의 규율로 가장 명성이 자자했다. 그러나 프로이센군의 이러한 규율은 가혹한 체벌로 유지되었다.

보조를 맞춘 행진을 이용함으로써, 프로이센군은 전장으로 이동 능력이나 전장 내 기동 수행 능력을 눈에 띄게 향상시킬 수 있었다. 예를 들어, 보조를 맞춰 행진하지 않는 군대는 전장으로 전진할 때 개방 종대를 기본 대형으로 채택했다. 개방 종대란 종렬 간 간격이 때로 3미터에 이를 정도로 굉장히 넓은 대형을 말한다. 넓은 간격은 부대원들이 규칙적인 보조에 맞춰 이동하지 않는 상황에서 부대의 결집력을 유지하기 위해 필수적이었다. 이는, 개방 종대로 전장으로 이동하면 각 중대가 전장에서 횡대로 전열을 다시 형성해야 할 뿐 아니라 오와 열 사이 간격을 좁혀야 했기 때문에, 대대가 다시 전열을 정렬하는 과정이 매우 번거로웠음을 의미한다.

보조를 맞춘 행진으로 프로이센군은 더 밀집한 종대를 형성할 수 있었고 다양한 기동을 수행해서 더 효율적으로 더 빠르게 전열을 형성할 수 있었다. 보조를 맞춘 행진의 또 다른 이점은 전열이 전장을 가로질러 이동할 때 더 빠른 속도로 움직일 수 있다는 것이다. 보조를 맞추지 않고 행진하는 군대는 장교들과 부사관들이 부대를 따라 앞뒤로 움직이며 병사들이 제 위치에 가도록 행진을 자주 멈추고 병사들을 정렬시켜야 했다. 전열을 형성한 프로이센군 대대는 병사들을 더 가깝게, 흔히 팔꿈치가 닿을 정도로 더 가깝게 유지할 수 있었고 선형 대형을 더 잘 유지할 수 있었으며 이것은 병사들을 정렬시키기 위해 자주 멈출 필요가 없다는 것을 뜻했다.

백전노장 데사우어가 양성해 프리드리히 대왕에게 남긴 프로이센 군대는 매우 훌륭한 기구였다. 고도로 규율이 잡히고 무장을 잘 했으며 적에게 막강한 화력을 선보이고 전장에서 기동이 매우 뛰어났다. 사실, 보병은 3열이나 4열이 아니라 2열로 정렬해야 한다고 주장했을 만큼 안할트-데사우의 레오폴트 공이 화력을 강조했는데도 처음에 프리드리히 대왕은 적에게 접근해 일대일 백병전을 벌일 수 있는 보병의 기동 능력과 규율을 더 중시했다. 프리드리히 대왕의 태도는 총검과 근접전의 가치를 강조하는 당대의 군사적 사고 경향을 따른 것이었다. 그러나 개량된 무기와 사격 체제, 부대의 머스킷 사격술을 놔두고 적과 접촉하기 위해 뚜벅뚜벅 걸어가는 것은 그다지 신중하지 못하다는 사실은 금방 분명해졌다. 나중에 프리드리히 대왕은 병사들이 총검 돌격에 의존하기 전에 먼저 근거리에서 일제 사격을 하도록 허용했다. 로이텐 전투(1757년 12월) 시기에 이르자 프로이센군 병사들은 화력에 크게 의존해서 전장에 들고 나간 60발분을 모두 소진해버렸고 각 부대는 탄약을 재보급받아야 했다.

7년 전쟁이 막을 내릴 무렵 프로이센 군대가 선형전 시대의 무기와 대형으로 달성할 수 있는 최고의 전형이라는 사실은 분명했다. 그리고 프리드리히 대왕이 당대 선형전의 가능성과 한계를 가장 잘 이해한 현역 전문가였으리라는 점도 분명했다.

1757년 로이텐 전투: 실력의 승리

1757년 여름과 가을은 프리드리히 대왕에게 친절하지 않았다. 그는 프라하 포위를 풀고 보헤미아 침공을 포기해야 했으며 콜린에서 뼈아픈 패배를 당해 작센으로 퇴각해야만 했다. 게다가 프랑스와 스웨덴, 러시아가 자신에게 일제히 선전포고를 하고 핵심 맹방인 영국이 하노버에서 자신의 영토적 이익을 보전하기 위해 전쟁에서 빠지면서 더 많은 적들에게 둘러싸였다는 사실을 알게 됐다. 그러나 프리드리히 대왕은 11월 4일 로스바흐에서 프랑스와 신성로마제국의 대군을 상대로 결정적 승리를 거둠으로써 작센의 상황을 안정시킬 수 있었다. 로스바흐에서의 승리는 국제적으로 엄청난 함의를 띠어서, 영국을 다시 전쟁에 끌어들였고, 프로이센에 대한 현금 원조와 북독일에서의 병력 지원을 가져왔다.

그러나 프리드리히 대왕은 여전히 동쪽 국경에서 처리해야 할 문제가 남아 있었다. 개전 원인이 1740년으로 거슬러 올라가는 슐레지엔 전장에서 베베른 공이 지휘하는 프리드리히 대왕의 군대는 패주하고

그림_ 이 1644년 스트라스보지 연대의 머스킷 총병은 앞쪽(34쪽)의 동료와 마찬가지로 아무런 보호 장비도 착용하지 않았다. 그는 심지 점화식 머스킷과 탄띠, 스코틀랜드식 단도로 무장했다. 많은 머스킷 총병들이 검을 착용했을 테지만 무거운 머스킷도 백병전에서 곤봉으로 효과적이었다.

있었다. 그들은 11월 22일, 로렌의 샤를과 베테랑 지휘관인 레오폴트 다운 원수 휘하의 오스트리아군에게 브레슬라우 바깥에서 패하고 오데르 강 너머로 밀려났다. 그 직후 베베른 공 본인도 붙잡혔다. 프리드리히 대왕은 이미 슐레지엔에서 병력을 증강하기 위해 움직이고 있었고 보병 18개 대대와 기병 23개 대대를 파견했다. 그는 베베른의 군대가 와해되는 것을 막고자, 자신이 도착하기에 앞서 프로이센 경기병hussar 연대 지휘관 한스 폰 치텐을 파견했다. 프리드리히 대왕은 12월 2일, 치텐과 그의 군대에 합류했다. 그의 원래 계획은 베베른의 군대가 전투 태세를 갖추게 한 후에 브레슬라우에서 오스트리아군을 공격하는 것이었지만, 전반적인 전략적 상황으로 인해 즉시 움직여야만 했다.

3일 만에 벌어지게 될 로이텐 전투를 위한 무대가 마련되었다. 이 전투에서 프리드리히 대왕은 군대의 능력을 잘 이해하고 있는 지휘관이 이끄는 프로이센군대의 효율성을 만천하에 과시했다. 프리드리히 대왕은 자신의 에두른 공격 명령을 이행하고 수적으로 밀리는 병력을 적의 한쪽 측면에 집중하는 프로이센군 보병의 뛰어난 기동 능력을 활용했다. 또한 규율이 뛰어난 프로이센군 보병이 공격할 때 얼마나 막강한 화력을 선보일 수 있는지도 보여주었다. 프리드리히 대왕의 첫 번째 임무는 베베른 공 밑에 있는 장교들과 병사들의 자신감을 회복시키는 것이었다. 프리드리히 대왕은 프로이센군 병영을 둘러보면서 병사들과 대화를 주고받고 덕담을 건네고 눈앞의 전투에서 공훈을 세우면 포상을 두둑하게 내리겠노라고 약속했다. 장교들에게도 곧 다가올 전투가 명예를 회복할 기회라고 이야기했다. 프리드리히 대왕은 슐레지엔에서 패배당한 병사들과 전 달에 로스바흐에서 거둔 승리의 여운이 아직 가시지 않은 채 작센에서 온 병사들 간의 교류도 장려했다. 프리드리히 대왕은 로스바흐의 베테랑들이 나머지 병사들의 사기를 북돋아주기를 바랐다. 또한 병사들의 원기와 용기를 북돋기 위해 배급 식량과 술을 추가로 지급하는 등 병사들의 편의에 특히 신경을 썼다. 더 나아가, 자신의 막사로 장군들과 고위 장교들을 불러서

그림_ 1730년 머스킷 군사 훈련에서 한 보병이 교본의 설명대로 부싯돌 발화식 머스킷을 발사하고 있다. 부싯돌과 종이 약포의 도입은 장전과 화약 투입, 발사에 필요한 과정을 크게 단축해서 머스킷의 효율성을 높였다.

그들에게 의무를 다하고 명예를 드높일 것을 촉구하고 브레슬라우에서 오스트리아군을 어떻게 공격할 참인지 기본 계획을 설명하며 열띤 연설을 했다. 그러나 돌격을 하지 않는 기병 연대는 말을 빼앗고 수비대 임무로 좌천시킬 것이며 공격을 밀어붙이지 않는 보병 연대는 공개적으로 망신을 주고, 군기와 칼을 빼앗고 제복에서 견장을 떼버리겠다고 말하면서 실패 시 처벌 또한 약속했다.

프리드리히 대왕은 12월 3일에 부대원들에게 휴식을 허용했지만 이튿날에는 브레슬라우로 전진했다. 그는 행군 도중에 오스트리아군이 도시를 떠나 로이텐 마을 주변에 진을 쳤다는 사실을 알게 되었다. 프리드리히 대왕은 슐레지엔에서 자신의 입지를 회복할 결정적 전투를 원했기 때문에 샤를과 다운 원수가 이렇게 움직여준 것이 고마웠다. 오스트리아군은 자신만만할 이유가 충분했다. 수적으로 프로이센군을 두 배 가까이 압도했기 때문인데, 보병과 포대에서 특히 유리했다. 오스트리아군은 6만 6천 명 가량이었고 200문 이상의 포를 보유한 데 비해 프로이센군은 3만 9천 명이었고 170문의 포를 보유했다. 게다가 프로이센군의 약 2/3는 이미 패배를 당한 바 있는 베베른의 군대 출신이었다. 프리드리히 대왕은 오스트리아군의 전력과 프로이센군의 전력이 비슷하다고 착각했던 것 같다.

오스트리아군은 로이텐을 뒤로 한 채, 작은 시골 마을인 작슈츠와 니페른 사이 전방에 약 5킬로미터에 걸쳐 진을 쳤다. 샤를과 다운 원수는 자신들의 수적 우위가 승리를 보장하리라 믿고 프리드리히 대왕과 정면으로 맞설 심산이었던 것 같다. 프로이센군은 새벽 4시경부터 전장으로 진격하여 커다란 보병 종대 둘로 정렬했고 각 종대 측면에는 기병 종대가 위치했다. 라이플로 무장한 약간의 예거들을 비롯해 경보병으로 이루어진 상당한 규모의 전위 부대와 프리드리히 대왕이 몸소 이끄는 경기병들도 있었다.

전투가 맞물리다

전투는 프로이센군 전위 부대가 일단의 작센군 용기병과 오스트리아군 경기병을 쉽게 처리하고 200명 가량을 생포하면서 시작되었다. 프리드리히 대왕은 병사들의 사기를 높이기 위해 전장으로 행진하는 병사들 옆으로 이 포로들을 줄지어 지나가게 했다. 프리드리히 대왕이 로이텐 전방에 정렬한 하얀 제복의 오스트리아군의 긴 행렬을 바라보니 적군의 거대한 규모가 분명해졌고, 그들이 수적으로 우위에 있다는 것은 확실했다. 그러나 프리드리히 대왕은 혜안으로 유명한 그답게 전장의 지형의 두 가지 핵심 요소에 주목했다. 첫째는 오스트리아군이 근처에 있는 약간의 습지대를 자신들의 좌익을 확고히 하는 거점으로

로이텐 전투

1757년

프리드리히 대왕과 그가 이끄는 프로이센군은 브레슬라우로 진격하던 중 로이텐에서 로렌의 샤를과 레오폴트 다운 원수가 지휘하는 오스트리아군을 만났다. 프리드리히 대왕은 프로이센군의 탁월한 규율과 기동성 그리고 지형을 이용해 대담하고 복잡한 기동 작전을 전개했다. 프로이센군의 신속성과 몇몇 낮은 등성이가 제공하는 엄호물을 이용해 프리드리히 대왕은 군대를 오스트리아군 전방을 가로질러 진군하여 적의 좌익에 나타나게 했다. 약간의 프로이센군 기병과 보병은 오스트리아군의 주의를 끌기 위해서 원래 위치에 남아서 프로이센군이 마치 오스트리아군의 전방에 진을 친 것처럼 보이게 했다. 프리드리히 대왕은 재빨리 노출된 적의 측면을 공격하여 가장 왼쪽에 있는 황제군 부대를 격파했다. 오스트리아군은 로이텐 마을을 기반으로 삼아 새로운 방어선을 세우려고 했지만 기동이 느려서 적을 조금씩 공격할 수밖에 없었고 결국 마을에서 밀려나와 뒤로 몰리고 말았다. 프리드리히 대왕은 오스트리아군을 추격했으나 밤이 찾아와 적을 섬멸할 수 없었다.

프로이센
하노버
베를린
로이텐
프랑스
오스트리아
빈

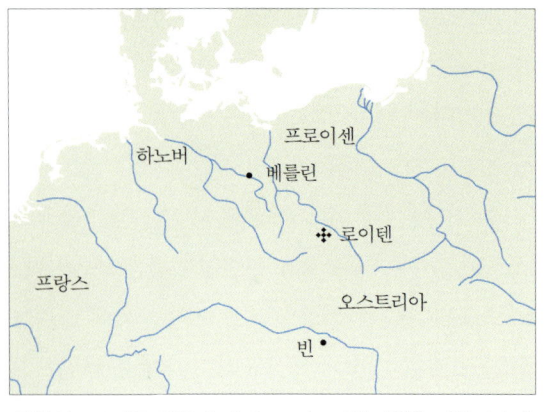

작센의 로스바흐 전투 승리 후, 프리드리히 대왕은 재빨리 슐레지엔으로 이동해 상황을 회복시켰다. 그런 다음 브레슬라우로 나아갔다. 가는 도중에 로이텐에서 오스트리아군과 맞닥뜨렸다.

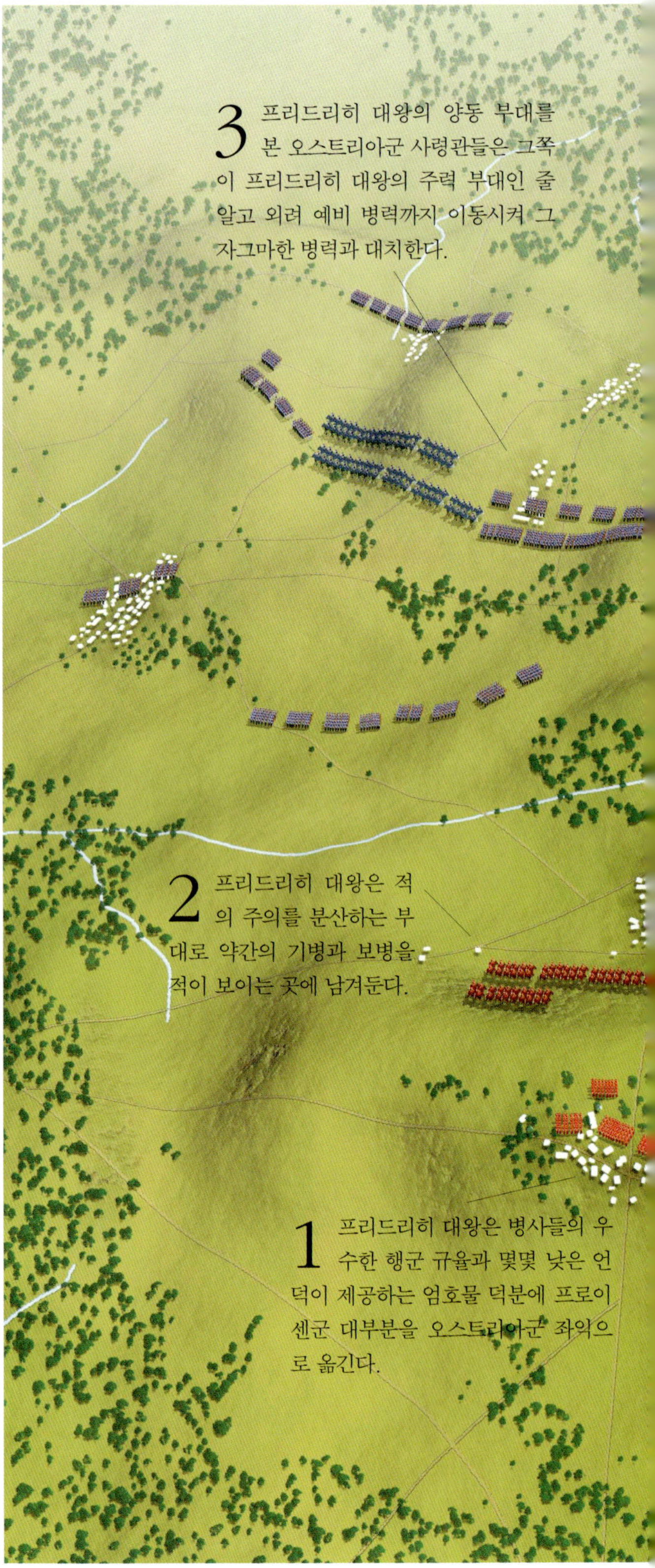
3 프리드리히 대왕의 양동 부대를 본 오스트리아군 사령관들은 그쪽이 프리드리히 대왕의 주력 부대인 줄 알고 외려 예비 병력까지 이동시켜 그 자그마한 병력과 대치한다.
2 프리드리히 대왕은 적의 주의를 분산하는 부대로 약간의 기병과 보병을 적이 보이는 곳에 남겨둔다.
1 프리드리히 대왕은 병사들의 우수한 행군 규율과 몇몇 낮은 언덕이 제공하는 엄호물 덕분에 프로이센군 대부분을 오스트리아군 좌익으로 옮긴다.

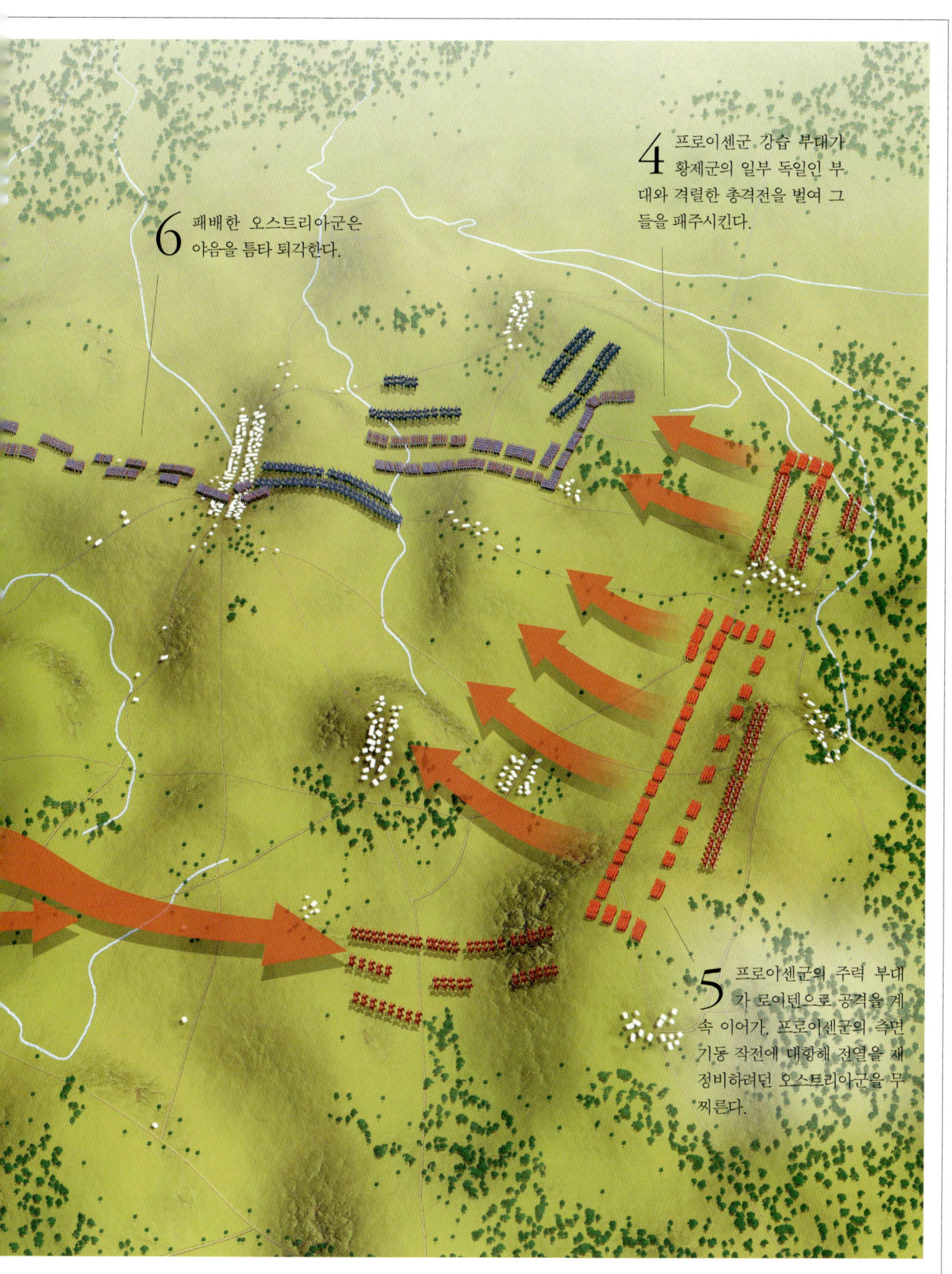

활용하지 않았다는 것이었다. 비록 그곳에 배치된 포대를 위해 약간의 엄폐물과 보루를 급하게 쌓기는 했지만, 결국 오스트리아군의 왼쪽 측면은 나중에 고스란히 노출되었다. 둘째, 오스트리아군 좌측 전방에는 작은 등성이가 있어서 프로이센군이 적의 좌익 앞에서 이동할 때 움직임을 가려줄 수 있었다.

프리드리히 대왕은 오스트리아군의 취약한 측면을 노릴 것을 신속히 결정하고 낮은 등성이를 활용해 기동 작전을 은폐했다. 적의 주의를 끌기 위해 보병 일부의 지원을 받는 프로이센군 좌익의 기병대가 오스트리아군 중앙과 우익의 주의를 분산하는 공격을 시도하는 척했다. 수적으로 열세인 군대를 쪼갠 다음, 그 대부분을 길게 늘어선 적의 전방을 가로질러 이동하게 하면서, 이동하는 내내 부대의 측면을 머스킷과 포격 앞에 노출시킨다는 발상은 자살 행위와 같을 수도 있었지만, 지세의 특성 그리고 프로이센군 보병의 신속성과 기동 능력을 믿은 프리드리히 대왕은 기꺼이 위험을 무릅썼다. 오전 11시가 되자 프리드리히 대왕은 배치를 마치고, 일단의 보병의 지원을 받는 프로이센군 좌익의 기병이 오스트리아군 전선의 우익을 향해 천천히 전진하도록 명령했다. 오스트리아군 우익의 지휘관은 자신이 맡은 측면이 프리드리히 대왕의 주요 공격 대상이라 짐작하고 즉시 지원을 요청했다. 샤를과 다운 원수는 예비 병력을 이동시켜 우익을 강화하고 말을 몰고 가서 우익의 교전을 몸소 지켜보는 것으로 대응했다. 그 동안 프로이센군 보병 대부분과 우익의 기병은 오스트리아군 전방을 가로질러 이동을 시작했다. 2개 종대로 정렬한 보병은 뛰어난 규율을 유지하며 보조를 맞춰 행진했기 때문에 놀라운 속도로 이동했다. 2시간이 채 못 걸려 프로이센군은 오스트리아군의 왼쪽 측면에 직각으로 전열을 형성하기 시작했는데, 그 가운데 오른쪽에 위치한 부대들은 오스트리아군 전열 뒤쪽으로 약간 뻗어 나온 형태로 정렬했다. 강습 부대는 우수한 전열 보병 3개 대대로 구성되었고 추가로 4개 대대, 즉 척탄병 3개 대대와 정예 전열 연대의 지원을 받았다. 여기에 12파운드 중포 20문의 지원도 받았다. 뒤에 남은 프로이센군 보병 대다수는 공격 선봉 부대 왼쪽 뒤로 사다리꼴로 배치되었다. 프리드리히 대왕은 기병 53개 대대와 보병 6개

그림_ 탄띠는 18세기가 되자 탄약 상자로 대체되었다. 1742년 콜드스트림 연대 소속의 이 영국 근위병은 총검과 보병 검을 모두 소지하고 있다. 18세기 말에 이르면 많은 군대가 특정한 특수 부대나 정예 부대를 제외하고, 불필요해진 칼을 폐기하게 된다.

대대를 예비로 두었다. 이 기동 작전을 가능케 한 것은 프로이센군의 움직임을 가려준 낮은 등성이였다. 오스트리아군 지휘관들이 오른쪽 측면으로 옮겨가면서 프리드리히 대왕의 의도를 파악할 수 있는 가능성이 더욱 희박해지면서, 프로이센군의 위치는 더 강화되었다. 실제로, 오스트리아군 지휘관들은 프로이센군이 언덕 뒤쪽에서 움직이고 있다는 것을 알아챘지만 이동 방향이나 이동 규모를 파악할 수 없었고 그래서 그들이 퇴각 중이라고 추측했다. 오후 1시가 되자 프리드리히 대왕의 병력은 각자 위치에 자리를 잡았고 공격을 개시할 태세였다.

프로이센군의 공격의 예봉이 떨어진 오스트리아군 좌익의 병력 대부분은 독일의 여러 소공국에서 온 실력이 각양각색인 병사들로 구성되어 있었고, 이 독일 소공국들이 파견한 분견대들이 모여 황제군을 구성했다. 황제군은 대담한 경기병 장군인 헝가리인 프란츠 나다스디 장군이 지휘했다. 프로이센군은 황제군 병사들을 향해 전진해, 치열한 총격전을 벌여서 뷔르템베르크군 병사들을 패주시키며 바이에른군 부대 쪽으로 몰아냈고, 바이에른군 병사들도 곧 패주에 가담했다. 강습 부대의 화력은 어마어마했음이 틀림없다. 그들은 지원 부대가 도착했을 무렵 탄약이 바닥났다. 다행히도 프리드리히 대왕은 전장에 탄약 수레를 함께 끌고 왔다. 강습 부대는 탄약을 재보급받고 전선에 계속 머물렀다. 나다스디 장군은 용기병대와 경기병대로 프로이센군 보병을 공격해 전세를 역전해보려고 애썼지만 오히려 프리드리히 대왕의 예비 부대였던 치텐이 지휘하는 프로이센군 기병 53개 대대의 역공을 받았다. 프로이센군 기병은 오스트리아군 기병을 격파했다. 도망가는 적의 기병을 추격하는 대신 그들은 이미 무너진 나다스디 장군의 보병을 섬멸하기 위해 말머리를 돌렸고 뷔르템부르크군과 바이에른군의 병사 2천 명을 생포했다.

우익에 대한 공격이 양동작전이었다는 것을 깨달은 샤를과 다운 원수는 중앙을 90도 선회하여, 다가오는 프로이센군에 맞서려 했다. 오스트리아군의 전열은 로이텐 마을을 근거지로 배치될 것이었다. 그러나 병력 재배치를 계획할 만한 시간이 별로 없었고 부대들은 산발적으로 파견되어 제대로 된 사선射線을 형성할 수 없었다. 이러한 기동은 프로이센군처럼 밀집 종대로 기동하지 않는 오스트리아군에게는 훨씬 더 어려운 작업이었다. 기동을 수행하는 동안 그들은 프로이센군의 격렬한 머스킷 총탄 세례를 받아야 했고 40문의 12파운드 포에서 발사하는 포탄도 이제 로이텐을 내려다보는 고지까지 날아왔다. 3시 30분 무렵 프로이센군 보병은 오스트리아군의 새로운 위치를 향해 공격을 개시했다. 황제군 소속 뷔르츠부르크 연대와 몇몇 오스트리아 부대가 찬탄할 만큼 꿋꿋하게 로이텐을 방어했으나 치열한 격전 끝에 프로이센군은 로이텐에서 오스트리아군을 완전히 몰아냈다. 또 다른 오스트리아 기병대가 돌격했으나 프로이센 기병에 의해 밀려났다. 이 시점에서 오스트리아군은 무너졌다. 프리드리히 대왕은 추격을 시도했으나 날씨와 시간도 돕지 않았고 병사들도 지쳐서 여의치 않았다.

로이텐 전투에서 프리드리히 대왕은 커다란 승리를 거뒀지만 한편으로 손실도 컸다. 그는 전체 병력

> 명령이 떨어지기 전까지 결코 총을 발사해서는 안 된다는 것을 병사들에게 반드시 각인시켜야 한다. …… 연대장들은 그러한 소대별 사격이 질서정연하게 수행되도록 신경 써야 한다.
> ㅡ프리드리히 대왕, 『군사 지침』

그림_ 프로이센의 근위 척탄병들이 로이텐 묘지를 강습하고 있다. 프리드리히 대왕이 공격 시 총검이 중요하다고 믿어서, 여기의 프로이센 정예 근위병들은 총검을 앞세우고 무너진 묘지 담 틈새로 들이닥치고 있다.

의 거의 1/5에 달하는 6천 명의 병사를 잃었다. 대신, 오스트리아군에게는 1만 명의 사상자를 안겼고 1만 2천 명을 포로로 잡았으며 100문 이상의 포를 빼앗았다. 그 달 말에 브레슬라우가 항복했을 때 오스트리아군 1만 7천 명도 추가로 항복했다. 로이텐 전투는 선형전의 시대에 프로이센군처럼 규율이 뛰어난 군대가 특히 당대 '명장' 가운데 한 명의 지휘를 받았을 때 얼마나 큰 성공을 거둘 수 있는지를 똑똑히 보여주었다.

결론: 통합과 대형

1763년이 되자 보병은 숫자와 결정력 측면에서, 유럽의 전장에서 지배적 병력이 되었다. 전투는 선형 대형으로 기동하는 보병 간의 충돌로 진행되고 결판났다. 기병과 포병도 중요한 역할을 담당했지만 그들은 일반적으로 보병 부대를 지원하는 데 그쳤다. 기병이나 보병, 어느 쪽도 자신들의 힘만으로 전투에서 승리할 수 없었다. 게다가 16세기 전반에 유행한, 각양각색의 보병들이 다양한 방식으로 ── 장창병, 화승총병, 미늘창병, 검과 방패로 무장한 병사가 산병으로, 때론 방진으로, 테르시오에서 혹은 대대 안에서 ── 싸우던 경향도 통합된 단일 유형의 보병이 단일 유형의 부대와 대형으로 싸우는 방식에 자리를 내주었다. 비록 군대에는 머스킷 총병이나 퓨질리어, 척탄병 같은 다양한 명칭의 병사들이 있었지만 이러한 명칭은 대부분 그들의 기능보다는 부대 전통이나 지위와 관련이 있었다.

7년 전쟁이 마감될 무렵, 사실상 모든 군대는 동일한 전투 수행 양식, 즉 대대가 3열 횡대로 늘어서서 소대별로 사격하는 방법을 채택했다. 비록 경보병 부대가 전장에 등장하기는 했지만 아직 대다수의 유럽 군대에서 상시적인 요소는 아니었다. 오스트리아의 경우를 제외하고 그들의 활동은 대부분, 변경 지역을 따라 벌어지는 작은 전쟁들에 국한되어 있었

다. 이러한 체제의 본보기는 엄격하게 규율을 따르고 흠잡을 데 없이 훈련받은 프리드리히 대왕 휘하의 프로이센 군대였다. 그의 군대는 7년 전쟁의 다음 사반세기 동안 보병 전투 기술의 결정체였다. 그 사반세기 말에 전투에서 또 다른 거대한 변환이 일어났다. 그 새로운 변환은 극적인 사회 정치적 변화에 기초한 것이었는데, 이를 통해 군대의 규모가 더 확대되고 국민 개병제라는 관념과 새로운 동기 부여가 생겼으며 새로운 전술과 새로운 지휘-명령 구조가 꼭 필요한 것이 되었다.

2장
기마전

근대 초기 기병의 역사는 근접전에 적합하게 무장한 돌격 부대와 발사체로 무장하여 화력을 앞세운 부대가 서로 우위를 놓고 끝없이 격돌하는 이야기이다. 이 대결에서 각 병과는 상대방을 능가하고 패배시키기 위해 각자의 전술적 기술과 전투 기술을 다채롭게 구사했다.

유럽에서 중세의 전투는 갑옷으로 중무장한 중기병이 일반적으로 그날의 난투전의 승패를 결정한다는 점에서 다소 제한적이었다. 전투를 승리로 이끄는 이 병사들의 용맹과 기세 덕분에 승부는 공격하는 쪽에 유리했다. 실제로 사회 구조는 기마 전사를 중심으로 돌아갔고 기마 전사의 군사적 능력은 흔히 사회와 인생에서 그 사람의 성공 여부를 결정했다. 창을 앞으로 뉘어 들고 적을 향해 돌진하는 기마 전사라는 관념이 대세였고, 전투는 대격돌과 뒤이은 무수한 개인적 대결로 해석되었다. 그 속에서 지휘

그림_ 이 17세기 그림은 30년 전쟁 당시 기병의 교전을 묘사한 것이다. 혼란스러운 기병 난투전의 잔혹성과 단순히 적을 최대한 많이 죽이기 위해 고안된 각종 무기와 싸움 방식이 뒤섞여 있는 현실을 고스란히 보여주고 있다.

와 통제 혹은 전술적 진화는 미미한 역할을 했을 뿐이다. 비록 궁수의 영향력이 서서히 가시화되긴 했지만, 무기 기술의 진보는 대부분 근접전에 영향을 미치는 것으로 한정되어 있었다. 궁수, 투창병, 투척병은 열등한 전사 계급이었고 그들의 무기는 군사적 사고를 지배하던 엘리트 전사들의 무기가 아니었다.

약 1천 년간 전투는 익숙한 패턴을 따랐다. 갑옷을 입은 기마 전사들의 우위와 난투전에 뛰어드는 기마 전사의 난폭하고 단순한 돌격 기술은 갑옷 제작자의 기술에 의해 유지되었다. 이 전문적 장인들은 처음에는 사슬 갑옷을, 나중에는 판금 갑옷을 만들어, 가볍게 무장한 사람이라면 쓰러트릴 수도 있는 조잡한 전쟁용 화살에 사람과 말이 꿈쩍도 하지 않게 해줬다.

그 후, 기마 돌격이 크레시의 진흙탕에서 (그리고 다시금 아쟁쿠르에서) 치욕스럽게 저지된 뒤, 또한 이 기마 돌격의 우위가 장궁과 송곳 화살촉[잎사귀 모양 화살촉과 달리 갑옷을 관통하기 좋게 끝을 좁고 날카롭게 주조한 화살촉]에 의해 위협받는 것처럼 보이자, 기사들은 이 치명적 화살이 비켜가게 하기 위해 더 가볍고 이랑이 지고 홈이 파인 보호구에 눈길을 돌리게 되었다.

16세기: 장창과 총알

중세식 전투를 종식시킨 것은 화기의 도래였다. 비록 갑옷 제작자들이 더 뛰어난 품질의 금속으로 대응했고, 기사들이 총알을 막아내는 더 무겁고 두꺼운 판금을 착용해 속도와 충돌 시의 기세를 희생했지만, 프랑스 귀족 계급의 꽃이 집중 사격에 의해 땅바닥에 내동댕이쳐지게 된 1525년의 파비아 전투는 아마도 귀족 중기병의 지배에 종언을 고했을 것이다. 발사체 무기로 무장한 채 밀집 대형으로 굳건히 늘어선 병사들의 집중된 화력이 기마 돌격을 그 자리에서 저지할 수 있음을 입증하게 되면서, 장궁과 이후 화승총은 전장을 보병의 소관으로 만들었다. 게다가 이제 평민은 귀족을 죽일 수 있었다. 기병이 충격을 이겨낼 경우를 대비해 장창이 요구되기는 했지만, 이 같은 상황은 충격 난투전impact melee에서 충격전으로 전환이 시작됐음을 알리는, 기술 혁명이자 사고 혁명을 의미했다.

그러나 변화의 속도는 느렸다. 기마 엘리트의 내재적 보수주의 탓이 아니라 전장의 현상으로서 스위스 장창병이 서서히 부상했기 때문이다. 스위스 병사들은 일찍이 1339년 라우펜 전투 때부터 일종의 장창을 사용했으나, 알렉산드로스 대왕이 당시까지 알려진 세계를 정복하는 데 기여한 장창의 진정한 충격은 스위스 병사들이 세 차례 전투에서 부르고뉴의 대담공 샤를을 물리친 15세기 후반에 나타났고 그 여파는 유럽 전역으로 퍼져 나갔다. 처음에는 석궁과 소총통, 나중에는 화승총의 보호를 받은 거대한 스위스 장창 방진은 전쟁 수행의 지배적 도구가 되었고 광범위하게 모방되었다. 장창 방진은 적의 보병을 분쇄하고 적군 기마병을 가볍게 제압하는 공격 무기였고, 어느 방면에서 다가오는 기병의 공격에도 스스로를 방어할 수 있었다.

스위스 병사들은 1515년 야전 방어 시설이 준비되어 있던 마리냐노 전투에서, 그리고 1522년, 그들

> 이 저주스러운 기계는 결코 발명되지 않아야 했거늘 …… 용맹한 전사들이 너무도 많이 한심한 녀석들과 최악의 겁쟁이들의 손에 쓰러졌다. 이들의 면전에서는 감히 고개를 들어 쳐다보지도 못할 겁쟁이들이 멀찍이서 그 괘씸한 총알로 용맹한 사람들을 쓰러트렸도다.
> ── 블레즈 드 몽뤽

의 압도적인 전진이 포격과 보병의 집중 사격 앞에서 흔들렸던 비코카 전투에서 적수를 만났다. 두 전투에서 높은 전사율을 기록한 그들은, 자신들의 기마 적수들과 마찬가지로, 빠르게 늘고 있는 화약 무기 사용에 제대로 대처하지 못했음을 깨달았다.

유명한 테르시오를 탄생시켜 장창과 화기를 성공적으로 결합한 이들은 바로 에스파냐인들이었고, 그 테르시오는 그다음 시기 전장을 지배했다. 그러나 머스킷의 채택으로 사정거리가 더 늘어나자 테르시오는 더 방어적으로 변했다. 테르시오 대형은 느리고 육중했으며, 기병의 개입에 취약했다. 기병은 테르시오를 에워싸서 저지할 수 있었지만 테르시오를 쳐부수려면 우선 그 밀집 방진을 조각내야 했다. 방진 안으로 파고들 수만 있다면 기병은 보병들에게 난투전을 강요할 수 있었다. 기병은 테르시오에 균열을 내야 했다.

기마 장창을 앞세우고 집단적으로 돌격하면 대형을 형성한 테르시오에 균열을 낼 수 있었다. 말이 보병들의 장창 앞에서 비켜나는 것을 막을 만큼 기병 대형이 밀집해 있고, 몇몇 사상자가 발생할지라도 충돌하러 가는 전진 속도가 충분해서 기병들이 빽빽하게 늘어선 보병 무리에 빠르게 접근할 수 있다면, 이런 전법은 특히 통했다. 그러나 기병대장들은 이러한 전법을 시도하기를 꺼렸다. 대신 그들은 총알로 테르시오에 균열을 내고자 했다. 기병들을 화기로 무장시키려는 초창기 시도는 비실용적이고 비효율적인 것으로 드러났다. 소총통이나 페트로넬 petronel〔16, 17세기에 기마병들이 많이 사용한 대구경 총〕을 납작하게 가슴에 둘러매거나, 때로 말의 목덜미에 걸친 마구와 붙어 있는 안장에 총신을 꽂는 일은 말을 탄 사람이 목표물을 조준해 맞히거나 총이 발사될 때 놀란 말을 진정시키는 데 딱히 도움이 되지 않은 듯하다.

화승총과 핵벗 hackbut〔화승총의 일종〕, 용기총

그림_ 초창기 피스톨 대결을 묘사한 이 그림에서 피스톨 병사가 사격술을 연습 중이다. 이 병사는 말을 탄 적과 적이 탄 말에 총을 쏘는 연습을 하고 있고 아래 그림에서는 두 중창 기병이 창이 부러지자 피스톨로 싸움을 이어가고 있다.

dragon으로 여러 실험을 거쳤지만, 불을 붙인 심지의 조작과 복잡한 발사 과정 및 재장전 과정은 두 손을 모두 써야 하는 작업이었고 그래서 기마병에게 머스킷에 통달한 총병이 됨과 동시에 말을 무릎과 발꿈치만으로 다룰 수 있는 노련한 기수가 될 것을 요구했다. 결국 다른 사격 기술이 필요했다.

이에 대한 해답은 발화 수단으로서 심지를 대체하는 바퀴식 방아쇠[1장 설명을 참조]의 발명이었다. 이것은 태엽이나 톱니 모양의 강철 원판 혹은 바퀴를 감아서 사용했다. 짧은 사슬이 바퀴의 회전축을 강력한 큰 태엽에 연결해서, 스패너를 이용해 회전축을 감으면 이 사슬이 압력을 받아 큰 태엽을 감았다. 그다음 발사 동작은 전형적인 방아쇠 메커니즘에 의해 진행되었다. 총을 발사하고 싶으면 말에 탄 병사는 바짝 조인 쥠쇠가 황철광 조각을 물고 있는 개머리 장치를 바퀴까지 딸깍 내린다. 방아쇠를 누르면 태엽이 풀리고 사슬도 도로 튀어 올라 풀리면서 회전축이 회전하게 된다. 빠르게 회전하는 톱니바퀴가 황철광을 갈면 불꽃이 일어난다. 이것이 피스톨 약실에 놓인 장약을 점화하고 장약은 다시 총신의 화문을 통해 화약에 불을 붙인다. 바퀴식 방아쇠는 매우 튼튼했지만 결점도 있었다. 고장이 나면, 특수 장비를 가진 총기 제작자가 보수해야 했다. 무른 광물인 황철광은 부서지거나, 쪼개지거나 닳아서 자주 교체해야 했다. 작은 파편이 종종 기계 장치 안으로 들어가기도 했다. 바퀴식 방아쇠는 잘 작동하고 보통 첫 발에 믿음직하게 발사되었지만 전투 중에 재장전하기는 어려웠기 때문에, 병사들은 보통 멜빵에 카빈을 들쳐 매고 안장머리에 매달은 권총집에 피스톨 한 쌍을 넣어 다니거나, 가끔 부츠에도 한 정 더 찔러 넣어 다녔다. 기수는 전진하라는 명령을 기다리는 동안 소지한 무기를 모두 장전하고 단단히 쥘 수 있었기에 카빈과 피스톨을 언제든 발사할 준비가 된 상태에서 전투에 뛰어들었다. 기수는 겨냥

그림_ 기마 선회 대형에서 각 횡렬은 차례로 앞으로 나가 적에게 피스톨을 발사하고 대형 후위로 퇴각해, 되도록 정지한 상태에서 재장전을 했다. 이것은 포화 속에서 말과 기수 모두 안정을 유지하는 것이 필수적인 까다로운 기동이었다. 기동을 어떻게 수행해야 하는지에 대해서는 훈련 교본에 실린 조언들이 서로 모순되어서 별 도움이 되지 않았다.

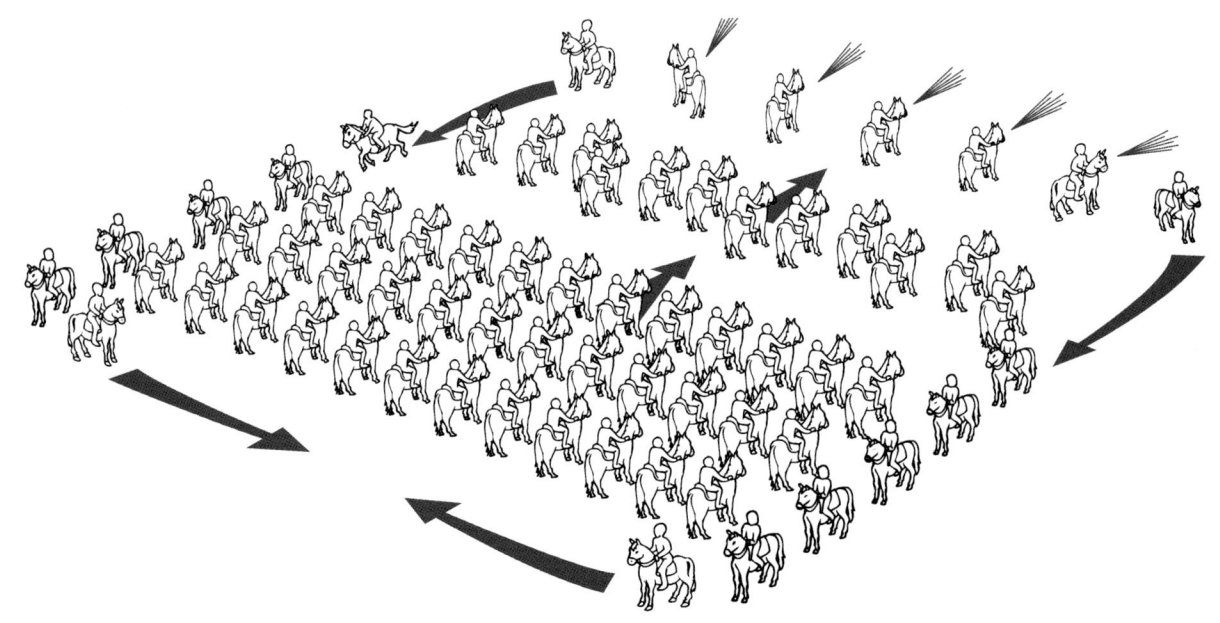

하고 방아쇠만 당기면 되었다.

라이터는 전방으로

27미터 거리에서 사람 크기만 한 과녁을 맞히는 오늘날의 실험 결과를 보면 바퀴식 격발 장치는 대략 85퍼센트의 명중률을 기록했으며 2밀리미터 두께의 판금을 '적당한 정도'로 관통했다. 그러나 우리로서는 '적당한 정도'가 어느 정도인지, 실험에 사용된 총이 피스톨인지 페트로넬인지 알 수 없다. 저자가 바퀴식 페트로넬을 가지고 정확히 재연한 실험에서는 정확한 사격은 9미터 거리에서 가능했고 18미터까지도 약 80퍼센트의 명중률을 보여 '적당'했다. 그 이상으로 거리가 멀어지면 명중은 순전히 요행이며 명중률은 10퍼센트로 급격하게 감소했다.

부싯돌 발화식 피스톨은 바퀴식 페트로넬보다 다소 나은 기록을 보였지만 불발이 더 잦았다. 실험 결과는 더 뛰어난 사격 솜씨의 문제였을 수도 있지만, 방아쇠를 당기기 전에 적에게 총구를 먼저 갖다 대라는 당시의 충고는 이 무기의 전반적 효율성에 대해 다른 어느 실험보다 많은 것을 말해준다. 비록 사정거리는 짧았지만 피스톨로 무장한 기병은 테르시오와의 거리를 좁힌 후 방진에 균열을 낼 수 있을 만큼 총알을 충분히 발사하라는 지시를 받았고 그렇게 생겨난 틈으로 장창으로 무장한 동료 지원 기병들이 돌진해 백병전을 벌여 적을 분쇄할 수 있었다.

바퀴식 방아쇠와 선회 대형

피스톨 무장 기병은 새로운 혁신이자 실용적인 최신 유행이 되었다. 돌격 욕망은 전술적 우위를 얻으려는 이해관계에 따라 억제되었고 이 신무기를 경기병뿐 아니라 중기병까지 활용함으로써 사격과 근접전이라는 두 가지 기능이 모두 달성될 수 있었다. 피스톨 한 쌍을 차고 완전 무장한 흉갑 기병이 총을 쏘며 대형으로 달려든 뒤 검을 휘두르며 대형을 덮치는 것은 전장에서 흔히 볼 수 있는 풍경이 되었고 라이터Reiter라고 불리는 이러한 피스톨 기병은 금방 유럽 전역에서 두려움의 대상이 되었다.

그러나 이러한 새로운 기마 전투 기술은 기병 전술과 대형에 훨씬 더 심각한 함의를 띠었다. 생캉탱에서 기병은 일반적인 횡렬 대형보다 더 두터운 대형을 채택했다. 스위스의 장창병이나 이후의 보병 종렬 대형과 달리, 이 대형은 돌격의 충격을 극대화하기 위해 이동하는 방진의 크기를 증대하려는 의도에서 기인한 것이 아니다. 그보다는 라이터의 사격 속도를 가능한 한 높이려는 훈련 교본적 관념에 기반을 둔 것이었다. 기병의 화력에 대한 가장 잘 알려진 지지자는 크루소일 텐데, 크루소의 『기병을 위한 군사 지침』은 유럽 전역에서 여러 시기에 여러 언어로 번역되었다. 그의 이론은 당대의 위대한 군사 지휘관들에 의해 실천했다. 이 시기 기병을 위한 군사 교본들은 적의 다양한 대형과 무기에 맞서 화력을 극대화할 수 있는 전술적 기동을 수행하기 위한 복잡한 기술들로 가득 차 있다. 가장 선호되는 체제는 선회 기동으로 평가되었다.

선회 기동에서 먼저 기병은, 횡렬은 적어도 6열 이상이고 종렬은 6열에서 20열 사이인 종대로 정렬한다. 그다음, 이 번거로운 대형은 적을 향해 느린

> 피스톨 병사의 가장 나쁜 습관은 '선회'였다. …… 병사들이 엄청나게 훈련이 잘 되어 있고 모두 사기가 높은 경우가 아니라면, 선회 대형은 어김없이 아수라장이 되고 만다.
> ___찰스 오먼 경

그림_ 말을 타고 전투에 나서는 기병들은 더 효율적인 메커니즘 때문에 바퀴식 피스톨을 선호했다. 바퀴식 피스톨은 장전이 더 쉬울 뿐 아니라 사용자가 점화를 위해 심지를 쓰는 복잡한 과정 없이 원할 때에 총알을 발사할 수 있다고 상당히 확신할 수 있었다.

속보로 전진한다. 적에게 약 28미터 거리까지 접근하면 우선 피스톨을 한 발 쏘고 그다음에 두 번째 피스톨을 쏜다. 이 과정이 정확히 어떻게 수행되는지는 어떤 교본을 따르느냐에 달려 있다. 어느 교본은 횡렬별 사격을 지지했고 어느 교본은 전방의 기병들한테는 위험스러워 보이는 일제 사격을 지지했다. 어느 교본은 정면을 향해, 한 번에 한 발씩, 혹은 한꺼번에 두 발 다 발사하라고 가르쳤으며, 어느 교본은 먼저 말을 오른쪽으로 선회한 후 왼손에 든 피스톨을 옆으로 쏘고 다시 말을 왼쪽으로 선회한 후 오른손에 든 피스톨을 쏘라고 지시했다. 피스톨을 발사한 후 기병들은 재장전하기 위해 뒤로 물러나는데 이 과정을 어떻게 수행하는 것이 가장 좋은지에 대해서도 의견이 엇갈렸다. 어느 교본은 횡렬별로 선회하는 것을 선호했고 어느 교본은 측면으로 돌아서 일렬 종대로 대형 후위로 돌아오도록 지시했으며 또 다른 교본은 종렬마다 180도 뒤로 돌아서 행진하는 것이 좋다고 설명했다. 교본들의 지시 사항은 알려져 있지만 안타깝게도 어느 방식이 가장 널리 운용되었는지 판단할 만한 증거는 불충분하다. 일부 후위 종렬들의 경우, 일제 사격 명령을 받았을 때 하늘을 향해 피스톨을 발사했다는 언급이 있기는 하다.

선회 대형은 번거롭고 느리게 움직이며 좀처럼 속보 이상의 속도로 운용할 수 없기도 했지만, 선회 대형의 진짜 큰 문제점은 적에게 총알을 날려보내긴 하지만 그 사격이 큰 피해를 입힐 만큼 충분하지는 않다는 사실이었다. 기병 전투는 느리게 진행되고 소리만 요란한 일이 되었고, 비록 이론상으로는 적의 대형을 무너뜨릴 수 있다 하더라도, 지휘관이 압도적인 다수의 부대원들을 교전에 참가시키지 않는 한, 적에게 많은 사상자를 안길 수는 없었던 것 같다.

심지어 충분한 인원으로도 기병이 보병을 물리치기는 어려웠다. 화승총과 머스킷은 피스톨보다 사정거리가 길었고 더 무거운 탄환을 더 강한 힘으로 날려 보낼 수 있었으며 보병은 더 집중된 화력을 선보일 수 있었기에, 비록 말을 달려서 상대적으로 안전한 거리에서 재장전할 수 있다 하더라도 기병이 그러한 대결에서 이길 수 있는 확률은 미미했다. 기병을 마상 화력으로 전환하려는 시도는 기병을 전술적으로 쓸모없게 만드는 데에만 성공했을 뿐이다. 1574년 모크와 1578년 장블루에서 중창기병이 두드

그림_ 17세기 폴란드군 중기병은 서유럽에서 유행이 지난 지 오래인 사슬 갑옷과 판금 갑옷을 모두 착용했다. 왼쪽 사진은 팔뚝 아래쪽 부위 완갑과 팔꿈치받이가 창을 다룰 때 더 유연하게 움직일 수 있도록 사슬 갑옷으로 교체되었음을 보여준다.

2장 기마전

그림_ 돌격해오는 적을 물리치는 기발한 구상 가운데 하나가 여기 17세기 삽화에 잘 나타나 있다. 알렉산드로스의 팔랑크스 phalanx[장창을 들고 방패로 무장한 보병들이 여러 겹으로 밀집한 대형으로서, 중보병이 등장한 고전기 그리스에서 크게 발전한 전술]가 전차들이 지나가도록 길을 텄다는 고대의 언급에 영감을 받은 듯한 이 훈련 교본은 말이 옆으로 움직이는 데 능숙하지 않다는 사실을 까맣게 잊고 있으며, 선회 대형이 일단 방향을 틀면 자신들의 측면을 지원 부대의 공격에 고스란히 노출한다는 사실도 놓치고 있다.

황제군 흉갑 기병(1630년 무렵)

30년 전쟁 시기 흉갑 기병은 여전히 몸을 최대한 방어하기 위해 판금 갑옷을 입었지만, 피스톨을 쓰려고 창을 버렸다. 종종 훈련이 형편없었던 그들은 복잡한 선회 기동을 수행해야만 했고, 우선 사격으로 적에게 상당한 사상자를 내고 적의 대형을 무너트린 후라야만 칼을 들고 전투에 뛰어드는 위험을 무릅썼다. 그들의 갑옷은 일반적으로 품질이 뛰어났고 칼과 총알을 모두 막아낼 수 있었다. 또한 갑옷은 관절로 연결되어 있었는데, 판금을 조금씩 겹치게 층층이 연결했기 때문에 병사들은 꽤 자유롭게 거동할 수 있었다. 그러나 '가재'라는 별명을 얻기도 했다.

러진 활약을 했는데도 기병 대다수는 이제 피스톨로 무장했고 장창은 점차 자취를 감추기 시작했다. 1597년에 네덜란드는 기병들이 사용하는 창을 공식적으로 폐기했다. 찌르는 긴 기병용 칼인 중세의 에스톡과 그 후예들도 역시 사라졌고, 기병들은 이제 근접 난투전에서 더 짧은 칼에 의존하거나 심지어 피스톨 개머리판에 의존했다. 사격 효율성을 높인다는 미명 아래 지휘관이나 병사 개개인 모두 백병전 싸움 기술을 연마하는 연습을 소홀히 하게 되었다.

비록 적의 대형에 균열이 생겼다고 할지라도 돌진해 근접전을 벌일 만큼 숙련된 부대는 거의 없었고 중창기병은 다소간 '과시용 병사', 즉 피비린내 나는 전장의 직무보다는 사열에 더 적합한 병사가 되었

그림_ 마타우스 메리안(1593~1650년)의 동판화에 묘사된 뤼첸 전투에서 1632년 11월 16일, 구스타브 아돌프 휘하의 프로테스탄트 동맹군과 발렌슈타인 장군 휘하의 로마 가톨릭 황제군이 맞붙었다. 결과는 스웨덴의 승리였지만 적지 않은 희생이 따랐고 그중에는 스웨덴 국왕[구스타브 아돌프]도 포함되어 있었다.

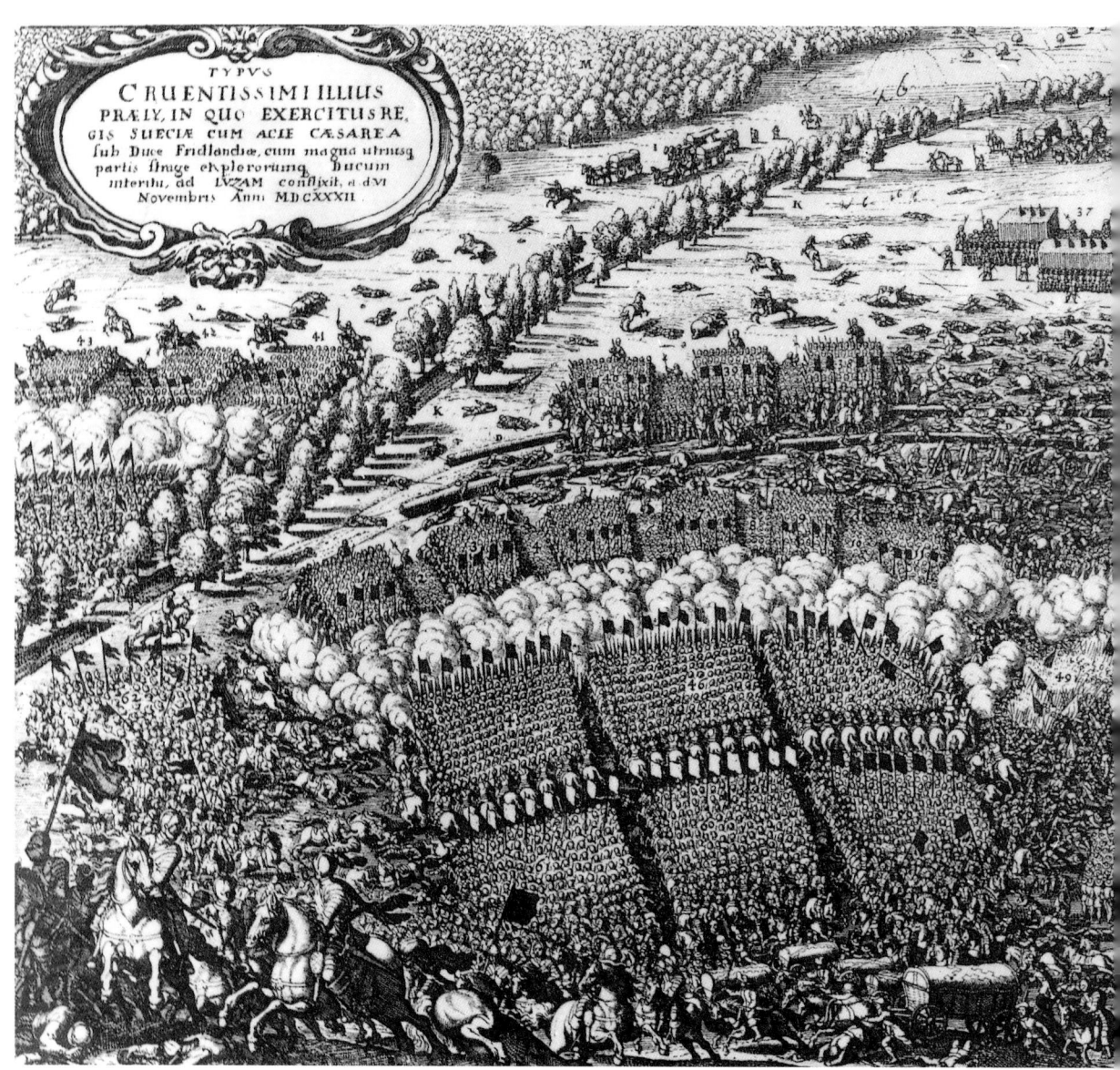

다. 기마술은 쇠퇴하게 되었다. 기병이 전투를 위해 거리를 좁힐 수 없거나 좁힐 생각이 없고 자그마한 피스톨만 무의미하게 뽑아 드는 형국이 되자, 이 커다란 실험은 이따금 "기병의 쇠약화"라고 일컬어지기도 한다.

피스톨로 무장한 기병은 굉장히 널리 채택되었기에 기병 돌격의 전통을 언제나 열렬히 자랑스러워하던 폴란드 군대에서마저 피스톨로 무장한 기병이 적지 않게 모습을 드러냈다. 유럽의 여러 기병들과 다르게 폴란드군 기병들은 창을 완전히 폐기하지는 않았으며 여전히 적에게 돌격할 수 있었고 또 기꺼이 돌격하려 했다. 1610년 클루시노 전투에서 스웨덴군과 러시아군 라이터들이 대선회를 한 후 퇴각하려고 했을 때 의미심장한 사건이 일어났다. 폴란드군 기병들이 검을 들고 전속력으로 달려든 것이다. 그들은 거대한 방진으로 무리 지어 있던 무수한 적들을 쓰러트리고 방진을 조각조각 쪼개어 전장에서 몰아냈다. 적어도 유럽 한 귀퉁이에서는 기병들이 전적

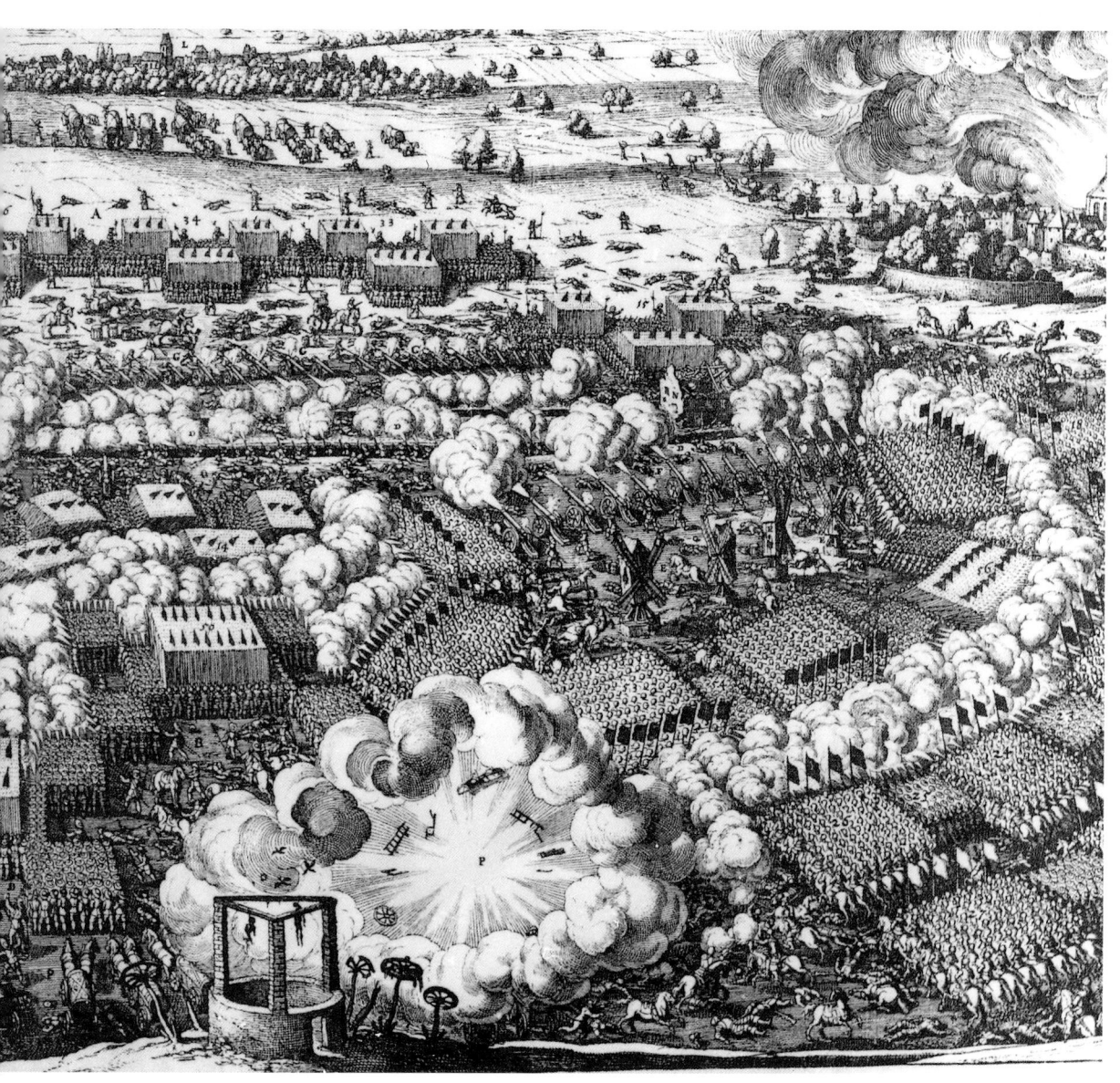

2장 기마전

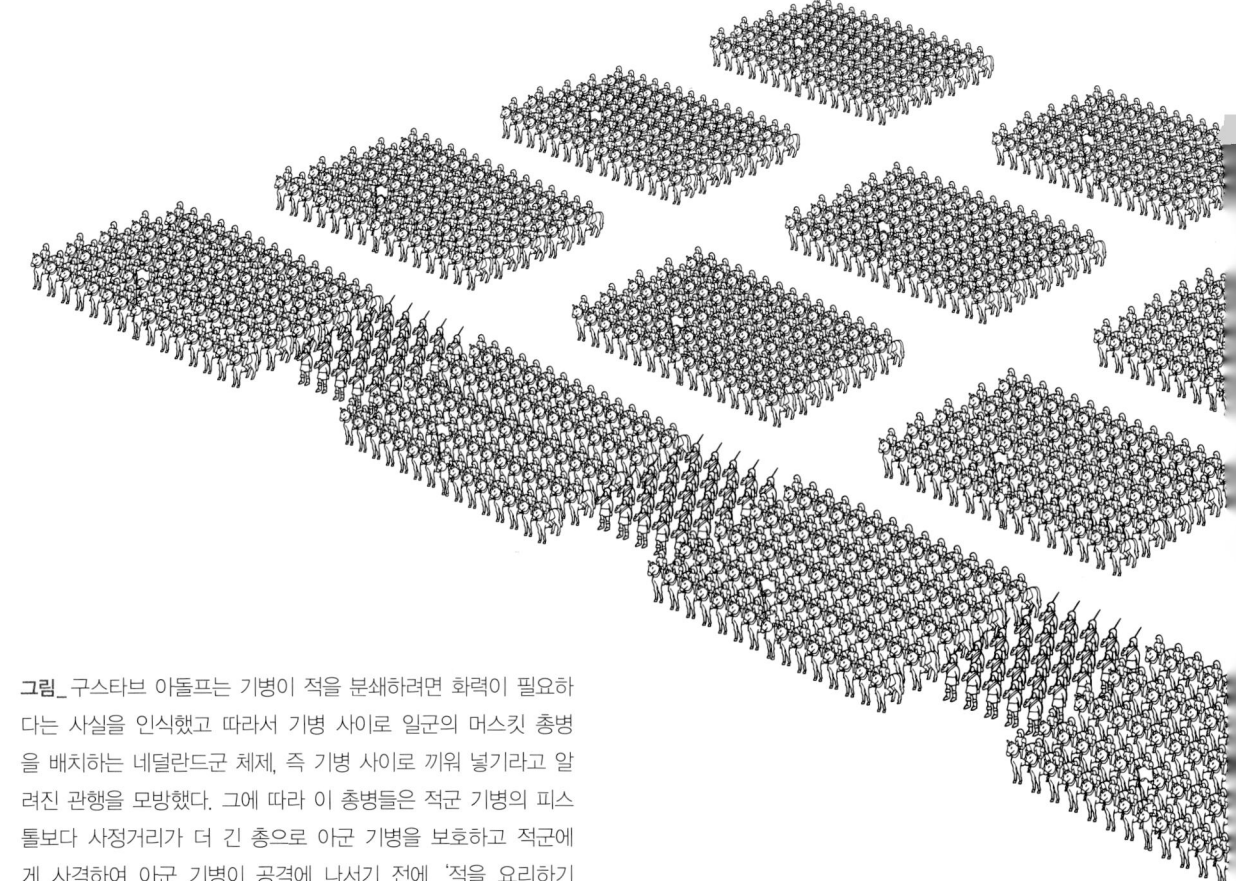

그림_ 구스타브 아돌프는 기병이 적을 분쇄하려면 화력이 필요하다는 사실을 인식했고 따라서 기병 사이로 일군의 머스킷 총병을 배치하는 네덜란드군 체제, 즉 기병 사이로 끼워 넣기라고 알려진 관행을 모방했다. 그에 따라 이 총병들은 적군 기병의 피스톨보다 사정거리가 더 긴 총으로 아군 기병을 보호하고 적군에게 사격하여 아군 기병이 공격에 나서기 전에 '적을 요리하기 편하게' 만들었다.

으로 쇠약해지지는 않았지만, 16세기 말에 이르면 전반적으로 대규모 기병 전투는 더욱더 찾아볼 수 없게 되었다. 테르시오와 라이터의 느린 움직임과 화력에 대한 의존으로 인해 대포와 야전 방어물이 갈수록 인기를 끌게 되고 방어에 더 확고한 중점을 두는 경향이 생겼다. 근접 난투전은 마지막에 던지는 승부수가 되었다.

1632년 뤼첸 전투 : 스웨덴의 개혁

전투의 승패에 대한 기병의 공헌도가 그렇게 현저히 축소되자 그 시대 저명한 군사 혁신가인 나사우의 마우리츠는 기병에 그다지 관심을 기울이지 않았고 보병에 개혁의 초점을 맞추는 데 만족했다. 그는 기병 대형의 두께를 4열이나 5열로 줄였지만 기병을 근접전 병사라기보다는 오히려 발사체missile[화살이나 총알, 무릿매처럼 던지거나 날려 보내는 무기들]로 운용하는 고대 로마의 관행에 여전히 사로잡혀 있었다.

변화의 신호는 예기치 못한 방향, 바로 스웨덴에서 오게 된다. 1600년대 초 스웨덴의 카를 9세는 장비도 형편없고, 훈련도 형편없으며 작고 허약한 말을 타는, 피스톨 경기병이 거의 주를 이루는 기병 군단을 물려받았다. 이 기병 군단은 러시아 카자크 기병을 막아낼 수 있었지만 개활지에서 다른 기병 전력에 맞서, 특히 폴란드군 중기병에 맞서 아군의 보병을 보호하지는 못했다. 1605년 키르크홀름 전투에

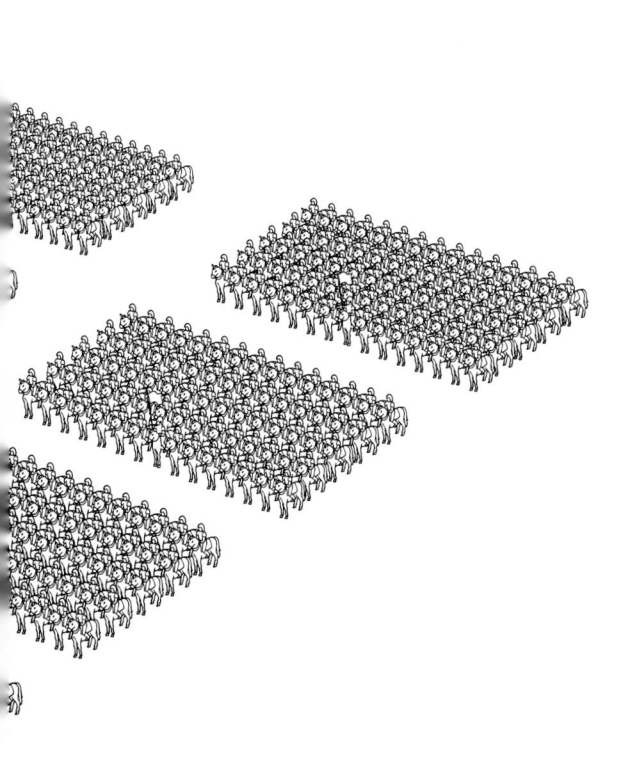

했다.

 무기 체계와 대형 탓에 기병과의 총격전에서 보병의 우위를 인정한 스웨덴군은 각자 표적의 크기를 고려할 때 기병과 보병 간 경쟁에서 기병이 두 배로 불리하다고 판단했다. 기병은 약 1.7미터 높이에 0.6미터 너비의 표적을 쏘아야 하는 반면 머스킷 총병의 표적은 2.4나 2.7미터 높이에 너비는 1미터 정도였다. 그러나 스웨덴군은, 머스킷 총병은 '여건이 좋은 날에나' 분당 두 발을 발사할 수 있을 뿐이라고 주장했다.

 따라서 빠른 속도로 달리는 기병은 이론상으로, 적군과 아군 사이의 공간을 빠른 시간 안에 이동해 그들이 견뎌야 하는 일제 사격의 횟수를 줄일 수 있었다. 이 모든 것을 고려해볼 때 스웨덴인들은 기병들이 구식의 강타-충격과 난투전으로 회귀할 가능성이 있다고 믿었다. 비록 폴란드군과의 경험이 스웨덴인들의 생각을 변화시켰을지도 모르지만, 그렇다고 그들이 창을 다시 집어 드는 것을 진지하게 고려한 것은 아니었다. 대신 그들은 근거리에서 피스톨 사격을 한 후 근접전을 위해 돌격하는 훈련과 실전 연습에 더 능숙해졌다. 스웨덴군에서 기병이 차지하는 비율이 점점 증가했고 국왕은 장비와 잘 자란 군마에 많은 돈을 썼다. 그는 기병에게 보수를 넉넉히 주었고 토지와 세금 면제 혜택을 주었다. 그 결과, 병사와 말의 수준은 몰라보게 향상되었지만 그렇다고 해서 스웨덴군 기병이 당대인들의 눈에 '중기병'으로 보이지는 않았을 것이다. 그들은 동체 갑옷 일습을 다 갖추지는 않았고 흔히 흉갑과 투구만 착용했다. 그들은 큰 말을 타지 않았는데, 스웨덴의 군마는 비록 다부지고 잘 자랐지만 좀처럼 12핸드(약 122센티미터)를 넘지 않았다. 구스타브 아돌프는 1620년대 중반에 기병대를 대대로 재편성하고 1630년대가 되자 연대로 재편성하는 개혁을 단행했다.

서 폴란드군은 후퇴하는 척하면서 스웨덴군을 앞으로 나오게 유인한 뒤, 갑자기 뒤돌아 그들을 덮쳤다. 폴란드군 기병은 스웨덴군 기병에게 돌진해 그들을 뿔뿔이 흩어지게 했다. 스웨덴군 기병들은 적을 피스톨로 쓰러뜨리려고 했지만 헛수고였다. 기병의 보호가 사라지자 다수의 장창병을 두지 않은 스웨덴군 보병은 폴란드군 기병이 중요한 일익을 담당한 합동 공격의 쉬운 먹잇감이 되었다. 키르크홀름 전투는 반半이동 사격 플랫폼처럼 기능하는 기병에 대한 반발을 가져왔고 그 결과는 30년 전쟁에서 나타났다. 스웨덴군의 조직과 전투 기술 부문에서 스웨덴 국왕 구스타브 아돌프의 혁신은 기병의 공세로의 귀환으로 이어졌다. 구스타브 아돌프는 강타 전술을 강조

그림_16. 17세기에 중기병들이 입던, 무게가 많이 나가는 기마 갑옷. 관절 없이 층층이 연결된 오른쪽 손목 덮개는 이 병사의 주 무기가 창이었다는 점을 시사한다. 이 경우 갑옷의 경직성은 충돌의 충격을 막는 데 도움이 되기 때문이다. 손가락 부위에 보호구가 없는 것도 창 자루에 부착된 보호대로 손 부위를 가렸다는 사실을 시사한다.

이론상으로 연대는 2개 대대로 구성되며 각 대대는 125명 병력의 중대 4개로 구성되어 서류상으로 연대 병력은 1,000명이었다.

비록 스웨덴군 보병은 의복을 담당하는 중앙 기구를 통해 통일된 제복을 착용하는 노선을 서서히 채택해갔지만, 이 기병들에게 제복이 지급되었음을 입증하는 문헌은 아직 발견되지 않았다. 갑옷의 부재는 또한 많은 기병들이 보호를 위해 두꺼운 가죽 버프코트buff coat[17세기에 주로 갑옷 안에 착용한, 소매가 길고 깃이 높은 소가죽 상의]를 입었음을 의미했다. 일부 기병들은 고삐를 쥐는 팔에 철 완갑을 착용했을 수 있지만 대부분의 경우 소맷부리가 긴 승마용 손목 가리개로 충분했을 것이다.

스웨덴군 체제가 창안되기 전에 유럽의 전투는 두 가지 전술적 방법론, 즉 네덜란드군 체제와 에스파냐군 체제에 의해 지배되었다. 이 두 가지는 보병의 전개와 격투 기술, 포대의 배치를 중심으로 발전했다. 기병은 무너진 적을 추격하라는 명령이 떨어지기 전까지 복잡하지만 쓸모없는 선회 기동이나 수행하도록 측면으로 밀려났다. 두 체제는 화력에 의존했다. 폴란드군과 싸운 경험에서 스웨덴군은 교훈을 얻었고 구스타브 아돌프는 그 교훈을 현실에 적용했다. 그는 스웨덴군 전체에 세 가지 근본적 개선이 필요하다는 사실을 깨달았다. 첫째, 화력을 증강하고 둘째, 말과 보병, 포를 함께 운용하며 셋째, 기병이 강타 전술로 복귀하는 것이었다. 그는 좋은 말을 타고 훈련을 잘 받은 병사들이 빠른 속도로 충격을 가할 수만 있다면 기병이 다시금 전투의 승리를 결정짓는 요소가 될 수 있다고 믿었다. 그는 점진적으로 이러한 체제를 발전시켰고 1620년대 중반 발호프 전투, 메베 전투, 디르샤우 전투를 사실상 실험장으로 활용했다.

1627년 디르샤우 전투에서 머스킷 총병을 동반한 스웨덴군 기병은 폴란드군 기병에 맞서 결코 물러서지 않았다. 부르크슈탈에서 그들은 선회 기동을 하려던 틸리의 기병들을 몰아냈다. 브라이텐펠트 전투에서 구스타브 아돌프는 기병대 사이사이로 일군의 머스킷 총병을 섞어 넣었고 보병 전열에 군데군데

그림_ 비록 16세기 라이터 전투 대형은 엄청난 소음과 연기를 유발하긴 했지만, 피스톨로 무장한 기병이 상대방을 물리칠 수 있는 유일한 길은 압도적인 수적 우위뿐이었다.

그림_ 라이터의 자세를 보여주는 이 그림에서 피스톨 중기병은 피스톨을 잡고 공이치기를 당기는 등 다양한 동작들을 선보이고 있다. 이러한 동작들은 말을 타고 움직이면서 피스톨 발사 준비를 하는 데 필수적인 동작이었다.

간격을 두어 기병 예비 병력이 그 사이로 지나갈 수 있게 했는데, 이들 모두는 전면을 따라 배치된 대포의 엄호를 받았다. 다시 말해 포병, 보병, 기병의 세 병과가 협력한 것이다. 구스타브 아돌프는 전열 각각에 기병 예비 병력도 두도록 했다. 그의 전투 대형과 전술적 혁신은 우군인 작센군과 적군인 황제군 모두를 놀라게 만들었다. 그들은 기병을 보호하기 위해 배치된 화력과 일단 적진이 분열되면 근접전을 위해 돌격하는 기병대의 공세적 전술에 특히 놀랐다. 위대한 파펜하임 백작과 그의 흉갑 기병도 스웨덴군 기병을 무찌를 수 없었다. 구스타브 아돌프의 새로운 전투 기술이 몰고 온 충격은 대단해서 훈련 교관들과 군사 이론가들은 대체 무슨 일이 일어난 것인지 심각하게 분석하기 시작했고 스웨덴군 체제를 다룬 교본들을 펴냈다. 에스파냐군 체제는 시대에 뒤떨어진 것이 되어 빠르게 밀려났고 선회 기동도 마찬가지였다. 스웨덴군 기병은 여전히 피스톨 한 쌍을 소지했지만 오직 제일선 병사들만 돌격 시 피스톨을 사용하라는 지시를 받았고 그것도 한 쌍 가운데 하나만, 그리고 근접 거리에서 사용하라는 지시를 받았다. 나머지 병사들은 위급 상황에서만 피스톨을 꺼내 들어야 했다.

스웨덴군 체제의 전술들은 확고히 자리를 잡았으며 30년 전쟁의 여러 위대한 지도자들에 의해 운용되었다. 심지어 위대한 황제군 지휘관 발렌슈타인도 부분적으로는 이를 수용해 자신의 양익 기병대 사이로 머스킷 총병 집단을 섞어서 배치했다. 뤼첸 전투에서 구스타브 아돌프는 스웨덴-작센 프로테스탄트 동맹군의 전체 배치를 관할했고 발렌슈타인이 이끄는 황제군을 공격하기 위해 진군 명령을 내렸다. 프로테스탄트 동맹군은 할레로 진군하던 중 황제군 진영에 파펜하임 백작이 없다는 사실을 알게 되었고 그의 지휘 부재의 빈틈을 노리고자 했다. 사실 발렌슈타인은 겨울 숙영지로 이동하기로 결정한 상태였고 뤼첸을 자신의 본부로 삼아서 그 지역 곳곳에 연대를 흩어놓았다. 스웨덴군이 접근하자 그는 즉각적인 복귀를 명령하고 연대를 재집결했다.

이 장은 기마 전쟁에 초점을 맞추고 있기 때문에 여기서는 보병이 기병 활동의 일익을 담당할 때를 제외하고는 보병에 대한 언급은 생략한 채 전투를 묘사할 것이다. 물론 이 묘사들은 사건을 온전히 전달하지 않는다. 뤼첸 전투는 여기서 다룬 다른 교전들과 마찬가지로 대단히 넓은 전장에서 펼쳐진 대전투였으며 여러 부대가 투입되었다. 그러나 그들의 이야기를 모두 다룰 수는 없다.

황제군 지휘관 발렌슈타인의 대응

뤼첸은 장이 서는 소도시였는데, 발렌슈타인은 병사들에게 뤼첸 둘레로 참호를 파도록 명령했다. 1632년 11월 6일 아침에 흩어져 있던 군대가 도착하기 시작하자 발렌슈타인은 뤼첸 주변 벌판에 군대를 정렬했다. 파펜하임 백작이 돌아올 때까지 곤란을 겪을 수도 있다는 것을 안 그는 방어선을 형성했는데 군대의 오른쪽 측면은 도시와 도시의 성으로 보호되었다. 그는 이 엄호물을 지주 삼아 거대한 중포 14문을 도시 외곽에 있는 몇몇 풍차와 헛간 사이에 배치했다. 그는 뤼첸에서 라이프치히로 이어지는 길의 동서축과 대충 나란히 판 꽤 깊고 넓은 도랑 뒤에 본진을 배치했다. 이 장애물을 제외하면 전장은 대체로 탁 트이고 평평해 기병이 활동하기 좋은 땅이었다. 발렌슈타인은 군대의 왼쪽 측면을 작은 플로스그라벤 개울로 엄호할 수도 있었겠지만 안타깝게도 그에게는 거기까지 손을 뻗칠 만큼 병사가 충분하지 않았다.

뿔뿔이 흩어져 있던 연대가 모두 집결한다면 발렌슈타인한테는 대략 보병 8천 명과 기병 8천 명이 있었다. 그는 오랜 시험을 통해 검증된 방식에 따라 보병을 중앙에, 기병을 양익에 정렬했다. 또한 머스킷 총병 분견대를 전방에 배치하여 도랑을 장악하고 스웨덴군 기병들이 도랑을 넘으려고 할 때 말의 배를 쏘도록 지시했다. 역사가들은 발렌슈타인의 전열 배치가 2선인지 3선인지에 관해 의견이 엇갈리지만, 전통적으로는 그가 기타 군속들을 뒤쪽에 모아 그 가운데에 군기를 든 보병 몇몇을 배치한 후 아침 안개의 도움을 받아 프로테스탄트 동맹군으로 하여금 그들이 실제보다 훨씬 더 큰 대군과 맞서는 것처럼 보이게 하려고 했다고 믿는다. 어쩌면 그것이 그의 제3선이었을 수도 있다. 측면에 기병을 배치한 것과 더불어 그는 소규모 기병 예비 병력을 제1선의 중앙 뒤쪽에 배치했는데 이러한 대형은 이전의 황제군에서 볼 수 없는 것이었다. 또한 성공한 스웨덴군 체제를 모방해 대형의 두께를 줄였는데 그에 따라 이제 보병은 열 줄로 늘어섰고 기병은 6열 종대로 정렬했다.

이 대형에 맞서 싸우기 위해 스웨덴 국왕은 별 어려움 없이 플로스그라벤 개울을 건넌 후 거의 1만 3천 명에 달하는 보병과 6천 명이 조금 넘는 기병을 브라이텐펠트에서와 똑같은 방식으로 정렬했는데 더 작고 유연한 부대 단위로 더 가는 블록을 형성하여 전면을 더 넓게 차지하게 만듦으로써 병사들을 대형 뒤쪽에서 상대적으로 별로 하는 일 없이 놀지 않게 하고 더 많은 병사들을 교전에 참가시켰다. 또한 근처의 작은 수풀을 지주로 삼아 우익을 형성한 후 2선으로 전선을 형성했고 그 전면을 따라 야포 20문을 넓게 배치했다. 제1선과 제2선 모두 중앙에 보병 6개 여단을 두고 양익에는 각각 기병 6개 대대를 두었다. 200명 병력의 머스킷 총병 부대 5개가 양익에 있는 제1선의 기병대 사이사이에 일정한 간격으로 배치되었다. 양익에 각각 배치한 머스킷 총병 1천 명은 발렌슈타인이 배치한 것보다 훨씬 더 많은 수였다. 이는 나중에 병력에 대한 적절한 투자였음이 드러난다.

돌격과 일제 사격을 번갈아 하는 스웨덴 방식은 로버트 먼로의 목격담에서 가장 잘 설명된다. "우리 머스킷 총병들은 …… 가까운 거리에서 적을 일제 사격으로 맞았다. 그다음, 우리 기병들이 피스톨을 발사한 뒤 칼을 들고 그들 사이로 돌격했다. 기병들이 복귀하자 머스킷 총병들은 …… 다시 두 번째 일제 사격을 할 준비를 갖췄다."

이렇게 기병 사이사이로 겹겹이 섞인 머스킷 부대 각각에는 작은 포, 즉 때때로 스웨덴 가죽 포라고 불리는 연대 포 2문이 함께했다. 그리하여 스웨덴군의 양익에는 머스킷 1천 정과 포 10문의 화력이 각각 제공된 셈이었다.

구스타브 아돌프는 기병 대형의 종심도 6열에서 3열로 줄였다. 병사가 모자랐고 겨울 출정으로 말이 많이 죽었기 때문인데, 한편으로는 전열을 길게 연장해 더 넓은 공간을 아우르고 적의 측면에 쇄도할 수 있을 뿐만 아니라 뒷줄의 병사들이 앞줄의 돌격을 따라잡을 때까지 기다릴 필요가 없어서 전진에 박차를 가할 수 있다는 것을 의미하기도 했다. 구스타브 아돌프에게는 예비 부대가 2개 있었다. 하나는 제1선 뒤에 있는 보병 부대였고 다른 하나는 제2선 뒤에 있는 기병 부대였다. 그는 대포 20문을 분산 배치하는 쪽을 택해서 그의 전선 전체에 걸쳐 포 5문으로 구성된 포대 4개를 배치했다. 구스타브 아돌프는 브라이텐펠트에서처럼 다시금 우익을 이끌었지만 이번에는 홀크와 맞섰고 반면

> 오늘날 사람들은 사자보다는 여우처럼 싸우며 전쟁은 주로 전투보다 포위전으로 이루어진다.
>
> ─ 앙리 드 로앙

에 작센-바이마르의 베른하르트는 좌익을 맡아서 발렌슈타인과 맞부딪히게 되었다.

전투 대형 전개

기도가 끝난 후, 짙은 안개가 피어올라 프로테스탄트군의 공격을 중지시키고 파펜하임 백작이 올 시간을 벌어주었다. 파펜하임 백작은 최대한 빨리 전장에 도착하기 위해 보병은 내버려둔 채 기병과 함께 길을 재촉했다. 양측은 안개 속에서 총을 쏘고 드문드문 포격을 하면서 오전 2시간 대부분을 보냈다. 스웨덴군은 황제군이 유인될 것이라는 희망을 품고 일제히 퇴각하는 시늉을 했지만 발렌슈타인은 덫에 걸려들지 않았다. 왼쪽의 홀크는 부하들이 스웨덴군의 유인 전술에 말려들어 앞으로 밀고 나가지 못하게 제지하느라 애를 먹고 있었는데 그의 기병들은 도랑으로 둘러쳐진 선까지 조금씩 앞으로 나아가고 있었다. 스웨덴군의 후퇴 시늉은 더 작고 유연한 대형에서 기동하는 데 익숙한 기병만이 수행할 수 있는 움직임이었고 그렇게 할 때조차 매우 복잡하고 어려운 기동이었음이 틀림없으며 특히 시계가 나쁠 때 여러 부대가 서로 협조해 조직적으로 수행하기는 사실상 불가능했을 것이다. 그러다 오전 11시에 안개가 막 걷히기 시작하면서 본격적으로 교전이 시작되었다. 홀크의 부하들이 도랑까지 전진해서 자신들이 전속력으로 달려가 도달해야 하는 거리가 줄어들었다는 사실을 깨달은 구스타브 아돌프는 스웨덴군 우익에 있는 기병대의 돌격을 지시했다. 이는 스웨덴군 체제가 우위를 보이는 지점이었다. 기병으로 구성된 측면은 기동성이 뛰어나고 공격하는 훈련을 받았으나 이 기병은 우선 머스킷 총병 부대와 경포대의 지원이 있은 후에 전진하였고 포격과 사격의 수비벽 뒤에서 재결집할 수 있었다. 그것은 각 병과의 합동 기술의 훌륭한 실례였지만, 초기 단계의 전진 속도가 느린 속보, 즉 기병과 동반하는 보병과 포병의 속도에 머물게 했다. 머스킷 사정거리 안으로 들어서자 그들의 소화기와 포는 불을 뿜었고 상대편 전열에 구멍을 냈다.

국왕이 이끄는 스웨덴군의 전진은 계속되었다. 그들은 적이 발포하기 전까지 피스톨을 쏘지 말라는 명령을 받은 채 보통 구보로 앞으로 나아갔다. 적의 사격을 받자 그들은 말에 박차를 가해 전속력으로 질주했다. 결국 스웨덴군 우익 기병들은 홀크의 기

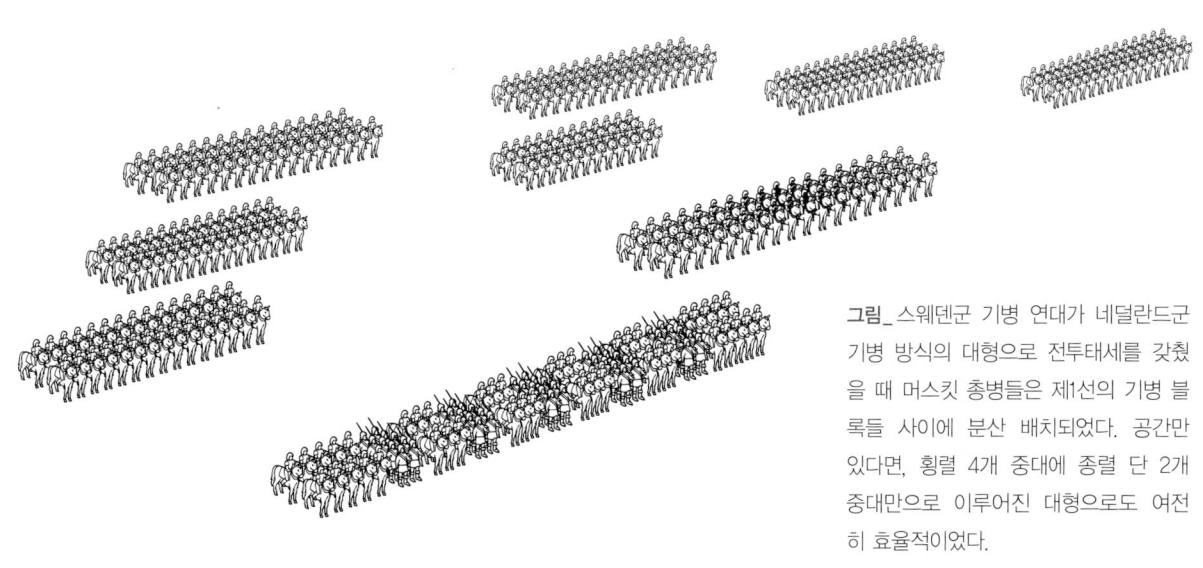

그림_ 스웨덴군 기병 연대가 네덜란드군 기병 방식의 대형으로 전투태세를 갖췄을 때 머스킷 총병들은 제1선의 기병 블록들 사이에 분산 배치되었다. 공간만 있다면, 횡렬 4개 중대에 종렬 단 2개 중대만으로 이루어진 대형으로도 여전히 효율적이었다.

뤼첸 전투

1632년

발렌슈타인의 황제군은 뤼첸의 겨울 숙영지로 가고 파펜하임 백작은 할레로 가면서 황제군은 분산되었다. 이 기회를 놓치지 않은 프로테스탄트군의 구스타브 아돌프는 공격을 감행했다. 발렌슈타인은 뤼첸-라이프치히 도로를 따라 깊은 도랑을 파고 그 뒤로 방어선을 형성했다. 오른쪽에서 스웨덴군 기병이 약간의 성공을 거두었으나 왼쪽에서는 크로아티아인 경기병대에게 꼼짝 못하고 밀려났다. 중앙에서는 보병이 막상막하의 접전을 벌였으나 프로테스탄트군의 우세한 화력이 결국 황제군을 도랑에서 몰아냈다. 한편 파펜하임 백작의 군대가 복귀하여 공격을 시도해 스웨덴군 우익을 밀어냈다. 그러나 파펜하임 백작의 군대는 피콜로미니의 예비 기병의 지원을 받았는데도 스웨덴군의 측면을 무너트릴 수 없었다. 전투는 발렌슈타인의 오른쪽이 압박을 견디지 못하고 후퇴할 때까지 치열하게 계속되었다. 프로테스탄트군은 황제군 전열을 완전히 포위하고 일망타진하려고 했지만 황제군은 도망치려 하지 않았다. 결국 — 야음을 틈타 — 발레슈타인은 포대를 포기하고 라이프치히로 퇴각한다. 그러나 구스타브 아돌프가 사망하면서 스웨덴은 자신들의 정력적인 사령관과 군대의 '심장'을 잃고 말았다.

스웨덴
폴란드
베를린
뤼첸
작센
바이에른

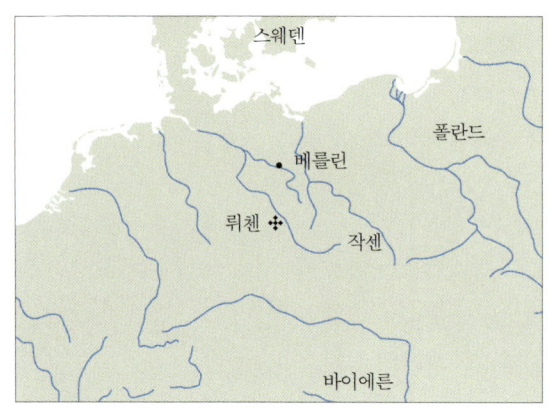

뤼첸은 독일 라이프치히에서 남서쪽, 에어푸르트 방면으로 약 24킬로미터 위치에 있다. 전투는 도시 동쪽에 있는 주요 도로 양쪽의 평지에서 벌어졌다.

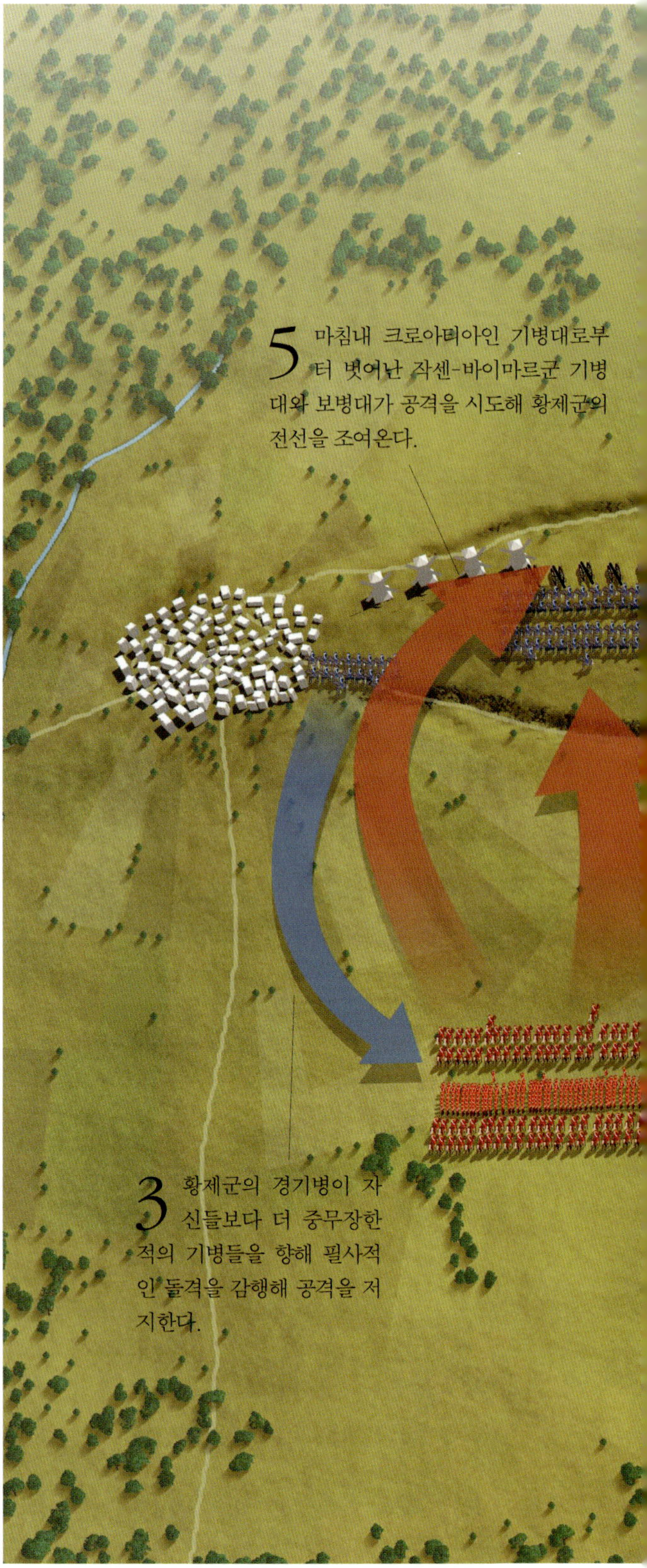
5 마침내 크로아티아인 기병대로부터 벗어난 작센-바이마르군 기병대와 보병대가 공격을 시도해 황제군의 전선을 조여온다.
3 황제군의 경기병이 자신들보다 더 중무장한 적의 기병들을 향해 필사적인 돌격을 감행해 공격을 저지한다.

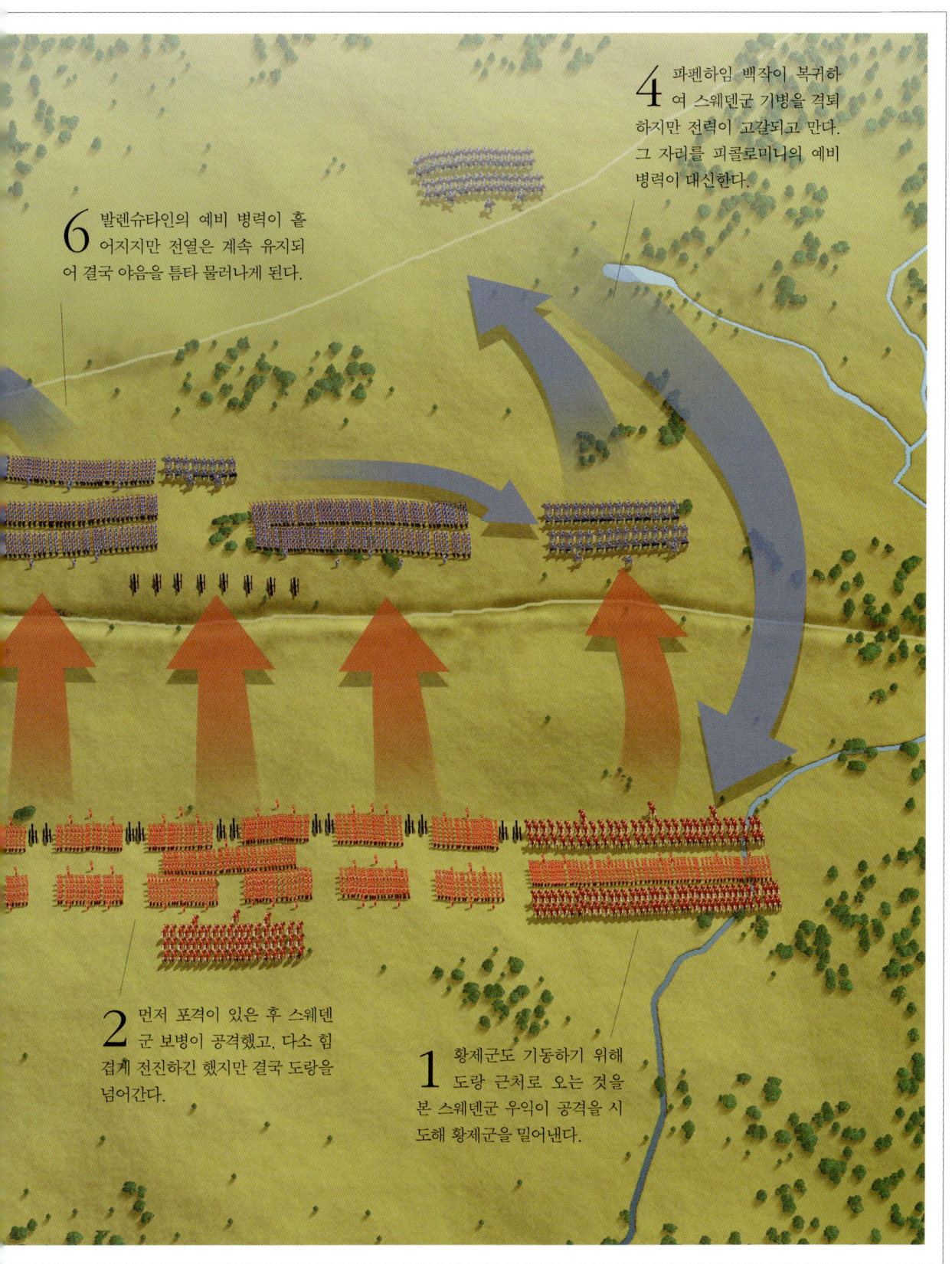

병대와 충돌했고 격렬한 혼전이 도랑 안과 주변에서 뒤따랐다. 황제군 머스킷 총병들은 실제로 스웨덴군 기병들이 탄 말의 복부에 사격을 가했지만 곧 전반적인 난투전에 휩싸여서 많은 병사들이 쓰러졌다. 최초 공격의 여세와 측면 쇄도 능력 덕분에 스웨덴군은 초반에 승기를 잡았지만 황제군을 제2선으로 몰아낸 후 스웨덴군의 전진 여세는 그들이 맞닥뜨린 적의 깊은 종심에 흡수되고 말았다. 결국 스웨덴군 제2선의 병력이 혼전에 투입되고 또 한 차례의 기세의 파동이 흔들리고 있던 대열에 전달되면서 스웨덴군은 서서히 다시 승기를 잡게 되었다.

그들이 도랑을 넘어 앞으로 나아가자 황제군 보병은 격퇴당했고 기병은 휘청거리며 뒤로 밀려나 전열을 재정비할 수밖에 없었다. 발렌슈타인은 기병 사이로 총병을 배치하기는 했지만 수가 너무 적어서 아군의 후퇴를 막기엔 역부족이었다. 스웨덴군은 다시금 국왕이 선두에 나서자 국왕을 뒤따르면서 전열을 정비하지 못한 홀크의 기병들을 몰아내고 적의 머스킷 지원병도 압도했다. 황제군의 왼쪽은 스웨덴군 우익의 기병 앞에서 붕괴되었고 스웨덴군 우익 기병들은 이미 교전 중이던 황제군 보병을 타격하기 위해 안쪽으로 감아들어오기 시작했다.

중앙의 스웨덴군 보병도 우세를 보이고 있었다. 그들도 도랑을 넘어야 했으며 오른쪽 중앙에서 대포 7문을 탈취해 이전 주인을 향해 포구를 돌렸다.

그러나 전장의 다른 쪽에서는 모든 일이 프로테스탄트 진영에 순조롭게 흘러가지만은 않았다. 발렌슈타인은 뤼첸에 불을 지르라고 명령했고 도시는 곧 불길에 휩싸였다. 치솟은 연기가 바람에 실려와 작센-바이마르군 병사들의 시야를 가렸고 거기다 병사들은 풍차 옆에서 발사되는 대포의 포격을 받고 있었다. 황제군의 포격은 근거리에서 상당한 피해를 초래하고 있었다. 엎친 데 덮친 격으로 안개가 다시

돌아왔다. 안개와 연기가 발렌슈타인의 크로아티아인 기병대의 공격 움직임을 가려서 이들은 앞을 분간하기 힘든 작센군 기병대 한가운데로 질주해왔다.

이 작센군 기병대는 브라이텐펠트에서 도망친 병사들과는 다른 이들이었다. 크로아티아인들은 경기병으로서, 대형을 형성한 기병에 달려드는 데 익숙하지 않았고 산개 대형 보병이나 보급 호송 부대 혹은 민간인을 상대로 싸우는 쪽을 선호했다. 작센군 기병들은 밀리지 않고 크로아티아인 기병들과 끝까지 싸웠지만, 특히 양측의 보병들이 모두 쓰러지는

그림_ 흔들리는 여단을 독려하기 위해 난투전에 뛰어든 스웨덴 국왕의 부상당한 말은 국왕을 실은 채 적진 깊숙이 달려갔고 호위병이 사라진 국왕은 황제군 병사들에게 포위되어, 그를 생포하려는 노력이 없지 않았지만 결국 등에 총을 맞고 말았다.

상황에서 수에서 밀리는 듯했다. 작센-바이마르 공작[베른하르트]은 병사들의 사기를 다잡고, 압박을 덜기 위해 제2선의 병사들을 투입했으며 기병들을 보호하기 위해 군데군데 끼워 넣은 머스킷 총병들을 제1선의 병사들을 규합하기 위한 피난처로 이용했다. 왼쪽 측면의 작센군 병사들은 밀려나지 않았다. 한편, 연기와 안개에도 불구하고 가까스로 상황을 파악한 구스타브 아돌프는 단호한 위용을 보이며 스몰란드 연대를 좌익의 충돌에 투입하기 위해 우익에서 말을 타고 전장을 가로질러 왔다.

이 전투의 시점에 대해서는 또 다른 큰 논쟁이 존재하는데, 어떤 문헌들은 파펜하임 백작이 할레로 향하던 행군에서 재빨리 복귀하여 정오 무렵 전장에 도착했다고 진술하며 또 어떤 문헌들은 그가 초저녁이 되어서야 도착했다고 진술하기 때문이다. 그 시기가 언제였든지 간에 파펜하임 백작이 발렌슈타인의 왼쪽 측면에 도착해 스웨덴군을 에워싸기 시작했고 스웨덴군은 발렌슈타인이 밀고 들어오는 것을 막을 도리가 없었다. 발렌슈타인은 두 가지 공격을 주문했다. 그는 경기병을 파견해 스웨덴군의 보급 수송대를 공격하게 했는데 이는 주의를 분산시키려는 의도였고 그 자신은 손수 흉갑 기병대를 이끌고 노출된 스웨덴군의 측면에 총공격을 감행했다.

발렌슈타인의 총공세란 파펜하임 백작의 라이터들이 먼 거리에서 피스톨을 쏜 후 재장전을 위해 뒤로 물러서는 식이 아니었다. 반대로 꾸준히 말을 달려오다가 속도를 끌어올리고 근접 거리에서 피스톨을 발사한 후 마지막으로 박차를 가해 검을 들고 돌격하는 스타일, 바로 스웨덴 국왕이 열렬히 지지하는 스타일의 돌격이었다. 그들의 돌격은 성공적이었다. 황제군 기병은 스웨덴군을 강타했고 그 충격파는 전 대형으로 퍼져나갔다. 더 작은 말을 타고 동체 갑옷 일습이라는 호사를 누리지 못한 스웨덴군은 싸움을 멈추지 않았지만 점차 뒤로 밀렸다. 돌격의 강력한 여파로 스웨덴군은 부채꼴 모양을 그리며 뒤로 밀렸고, 이내 그렇게 열심히 싸워서 건넌 도랑 너머로 다시 퇴각하게 되었다. 그러나 두 가지 사건이 이 퇴각이 패주로 탈바꿈하는 상황을 막은 듯하다.

첫째, 스웨덴군 기병 중간에 섞여 있던 보병과 그들을 지원하는 가죽 포가 방어 시 발휘한 화력과 둘째, 제2선 뒤에 있던 소규모 기병 예비 병력이 전열에 발생한 구멍을 메울 수 있었다. 기병을 위한 스웨덴군 체제는 공격과 방어 모두의 특성을 보여주었

> …… 적이 먼저 총을 발사하기 전까지 피스톨의 공이치기를 푸는 것을 꾹 참은 채 양익의 기병들은 맹렬하게 돌격했다. …… 우리 머스킷 총병들은 적을 일제 사격으로 맞이했다. 그다음, 우리 기병들이 피스톨을 발사한 뒤 칼을 빼 들고 그들 사이로 돌격했다. 기병들이 복귀하자 머스킷 총병들은 …… 다시 두 번째 일제 사격을 할 준비를 갖췄다.
>
> ─로버트 먼로

다. 적을 밀어붙인 황제군의 성공에는 대가가 따랐다. 스웨덴군의 연대 포와 머스킷 총병이 전진하던 황제군 병사들에게 근거리에서 엄청난 일제 사격을 해서 파펜하임 백작이 가슴에 관통상을 입은 것이다. 포탄은 그의 폐를 관통했고 숨이 막혀 피거품을 쏟던 파펜하임 백작은 수레에 실려 자신의 마차로 후송되어 나중에 거기서 죽었다. 그러나 뤼첸에서는 또 다른 위대한 대장이 기병대 돌격을 이끌다 쓰러질 운명이었다.

연기, 화염, 안개

좌익의 상황을 회복하기 위해 말을 달려 이동하던 구스타브 아돌프는 이제 주위를 감싸던 안개 사이로 자신의 보병 여단 하나가 심한 압박을 받는 것을 보고 즉시 스몰란드 연대 병사들에게 지원을 지시했다. 그는 조촐한 호위대와 함께 직접 난투전에 뛰어들었다. 최전방으로 나온 그는 첫째가는 표적이었고 결국 머스킷 총알이 그의 왼쪽 팔에 명중해 팔을 바스러뜨렸다. 또 다른 총알이 그가 타고 있던 말에 맞았고, 겁에 질린 말은 그를 실은 채로 호위대와 멀어져 난투전의 한가운데로 깊숙이 뛰어들었다. 그는 옆구리를 칼에 찔렸고 한 황제군 기병이 쏜 피스톨에 등을 맞았다. 그는 안장에서 휘청거리며 쓰러졌지만 등자에 발이 걸려 말에 매달린 채 끌려가다가 가까스로 풀려날 수 있었다. 심각한 부상을 입고 기진맥진한 채 엎드려 있을 때, 또 다른 피스톨 총알이 그의 오른쪽 관자놀이를 관통했다.

스웨덴군 기병(1650년경)

구스타브 아돌프는 기병을 새로이 재무장하고 재편성해 1천 명 규모의 연대 단위로 조직했다. 그들은 공식적으로 경기병이었지만 이후 유럽 전역의 중기병에게 본보기가 되었다. 그들은 속도를 높이기 위해 무구의 중량을 줄이고 냄비 모양 투구, 등갑, 흉갑만 착용했다. 대신 일반적인 보호는 두꺼운 버프코트에 의존했다. 버프코트는 때로 소가죽 여러 겹을 꿰매어 만들었고 흔히 노랗게 물을 들였다. 이 버프코트는 교전 시 칼이 관통하는 것을 막고 충격을 흡수할 수 있었다. 충돌 직전의 마지막 순간에만 피스톨을 발사한 후 칼을 들고 달려들도록 훈련받은 이 병사들은, 거동이 불편하고 피스톨을 발사하는 적군 기병을 상대할 때 특히 효과적이었다.

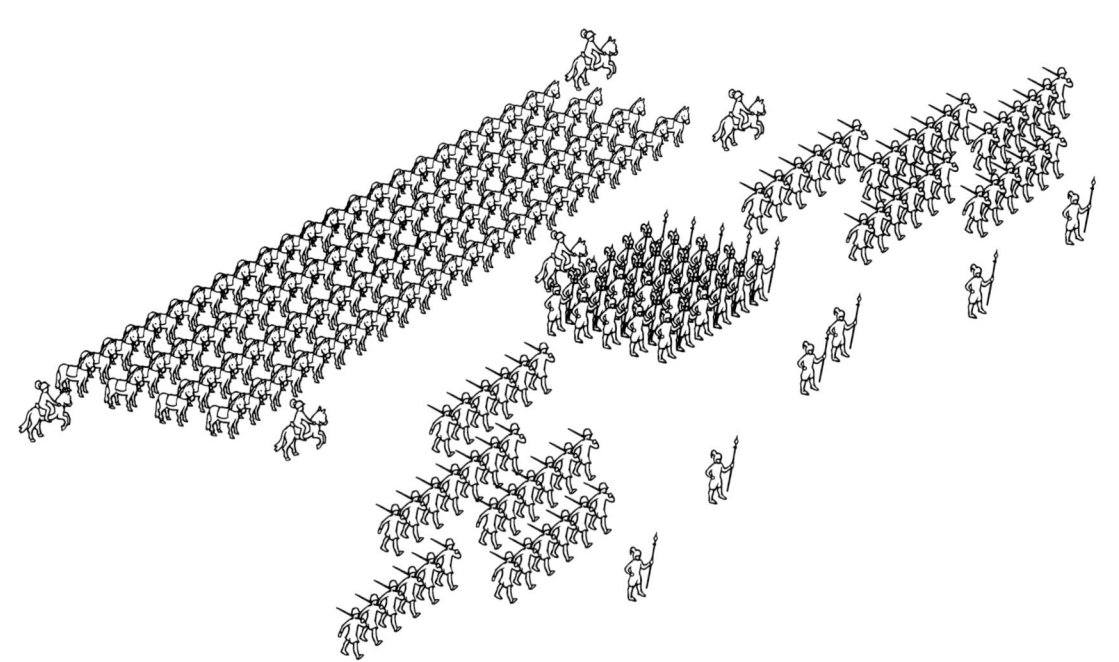

그림_ 30년 전쟁 당시부터 말에서 내린 용기병 대형은 용기병을 비교적 밀집 대형으로 정렬해 기마 보병으로 운용하는 데 중점을 두었다. 그 대형은 종대보다 횡대로 움직였다. 또 다른 흥미로운 일면은 반半장창을 소지한 일단의 병사들을 추가한 것인데, 아마도 기병의 공격을 방어하기 위해서였을 것이다. 물론 그보다 일반적인 전술은 자신들의 말로 달려간 뒤 말을 타고 빠져나오는 것이었지만!

스몰란드 연대도 전세가 역전당해 스웨덴군 기병 상당수가 달아났다. 주위를 제대로 볼 수 없었던 그들은 자신들이 맹렬한 추격을 받고 있다고 믿었다. 이러한 위기의 와중에 국왕의 말이 연기와 아수라장 속에서 목에 입은 부상의 고통으로 미친 듯이 몸부림치며 다시 나타났다. 빈 안장에는 핏자국이 보였다. 황제군은 이 소식에 환호했고 스웨덴군 장교들은 그 의미를 축소하려 애썼지만 소용없었다. 구스타브 아돌프의 서거 소식은 양측 군대로 빠르게 퍼져나갔다. 국왕이 쓰러졌다는 소식을 들은 중앙의 스웨덴군은 동요하는 모습을 보이긴 했지만, 복수심에 불타오른 모양이었다. 틀림없이 국왕의 전속 군목 파브리키우스가 앞장서서 불렀을 꿋꿋한 찬송가에 고무된 그들은 한 번 더 앞으로 나아갔다. 싸움은 이제 참혹한 악전고투가 되어가고 있었다.

오른쪽에서는 전세가 다시 바뀌었다. 양측 모두 지쳤지만 스웨덴군 기병들은 전진하여 도랑을 재탈환하고 이제 자신들의 지휘관이 쓰러졌다는 사실을 알게 된 파펜하임 백작의 부하들을 격퇴했다. 파펜하임 백작의 병사들 사이에서는 절망감이 감돌았고 한 대령은 돌격을 거부한 채 자신의 병사들을 데리고 전장에서 발을 뺐다. 대장이 죽고 사기가 크게 떨어진 기병들은 무너지기 시작했다. 발렌슈타인은 오타비오 피콜로미니를 보내 기병들을 다시 규합하려고 애썼지만 기병들은 전장에서 도망치기 시작했고 일부 스웨덴군 기병들이 그들을 뒤쫓았다. 스웨덴군 대부분은 전장을 뜨지 않고 남아서 발렌슈타인의 중앙에 위협을 가했다. 피콜로미니의 대규모 흉갑 기병 예비 부대가 와서 황제군 왼쪽을 강화했다. 그에 따라 그날의 치열한 싸움 가운데 가장 격렬한 접전이 벌어졌다. 피콜로미니는 스웨덴군 우측 중앙 전체에 일곱 차례의 대대적인 합동 공격을 감행했다.

그의 부하들은 결국 빼앗긴 대포 7문을 탈환했고 다시 한 번 스웨덴군 기병을 몰아냈다.

피콜로미니는 스쳐간 예닐곱 발의 총알에 찰과상을 입었고 그가 타던 말 여러 마리가 총에 맞았다. 그러나 그는 상황을 회복시켰고 전투는 황제군에게 유리하게 기울었다. 때는 오후 2시경이었다.

전 전선에서 보병들은 도로와 도랑을 넘나들며 일진일퇴의 사투를 벌이고 있었지만, 뤼첸 방면을 바라보는 스웨덴군 왼쪽 측면에서 이제 전선 전체를 총괄하게 된 작센-바이마르 공작은 퇴각해야 한다는 충고를 무시하고 자신이 있는 왼쪽 중앙으로 대포를 이동시키라고 명령했는데, 이때쯤 역시 퇴각하여 지원 머스킷 총병들 뒤에서 전열을 가다듬고 있던 제2선의 기병들도 다시 한 번 공격을 감행할 참이었다. 오후 3시와 4시 사이에 작센군 기병대는 다시 한 번 돌격하여 약간의 보병들과 섞여 있던 발렌슈타인의 기병대를 이제 불바다가 되다시피 한 뤼첸으로 몰아냈다. 황제군 최우측 전선의 병사들은 와해되어 도망쳤고 작센군 기병들은 그들을 추격하는 대신 재집결해 전열을 재정비하여 또 한 번 공격을 감행했다. 이번에는 안쪽으로 방향을 돌려서 이제는 제1선과 제2선이 뒤섞인 황제군 보병의 측면으로 파고들었다. 스웨덴군 보병도 동시에 공격을 감행해서, 전방이 고착되고 측면도 공격을 받게 된 발렌슈타인의 오른쪽 중앙은 물러나기 시작했다. 프로테스탄트군의 다른 기병 부대들은 황제군의 소규모 기병 예비 부대의 측면에 집결하여 그들을 향해 돌격하는

그림_ 피스톨의 정확도와 관련한 훈련 교본의 간단한 충고 한마디는 "닿으면 발사하라.", 즉 "방아쇠를 당기기 전에 먼저 총구를 적의 몸에 갖다 대라."는 권고였다. 1643년 라운드웨이 다운에서 아서 헤이슬리그 경은 심지어 그런 근접 피격에서도 살아남았다.

왕당파 기병(1640년대)

영국 내전 전반기에 국왕을 위해 싸운 기병들은 대부분 지주 젠트리들과 그들의 가솔 출신이었다. 그들은 자신이 소유한 말과 갑옷으로 무장했다. 그들이 착용한 무구는 그들 가문의 과거 군사 의무 시절부터 전해진 것이었다. 그림 속의 남자는 버프코트와 새 완갑을 비롯한 구식 동체 갑옷으로 무장했다. 근위 기병 연대와 달리, 장비를 중앙에서 일률적으로 구매해 지급하는 병참부가 없었기 때문에 그들의 외양은 각양각색이었다. 화기를 소지한 이는 드물었고 이따금 부츠에 피스톨을 찔러 넣고 다닐 수도 있었지만 그들의 주요 무기로는 짧은 유해 검 mortuary sword〔바구니 모양의 칼자루가 달린 17세기 검 가운데 하나로, 칼자루 부분 장식이 찰스 1세의 참수된 머리 모양과 비슷하다고 해서 붙여진 이름〕이 있고 더 비싼 것으로는 파펜하임 세장검 Pappenheimer rapier이나 전투용 도끼 등이 있었다. 그들은 급조된 군대에 일시적으로 소속된 개인들이었다. 그들은 유능하고 용감했지만 충성심과는 관계없는 사람들이었다.

한편 다른 병사들은 풍차 옆 포대의 옆쪽으로 들어섰다. 요새화된 풍차는 차례차례 스웨덴군의 손에 떨어졌고 포대는 제압되었다. 구스타브 아돌프의 전사 소식은 마침내 오른쪽의 스웨덴군 기병들에게도 전해졌고 심기일전한 그들 역시 공격에 합세해 피콜로미니에 맞서는 또 다른 피비린내 나는 싸움에 뛰어들었다. 발렌슈타인의 전 전선은 오른쪽부터 안쪽으로 휘면서 퇴각하고 있었다.

스웨덴군 기병이 녹초가 되지 않았다면 양익에서 협공 작전을 펼칠 수 있었을 것이고 그에 따라 발렌슈타인 군대를 전멸시킬 수 있었을 것이라는 주장이 제기되어왔다. 그러나 피콜로미니의 측면은 무척 강력했고 황제군의 보병도 매우 완강했다. 그리고 파펜하임 백작의 보병과 대포가 마침내 도착했다. 밤이 찾아오자 만신창이가 된 황제군은 발렌슈타인의 대포와 보급품을 모두 내던진 채 야음을 틈타 철수하여 라이프치히로 돌아갈 수 있었다. 스웨덴-작센군도 기진맥진하여 추격은 무리였다.

스웨덴 국왕의 시신은 그날 밤, 셔츠를 제외하고 발가벗겨진 상태로 유명한 도랑 안의 시체더미 아래서 발견되었다. 칼을 들고 싸우는 기병 전투의 옹호자가 총알에 죽은 셈이었다. 그러나 구스타브 아돌프의 혁신, 특히 기병을 더욱 효과적으로 만들기 위해 도입한 혁신 조치들과 그러한 기병들을 훈련시킨 전투 기술은 그날의 승리를 이끌어냈다.

1642년 에지힐 전투 : 전속력으로

구스타브 아돌프의 스웨덴식 기병 기술은 어떻게 기병이 다시 한 번 전장의 승리를 결정짓는 강타 전술의 무기가 될 수 있는지를 보여주었다. 속보로 달리다가 가까운 거리에서 총을 발사한 후 박차를 가해 앞으로 돌진해 기세와 칼을 강조함으로써 적을 제압할 수 있다는 사실을 스웨덴군 기병들은 입증해 보였다.

이러한 방식은 유럽 전역에서 모방되었고 구스타브 아돌프의 제자 가운데 한 명인 라인의 루페르트 공은 영국 내전이 발발했을 때 이 기병 전술을 잉글랜드에 들여왔다. 1642년에 벌어진 에지힐 전투는 기마전의 발전 과정에서 관심이 가는 전투이다. 그 전투는 기병 화력의 과잉을 보여줄 뿐만 아니라 고개를 들고 있던 다른 두 가지 기마전 기술 즉, 적의 측면을 에워싸기 위해 의도적으로 충돌을 회피하는 경향과 단지 방어적 의미에서만이 아니라 공세의 기회를 놓치지 않기 위해서도 강력한 예비 병력을 보유할 필요성도 예시한다. 에지힐 전투는 그와 더불어 다른 중요한 교훈도 준다. 기병 대 기병 격투에서 우수한 스웨덴군 기술 역시 전투에서 패배당할 수 있음을 보여준 것이다. 이를 이해하기 위해서는 바로 루페르트 공에 주목할 필요가 있다. 구스타브 아돌프의 열렬한 신봉자로서 루페르트 공은 군사 문헌을 닥치는 대로 섭렵했고, 계속해서 화기를 운용하는 기병에 대해서 폴란드인들과 회의적인 시각을 공유한 채 스웨덴군 체제를 "소심한 타협"으로 간주했던 것 같다.

의회가 무기 제조를 통제하여, 의회군 기병 대부분은 피스톨을 두 정씩 지급받았다. 일부는 카빈을 가지고 있었으며 용기병은 머스킷을 소지했다. 왕당파 기병은 '칼만 있으면 입대' 할 수 있었다고 한다. 왕당파 기병 대다수는 스스로를 신사라 여겼고 피스톨은 그들이 선택할 무기가 아니었다. 왕당파 기병과 루페르트 공은 사냥터에서처럼 차가운 날붙이와 전속력 돌진을 선호했다.

에지힐 전투는 찰스 1세가, 런던과 이어지는 에식스 백작의 병참선을 가로질러 군대를 기동하다가 의회군과 사실상 우연히 맞닥뜨렸기 때문에 벌어졌다. 왕당파 군대는 에지라고 알려진 가파른 언덕 비탈

정상부에 자리를 잡았고 에식스 백작의 군대는 에지와 킨턴 마을 사이, '빨간 말 계곡Valley of Red Horse에 있는 자그마한 언덕'에 부분적으로 자리를 잡았다. 왕당파는 에지에서 내려와 더 낮은 비탈에 스웨덴군 체제에 따라 보병 5개 여단을 격자 대형으로 전개하고 양 옆에 대규모 기병대를 2선으로 배치했다. 용기병 연대는 양익에 자리 잡았고 중포 6문은 모조리 불렛힐에 배치되었으며 경포 12문은 전선을 따라 늘어섰다. 루페르트 공은 구스타브 아돌프의 "소심한 타협"보다 더 극단적이어서 기병에 아무런 총포도 배치하지 않았다.

에식스 백작은 네덜란드군 체제를 고수해서 오른쪽부터 왼쪽까지 전장 전체에 걸쳐 세 여단을 전위, 중앙, 후위로 정렬했다. 제1선과 제2선은 '작은 언덕' 위에 위치한 반면 제3선은 또 다른 높은 지대를 활용할 수 있도록 약간 왼쪽으로 물러나 배치되었다. 9문의 야포가 중앙을 따라 죽 늘어섰고 기병은 양익에 자리 잡았다. 제임스 램지 경이 좌익 기병을 지휘했고 그의 전방과 왼쪽에 있는 산울타리에는 머스킷 총병 대열이 있었다. 그에게는 대포도 3문 있었다. 우익에는 윌리엄 밸푸어 경이 지휘하는 용기병 연대 두 개가 그의 오른쪽에 있는 약간의 덤불에 배치되어 있었으며 4문의 대포가 그의 화력을 뒷받침했다.

비록 총공격이긴 했지만 루페르트 공은 기병의 충격에 관한 구스타브 아돌프의 금언의 영향을 받아 전투 초기 국면에 우선 그의 왼쪽 기병대부터 출동시켰다. 그러나 그에 앞서 우선 대규모 용기병 연대가 양익에서 서서히 전진하여 산울타리에서 의회군 머스킷 총병들을 몰아냈다. 루페르트 공의 좌익은 제1선은 기병 21개 중대로, 제2선은 7개 중대로 구성되었다. 제2선의 역할은 제1선에 병력을 지원하고 적의 위협을 격퇴하거나 기회가 생기면 유리한 상황을 이용하는 것이었다.

돌격

국왕에게는 불운하게도 왕당파 기병대에 소속되어 싸우는 사람들의 자질에는 장점도 있고 단점도 있었다. 그들의 자신만만한 태도는 긍정적 자질이었지만 명령에 따르거나 냉정한 판단을 내릴 때는 방해가 되었다. 루페르트 공은 그렇게 전쟁 초기에 스웨덴식으로 전투에 뛰어들 수 있는 기병들을 얻을 수 있어 운이 좋았지만 한편으로는 그들이 통제하기 어려운 사람들이란 사실도 드러나게 된다.

말을 타고 돌격한 리처드 벌스트로드 경은 루페르트 공의 명령에 대해 "루페르트 공은 …… 기병들에게 손에 칼을 빼어 든 채로 전열을 유지하고 가능한 한 서로 붙어서 말을 달리며, 적진에 뛰어들 때까지는 적의 사격에 카빈이나 피스톨로 응사하지 말고 적진에 뛰어든 후 필요하면 화기를 사용해도 좋다는 확고한 명령을 내렸다."고 전한다. 그가 묘사한 돌격 방식은 스웨덴군 기술과 다르다. 누구도 난투전에 뛰어들기 전까지 사격을 해서는 안 되었다. 3열 횡대로 구성된 우익 전체가 전진했다. "왕당파는 믿기 힘들 정도로 결연하고 용감하게 전진했다. …… 그들이 전진하는 동안 적의 포탄이 끊임없이 그들 사이로 떨어졌고 약간의 적군 보병들의 총알도 쏟아졌다. …… 어느 것도 그들의 전열을 흐트러뜨리지 못했고 그들의 보조를 늦추지도 못했다." 이것은 포탄이나 머스킷 총알로 생긴 균열을 메우며 나란히 전열을 유지한 채, 포화 속에서도 질서정연하게 느린 행진 속도로 전진했다는 의미였다. 램지 경은 화력 전술에 적합한 위치를 골라, 부하들을 적보다 더 지대가 높은 곳에 배치했는데 그들이 차지한 완만한 언덕의 앞쪽 비탈 자락에는 작은 개울이 흐르고 병사들의 전방과 좌측에는 산울타리가 막고 있었다.

이 장애물을 넘는 동안 왕당파 군은 전열이 흐트러지고 또 지체할 수밖에 없었는데, 그렇게 지체하는 동안 적의 총알을 맞을 수도 있었다. 화력에 기반을 둔 램지 경의 대형 배치는 기병 사이사이에 '머스킷 총병을 끼워 넣는' 기술을 활용했다. 기병과 보병은 둘 다 6열 횡대였고 따라서 횡렬별로 사격한 후 물러나서 재장전함으로써 그들은 일정한 사격 속도를 유지할 수 있었다. 전쟁 초기에 병사들의 수는 적었고 그들이 정면으로 향하고 있던 지점은 협소했다. 따라서 각 '부대'의 폭은 대략 기병 9명이나 머스킷 총병 6명이 늘어선 정도였을 것이다. 그러나 램지 경의 두터운 대형은 문제를 야기했다. 루페르트 공은 스웨덴식 3열 횡대로 운용하고 있었고 따라서 왕당파 병사들은 대형을 형성한 뒤 램지 경의 측면을 에워싸기 시작했다. 램지 경은 자신의 왼쪽을 '매우 넓게' 연장할 수밖에 없었지만 그가 어떻게 왼쪽 폭을 넓혔는지에 대해서는 설명이 없다. 그는 종렬을 두 배로 늘려서 각 부대가 차지하는 폭을 넓혔을 수도 있고 아니면 부대 간 간격을 넓히거나 대열 간 간격을 넓혔을 수도 있다.

램지 경은 어떤 식으로든 배치를 바꿀 만한 시간이 있었으나 그 결과로 재장전하는 시간이 길어지면서 사격 속도가 줄거나 전열 사이에 구멍이 생겨 상호 지원의 위력이 줄어들었을 것이다. 램지 경이 어떤 방식으로 배치를 바꿨든 간에 왼쪽으로 전열을 가늘게 잡아 늘인 결과는 전선을 넓게 벌림으로써 루페르트 공의 공격을 버틸 능력을 약화시킨 것이었다.

> 루페르트 공은 …… 기병들에게 손에 칼을 빼어 든 채로 전열을 유지하고 가능한 한 서로 붙어서 말을 달리며, 적진에 뛰어들 때까지는 적의 사격에 카빈이나 피스톨로 응사하지 말고 적진에 뛰어든 후 필요하면 화기를 사용해도 좋다는 확고한 명령을 내렸다.
> ── 리처드 벌스트로드 경

왕당파는 "비탈을 오르며 돌격해야만 했고 대여섯 군데의 산울타리와 도랑을 뛰어넘었다." 그러한 지형은 정렬한 기병 대형을 흐트러트릴 수밖에 없기에 사냥으로 다져진 기마 능력에도 불구하고 이런 지형을 넘어 전투에 뛰어드는 것은 곧 공격의 결집력을 저해하는 것이었다. 더욱이 루페르트 공의 부하들은 스웨덴군 기병들처럼 훈련을 받은 기병들이 아니었기에 그들이 전열을 유지했을 가능성은 별로 없으며, 그보다는 앞으로 전진하면서 날아오는 포탄과 총알을 피해 이리저리 흩어졌다 다시 모여들면서 빠르게 내달리는 '오합지졸'과 유사했을 것이다.

루페르트 공이 좀 더 가까이서 공격해오자 의회군 기병들의 대응은 거의 즉각적이었다. 그들은 훈련 교본에서 배운 기술대로 현 위치를 고수하며 총을 들어 발사했고 "기병과 용기병, 카빈 총병과 머스킷 총병 사이에 늘어선 대포에서도 포탄이 발사되었지만, 그들의 사격만으로 국왕 근위 기병을 저지할 수 없었고 근위 기병들은 그들에게 더 거침없이 다가갔다." "그들에게 더 거침없이 다가갔다."는 표현은 트럼펫이 공격 신호를 보내고 '돌격'의 마지막 국면에 돌입했다는 의미인 듯하다.

대열을 유지하지는 못했지만 루페르트 공의 공격은 스웨덴식 돌격 유형을 따랐던 것 같다. 처음에는 보통 걸음으로 달리다가 그다음에는 느린 속보와 '활기찬 속보' 순서로 달렸고 그 후 보통 구보로 달릴 즈음 몇몇 사람들과 일부 무리가 박차를 가해 전속력으로 질주했다. 포탄과 총알은 틀림없이 몇몇 사람들을 쓰러트렸을 테지만 상당수는 그저 말에서 떨어지기만 했을 것이다. 대포의 굉음과 기수들의 함성은 아무리 못해도 소음에 익숙지 않은 말들을 화들짝 놀라게 하긴 했을 것이다. 더욱이 왕당파 기병들의 공격 방향은 래드웨이 브룩이라고 알려진 작은 개울 너머로 비스듬히 이어졌는데 그에 따라 대열은 더욱 흐트러졌을 것이다. 왕당파 기병의 양익이 이 개울을 장악했던 듯하며 그런 뒤 박차를 가해, 기다리고 있던 머스킷 총병과 카빈으로 무장한 기병들을 향해 비탈을 올라갔다. 기마 발사대mounted-fire platform라는 오래된 전술 개념은 램지 경의 부하들이 "거리 안에 들지 않고 멀리 떨어져 긴 총을 발사하자마자", 다시 말해 적이 유효 사거리 안에 들기 전에 너무 일찍 카빈을 발사하자 허황된 것으로 드러나게 된다. 화력을 이용한 방어에서 총은 대다수의 총알이 표적에 명중할 뿐 아니라 표적을 관통해 부상을 입히거나 죽일 수 있는 거리에서 발사되어야 한다. 램지 경의 부하들은 적들이 필요한 만큼 가까이 접근할 때까지 발사를 기다릴 만한 경험이나 배짱이 부족했다. 아니면 몇몇 병사들의 때 이른 사격이 일제 사격으로 이어졌는지도 모른다.

탄창을 비웠을 무렵 램지 경의 부하들은 적에게 별다른 해를 입히지 못했다. 그들은 카빈을 발사하고 나서 피스톨을 뽑아 들었지만 이 역시 너무 일찍 발사해버렸거나 별다른 효과를 보지 못한 것 같다. 그들 사이에 배치된 머스킷 총병도 상황은 마찬가지였지만 어차피 사격 대열에서 그들의 숫자는 너무 작아서 화력에 별다른 기여를 하지 못했을 것이다.

마셜 목사는 "우리 좌익은 두 번째 사격을 하자마자 비열하게 달아났다."라고 적었다. 두 번째 대열만이 근위 기병대가 대열을 덮치기 전에 총을 발사할 시간이 있었던 것 같다. 여기에 이른바 영국군 체제의 또 다른 특징이 있다. 화력 지원을 전혀 받지 못하자 대신 돌격 속도가 빨라졌고 그래서 충돌까지 걸리는 시간이 줄어든 것이다. 보병이 따라오기를 기다리거나 피스톨 일제 사격을 하기 위해 말고삐를 붙들면서 발생하는 지연이 없었다.

적절한 시점에 총을 발사하지 못했기 때문에 의회군은 화력을 활용할 기회를 날려버렸지만 램지 경의 부하들 중 많은 이들은 총을 내던진 후 칼을 들고 싸웠다. 그러나 돌격의 신속함, 커다란 사상자를 야기하지 못한 화력의 무능력, 충돌의 격렬함으로 인해 용감하나 미숙한 의회군의 기운은 크게 꺾이고 말았다.

> 신속하게 움직이는 소규모 기병 대대는 거대한 보병 전열을 혼란에 빠트릴 수 있다.
> ──라이몬도 몬테쿠콜리

위풍당당하게 성급한

램지 경의 부하들은 병사들 사이에 패주의 분위기가 퍼질 때까지 뒤로 밀렸다. 일단 병사들이 달아나기 시작하면 그들을 막기란 어려운 법이지만, 승리한 자들이 그들을 추격하는 것을 막기도 어려웠다. 루페르트 공이 이 추격을 주도했던 것 같고 벌스트로드 경은 이 전장의 '기술'의 잘못을 루페르트 공의 탓으로 돌리면서 "이 유리한 기회를 놓치지 않으려고 안달이 난 루페르트 공은(유리한 상황을 유지하기보다 붙는 것만 잘 아는 그였다.) 적의 대포를 탈취하고 적진을 장악하는 데 만족하지 않고 워릭 성을 향해 카인턴 방면으

그림_ 승승장구하는 루페르트 공? 다소 낭만적으로 그려진 당대의 삽화는 루페르트 공과 그의 기병대가 1645년 6월 14일 네이스비에서 의회군을 향해 돌격하는 모습을 보여준다. 여기서 루페르트 공의 전술은 성급하고 무분별했던 것으로 드러났으며 왕당파는 페어팩스에게 통렬한 패배를 겪고 결코 회복하지 못했다.

2장 기마전

에지힐 전투

1642년

찰스 1세는 에식스 백작의 의회군과 런던 사이로 군대를 기동하다 의회군과 에지힐 급경사면 자락 근처에서 전투를 치르게 되었다. 양측이 모두 병력을 배치하고 왕당파 군이 선제공격에 나섰다. 양익의 용기병들이 산울타리를 돌파해 대대적 전진을 감행했다. 왕당파 군 우측의 루페르트 공이 이끄는 기병들은 기병과 머스킷 총병이 섞인 램지 경의 전열을 무너트리고 의회군 중앙의 보병 여단을 패주시키는 것을 도왔다. 왼쪽에서는 윌모트 경의 기병이 필딩의 연대를 쳐부수고 의회군 본진의 왼쪽에서 우회 기동했다. 승리의 여세를 몰아 양익은 전장 너머로 적을 추격했다. 한편 남아 있던 의회군 보병들은 가까스로 전열에 생긴 구멍을 메우고 왕당파 보병에 맞설 수 있었다. 그다음에 기병 예비 부대의 지원을 받아 왕당파 군 전열에 구멍을 내어 여단 두 개를 쳐부수고 국왕의 군대를 원위치로 몰아냈다. 승승장구하던 왕당파 기병들이 뒤늦게 복귀했지만 때는 이미 늦어서 에식스 백작의 전략적 승리를 막을 수 없었다.

스코틀랜드
아일랜드
잉글랜드
에지힐
런던

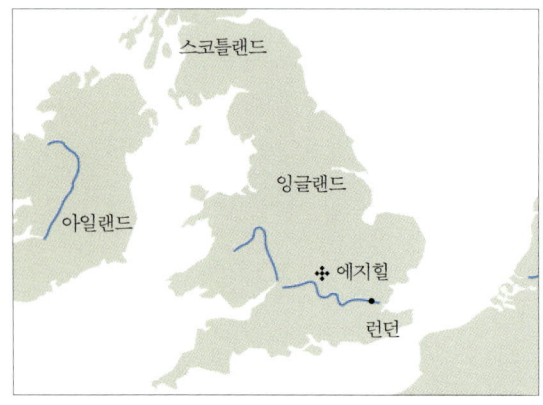

에지힐은 영국 미들랜즈에 있는 카인턴 인근으로, 코벤트리에서 남쪽으로 32킬로미터 떨어져 있고 스트래트포트-어폰-에이본과 반버리 중간에 위치해 있다. 전투는 탁 트이고 수렁이 있는 늪지대에서 벌어졌다. 오늘날 그 지역 대부분은 신병 훈련소가 차지하고 있다.

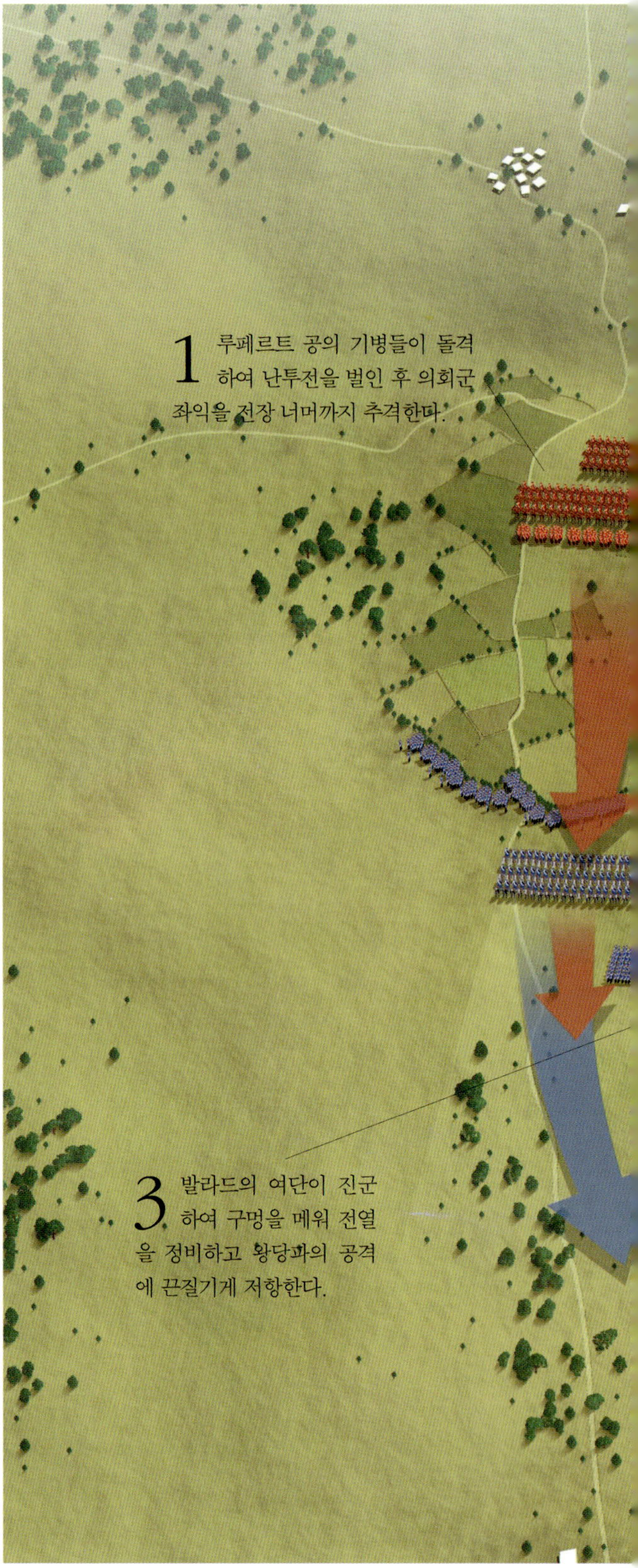
1 루페르트 공의 기병들이 돌격하여 난투전을 벌인 후 의회군 좌익을 전장 너머까지 추격한다.
3 발라드의 여단이 진군하여 구멍을 메워 전열을 정비하고 왕당파의 공격에 끈질기게 저항한다.

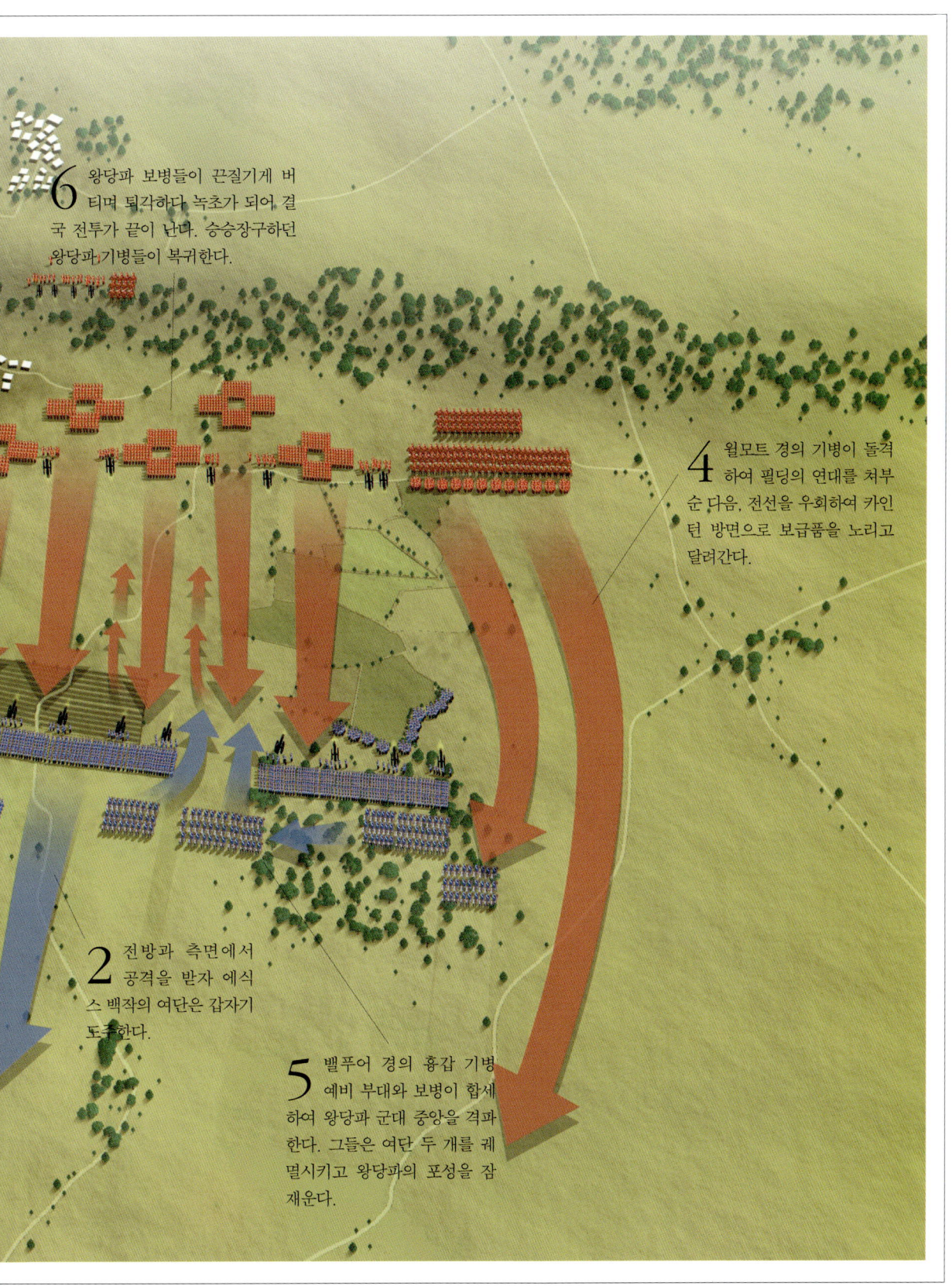

로 달아난 적을 열심히 뒤쫓았다."라고 적었다. 벌스트로드 경이 비판을 하긴 했지만, 벌스트로드 경 자신의 연대도 이 추격에 뛰어들었다. 제2선도 유혹을 이기지 못해서 "적의 기병 좌익의 모습이 보이지 않자 달아난 적군을 추격하는 일 말고는 더 이상 할 일이 없다고 생각했다." "지휘관들은 그들을 제어할 수 없어서 박차를 가하고 말고삐를 느슨하게 하며 추격을 뒤따랐다." 충돌을 위한 이 더 신속한 전진이 이내 기병의 양익이 가담한 추격으로 바뀌면서, 충격과 추진력을 얻는 대신 결집력과 통제를 잃었다.

그러나 이는 당대 기병에게 자연스러운 일이었다. 상대편 측면을 전장에서 몰아냄으로써 그들은 상대편 측면이 작전에서 더 이상 아무런 역할도 할 수 없게 했고 만약 상대편을 뿔뿔이 흩어지게 할 수만 있다면 그들을 아예 전역 전반에서 배제시킬 수도 있었다. 승리를 확정한 후 재집결할 수 있다면 그들은 임무를 완수한 셈이며 따라서 적의 증원군을 차단한다든가 적의 보급품을 포획하거나 말 수송로나 집결된 포대를 장악하는 것과 같은 더 편한 임무를 찾을 것이다.

당대 군사 교본들은 기병이 도망친 군대는 연락선과 보급로, 군자금이 끊길 것이며 따라서 항복하게 된다고 기술한다. 루페르트 공의 제2선이 추격에 뛰어든 것은 왕당파 군대에서 기병 예비 병력 절반을 앗아간 꼴이 되었지만, 기병의 측면이 적의 기병을 무찌르고 다른 임무로 시선을 돌리는 일은 이례적이었으며, 결국 이 영국 내전은 병사들로 하여금 재집결하여 전열을 재정비하는 일이 얼마나 중요한지에 관한 교훈이 되었다. 그러나 추격은 왕당파 쪽에 얼마간 도움이 되기도 했다. 패주하던 일부 의회군 기병들이 아군 보병 연대에서 피난처를 찾은 것이다. 막 '덤벼들려는' 왕당파 보병에 맞서 교전 중인 찰스 에식스 대령의 연대로 일부 아군 기병들이

그림_ 대포와 기병이 혼합된 부대가 기병에 맞서 강철 날을 꽂은 물푸레나무 장창으로 머스킷 총병들을 보호하는 영국 내전기 장창병 부대를 내려다보고 있다.

뛰어들어왔고 그들의 추격자도 뒤따라왔다. 일부 보병들은 벌써 뒤로 달아나는 중이었고 적군 기병들이 여단의 측면으로 들어오자 네 연대는 차례차례 무너져서 에식스 백작에게 커다란 구멍과 그보다 더 커다란 문제를 안겼다.

도망치던 의회군 기병과 추격자들 대부분은 카인턴 마을에 다다랐고 그곳에서 왕당파 기병들은 의회군의 보급품을 덮쳐서 짐마차와 수레를 약탈했다. 이것은 군사 이론가들이 옹호하는 적의 군수 물자 포획이 아니라 단순한 약탈과 전리품 챙기기일 뿐이었다. 이 추격은 그 시대의 다른 무수한 추격들이 그렇듯이 닥치는 대로 짓밟고 유린하며 기강이 완전히 사라지는 상황으로 변질되었다.

그와 유사한 운명이 의회군 우익에도 기다리고 있었다. 전장 이편의 기병들도 전투에 뛰어들기 위해 화력에 바탕을 둔 네덜란드군 방식으로 배치되었다. 우익을 담당한 밸푸어 경은 기병 3개 연대를 보유했으나 그의 '중기병'들 가운데 일부를 예비 병력으로 남겨두려는 에식스 백작의 결정 탓에 전력이 약화되어 있었다. 에식스 백작은 병력 손실을 보상하는 차원에서 자신의 양쪽 용기병 연대를 배치해 밸푸어 경의 화력을 증강시켜 전선의 오른쪽 측면에 있는 가시금작화와 찔레 덤불 사이에서 소규모 교전을 벌이게 했다. 그는 또한 "아군의 야포 가운데 가장 뛰어난 것을 우익에 배치"하도록 했다. 게다가 밸푸어 경은 유리한 지형을 차지하고 있었다. 오른쪽 측면은 래드웨이 브룩보다 약간 더 깊고 작은 또 다른 개울 옆에 있었을 뿐만 아니라 여러 수렁과 수풀로 둘러싸여 있었다. 1642년에 이곳은 히스 습지의 일부였지만 야트막한 산의 우측으로는 가시금작화

가 어지러이 피어 있었고 그 앞에 있는 관목숲으로 도랑과 물길이 여러 군데 가로지르고 있었다. 한마디로 기병이 움직일 만한 땅이 아니었다. 밀집 정렬 군대에는 모두 어려운 지형인 반면 용기병에게는 천혜의 땅이었다.

용기병은 말을 타긴 하지만 기병의 일부로 간주되지 않았다. 아직 걸음마 단계이긴 했지만 이 병사들은 기마 보병이었고 그들의 기술은 지정된 위치까지 말을 달려 간 후 말에서 내려 말을 묶고 땅에서 지형지물이나 엄폐물을 활용해 흔히 산개 대형으로 싸우는 것이었다. 이곳의 지대는 전장에서 용기병이 수행하는 역할, 즉 군대의 측면을 지키면서 엄폐물 뒤에서 일제 사격을 퍼부어 다가오는 기병의 공격을 저지하기에 적합했다. 산개 대형으로 싸우는 용기병들은 전진 배치될 수도 있었는데, 에지힐에서도 에식스 대령의 '산병'들이 왕당파 기병을 교란하지 못하도록 왕당파 군대 기병 양익 전방에 용기병이 자리 잡고 있었다. 밸푸어 경의 우익에 있는 용기병 연대는 다른 연대보다 피해를 덜 입었는데 어쩌면 왕당파 기병들이 그들을 치기 전에 한 발 앞서 말을 매어둔 곳으로 달려갔기 때문일 수도 있다. 의회군의 용기병들은 말에서 내려 산발적 교전을 벌이는 능력이 떨어졌고 금방 전장에서 도망쳤던 것 같다.

측면 우회 기동

왕당파 군대 좌익에서는 왕당파 군 기병 대장 윌모트 경이 적을 제압하기 위해 또 다른 기병 기술, 바

그림_ 세월이 흐르면서 갑옷도 변했다. A)는 17세기 초 동유럽 갑옷에 오스만제국과 무굴제국이 미친 영향을 보여주는데, 이 갑옷은 상체 대부분을 덮는다. B) 1600년대 중반이 되자 영국인들은 전면에 막대기 세 개가 교차하고 연접식 목 보호대가 부착된 냄비 모양의 독특한 기병 투구를 개발하긴 했지만 기병들은 단순한 흉갑과 등갑에 의존했다. C) 1700년대가 되자 투구는 삼각모자 아래 쓰는 강철 스컬캡skull-cap[챙이 없고 둥글납작한 모자]으로 바뀌었고 몸통 보호구는 더 장식적인 프로이센식 짧은 동체 갑옷으로 변모하였는데, 일부 나라들은 심지어 등갑도 폐기해버렸다.

로 측면 우회 기동을 시도하고 있었다. 에지힐 전투에 관한 한 가지 의견은 윌모트 경의 여단이 선라이징힐을 따라 전장에 도착했다고 가정하는데, 그럴 경우 윌모트 경은 선라이징힐에서 에식스 대령의 위치를 한눈에 내려다봤을 테고 에식스 대령의 남쪽 측면을 우회하는 방법을 찾을 수 있었을 것이다. 기마 전투를 잘 아는 노련한 기병 지휘관으로서 윌모트 경은 이 매력적인 기회를 놓치지 않았을 테고 바깥 측면을 에워싸서 적의 위치를 우회한 후 배후를 칠 수 있으리라 충분히 자신하며 에식스 대령의 오른쪽 측면을 향해 전진을 개시했을 것이다.

왕당파 군대 좌익의 목표물은 자연히 전방에 배치된 밸푸어 경의 2개 연대였을 것이나 밸푸어 경은 그의 제1선을 우익 보병 여단의 뒤쪽, 즉 윌모트 경의 돌격 목표 지점 바깥으로 철수시켰던 것 같다. 여기에 대해 제시된 한 가지 의견은 밸푸어 경 휘하 병사들이 찰스 에식스 대령의 여단의 패주로 생겨난 구멍을 막는 것을 도왔다는 것이다. 이러한 움직임은 윌모트 경의 공격이 전선을 왼쪽에서 우회할 요량으로 막 남쪽으로 진로를 바꾸던 순간에 일어났던 것 같다. 그러나 윌모트 경의 기병들 사이에서는 가시금작화 덤불과 포탄을 피하고 말에서 내린 아군 용기병과 부딪히지 않게 피하려는 움직임도 있었을 것이다. 게다가 비탈을 가로질러 달리면 말은 보통 옆으로 벗어난다. 결국 앞을 보고 달리더라도 진로에서 벗어나게 된다. 의도한 바였는지는 확실치 않지만 어쨌든 윌모트 경의 휘하 병사들 상당수가 왼쪽으로 가서 의회군의 측면을 돌아가면서 적과 충돌하지 않았다.

전투를 목격한 내서니얼 파인스는 "우리 군 가운데 아무와도 이야기를 나눌 수 없었고 우리 기병들의 모습도 보지 못했으며 그들이 곧장 카인턴으로 가서 짐마차를 턴 게 아니라면 대체 뭘 하고 있었는지 알 수 없었다."고 적었다. 그러나 윌모트 경 휘하 병사들 일부는 비스듬히 전진하면서, 앞서 밸푸어 경의 제2선으로 있던 필딩의 연대와 충돌했다. 의회군은 칼을 빼기 전에 카빈과 피스톨을 발사하려 애썼고 가만히 서 있는 상태에서 자신들보다 두 배 규모의 적에게 공격을 받았다. 그들은 수적으로 우세한 적에게 압도되어 달아났고 윌모트 경의 기병들은 이들을 추격했다. 일부 용기병들도 패주에 휩쓸려서 말을 매어둔 곳으로 도망치려고 했거나 사실상 가까스로 말에 올라탔던 것 같다.

기마 난투전에 능숙하지도 않고 준비가 되어 있지도 않은 그들의 후퇴 역시 도주로 바뀌었다. 루페르트 공의 측면이 전장을 휩쓸고 승자와 패자 양측의 기병들이 소용돌이를 일으키면서 극적인 그림이 펼쳐졌고 다른 쪽 측면에서도 승승장구하는 기병들이 보병들에게 엄청난 혼란을 일으켰다. 의회군의 페어팩스의 연대는 한 차례 총을 발사했지만 곧 말발굽에 짓밟혀 무너졌다.

딕비 경이 지휘하는 윌모트 경의 제2선도 추격에 가담했다. 이들은 왕당파 군대의 예비 기병 부대의 나머지 절반이었는데 이들의 추격 역시 인력과 말의 낭비였다. 의회군 오른쪽은 뿔뿔이 흩어졌지만 왕당파 왼쪽도 마찬가지였다. 윌모트 경 휘하 병력은 조각조각 쪼개진 즉흥적 부대가 되고 말았다. 윌모트 경 자신도 리틀 카인턴 방목지 주변에서 싸움에 휘말렸고 딕비 경은 약탈하러 갔다.

찰스 루카스 경은 선도적인 군사 이론가들이 지지하는 임무를 수행할 수 있었다. 크롬웰의 전술 개혁 이전부터 활동한 그는 서로 다른 세 연대 소속의 병사 약 2백 명을 규합하여 임시 전투 부대를 만드는 데 성공했고 이들을 다시 전투에 투입시킬 결심을 했다. 그러나 그는 별로 힘들지 않은 임무를 선택했고 결국 그가 한 일이라고는 이미 달아나고 있는 보병들을 향해 돌격한 것뿐이었다. 그의 부하 대위 가운데 한 명인 존 스미스가 이 돌격 와중에 국왕 군기Banner Royal를 되찾아오긴 했지만 루카스 경마저도 적을 계속 달아나게 하라는 기존의 금언을 넘어서 생각하지 못했다. 이러한 상황은 에지힐 전투에서 결정적 요소가 되었는데, 왕당파 기병들이 승리를 거둔 뒤 전장을 벗어나버리고 국왕이 그의 연금 수령자들Pensioners〔흔히 국왕의 의장병Gentleman-at-arm들을 가리킨다.〕에게 왕자들을 안전한 곳으로 호위하라고 명령을 내리는 동안, 전장에 남아 있던 유일한 기병들은 의회군 기병들이었기 때문이다.

예비 부대를 대령하라

에식스 대령은 기병 일부를 예비 병력으로 떼어두었다. 각 소속 연대에서 흉갑 기병들을 모조리 차출한 그는 이 병사들로, 전선에 생긴 구멍을 막거나 적에게 결정적 타격을 입힐 수 있는 상당한 규모의 잘 무장한 돌격대shock troops를 만들 수 있었다. 에식스 대령이 흉갑 기병만 한데 모은 것은 흉갑 기병과 일반 기병 간의 본질적 차이를 이해하고 있음을 보여준다. 흉갑 기병 가운데 많은 이들은 30년 전쟁의 역전의 용사들이었고 루페르트 공처럼 그들도 역시 화력 지원을 기다리지 않아도 되는 돌격의 충격과 신속성의 중요성에 대해 잘 알았다.

전투의 결정적 순간, 즉 의회군 보병들이 크게 몰

그림_ 영국 내전기 기병대가 들고 다닌 깃발은 보통 0.2제곱미터의 채색 비단이나 호박단으로 만들어졌는데 가장자리는 알록달록하고 디자인이 다양하며 흔히 용맹이나 종교에 관한 정치적인 문구 또는 개인적인 문구가 쓰여 있었다. 이 깃발들은 모두 니콜라스 크리스프 경의 군대가 1643년 사이렌스터에서 패배하며 에식스 백작 군대에 빼앗긴 것들이다.
왼쪽 위부터 시계 방향으로 신원 미상의 기병 대위의 깃발, P. 쿠퍼 대위의 깃발, 1643년 사이렌스터에서 빼앗긴 헨리 스펜서 경의 깃발, 역시 같은 전투에서 빼앗긴 존 컬페퍼 경의 깃발.

리던 때에 밸푸어 경은 이 중무장 예비 병력 일부를 투입했다. 그들을 전투 일선에 투입함으로써 밸푸어 경은 국왕의 보병들에 맞서 그들을 전투 한복판에 내던진 셈이었다. 이 흉갑 기병들은 모두 동체 갑옷 일습으로 무장을 잘 갖추고 대부분 자신들의 마구간에서 데려온 좋은 말을 타는 신사들이었다. 이들은 가공할 집단이었으며 "자신들과 대적할 기병이 없다는 것을 알고서 보병들을 향해 돌진하여 보병들의 장창에 일부 부상을 당했고 총알에 미미한 피해를 입었다." 그러나 이들이 그리 큰 타격을 입지 않았다 하더라도 그들이 가한 타격은 불충분했기 때문에 왕당파 보병들을 돌파하지 못한 채 원래 위치로 돌아왔다.

그다음에 밸푸어 경은 필딩〔왕당파인 1대 덴비 백작 윌리엄 필딩William Feilding으로서, 의회군 필딩의 아버지이다.〕의 여단이 너무 드문드문 포진해 있어서 여단 내 몇몇 부대의 측면을 고스란히 드러내는 전술적 실수를 놓치지 않고 자신의 남은 예비 병력을 전장에 투입했다. 밸푸어 경의 중무장 흉갑 기병들은 이 넓게 분산된 대형의 전면과 측면으로 비스듬히 전진하면서 "적진을 향해 결연히 …… 돌진했다." 한 보병 연대가 고립되었고 밸푸어 경은 그쪽을 집중적으로 공략할 수 있었다. 그는 돌진하여 "적진으로 뛰어들어 그 대부분을 고립시킬 수 있었다. 우리 보병들 일부의 도움을 받아 또 다른 연대도 무찔렀다."

기병 예비 병력을 남겨둠으로써 의회군은 두 보병 연대를 궤멸시켰다. 곧 필딩의 전 여단이 무너졌고 밸푸어 경의 기병들은 그들을 전선에서 몰아냈다. 의회군 기병들은 왕당파 보병을 패주시키는 와중에 경포를 운용하던 병사들도 몰아내면서 적의 포격을 잠재우는 기병의 가장 효과적인 기술을 구사했다. 그들은 말에서 내려 화문에 말편자 못을 박아 넣어 포를 못 쓰게 만들었다. 일부는 도망치던 병사들을 베어 넘어트리면서 계속 적을 몰아냈지만 루페르트 공과 윌모트 경의 '왕당파'들과 달리 보급품을 노리고 전통적인 마구잡이식 여우 사냥을 하지는 않았다. 대다수는 집결하여 높은 신분의 포로들과 버려진 군기, 개인적 전리품을 모았다. 그들은 안전한 원래 대열로 복귀하여 재집결한 나머지 절반의 예비 기병들과 함께 다시 대오를 형성했다.

재집결하지 않은 이들 가운데에는 밸푸어 경이 있었다. 밸푸어 경과 일단의 동료들은 전술적 공세를 취하면서 대포 여섯 문이 배치된 왕당파의 주력 포대를 찾아 에지힐의 산비탈로 향했다. 그들은 포대의 측면에서 돌격하여 화승포gunlock를 든 근위대와 포병들을 쫓아버렸다. 박아 넣을 대못이 없었기에 이번에는 중포를 발사한 후 포를 다시 제 위치에 놓을 때 이용하는 견인 마구의 밧줄과 말의 봇줄을 잘랐다. 이 밖의 다른 활약에도 불구하고, 그들과 대적할 적의 기병 예비 병력이 없었기 때문에 그들도 역시 때맞춰 원대로 복귀하여 전열을 재정비했다.

자신들과 대적할 다른 기병이 전장에 없는 상태에서 이 흉갑 기병 부대는 다른 인상적인 활동에도 참가할 수 있었다. 그들은 합동 공격에서 보병을 지원하여 전장에서 가장 우수한 연대 두 개를 포함해, 더욱 약화된 왕당파 장창 방진의 측면을 타격했다. 방진을 몰아내고 분쇄하여 뿔뿔이 흩어지게 했다.

> 기병이 돌격할 때는 간격을 최대한 좁게 유지하고 서로 흩어져 적을 추적하지 말라는 말은 귀가 따갑게 해도 모자라다. …… 느린 속보로 출발해 약 백 걸음을 간 후 …… 거리가 좁혀지면 속도를 올려야 한다.
> ㅡ 삭스

를 의회군의 결정적인 승리로 탈바꿈시켰다. 양측의 싸움은 교착 상태에 다다랐지만, 결국 에식스 백작은 싸움에서 이겼고 그의 중기병 예비 병력이 그날의 승리를 이끌었다.

땅거미가 질 무렵, 의기양양한 왕당파 기병들은 아군이 승리했으리라 예상하며 전장으로 돌아왔지만, 난타당하고 만신창이가 된 채 래드웨이 브룩을 따라 참호를 파고 들어선 군대를 발견했을 뿐이다. 루페르트 공과 윌모트 경의 기병들은 너무 널리 흩어져 있었고 지쳐서 무언가를 시도하기에는 이미 때가 늦어버렸다. 그들은 각자 측면 싸움에서는 이겼는지도 모르지만 그 후 재집결에 실패함으로써 에지힐 전투에서 지고 말았다. 그들

그림_ 말버러 공작 존 처칠(1650~1722년)이 기병 갑옷 일습을 갖춰 입은 모습이다. 당대 최고의 장군으로 손꼽힌 존 처칠은 블레넘 전투(1704년)와 라미예 전투(1706년), 오우데나르더 전투(1708년)에서 동맹군에게 승리를 안겨주었다. 초상화는 아드리아언 판 데르 베르프 홀란트(1659~1722년)의 작품이다.

그다음에 뒤늦게 전장으로 가까스로 복귀 중인 일부 왕당파 기병들을 향해 돌격했다. 마음대로 전장을 휘저으며 사령관의 지시에 따라 한 덩어리가 되어 어느 목표물에나 강력한 타격을 가하던 이들은 전세에 중대한 영향을 미침으로써 보병의 불확실한 승리

은 영국식 돌격이 전투를 승리로 이끄는 무기임을 성공적으로 입증했지만, 기병 대 기병의 대결에서 영국식 돌격의 우위를 승리의 기회로 삼지 못하여 오히려 돌격을 전투에서 지는 기술로 둔갑시키고 말았다.

이는 전투를 목격하거나 관찰한 사람들도 놓치지 않은 교훈이었다. 1643년, 바이런[왕당파인 존 바이런 경]과 윌모트 경은 성공적으로 의회군 기병을 라운드웨이 다운의 전투에서 몰아냈고 휘하 병사들을 다시 규합하여 전투 한복판으로 복귀해 월러Waller의

군대를 꼼짝 못하게 만들어 궤멸시켰다. 전열을 재정비하여 전투에 복귀하는 능력은 올리버 크롬웰과 그의 "철기군"에 의해 예술의 경지에 이르렀고 이후 영국 내전에서의 여러 무력 충돌, 특히 마스턴 무어 전투에서 승리의 요인이 되었다. 17세기 중반, 다른 지원을 받지 않는 기병의 성공적인 강타 전술은 전 세계적으로 기병이 화기를 폐기하는 결과를 낳지는 않았지만, 투지와 결의, 규율을 고루 갖춰 감행한다면 돌격이 화력을 극복할 수 있다는 신념을 심어주는 데 기여했다.

1706년 라미예 전투: 기병을 일제히

1600년대 후반, 기백과 결의는 유럽에서 최고로 통하는 프랑스군 기병의 특징이었다. 포화 속에서도 용맹과 불요불굴로 타의 본이 된 루이 14세의 메종 뒤 루아(국왕 근위대)는 철저한 군사 훈련을 실시하여 화력과 강타 전술을 효과적으로 결합하면서 질서정연한 기병의 움직임을 새로운 경지로 끌어올렸고, 이들의 군사 훈련은 프랑스군의 다른 기병대에까지 널리 퍼져나갔다. 네덜란드, 신성로마제국, 영국과의 오랜 전쟁에서 갈고닦은 메종 뒤 루아의 기술은 선회 대형으로의 회귀였지만 더 우수한 훈련과 더 믿을 만한 무기와 더불어 수행되었다.

프랑스 군대가 화력으로 복귀한 것은 서유럽의 다른 기병 지휘관들에게도 영향을 미쳤다. 18세기 초 대부분의 기병들은 피스톨 두 자루와 칼을 차고 다녔고 용기병을 비롯한 일부는 카빈도 소지했다. 비록 여전히 보병 연대의 사정거리에는 못 미쳐서 보병의 총에 쉽사리 맞을 수 있었지만, 프랑스군 기병들은 적군 기병을 흐트러뜨리고자 칼을 들고 공격하기 전에 화력을 이용했다. 그들은 중대 종대로 편성했고 공간이 넉넉하면 대대 종대로 편성했으며 느린 구보로 적에게 돌진했다. 적과 약 50미터 거리에서 첫 번째 피스톨을 빼서 발사했다.

첫 피스톨을 안장의 권총집에 넣은 후에는 두 번째 피스톨을 빼서 약 25미터 거리에서 발사했다. 그 다음에 보통 횡렬별로 선회하여 안전한 거리로 물러선 후 재장전하고 앞선 과정을 반복했다. 그러고 나면 다른 기병 중대들이 동일한 기동을 수행했다. 피스톨은 품질이 더 나아졌는데도 여전히 부정확했고 근거리에서만 유효했다. 강타-충격 전술로 전환할 때가 되면 첫 번째 무리는 이전처럼 전진해서 총을 발사하지만 20미터 지점에 이르면 두 번째 피스톨을 제자리에 넣고 칼을 빼어 든 후 적진에 도달할 때까지 계속 느린 속보로 전진했다. 돌격은 질서가 무너지거나 속도가 제각각인 것 때문에 기세가 줄어드는 경우가 없고, 기수들이 서로 부츠가 맞닿을 정도로 밀집 대형을 이루는 결집된 움직임으로, 마치 움직이는 벽이 전달하는 충격과도 같았다. 일단 난투전에 접어들면 프랑스군 기병들은 마구 베고 찌르면서 적진에 길을 뚫었다. 규율과 용기 덕분에 프랑스군 병사들은 이 까다로운 기술에서 의심의 여지 없이 가공할 만했다.

여기에 대한 [영국-네덜란드] 동맹군의 해법은 동맹군 병사들 역시 적과 정면으로 맞붙어 적을 죽이도록 격려하는 것이었다. 그들은 규정 사격을 거부하고 때가 올 때까지 유효 사거리 바깥에 머물다가 유사시 각자 알아서 피스톨을 사용하도록 했다. 그

> 전하, 이보다 더 좋은 말과 제복, 장비를 본 적이 없습니다. 그러나 돈으로 제복과 좋은 말을 살 수는 있어도 이 병사들의 얼굴 하나하나에 드러나는 활기를 살 수는 없지요.
> ___사부아의 외젠 공

들은 영국군 체제를 따랐기에 칼에 의존하면서 처음에는 보통 걸음으로 시작하여 느린 속보를 거쳐 점차 속도를 올리면서 돌진해 적과 충돌했으며, 프랑스군 기병과 비슷하게 부츠와 부츠가 맞닿을 정도로 간격을 좁게 유지했지만 '빠른 속보'만큼 빠르게 돌진했다. 느린 속보보다 더 강한 기세로 달려들었기 때문에 더 강한 충격을 줄 수 있었고 첫 번째 대열이 2차 돌격을 감행한 직후 두 번째 대열도 적진에 도달했다. 비록 영국 내전기의 구보나 폴란드군 기병들의 전속력 질주는 아니었지만, 그들은 여전히 엄청난 속도로 적을 쳤고 흔히 적을 때려눕혔다. 동맹군의 한 가지 혁신은 잘 먹이고 돌봐서 전투에서 최고의 상태를 유지할 수 있는, 크고 힘센 군마를 사육한 것이었다. 영국, 덴마크, 네덜란드의 말이 우수한 상태임을 언급한 사람은 위대한 황제군 사령관 외젠 공만이 아니었다. 이 질서정연한 움직이는 벽의 충격은 상대편에게 혼란과 붕괴를 초래했다. 거기다 훈련과 경험을 통해 그들은 밀집 대형을 유지했다. 결국 교전 시 종종 두 사람이 한 사람을 상대할 수 있었으며, 이는 확연한 이점이었다. 그 후 대형이 무너지고 난장판으로 변하면 장전된 피스톨에 손을 뻗을 수 있었다.

서로 바짝 붙어 있었기 때문에 말고삐를 붙들고 있을 필요가 없었고 따라서 양손에 각각 칼과 피스톨을 들게 된 그들은 이제 상대방에 비해 무기에서 2배로 유리했다. 특히 거리가 이제 아주 가까워 피스톨이 매우 효과적인 상황에서, 이는 또 하나의 뚜렷한 강점이었다. 다 발사한 피스톨은 그냥 던져버리거나 곤봉처럼 심지어 그냥 위협용으로도 사용할 수

> 말버러 공작은 기병들에게 세 발 분량의 화약과 총알만 지급하려고 했고 그것도 전장에서 벗어나 있을 때 말을 지키기 위한 용도이지 전투용으로 지급한 것이 아니었다.
> ___케인 장군

있었다. 한 영국 문헌은 발사하기 전에 적의 얼굴에 총구를 갖다 대라고 추천한다. 눈앞에 총구가 놓인 사람은 총이 비었는지 안 비었는지 알 수 없을 테니까. 그러면 상대방은 순간적으로 주저하거나 저도 모르게 움찔하게 되고 그 틈을 노려 칼을 쓸 수 있었다. 이 위험스럽기 짝이 없는 강철 검들로 살점을 베어내거나 그 검의 칼자루 끝으로 적이 탄 말의 앞마를 내리쳐 강한 일격을 먹일 수도 있었다.

매종 뒤 루아의 신사들은 우아하게 적을 죽이는 데 전문가들이었다. 뒷골목의 야만적 살육, 동맹군 병사들이 구사하는 밑바닥 싸움꾼 스타일의 살육에 익숙지 않았다고 할 수도 있으리라. 그러나 이런 평가는 의심스럽다. 17세기 중반에는 말머리를 베는 난투전 기술이 강조되었는데, 굴레를 잘라서 재갈이 말의 입에서 떨어지면 말을 다루기 어려웠다. 18세기 초에 난투전을 하는 기병들은 흔히 아주 바짝 붙어 있었기 때문에 기마술은 덜 중요한 고려 사항이었다. 동맹군 기병들은 말의 머리나 얼굴보다 적의 머리나 얼굴을 베는 데 더 역점을 두었는데, 비록 치명상은 드물었지만 안면 부상은 심리적으로 부담이 될 뿐 아니라 머리의 깊게 베인 상처에서 흐르는 피로 앞을 잘 볼 수 없는 병사는 사실상 무력해졌다.

또 다른 핵심 요인이 기마전에 영향을 미쳤다. 당대 훈련 책자들은 기병 지휘관에게 이 피스톨과 검을 결합한 공격뿐 아니라 기병과 보병이 함께 움직이는 합동 작전 기술도 연습시키라고 가르쳤다. 영국군 체제에서 루페르트 공과 후일의 크롬웰은 기병을 보병과 별개로 운용했는데, 그럴 경우 공격할 때

는 고도로 효과적이었지만 방어 시에는 별로 좋은 점이 없었다. 또한 양측이 숫자와 실력에서 대등할 때, 이 독자 기술은 종종 어느 쪽도 상대방을 격파할 만한 능력이나 전술적 이점이 없을 경우 심각한 교착 상태를 낳았다. 그리고 그러한 상황에서는 프랑스군의 끈기와 집념이 보통 우위를 보였다.

이렇게 합동 작전을 강조한 결과로, 스웨덴군 체제를 옹호하고 영국군 체제를 거부하는 것이 아니라 두 체제를 결합함으로써 새로운 혼성 기술을 만들게 되었다. 기병 작전은 이제 공격 시에는 칼을, 방어 시에는 머스킷을, 즉 공격 시에는 영국군 체제를, 방어 시에는 스웨덴군 체제를 따르게 되었다. 프랑스군 방식과 동맹군 방식은 에스파냐 왕위 계승 전쟁에서 맞붙게 되는데, 가장 좋은 예는 1706년 라미예에서 벌어진 말버러 공작과 빌레루아 간의 대결이었다. 정찰은 이 시기 정규군 기병들의 특기가 아닌지라, 라미예 전투에서 두 군대는 나란히 같은 숙영지에 접어들었을 때에야 비로소 서로를 발견했다. 두 군대는 안전하게 퇴각하기에는 너무 가까이에 있었고 따라서 말버러 공작과 빌레루아는 전투 태세에 돌입했다. 말버러 공작의 왼쪽에는 드넓은 평야가 펼쳐져 있었고 오른쪽에는 강이 흘렀다. 말버러 공작은 오버커크 경이 맡은 네덜란드군과 덴마크군 기병들은 대부분 왼쪽에, 럼리가 맡은 네덜란드군과 영국군 기병들은 맨 오른쪽에 배치했다. 프티헤이터 계곡의 동쪽 고지대를 차지한 중앙에는 다양한 국적의 보병 여단이 2선으로 배치되었으나 말버러 공작의 영국군 보병들은 오크니 백작 휘하에서 최우측을 담당했다. 말버러 공작의 병참감 카도간은 말버러 공작에게 방어용 능선 옆 움푹 들어간 곳에 크비벨레터라는 작은 개울이 흐르고 있다고 알렸다.

그림_ 이상하게도, 17세기 말에는 군기와 기수 둘 다 코넷cornet이라고 불렀다. 이 기수는 깃발을 살짝 '담그는' 동작, 다시 말해 장미꽃 장식을 말갈기에 땋아 넣을 필요가 있는 특별한 행사를 맞아 깃발을 살짝 내렸다가 올리는 경례 동작을 하고 있다. 이 경례 동작은 중요한 사열 행사 때에만 했다.

그 개울은 이후 기병 전투에서 중요한 일익을 담당하게 된다.

전장 남쪽의 지형도 기병 작전에서 중요했다. 여기서 프랑스군 우익은 메에뉴 강과 그 지류 주변의 습지가 지켜주었지만 남쪽은 넓고 완만하게 비탈진 탁 트인 벌판이었고 북쪽으로는 라미예 마을까지, 남쪽으로는 타비에르 마을까지, 장애물이 전혀 없는 거의 자연적 운동장이나 다름없었다.

프랑스군과 동맹군의 전투 대형은 당대의 전범이라 할 만했다. 프랑스군에서 이 무대는 일반 기병대와 용기병대, 유명한 장다름Gens d'Armes[메종 뒤 루

그림_ 17세기 후반에 만들어진 초창기 부싯돌 발화식 기병 피스톨은 매우 예술적인 세부 장식을 자랑한다. 총구는 물결무늬 장식을 따라 금을 박아 넣었고 자루는 호두나무로 만들어졌으며 격발 장치는 정교한 '돋을새김'으로 장식되었다.

아, 즉 국왕 근위대 소속 중기병 부대]을 비롯한 프랑스 근위 기병 연대 전부를 포함하는 기병 82개 대대와 함께 귀스카르 장군이 맡았다. 프랑스군의 오른쪽은 비록 보병 5개 부대가 지원을 하기는 했지만 온통 기병으로 뒤덮인 형국이었다. 프랑스군 기병 68개 대대는 제3선으로 배치되었다. 앞 제1선과 제2선에는 화력 지원을 위해 보병이 기병 사이에 번갈아 배치되었지만 제3선에서 보병은 예비 부대 역할을 해서 제3선은 전적으로 기병으로만 구성되었다. 그들의 오른쪽에는 용기병 14개 대대와 약간의 스위스 보병 부대가 약간 후위로 물러나 바깥쪽으로 비스듬히 치우쳐서 배치되었다. 그들 맞은편에는 네덜란드군 기병 48개 대대가 2선으로 늘어섰으며 그 바로 뒤로는 동맹군 보병이 역시 2선으로 배치되었다. 오버커크 백작은 예비 부대로 뷔르템베르크의 덴마크군 기병 21개 대대를 동맹군 왼쪽 후위에 두었고 따라서 총 69개의 기병 대대가 귀스카르 장군의 82개 대대를 맞서게 되었다.

프랑스군의 원대한 계획

프랑스 문헌들은 빌레루아한테 원대한 기병 작전 계획이 있었다고 말한다. 그 계획은 그의 거대한 기병 부대가 전방을 휩쓸고 피스톨을 이용해 수적으로 열세인 동맹군을 약화시키는 것이었다. 그다음에 그들은 칼을 들고 공격을 개시해서, 중간 중간에 배치된 보병을 이용하고 필요하다면 화력 지원을 받아 기병들이 전열을 재정비할 시간도 벌어서, 오버커크 백작의 병사들을 전장에서 몰아낼 것이다. 동맹군 기병들이 흩어지게 만든 후 그들은 갈라질 것이다. 일부는 후퇴하는 기병을 추적하고 일부는 왼쪽으로 방향을 돌려 동맹군의 대오로 향하여 남쪽에서부터 이들을 하나하나 처치할 것이다. 동맹군 오른쪽에 있는 럼리의 기병은 이 포위에 대응할 만한 여유나 시간이 부족할 테고 프랑스군 보병이 일제 전진하면 영국군 보병은 계속해서 전방에만 집중하다가 어쩔 수 없이 후퇴할 수밖에 없으리라. 그러면 프랑스군 기병들이 때를 만나 영국군 보병들을 쓰러트리고 후퇴를 어마어마한 패주로 탈바꿈시킬 것이다. 블레넘 전투에 대한 복수로 딱 맞는 이 계획은 기병의 패배를 예상하지 못했다. 말버러 공작이 보기에, 보병의 싸움은 질퍽한 땅과 적의 참호 등 문제 투성이였던 것 같다. 따라서 수적으로 대등해질 수만 있다면 기병으로 싸우는 것이 더 승산이 있어 보였다. 이것은 오른쪽에 있는 럼리의 기병들을 왼쪽으로 옮기는 것을 의미했고 그러면 왼쪽에서 그들의 규모와 갑작스런 출현이 전황을 변화시킬 수 있으리라. 이 작전은 프랑스군이 럼리가 오고 있음을 모르는 것에 달려 있었다. 또한 타비에르를 장악해 프랑스군의 오른쪽을 칠 수 있다면 동맹군의 승산이 커질 수 있었다.

오후 세 시 직후 네덜란드 근위대가 타비에르를 격전 끝에 손에 넣음으로써 이 계획의 첫 단계가 실행되었다. 타비에르 함락으로 동맹군은 대포를 가져와 프랑스 기병 대군을 향해 종사enfilade〔대열의 긴 축을 따라 사격하는 것, 즉 여기서는 기병 대형의 횡렬을 따라 사격하는 것〕할 수 있게 되었고, 서 있는 바로 그 자리에서 프랑스군 기병들을 싹 쓸어버릴 수 있게 되었다. 이는 프랑스군 참모들을 어느 정도 당황케 하여 대대적 역습 명령이 내려졌다. 그들은 가장 근처에 있는 부대를 보내 마을을 탈환하게 했다. 화력 지원과 측면의 기병을 위한 예비 병력으로 배정되어 있던 보병 8개 대대와 용기병 14개 대대가 임무 수행을 위해 파견되었다.

용기병들은 여전히 기마 보병으로 인식되었고 보병처럼 취급되었다. 그러나 비록 말에서 내려 싸우도록 훈련받았음에도 용기병들은 자신들을 기병이라고 여겼고 많은 용기병들이 기병들의 승마 부츠를 신었다. 마을에 단단히 자리 잡은 네덜란드 근위 보병대를 공격하라고 이런 병사들을 보낸 것은 너무 낙관적이었다. 그들은 말에서 내려 말을 멀찍감치 뒤로 보내고 카빈을 들고서 메에뉴 습지를 가로질러 앞으로 나아가 오른쪽에서 꺾어 들어가며 타비에르를 역습하려고 했다. 이곳은 질퍽거리는 늪지대여서, 몇 년 후 등장한 용기병 각반 대신 크고 딱딱한 승마 부츠를 신은 그들은 발이 빠져 꼼짝 못하게 되었다. 그들은 말에서 내린 후 기병 전술을 모방해 두 차례에 걸친 공격을 시도했던 모양이지만, 마을에 도착한 제1차 공격 병사들이 사정거리가 더 긴 머스킷에 모조리 당하고 말았다. 용기병들은 달아났다.

용기병들의 두 번째 공격 물결이 합세했고 오비니가 이끈 지원 보병들은 상황이 더 나았지만 오비니는 곧 전사하고 만다. 비록 이 합동 공격으로 프랑스군은 타비에르에 진입하기는 했지만 필사적인 전투 끝에 격퇴되었다. 달아나던 용기병들과 보병들이 충돌했고 이 때문에 2차 보병 공격이 혼란에 빠졌고 이 보병들 역시 동맹군의 사격을 받자 무너져 도망쳤다. 빽빽하게 늘어선 프랑스군 기병들은 무너진 용기병들과 원래 자신들을 지원할 예정이었던 보병들이 습지에서 앞다투어 허둥지둥 뛰쳐나오는 모습을 지켜보는 수밖에 없었다. 용기병을 보병으로 운용하려는 시도는 성공하지 못했다.

은폐된 움직임

우익에서 오크니의 공격이 있은 후 프랑스군 전열은 북쪽으로 이동했다. 기병을 위한 지원 병력으로서 라미예 주변에서 전투를 시작한 일부 프랑스군 보병들은 북쪽으로 이동하여 오크니를 상대로 전투에 참가한 대대들을 대체했다. 그러나 럼리가 보유한 기병 대대가 얼마나 많든 간에 그 기병 대대는 결코 프티헤이터를 건너 오크니를 지원하러 갈 생각이 없었는데, 말을 쓸모없는 장소에 두는 것은 귀중한 자원의 낭비였기 때문이다. 말버러 공작은 럼리에게 기병 대부분을 이끌고 얕은 크비벨레터 계곡을 따라 몰래 중앙 쪽으로 이동하라는 명령을 전달했다. 이는 계산된 도박이었고 실행하는 데 어느 정도 시간이 걸렸지만 질서정연하게 잘 수행되었다. 이 이동으로 오크니를 지원하는 기병 대대는 네 대대밖에 남지 않았으나 이동이 잘 은폐되었기에 럼리의 기병들이 더 이상 그곳에 있지 않을 거라고 프랑스군이 의심할 이유는 없었다. 럼리 휘하의 첫 기병 18개 대대가 도착하자 말버러 공작은 유럽 최상의 기병대와 집단 난투전을 감행할 만한 기병을 충분히 보유하게 되었다.

프랑스군은 용기병과 보병이 타비에르를 탈환하는 데 실패했는데도 이제 기병을 출동시킬 때라고

라미예 전투
1706년

빌레루아와 말버러 공작은 둘 다 라미예 마을 근처에서 진을 치려고 했는데 프랑스군이 먼저 도착하여 방어선을 형성했다. 전투는 네덜란드 근위대가 빌레루아의 우익을 보호해주던 타비에르를 장악하면서 개시되었다. 원래 기병을 지원할 예정이었던 프랑스군 보병과 용기병이 마을을 탈환하려고 시도했지만 실패했다. 공격에 나선 동맹군은 프랑스군의 중앙과 좌익을 압박하여 기병을 지원할 예정이었던 남아 있는 보병들을 전장에 끌어들였다. 기병 간 난투전이 시작되자 덴마크군 기병들은 왼쪽을 공격해 프랑스군의 측면을 포위했고 말버러 공작은 눈에 띄지 않는 계곡을 따라 우익 기병들을 이동시켜 크게 압박을 받고 있던 왼쪽을 보강했다. 긴 악전고투 끝에 동맹군은 라미예에 들이닥쳤고 덴마크군 병사들이 보병 지원을 받지 못한 프랑스군 기병의 노출된 측면으로 돌진하자 프랑스군 우측은 붕괴했다. 빌레루아는 제2선에서 전열을 재조직하려고 했지만 동맹군이 밀고 들어오면서 프랑스군의 퇴각은 패주로 바뀌게 된다.

오늘날 벨기에에 있는 라미예는 와브르에서 남동쪽으로 약 24킬로미터, 나무르에서 북쪽으로 약 19킬로미터 거리에 있다. 전투는 완만한 구릉지에서 벌어졌다. 오늘날 더 큰 마을들이 자리 잡은 농지인 이곳은 여전히 접근이 편하며 거의 바뀌지 않았다.

5 말버러 공작의 우익 기병들이 적의 눈에 띄지 않는 계곡을 통과해 엄청난 난투전에 합류한다. 수에서도 밀리고, 전열을 재정비한 덴마크군 기병들이 측면에서 돌격해오자 프랑스군이 무너진다.

7 빌레루아는 제2선을 구축하려고 하지만 동맹군의 일제 전진에 압도당해 프랑스군이 패주한다.

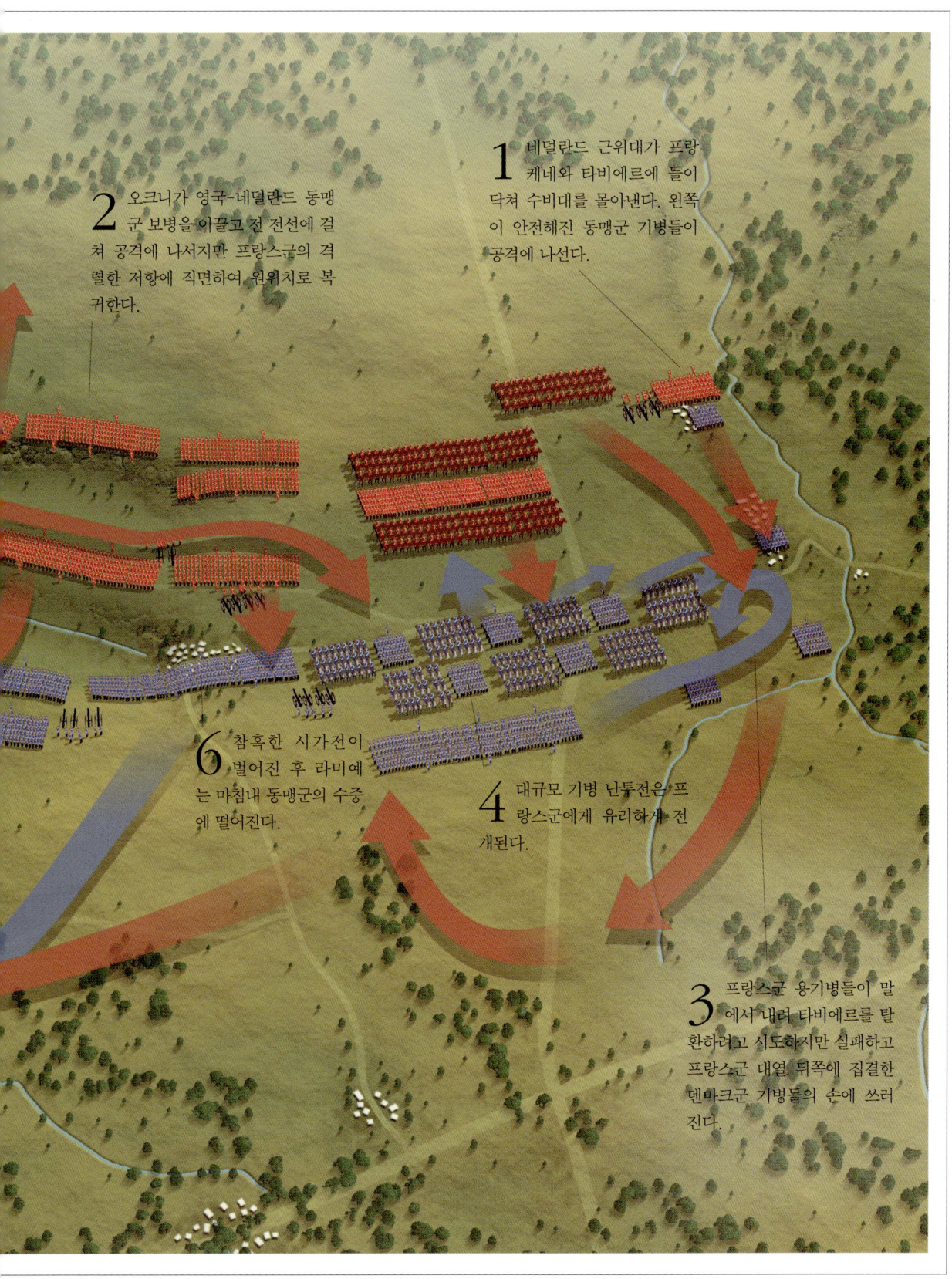

결정했다. 용기병대의 손실로 인해 대대가 82개에서 68개로 줄어든 상황에서 프랑스군 기병들은 오버커크 백작의 69개 기병 대대를 향해 돌진했다. 이 같은 대규모의 기병대 돌격은 거의 전례가 없었다. 문자 그대로 수천 명의 기병들이 보통 걸음으로 그다음에는 느린 속보로 부츠와 부츠를 서로 맞댄 채 앞으로 나아갔다. 이것은 할리우드 영화에서 애호하는 미친 듯한 돌격이 아니라 비틀거림 없이 전진하는 스팀롤러에 가까웠다. 앞을 가로막는 것은 모조리 깔아뭉개버릴 기세였고 결국 반대편에서 달려오는 네덜란드군 기병대와 충돌했다.

네덜란드군 기병 역시 오버커크 백작의 지휘를 받아, 4열 횡대로 달려 나왔다. 양측이 흔히 권장되는 속도인 적당한 속보에서 충돌하자, 기병들은 안장에서 내동댕이쳐지고 맞부딪힌 말들은 혼란에 빠지며 넘어졌다. 양측의 예비 병력이 대형 후위로 달려들어 충격파가 밀집한 기병 대군 사이로 퍼져나가면서 격렬한 난투전이 전개되었다. 네덜란드군 기병들이 점차 우위를 보였으나 귀스카르 장군은 여전히 빌레루아가 기병 대대 사이에 배치한 보병을 보유하고 있었는데, 이 보병들은 아군 기병들이 자신들 측면 사이로 빠지면 총을 쏠 수 있었다. 이 머스킷 엄호 사격 아래 프랑스 근위 기병은 퇴각해 전열을 가다듬은 후 전투에 다시 뛰어들었다. 네덜란드군 기병들도 전열을 재정비하고 속보로 달려 나와 공격의 충격을 흡수했다. 필사적으로 싸우는 거대한 기병 무리는 일진일퇴를 거듭했다.

타비에르가 동맹군의 수중에 있었기 때문에 덴마크군 기병대는 이 밀고 밀리는 난투전의 가장 왼쪽으로 선회할 수 있었다. 뷔르템베르크 장군이 이끄는 21개의 덴마크군 기병 대대는 타비에르에서 가까스로 빠져나온 패배한 프랑스 증원군을 눈앞에서 볼 수 있었고 이들을 추격하기 위해 앞으로 돌격했다. 이것은 적과의 충돌을 위한 질서정연한 전진이 아니라 추격을 위한 앞뒤 가리지 않는 돌격이었다. 그들은 혼란에 빠진 프랑스군 무리를 쉽게 휩쓸어 흩어지게 만들었고 남아 있던 예비 보병 대대마저 무너뜨렸다. 그들은 둘도 없는 역할을 수행했으며 프랑스군 측면을 포위했다. 이는 앞서 에지힐에서 윌모트 경이 선보인 바 있는 완벽한 측면 차단이었지만, 64년 전 윌모트 경의 군대와 달리 덴마크군 기병들은 이 활약상을 전술적으로 활용할 만큼 기강이 잡혀 있었다. 덴마크군 기병들은 눈에 띄는 지형지물인 오토몽의 무덤을 중심으로 재집결하여 북쪽을 향해 전열을 재정비했다. 그들은 프랑스군 오른쪽을 완전히 돌아서 이제 빌레루아의 전 전열의 오른쪽 후위에 비스듬하게 위치하게 되었다.

남은 네덜란드군 기병 48개 대대는 중앙을 지키고 있었고 프랑스군과 에스파냐군, 왈롱군의 기병들로 구성된 68개 대대의 필사적인 노력에도 밀리지 않았다. 엄청난 난투전으로 빈 안장은 빠르게 늘어갔지만 난투전 한복판에 자리한 양측의 보병도 역시 쓰러지고 있었다. 어느 쪽도 우열을 가리기 힘든 가운데, 메종 뒤 루아가 적절한 지원을 받지 못했는데도 라미예 바로 남쪽에서 2선으로 구성된 네덜란드군 기병 대열을 돌파하고 동맹군 전 대열을 가로질러 쇄도하려는 순간, 전세는 프랑스군에게 유리하게 기우는 듯했다. 메종 뒤 루아는 말버러 공작이 교묘히 배치해둔 보병 4개 연대와 충돌했고, 그 무렵 말버러 공작은 작전 본부를 라미예 정반대편 비탈로 이동시켜 전장의 북쪽과 남쪽 구역을 살펴볼 수 있었다. 프랑스군 기병의 정예 부대는 교과서와도 같은 합동 작전으로 제지되었다. 프랑스군 기병이 우위를 차지하여 상대편을 물러나게 할 때마다 그들의 상대인 네덜란드군 기병들은 프랑스군 기병을 상대하는 일을 아군 머스킷 총병에게 맡긴 채 프랑스군 지원 보병 대열을 공격했다. 양측의 보병들은 종종 앞을 가로막는 기병 대대를 저지하기도 했지만 프랑스군 보병은 어디서나 기병을 막을 수 있을 만큼 숫자가 충분하지 않았다.

돌격과 맞돌격

프랑스군 측에서도 기병을 지원하는 보병 부대의 상당수가 오크니의 공격에 맞서는 동료 병사들을 돕기 위해 북쪽으로 이동했다. 심지어 스위스 예비 부대와 바이에른군 예비 부대마저 타비에르에 허비되었다. 보병 지원의 부재는 다른 방식으로 두드러지기 시작했다. 횡렬별로 따로 배치되는 동맹군과 달리 프랑스군의 기병과 보병은 같은 대열에서 번갈아 배치되었다. 이제 보병이 대규모로 전선에서 이탈하자 전선은 더 이상 견고하지 않았다. 전선 곳곳에 커다란 틈이 생겨났고 그 사이로 네덜란드군 기병들이 쏟아져 들어왔다.

정면 대결에서 프랑스군 정예 기병은 네덜란드군 기병보다 더 우수했고 수적으로도 더 우세했으므로 지치거나 패배한 대대를 대체할 수 있는 교대 병력을 언제든 투입할 수 있었다. 그러나 네덜란드군 기병대는 프랑스군 측면, 심지어 일부 프랑스군 기병 대대의 후위를 칠 수도 있었고 이것이 양자 사이 불균형을 상쇄했다. 양측의 기병대는 돌격했다 물러난 후 전열을 재정비해 다시 전투에 뛰어들기를 반복했다. 그러나 다시금 메종 뒤 루아의 용맹이 빛을 발해 동맹군 기병에게 문제를 일으켰는데, 그들이 네덜란드군 기병 10개 대대를 "격퇴하고 넘어뜨린 후 엄청난 혼란을 불러일으켰기" 때문이다. 덴마크군 기병대가 가버린 상황에서 동맹군 기병들은 실력을 상쇄할 만한 숫자가 부족하여 오른쪽 땅을 내주기 시작했다. 네덜란드군 기병대는 뒤로 물러났고 전선은 곧 무너질 것 같았다. 동맹군의 위기였다. 설상가상으로 네덜란드군 기병들은 후퇴하면서 동맹군 전선 왼쪽 전체를 열어젖히고 말았다. 만약 프랑스군이 그들을 더 뒤로 몰아붙인다면 프랑스군의 지원 병력이 보병의 측면으로 쏟아져 들어가 동맹군 전열 전체를 완전히 무너트릴 수도 있었다. 말버러 공작은 도착한 럼리의 병사들을 투입하는 것 말고 달리 방도가 없었다.

크비벨레터 계곡은 거대한 기병 난투전이 벌어지는 곳 오른쪽 후위에서 평야로 이어졌다. 말버러 공작은 갓 도착한 기병 18개 대대의 선두에 서서 손수 병사들을 전장으로 이끌었다. 그들의 예기치 않은 도착은 뒤로 물러서던 거대한 무리를 멈추게 만들었다. 말버러 공작은 오른쪽에서 럼리 휘하의 기병 21개 대대가 도착하는 것을 제때 보기 위해 비탈로 돌아갔다. 그는 그들을 넘겨받아 난투전, 즉 대략 2만 5천 명의 기병이 치고박고 싸우던 혼전의 한가운데로 이끌었다. 돌격의 물결이 끊임없이 몰아쳤고 끝없는 돌격과 맞돌격의 파상공격이 이어지는 가운데 기병들은 피에 굶주리기라도 한 듯 모두 상대방을 난자했다. 말버러 공작은 적어도 약 20분간 싸움에 휘말려 있다가 위기가 끝났음을 깨달았다. 이제 전투는 시간과 소모의 문제였다.

동맹군은 기병 대대 수가 87 대 68로 우위인 데다가 추가로 21개 대대가 측면 돌격을 감행하기 위해 전열을 형성하고 있는 가운데 이제 기병 대결에서 우세를 점하고 있었다. 동맹군 기병들은 프랑스군을 뒤로 밀어냈다. 이제 프랑스군의 전열은 여전히 사수하고 있는 라미예를 기준으로 원위치에서 약 45도 각도로 밀려났지만 아직 무너지지 않았다. 지쳐서 탈진하다시피 한 양측은 전열을 재정비하고 병사들을 재정돈하기 위해 최선을 다했다. 긴급하게 명령을 전해서 찾을 수 있는 곳에서 남아 있는 예비 병력을 모조리 모은 다음, 오버커크 백작은 다시 무리를

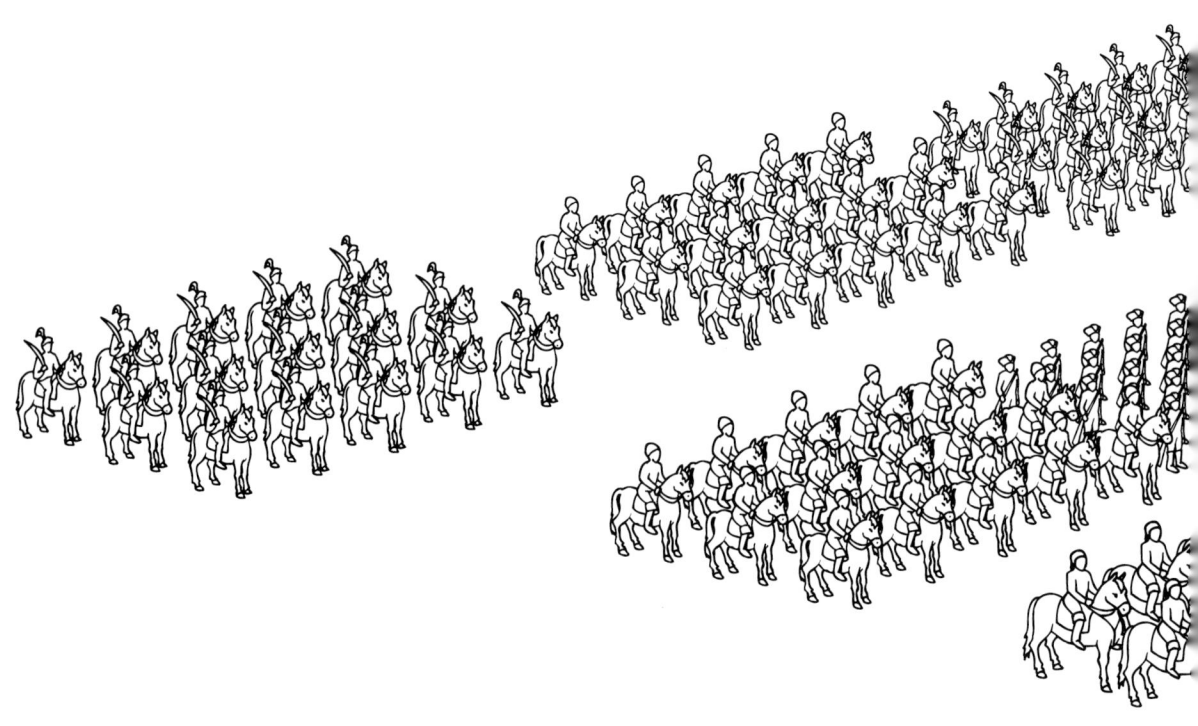

짓고 있는 프랑스군을 향해 전군을 오른쪽으로 선회시키기 시작했다.

오후 6시 직후, 라미예를 포격하던 대포 가운데 일부가 말버러 공작의 일제 전진 명령의 일환으로 프랑스군 기병을 향해 포문을 열어 프랑스군 기병들을 움직이게 만들었다. 동맹군이 앞으로 나아가자, 칼날이 번뜩이고 탕 하는 소리와 함께 피스톨이 발사되며 말들이 발길질을 해대고 깨무는 가운데 또 한 번 거대한 무리가 요동쳤다. 그러나 숫자가 위력을 발휘하기 시작했고 프랑스군은 서서히 뒤로 밀렸다. 프랑스 근위 기병대는 최선을 다했고 명성에 부끄럽지 않게 싸웠지만 2시간 가까이 돌격과 맞돌격, 난투전을 벌인 후 뒤로 물러서 전열을 재정비하기를 반복하다 마침내 압도되고 말았고 이제 대대 간에

틈이 생겼다. 끊긴 곳 없이 완전한 전열을 유지하고 있는 동맹군 기병들은 프랑스군을 전면에 고정시킨 뒤 프랑스군을 포위해 섬멸하기 위해 틈새로 밀려들었다.

붕괴와 도주

전장 남서쪽 방면에서 숨을 고른 후 전열을 재정비한 덴마크군 기병 21개 대대가 악전고투 중인 프랑스군의 측면을 포위하자, 프랑스군은 이 새로운 위협에 맞서기 위해서 전열을 재정비해야 했다. 라미예 뒤쪽 비탈 위 원위치에서 90도 각도로 새롭게 정렬하라는 명령이 하달되었으나 프랑스군 기병들은 명령을 완수할 수 없었다. 덴마크군 기병들이 돌격하자 승리를 직감한 동맹군은 마지막 힘을 쏟아부어

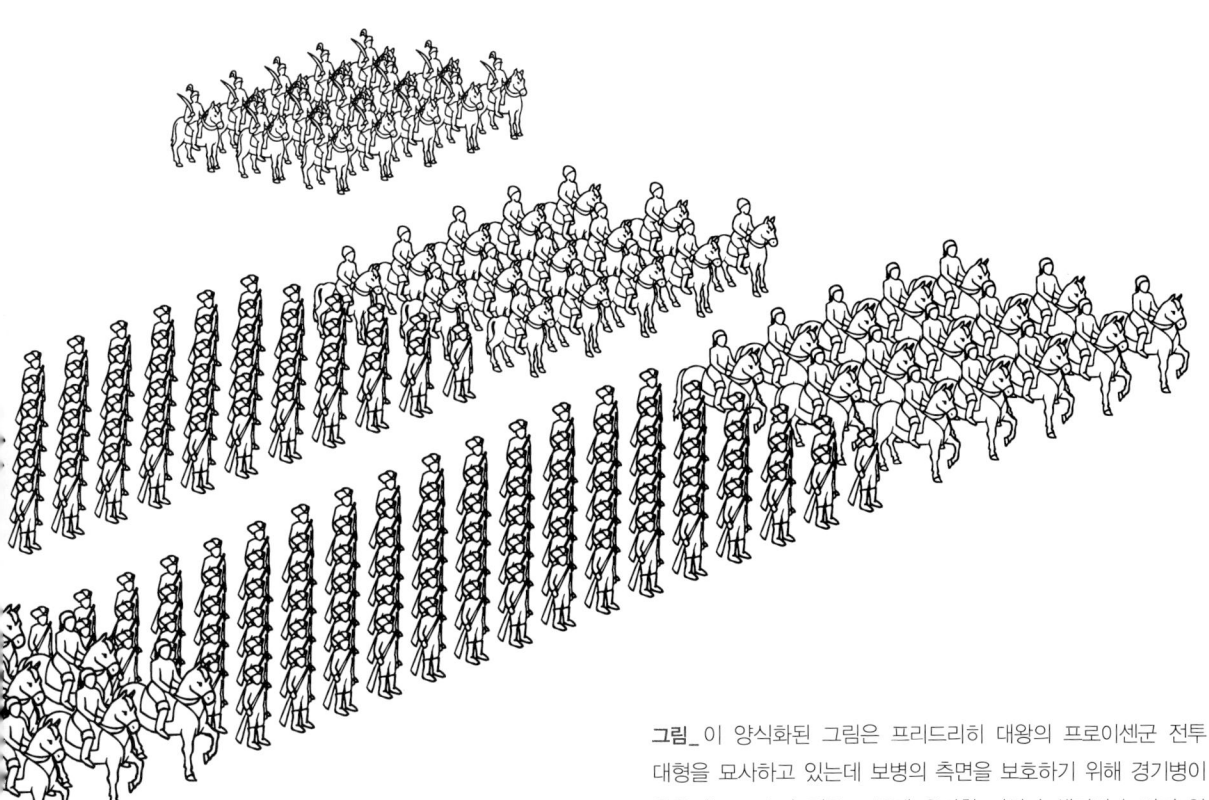

그림_ 이 양식화된 그림은 프리드리히 대왕의 프로이센군 전투 대형을 묘사하고 있는데 보병의 측면을 보호하기 위해 경기병이 운용되는 모습과 전투 도중에 유리한 기회가 생기면 놓치지 않기 위해 중기병 ── 돌격대 ── 이 예비 부대로 대기하고 있는 모습을 보여준다.

프랑스군을 몰아내고 메종 뒤 루아의 케틀드럼을 빼앗았다. 뒤로 밀리는 움직임을 저지하기 위해 배치된 프랑스군 보병들은 압도적 수의 무게를 이겨내기에는 턱없이 부족했고, 곧 후퇴하는 아군에 의해 혼란에 빠졌다. 그 뒤, 그들은 들이닥친 동맹군의 말굽 아래 짓밟혔다.

덴마크군 기병 예비 대대도 프랑스군의 측면을 향해 돌격을 감행했고 그것으로 끝이었다. 프랑스군 기병대는 무너졌으며, 프랑스군 기병대 가운데 아직 남아 있는 병사들은 기력이 상당히 남아 있는 덴마크군 기병들과 아직 말이 온전히 살아 있는 더 대담무쌍한 동맹군 기병들의 열띤 추격을 받으며 후방으로 줄지어 달아났다. 무너진 기병대 무리와 라미예에서 달아나는 보병들이 한데 뒤엉켜 몽 생탕드레 고원의 남쪽 지역은 어디든 안전한 곳에 닿기 위해 발버둥치는 혼란스러운 무리로 바글거렸다.

한편 북쪽 측면에서는 오크니가 다시 한 번 공격을 감행했고 오트르에글리제를 지키던 용감한 프랑스군 병사들은 온종일 후퇴했다. 말버러 공작이 중앙으로 이동시키지 않고 남겨둔 영국군 기병 연대 하나가 더 북쪽 방면에서 질퍽한 개울을 건너 이제 프랑스군 배후에 나타났다. 영국군 기병대는 굳이 전열을 재정비하려 하지 않고 "칼 들고 전속력으로, 경기병풍으로a la hussarde" 곧장 돌진하여 후퇴 중이던 프랑스군 보병들과 부딪혔다. 기병도를 피하거나 말발굽에 짓밟히지 않은 프랑스군 보병들은 무기를 내던지고 항복했으나 영국군 용기병들이 자리를 뜨자 분개한 보병 상당수가 다시 머스킷을 집어 들고 발포했다. 영국군 기병들은 말머리를 돌려 다시 프랑스군 보병들을 향해 돌격해 무기를 들고 있던 병사를 한 명도 남김없이 모조리 베어버렸다.

고전적인 기병 추격전이 뒤따랐다. 동맹군 기병들은 거대한 덩어리로 뭉쳐 라미예 뒤쪽 북서 방면으로 나아갔다. 대형을 유지하려는 시도는 내팽개친 채 무작정 전진하는 동맹군 기병들의 사브르가 번쩍이면 낙오한 프랑스군 보병들이 우수수 쓰러졌다. 버려진 프랑스군 진지를 통과하자 대형은 더욱 흐트러졌고 병사들을 지휘하고 통제하려는 시도도 더욱 어려워졌다. 통제가 완전히 사라지자, 적당한 속보 전진은 포기되었고 일제히 빠른 속보에서 구보로, 마침내는 전속력 질주 속도로 걷잡을 수 없이 내달렸다. 그들 뒤로는 동맹군 보병들이 전투 대형으로 전열을 형성하고 적을 추적하기 위해 나섰다.

빌레루아는 오퓌와 몽 생탕드레 사이 능선에 제2선을 형성하려고 고군분투했다. 우왕좌왕하는 가운데 프랑스군과 그들의 동맹군(바이에른군)은 질서를 회복하고 전열을 재정비해 말버러 공작의 기세등등한 총공격을 막아보려 했다. 보병은 측면에 있으며 보급품 탓에 전열을 형성하기는 불가능하고 아군 병사들은 도망치기에 바쁜 상황에서, 프랑스군은 의기양양한 동맹군 기병의 돌격을 받아내기 위해 섰다.

제일 먼저 프랑스군을 친 것은 덴마크군 기병들이었다. 그들은 바이에른군에게 쇄도하여 바이에른군을 가볍게 처리한 뒤 토랑베 방면으로 쫓아버렸다. 나머지 프랑스군 병사들은 네덜란드군과 영국군 기병대를 맞설 생각에 망설였고 "아직 싸워보지도

> 적군 기병들은 의심할 여지 없이 자신들의 보병을 버렸고 우리 용기병들은 …… 세 배나 많은 적을 죽였다. …… 레지망 뒤 루아라고 불리는 프랑스 국왕의 근위 보병 연대는 자비를 구하며 무기와 깃발을 내놓았다.
> ___존 마셜 딘

않은 좌익의 기병 50개 대대 전체는 공포에 사로잡혀 보병들 사이로 두려움에 떨며 말을 달렸는데, 그들은 원래 바로 그 보병들의 퇴각을 엄호하기 위해 배치된 기병이었다." 우드 장군이 무질서한 돌격을 이끌었다. 이 돌격으로 프랑스군의 새로운 중앙은 순식간에 붕괴했고 프랑스군의 새 사령부도 뿔뿔이 흩어졌다. "…… 선제후와 빌레루아 원수가 내게서 10야드도 떨어지지 않은 곳에서 무리 가운데 있었다. …… 그들은 가까스로 도망쳤다." 길고 고된 싸움이었지만 결국 기병이 그날을 승리로 이끌었다. 라미예 전투는 소책자와 신문 지상에서 기병의 경이적인 승리로 일컬어졌고 기병들에게 지급되는 총알을 제한 말버러 공작의 현명한 명령은 크게 칭송되었다. 그의 승리와 극적인 측면 돌파는 차가운 날붙이에 대한 신뢰를 재확인했다. 그러나 승리의 희열은 라미예 전투를 승리로 이끈 진정한 기술, 바로 화력과 보병과 기병 강타의 성공적인 결합을 가려버렸다.

이 셋은 적절하게 협력하기만 한다면 제아무리 용감하고 의지 결연한 기병이라도 무너트릴 수 없었다. 동맹군이 승리한 이유는 프랑스군이 스스로 이러한 화력을 박탈한 데다가 지원 보병이 전선을 뜨면서 생겨난 틈새로 네덜란드군과 영국군 기병들이 침투할 수 있게 허용했기 때문이다. 덴마크군 기병들은 최후의 일격을 가했지만 이때는 '칼과 머스킷'이 '칼과 피스톨'을 이미 패배시킨 이후였다.

그림_ 프리드리히 대왕의 프로이센군 용기병이 7년 전쟁 시기인 1759년 8월 1일에 벌어진 민덴 전투에서 프랑스군 보병들을 패주시키고 있다. 이 삽화는 19세기 카를 도이커의 드로잉을 바탕으로 그린 것이다.

1759년 민덴 전투 : 빛나는 어리석음

우리는 전역과 전투에서 기대에 부응하는 결과를 얻고자 한다면 군마를 좋은 상태로 유지해야 한다는 사실에 대해 논의했다. 일단 규칙이 문서화되고 모두가 준수하도록 규정이 발효되면 적절한 권고를 따르는 것은 훨씬 쉬워진다. 18세기 중반에 이러한 사고방식이 폭발적으로 급증했고, 이는 기병도 피해갈 수 없었다.

엘리트이자 명예로운 병과라는 인식은 당대의 미디어에 의해 조장되었고 소책자들은 종종 얼마간의 윤색을 포함한 기병의 활약상을 다룬 이야기로 넘쳐났다. 18세기 중반에 기병 장교를 지망하는 젊은이들이 구할 수 있는 안내서는 발에 차였다. 우리는 그러한 책들을 통해 기병의 삶의 거의 모든 측면에 대해 알 수 있으며 따라서 병사와 말의 상태를 건강하고 전투에 알맞게 유지하는 데 사용된 기술들을 검토해볼 수 있다.

기병의 삶은 전시 근무 중이 아닐 때조차도 무척 바빴다. 기병이 가장 시간을 많이 쏟는 활동은 "마구간"이라고 불리는데, 말을 돌보는 일을 가리킨다. 1740년대에는 마구간에서 일하는 시간이 매일 두 차례 있었는데 보통 아침 8시와 오후 4시였다. 각 연대는 정해진 방법대로 말에게 물과 먹이를 주었는데 대부분의 경우 여름에는 두 차례 물을 먹였다. 그다음에 기병들은 규정된 일체의 말 손질 방법을 하나도 빠짐없이 실행에 옮겼다. 여기에는 갈기와 꼬리를 빗겨주고 부사관이 감독하는 가운데 발굽을 조사하고 발뒤꿈치를 문지르는 과정이 반드시 포함되었다. 말은 운동을 위해 하루에 두 차례 밖으로 데리고 나왔고 일주일에 두 번씩 안장을 씌워 달렸다. 이러한 '마구간' 절차는 아무도 빼먹을 수 없었다. 장교들은 반드시 그 자리에 있어야 했으며 자신의 말을 돌보는 의무를 슬그머니 회피한 병사에게는 체벌이 떨어졌다.

유사한 규정이 병사들의 몸단장에도 적용되었다. 엘리트로 간주되고 싶다면 기병들은 사람들 앞에서나 전장에서 엘리트답게 행동하고 또 그렇게 보여야 했다. 순찰대가 여인숙과 술집을 돌면서 술 취한 기병들을 잡아 숙소로 끌고 갔다. 병영이 들어서기 시작했고 장교들에게는 마구간과 병사들의 침소 양쪽의 소등을 점검하라는 지시가 내려졌다. 마구간과 침상을 '환기'하는 규정도 복장 단속 절차와 더불어 생겨났는데 복장 단속에는 개인적 청결 상태와 세탁 점검이 포함되었다. 그러나 엘리트주의의 문제점은 한때 매우 견고했던 동반자 관계에 소원함과 적대감을 불러일으킬 수 있다는 것이다. 18세기 초반 라미예 전투가 기병이 승리를 가져오는 병과임을 입증했을지도 모르지만 그 승리는 보병들과의 협력, 즉 18세기 중반에는 흔히 망각되곤 하는 전력을 통해서 달성되었던 것이다.

말버러 공작의 결정적인 전투들, 특히 블레넘, 라미예, 오우데나르더에서 있었던 결정적 전투에서 동맹군 기병들이 한 역할은 대중과 군인들 모두의 상상력을 사로잡았다. 그들은 기병의 강타-난투전을 강조하는 전술로의 복귀 신호를 보냈고 이는 기병의 '대량' 투입과 연관되어 있었다. 그 같은 규모의 기병을 전장에 투입하기 위해서 용기병은 이제 기병으로 분류되어 기마 보병으로서의 기능을 포기했다. 용기병은 기병이 되었고 기마 돌격과 근접전은 그들의 우선적인 전장 기술이 되었다. 유럽 전역에서 거대한 기병 병력이 형성되었고 프로이센의 프리드리히 대왕은 기병의 저돌적인 공세 철학을 그의 유명한 지침서에서 다음과 같이 요약했다.

기병 공격에 관해서라면, 나는 여러 가지 이유에서, 다시 말해 이 거대한 기병대가 한꺼번에 움직임으로써 용감한 병사들과 더불어 겁쟁이들도 휩쓸려갈 수 있도록, 기병에게 생각할 여유를 주지 않고 오로지 커다란 말의 힘과 속도로 앞을 가로막는 것이 무엇이든 압도할 수 있도록, 이런 커다란 사안〔전투의 승패〕을 결정하는 데 일개 기병의 영향력을 완전히 제거할 수 있도록, 기병 공격이 매우 빠르게, 그리고 적과 매우 가까운 거리에서 이루어져야 한다고 생각해왔다. 전열이 빈틈없이 유지되는 한, 기병 대대가 충분히 서로 근접해 있는 한 …… 우리보다 더 열려 있고 간격이 더 넓은 적은 우리가 가하는 강타에 대항할 수 없다. 우리가 주는 강타의 힘은 그들에게는 두 배가 되는데 그들은

그림_ 날개가 달린 이 18세기 폴란드군 투구에서 보다시피, 폴란드인들은 자신들의 독특하고 옛 위용을 환기하는 복장, 특히 투구를 쉽게 폐기하려고 하지 않았다. 날개 장식 덕분에 착용자가 더 위압적으로 보였다.

오스만군 병사(1690년 무렵)

오스만제국의 군대에는 경기병이 많았다. 자기가 본래 입던 옷을 입고 거추장스러운 갑옷의 구애를 받지 않으며 흔히 좋은 말을 탄 그들은, 전역 시 군대의 날랜 자산이었다. 그러나 실력과 투지 측면에서는 제각각이었다. 일부는 상비군이었지만 어떤 이들은 군대에 끌려 왔다. 또 다른 이들은 순전히 전리품을 노리고 입대했다. 그들은 산개 대형으로 싸우는 쪽, 즉 다소 벌떼처럼 적을 에워싼 후 활과 피스톨과 가벼운 투창으로 적의 측면과 배후를 노리는 쪽을 선호했다. 무시무시한 언월도는 전장에서 와해되어 달아나는 병사들을 추적할 때 빼 들었다. 아치 모양으로 허공을 가르는 그 칼은 도망치는 기병과 보병을 모두 쓰러뜨렸다. 수가 무척 많고 무척 빠르기 때문에 그들의 공격은 때때로 "투르크의 폭풍"이라고 묘사되었으며, 이런 유형의 기마 병사들은 수세기 동안 술탄을 위해 싸웠다.

측면이 많지만 우리는 측면이 하나뿐이며, 장군이 최대한 그 측면을 보호할 수 있기 때문이다. 마지막으로 우리의 공격의 기세가 그들을 동요시키기 때문이다. 만약 그들이 총을 발사한다면 〔그다음에〕 그들은 도망치게 될 것이고 느린 구보로 공격해온다면 말에서 내동댕이쳐질 것이다. 만약 그들이 우리와 같은 속도로 우리에게 돌진해오려고 한다면 그들은 무질서하게 달려들 테고 우리는 그들을 하나하나 물리치면 된다.

프리드리히 대왕은 기병 전술과 전역에서 기병의 운용에 영향을 미치게 될 동유럽의 중요한 변화에 관해서도 뚜렷이 의식하고 있었다. 광대한 대륙의 서쪽 해안에 떨어져 사는 우리들은 러시아와 오스트리아, 폴란드, 발칸 영토의 대부분이 동쪽을 바라보고 있으며 그들의 싸움은 강력한 이웃인 오스만제국의 영향을 받는다는 사실은 흔히 잊어버린다. 비록 오스만군은 상당수의 중기병을 운용했지만 종종 집단 돌격과는 다른 방식들을 운용했다. 그들은 속도와 분산, 적을 괴롭히는 전술의 운용에서 혁명을 가져왔다. 사실, 오스만군이 가져온 것은 경기병의 탄생이었다.

경기병의 재등장

경기병의 등장은 잠재적으로 또 다른 승리의 수단이었지만 처음에 전장에서 경기병의 쓰임새는 제한적이었음을 알 수 있는데, 돌격에 집착하는 서구에서는 특히 그랬다. 기병들이 연달아 측면을 돌아나가

> 그들의 일반적인 싸움 방식은 적의 대대를 에워싼 후 함성과 다양한 움직임으로 적을 겁에 질리게 만드는 것이었다. …… 그들은 매우 짧은 등자를 사용하고 박차를 말 옆구리에 바짝 갖다 대어 중기병보다 더 빨리 달리게 한다. …… 그들은 도망자들에게 위험하다. …… 그러나 완벽한 전투 대형을 갖춘 기병 대대 앞에서는 꼼짝 못한다.
> ─R. P. 대니얼 신부

거나 배후로 뛰어들어오거나 보급품을 약탈하면서 일으키는 흙먼지는 꽤 위협적으로 보일 수도 있다. 그리고 출정 시 그들의 능력은 매우 소중했다. 동유럽에서는 오스만투르크의 경기병과 카자크 기병이 여러 적들을 고생스런 길로 이리저리 끌고 다녔고 고대에 매우 파괴적이었던 말 탄 궁수에게서 찾아볼 수 있는 발사 무기와 말의 기동력의 결합은 심각한 위협이었다. 그러나 이러한 기술을 잘 활용할 수 있었던 민족들은 조직화되고 통제되는 것에 반발했다. 비록 여전히 중기병을 높이 치긴 했지만, 다시금 기술의 타협을 이뤄 군대에 많은 수의 경기병을 둔 이들은 폴란드인들이었던 것 같다.

서유럽의 군대들은 점진적으로 경기병을 받아들였다. 그들은 저렴했고 종종 용병처럼 취급되었으며 알아서 살아갈 수 있었다. 제대로 된 기병이 아니라고 업신여겨진 그들은 종종 정찰 임무를 떠맡았고 전투 대열에서 제외되었으며 민간인을 상대로 한 습격에 동원되거나 추격 시 혼란을 조성하기 위해 투입되었다. 경기병, 헝가리식 경기병, 특히 외국인 용기병들은 곧 아군과 적군을 가리지 않고 약탈하는, 도적떼보다 조금 나을 뿐인 사람들로 여겨지게 되었다. 그들을 군대에 제대로 편입시키려면 프리드리히 대왕 같은 천재가 필요했다.

기병들의 형편없는 실력이 드러난 1741년 몰로비츠 전투의 대실패 이후, 프리드리히 대왕은 프로이센군의 기병을 재조직하고 재훈련시키는 데 시간과 돈과 정력을 투자했다. 프리드리히 대왕은 자신이

치른 모든 전역과 전투 내내 승리를 결정짓는 돌격에 큰 믿음을 보였다. 그의 유명한 두 기병 장군인 중기병대의 빌헬름 폰 자이들리츠와 경기병대의 한스 폰 치텐은 그의 개혁이 성공했음을 보여주었다. 프리드리히 대왕은 기병의 화기 사용을 금지했고 그의 기병들은 줄을 맞춰 전속력으로 질주하여 돌격하는 기술을 연마했다. 중기병, 경기병 할 것 없이, 전장에서 기병의 중심 역할은 적에게 전속력으로 돌격하는 것이었다. 그들은 전적으로 속도와 질서정연한 규율, 공격성, 강타 전술에 의존했다. 이 기술은 1740년부터 1748년까지 오스트리아 왕위 계승 전쟁 동안 유럽 전역의 기병 지휘관들에게 반복적으로 각인되었다. 폴란드인들은 "그것 봐라."라고 말했을지도 모르지만 1756~1763년의 7년 전쟁은 철저한 군사 훈련을 받은 머스킷 총병들이 제공할 수 있는 화력에 대한 교훈을 가르쳐주게 된다.

예비 기동

민덴 전투에 앞서, 브라운슈바이크의 페르디난트 공의 동맹군은 프랑스군이 하노버로 진입하는 길목을 막고자 베저 강을 따라 기동 중이었다. 프랑스군은

그림_ 근대 초기 동안 기병들은 다양한 기마도와 사브르를 소지했다. 일부는 장식적이었고 일부는 순전히 실용적이었다. 일부는 찌르기용으로, 또 일부는 베기용으로, 나머지는 그저 난도질하고 세게 내려치는 용도로 고안되었다.
A. 1520년경, 독일군의 카츠발거.
B. 1570년경, 베네치아군의 양날 시아보나 검.
C. 17세기 프랑스군 기병의 사브르.
D. 1585년경, 독일군의 조개껍데기 형태 검.
E. 18세기 프로이센군 기병의 사브르.
F. 1600년경, 오스만군의 언월도.

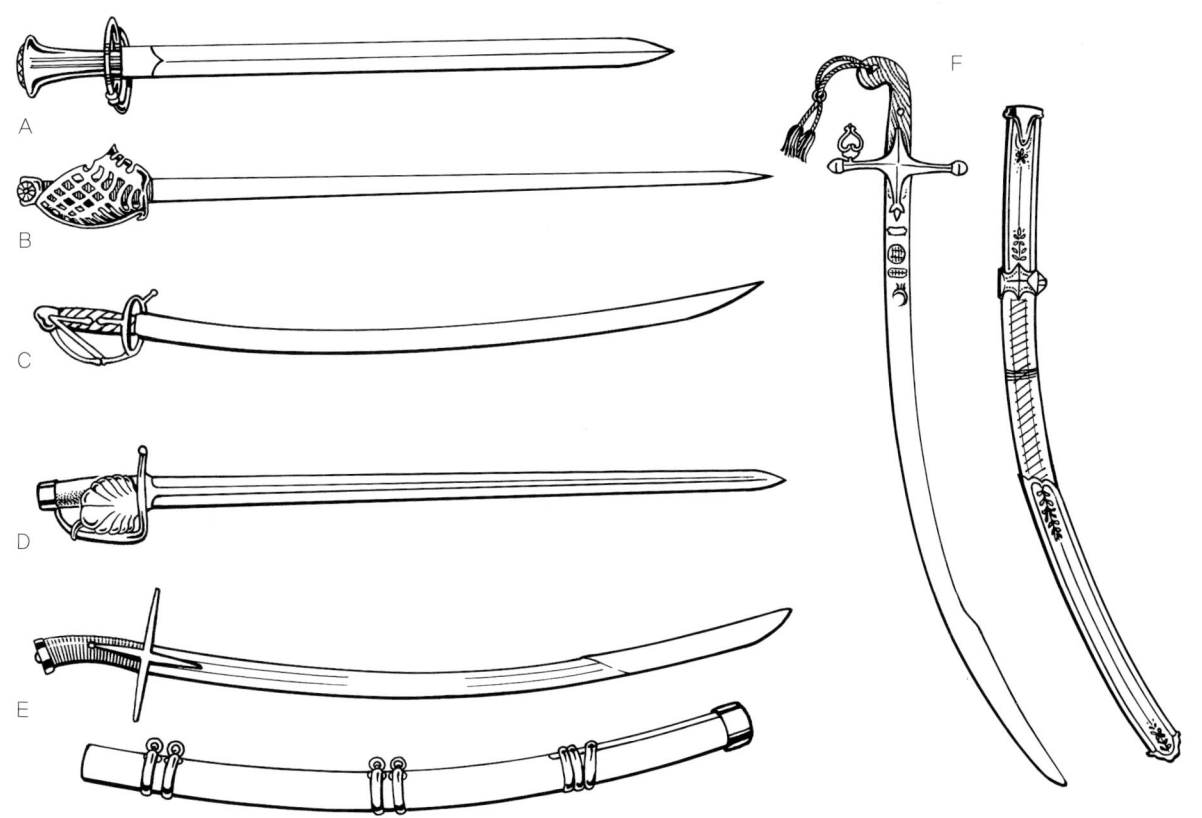

베저 강을 건너는 데 성공해 민덴을 점령한 후 그곳에 병력을 집결하기 시작했다. 페르디난트 공은 프랑스의 콩타드 원수가 민덴을 빠져 나와 수적으로 우세한 병력을 활용하기 전에 전장으로 끌어내 전투를 벌일 필요가 있었다. 페르디난트 공은 극적인 방식으로 프랑스군 쪽으로 전진하여 전투 대형을 펼치면서 민덴 평원에서 전투를 유도하였다. 전투의 초기 국면에는 기병들이 지역을 탐색하며 여러 마을과, 도처에 수렁이 많기로 악명 높은 늪지대에서 둑길과 고지 등 유리한 전술적 지형지물을 장악했다.

이후의 전투에 대한 서술은 이전과 마찬가지로 기병 전술 운용에 초점을 맞춘다. 양측은 바스타우 늪지와 베저 강 사이 지대를 따라 커다랗게 직각을 그리며 일반 전투 대형을 전개했다. 프랑스군의 전선은 할렌에서 마울베르캄프까지 북동쪽으로 뻗다가 쿠텐하우젠 앞을 가로질러 급작스럽게 동쪽으로

그림_ 이 그림은 베른하르트 로데(1725~1797년)풍의 채색 동판화로 묘사한 1759년 쿠네르스도르프 전투이다. 프리드리히 대왕은 쿠네르스도르프에서 일단의 카자크군 기병들에게 하마터면 붙잡힐 뻔했다. 머리칼이 곤두서는 이 경험으로 그는 이 경기병들에게 더 큰 존경심을 품게 되었고 특히 그들의 신속함과 기습 능력을 높이 샀는데, 이는 그가 프로이센 군대에서 경기병 연대를 지속적으로 늘린 이유 가운데 하나이기도 하다.

꺾였고 오른쪽 측면 부대는 베저 강가에 자리를 잡았다. 서쪽 방면 병력은 콩타드 원수가 지휘했으며 북쪽 방면 병력은 브로글리가 지휘했다. 콩타드 원수 맞은편에서는 페르디난트 공이 하르툼부터 슈테머까지 전선을 쳤고 방겐하임이 브로글리와 마주 섰다. 전장의 서쪽 구역에서는 색빌 경의 기병대가 페르디난트 공의 방어선 오른쪽을 형성했고 피츠제임스 공작(베릭 공작의 별칭)의 기병대가 콩타드 원수

군대의 중앙을 형성했다.

전투는 오후 다섯 시 무렵에 방겐하임의 부대와 브로글리의 부대가 충돌하면서 시작되었는데, 양측은 하루 종일 기병 난투전과 사격전을 벌였다. 양측은 백중세인 듯 보였고, 끈질기게 싸웠다.

전장의 서쪽에서는 할렌 주변으로 포격 대결이 시작되었는데 아침 7시 무렵이 되자 영국군 보병 6개 대대와 하노버 근위대 2개를 비롯한 슈포르켄 휘하의 동맹군 부대가 명령을 잘못 이해하고서 공격을 위해 전진하기 시작했다. 슈포르켄의 부대가 전진하는 동안 아침 안개가 걷혔고 그제야 그들은 정예 기병대가 버티고 있는 프랑스군 중앙에 정면으로 돌진하고 있음을 깨달았다. 이러한 잘못된 전진 명령은 독일어를 쓰는 장교들과 영어를 쓰는 장교들 간의 혼선 탓이라 여겨져왔는데, 어쨌거나 이는 매우 이례적인 움직임이었고 색빌 경의 기병대가 그들을 지원하지 않았기 때문에 특히 그랬다. 페르디난트 공은 그들의 전진을 멈추게 하려고 애썼다.

그들 맞은편의 프랑스군 기병들은 틀림없이 눈이 휘둥그레졌으리라. 프랑스군은 전진해오던 적군이 전장을 가로질러 있는 움푹 파인 곳에 멈춰 서는 것을 보면서 그들이 뤼첸 전투 당시 황제군과 유사하게 낮은 지대에서 방어에 들어가는 것이라 생각했다. 그러나 슈포르켄은 제2선이 전나무 지대에서 나와 제1선을 뒤따라오기를 기다리고 있는 것뿐이었다. 영국군의 전열은 다시금 앞으로 움직이기 시작했고 비록 정면은 아니었지만 프랑스군 앞에 도달했

2장 기마전

다. 전열의 남단, 즉 왼쪽이 오른쪽보다 적진에 더 가까이 접근했기 때문에 전체 전열은 비스듬히 기울어졌고 하노버 근위대의 두 대대가 전방에 거의 다 도달했기 때문에 더 늘어났던 것 같다.

가망 없었지만

페르디난트 공은 눈앞에 닥친 대참사를 조금이나마 막아보고자 지원 부대에게 전방으로 전진할 것을 명령했다. 그는 바로 옆에 있던 셀레 휘하의 여단을 보냈다. 처음의 놀라움이 가시자 피츠제임스 공작에게 상황은 분명해졌다. 갓 전장에 투입되어 돌격 태세를 갖추고 정렬한 기병들에게 보병 부대가 지원 없이 홀로 다가오고 있는 상황 말이다. 게다가 이 영국군 병사들은 포격을 당하고 있었다. 기병들이 피스톨을 사용하던 시절은 오래전에 지나갔다. 첫 번째 지원은 마울베르캄프 근방과 할렌의 풍차 옆에 각각 위치한 프랑스군의 두 포대에서 했다. 극단적인 원거리 사격이었겠지만 그래도 60문의 대포에서 포탄이 날아오고 있었고, 동맹군 포병들이 프랑스군 포대를 무력화하기 위해 애썼지만 프랑스군의 포격을 잠재울 수 없었다. 프랑스군 기병들은 그들의 목표물이 "요리하기 편하게" 처리된 것을 보았다. 민덴 황무지 너머로 진군했던 한 장교는 "이 포격으로 인해 우리 연대들은 훨씬 전부터 지정된 위치에서 전혀 해를 입지 않은 채 정렬해 있던 기병들의 강타에 버티지 못하게 되었으리라."라고 적으면서 "그러나 확고부동하고 결연한 의지는 어떤 어려움도 극복할 것이다."라고 덧붙였다.

피츠제임스 공작의 기병대는 3선으로 정렬했는데, 제1선은 카스트리 후작 휘하의 세 여단의 23개 대대, 제2선은 보그 중장 휘하 세 여단의 22개 대대, 마지막 제3선은 푸아얀 후작 휘하 두 여단의 18개 대대로 구성되었다. 도합 63개 대대였으며 각 대대의 대원은 120명이었으니, 충분한 휴식을 취하고 좋은 상태를 유지한 말에 탄 병사들이 7,500명 넘게 있었던 셈이다. 그들 맞은편, 460미터도 채 못 되는 거리에는 보병 8개 대대가, 다시 말해 포탄에 두들겨 맞고, 지원도 없는 5천 명가량의 병사들이 있었다. 프랑스군 기병들은 칼을 빼 들었다.

그들은 영국식으로 한꺼번에 돌격했다. 돌격 물결의 선봉은 메스트르 드 샹과 루아얄 크라바트 여단의 기병 14개 대대였다. 그들의 속보는 곧 구보로 바뀌었다. 그들은 함성을 지르면서 말 옆구리에 박차를 가해 전속력으로 질주해 왔다. 반대편 최전선에서는 〔동맹군인〕 월드그레이브의 보병 여단이 선 채로 머스킷을 조준했다. 거대한 무리가 무모하고도 영광스러운 돌격을 감행하며 엄청난 우레와 같은 말발굽 소리와 함께 점점 더 가까이 다가왔고, 거리가 27미터까지 좁혀졌을 때 발포하라는 명령이 떨어졌다.

이들은 말버러 공작 시절의 소대별 순환 방식보다는 횡렬별로 사격했던 것 같고, 돌격해오는 첫째 줄의 기병들에게 첫 번째 일제 사격을 하자 말과 사람이 고꾸라지고 널브러지며 일대 아수라장이 연출되었다. 둘째 줄의 기병들은 쓰러진 아군과 말을 피하거나 뛰어넘으려고 했지만 다친 말들의 미친 듯한 발길질과 몸부림 탓에 거의 불가능했다. 그 후 그들은 제2열의 일제 사격을 받아 대부분 저지당했지만 전부 그런 것은 아니었다. 대단한 기백과 용기로 일부는 계속 돌진하여 영국군 대오와 충돌했다. 오른

> 적을 향해 돌격하지 않는 기병 연대에는 즉시 그들의 말을 빼앗고 요새 수비대로 변경시키라는 나의 명령이 떨어질 것이다.
> ___프리드리히 대왕

그림_ 16세기 중반의 독일 안장은 안장에 붙은 높은 등받이 덕분에 초창기 장창으로 무장한 기병이 충돌 충격의 일부를 말에게 전달했음을 보여준다.

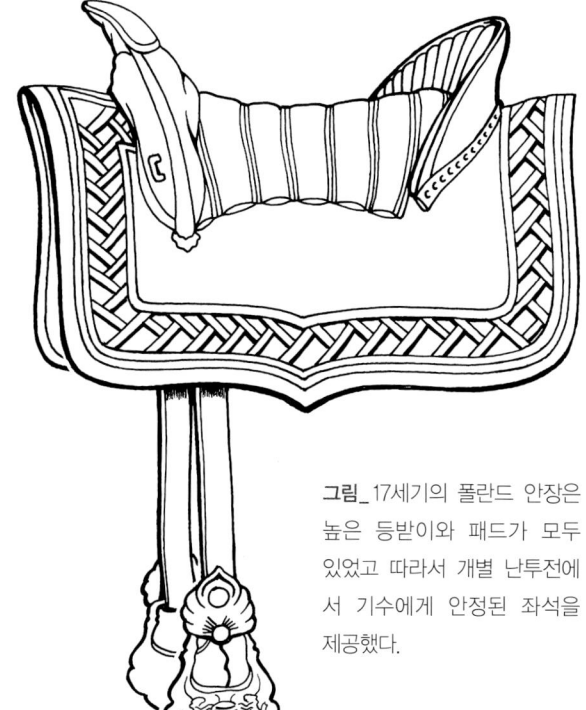

그림_ 17세기의 폴란드 안장은 높은 등받이와 패드가 모두 있었고 따라서 개별 난투전에서 기수에게 안정된 좌석을 제공했다.

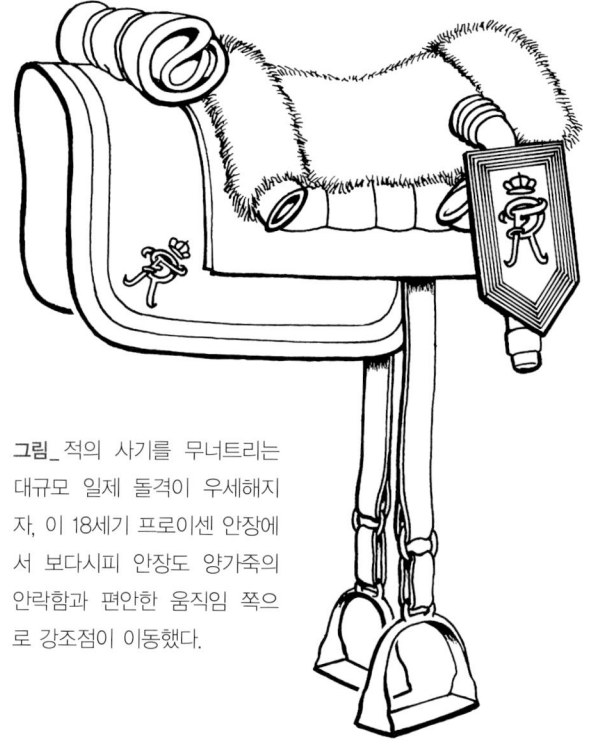

그림_ 적의 사기를 무너트리는 대규모 일제 돌격이 우세해지자, 이 18세기 프로이센 안장에서 보다시피 안장도 양가죽의 안락함과 편안한 움직임 쪽으로 강조점이 이동했다.

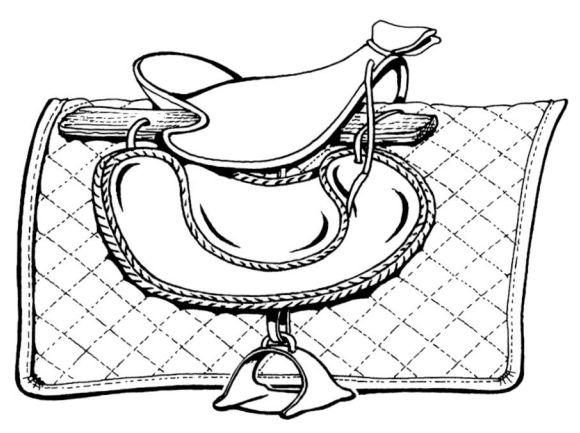

그림_ 16세기 후반의 아랍 안장은 등자 가죽끈이 짧고 가벼웠다. 기수는 다리를 구부리고 앉아야 하지만 짧은 등자 가죽끈 덕분에 활을 쏠 때 더 쉽게 일어설 수 있었다.

쪽에 있던 제12 보병 연대〔서포크 연대Suffolk regiment의 별칭〕의 두 중대는 기병들의 돌격에 짓밟혔고 연대의 포수도 쓰러졌다. 그러나 그들은 다시 대오를 정비했고 굴레를 붙들고 있거나 간신해 말에 매달려 있는, 총에 맞은 기병들에게 달려들어 말머리를 붙잡거나 안장에서 기병들을 끌어내려 총검으로 찔렀다. 더 많은 수의 적들에게 둘러싸인 프랑스군 기병들은 이런 유형의 난투전에 대처하는 법을 알지 못했다. 중세의 기마 전사 엘리트는 이런 유형의 각개 격투에 익숙했을지도 모르지만, 이 병사들은 많은 수로 줄을 지어 싸우도록 훈련받았고 보병이란 그저 추격전 때 칼로 베어 쓰러트릴 때만 맞닥뜨리는 상대로 알고 있었다. 이 첫 공격의 생존자들은 경악한 동료들에게 가까스로 복귀했다.

피츠제임스 공작은 제2선에게 돌격 명령을 내렸다. 이번에는 메종 뒤 루아 여단과 부르고뉴 여단, 루아얄 에트랑제르 여단의 22개 대대 전부가 출동했다. 과거 군사 관행과 훈련 교본에 따르자면 영국군 보병들은 이번에는 전장의 엘리트들 앞에서 무너져야 했다. 이 돌격 물결 역시 금방 속도를 붙여 영국군 대열을 덮쳤으나 영국군 대열은 달아나지 않았고 근거리 일제 사격이라는 똑같은 대응으로 맞섰다. 한 영국군 병사의 기록에 따르면 "거의 모든 총알이 명중했다."고 하는데 비록 과장이 섞였겠지만 전반적으로 사격이 유효했다는 인상을 받을 수 있다. 이 제2선의 물결도 분쇄되었지만 일부 기병들은 영국군 대열을 돌파했다. 그러나 연기와 아수라장에서 빠져 나온 그들이 맞닥뜨린 것은 제2선에 위치한 킹슬리의 여단이었다. 여단 보병들은 그들을 총검으로 저지하고 근접 사격으로 쓰러트렸다. 기병의 용기와 결의는 질서정연한 보병들의 화력 앞에서 무력했다.

슈포르켄의 병사들은 똘똘 뭉쳐 전열을 정비한 후 다시 전진하기 시작해 피츠제임스 공작의 제3선에 무시무시한 머스킷 사격을 가했다. 남아 있던 프랑스군 기병들에게는 고맙게도, 동맹군의 보병 대형은 프랑스군 제1선과 제2선의 기병들이 뜬 자리를 차지했기 때문에 프랑스군 보병에게 측면이 노출되었고 프랑스군 보병들은 선회하여 적에게 일제히 사격했다. 그러나 영국군 보병의 기술과 훈련, 규율의 수준은 가히 대단하여 그들 역시 선회하여 위협에 맞섰고 10분간의 머스킷 대결 이후 프랑스군 보병들을 몰아낼 수 있었다.

영국군 보병은 더 많은 보병들, 이번에는 척탄병들에게 다시금 공격을 당했지만 역시 물리쳤다. 그 다음에 스위스인과 작센군 보병 8개 대대가 콩타드 원수의 왼쪽에서 파견되어서 측면에서 영국군 보병을 공격했다. 킹슬리의 제2선 병사들이 다가와 45도 각도로 오른쪽으로 선회했고 3개 대대가 사격을 받는 상황에서도 다시금 결코 흔들림 없는 모습을 보이면서 스위스인과 작센군 보병 8개 대대를 물리쳤다. 이 보병 대결 동안 피츠제임스 공작과 제3선 기병대의 지휘관 푸아얀 후작은 귀족 중기병대와 카라비니에 드 프랑스Carabiniers de France〔'프랑스 기총병' 이라는 뜻〕의 기병 18개 대대를 전진시켰다. 이 2천 명의 병사들은 정예 중의 정예였다.

그들은 이전 두 번의 공격 물결 같은 정면 공격을 시도하지 않을 작정이었다. 그 사이에 벌어진 보병 간 전투로 영국군의 대열은 구부러지고 방향도 전환했는데, 푸아얀 후작 역시 자신의 기병대를 오른쪽으로 이동시켜서 슈포르켄의 왼쪽 측면과 배후를 겨냥하도록 정렬시켰다. 돌격의 가장 큰 충격은 하노버군 대대와 제23 보병 연대〔영국군 보병 연대인 로열 웰시 퓨질리어Royal Welch Fusiliers의 별칭〕에게 떨어졌다. 보병들의 사격에도 불구하고 프랑스군 기병들은 적의 대열을 돌파했다. 프랑스군 기병들은 집결하여 다시 돌격했으나 뒷줄에 있던 영국군 보병들이 뒤로

프로이센군 경기병(1750년경)

프리드리히 대왕이 경기병 연대의 수를 2개에서 10개로 늘려서 경기병 연대는 전체 병력의 10%를 차지하게 되었다. 그들은 치안을 비롯한 경기병의 일반적인 임무를 수행했지만 대담성과 두드러진 용맹으로 명성을 얻었으며 서서히 전장의 주요 전투 병력이 되어갔는데, 이들의 명성에는 화려하고 색다른 제복도 한몫했다. 이 병사들은 곡선형 사브르와 카빈으로 무장했지만, 전장에서 이 무기들을 거의 사용하지 않았다. 그들은 프리드리히 대왕의 밀집 기병 돌격에 참가했고 종종 중기병을 앞지르며 전속력으로 전투에 뛰어들었다. 경기병은 매우 성공적이고 인기가 많았기 때문에 많은 신사들이 경기병으로 복무했고 프로이센 최고의 가문에서 경기병 장교들이 배출되었다. 투지와 기백으로 이름난 "경기병풍으로 돌진"이라는 말은 '명예 아니면 죽음'의 돌격과 동의어가 되었다.

민덴 전투

1759년

동맹군 장군 브라운슈바이크의 페르디난트 공은 콩타드 원수가 하노버로 진입하는 것을 막고자 민덴에서 전투를 유도했다. 두 군대의 충돌은 두 구역으로 나뉘며 북쪽 구역의 충돌은 치열한 일진일퇴의 공방전이었다. 전투의 결정적 국면은 의도하지 않은 싸움이 발생한 서쪽에서 전개되었는데, 지원도 없이 중앙으로 전진한 하노버군과 영국군 보병 8개 대대의 공로였다. 모두의 예상을 물리치고 이 부대들은 맞은편 프랑스군 기병을 물리쳤다. 페르디난트 공은 이 기병들이 실패한 기회를 놓치지 않고 영국군 지원 기병대가 수치스럽게도 뒷짐 지고 있는 동안 진격을 이끌었다. 북쪽에서의 사투는 힘든 공방전이었으나 서쪽 전선이 무너지면서 결국 북쪽의 프랑스군도 퇴각해야만 했다. 돌파는 저지되었지만 프랑스군 기병들은 가까스로 아군을 민덴까지 엄호하며 안전하게 퇴각할 수 있었다.

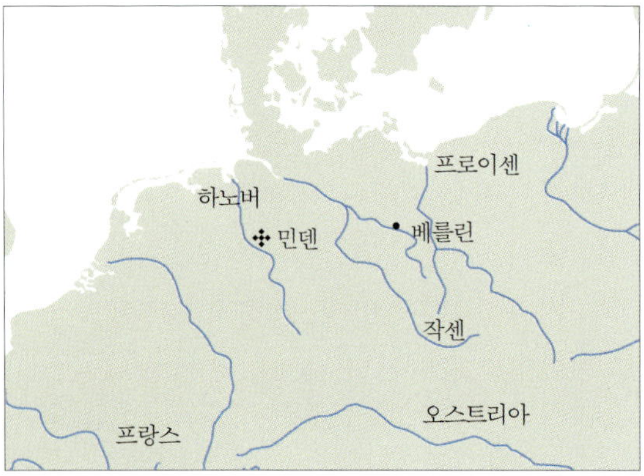
프로이센
하노버
민덴
베를린
작센
오스트리아
프랑스

민덴은 독일 북서부 오스나브뤽에서 동쪽, 하노버 방면으로 56킬로미터 거리에 있다. 전장은 민덴 지역 북서쪽, 베저 강 서안의 탁 트인 황무지로, 이 지역은 지금도 그다지 바뀌지 않았다.

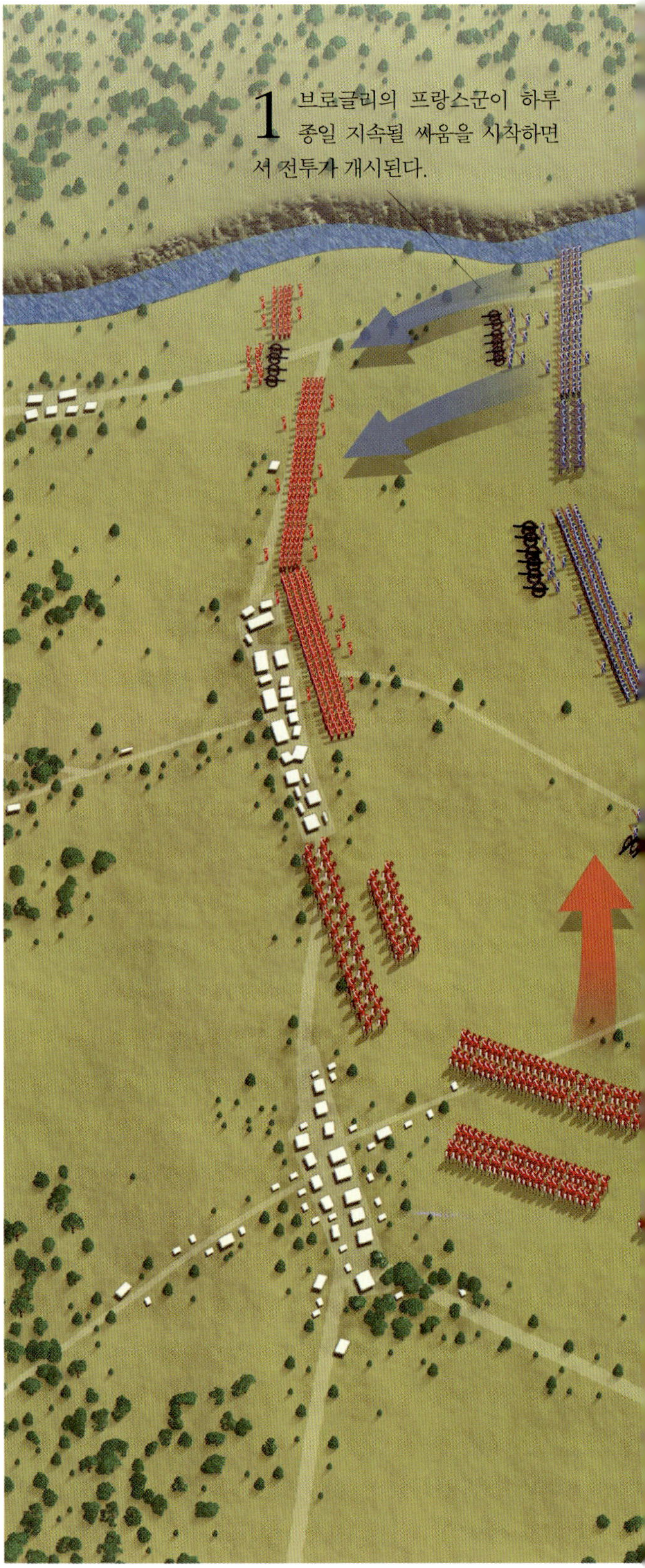
1 브로글리의 프랑스군이 하루 종일 지속될 싸움을 시작하면서 전투가 개시된다.

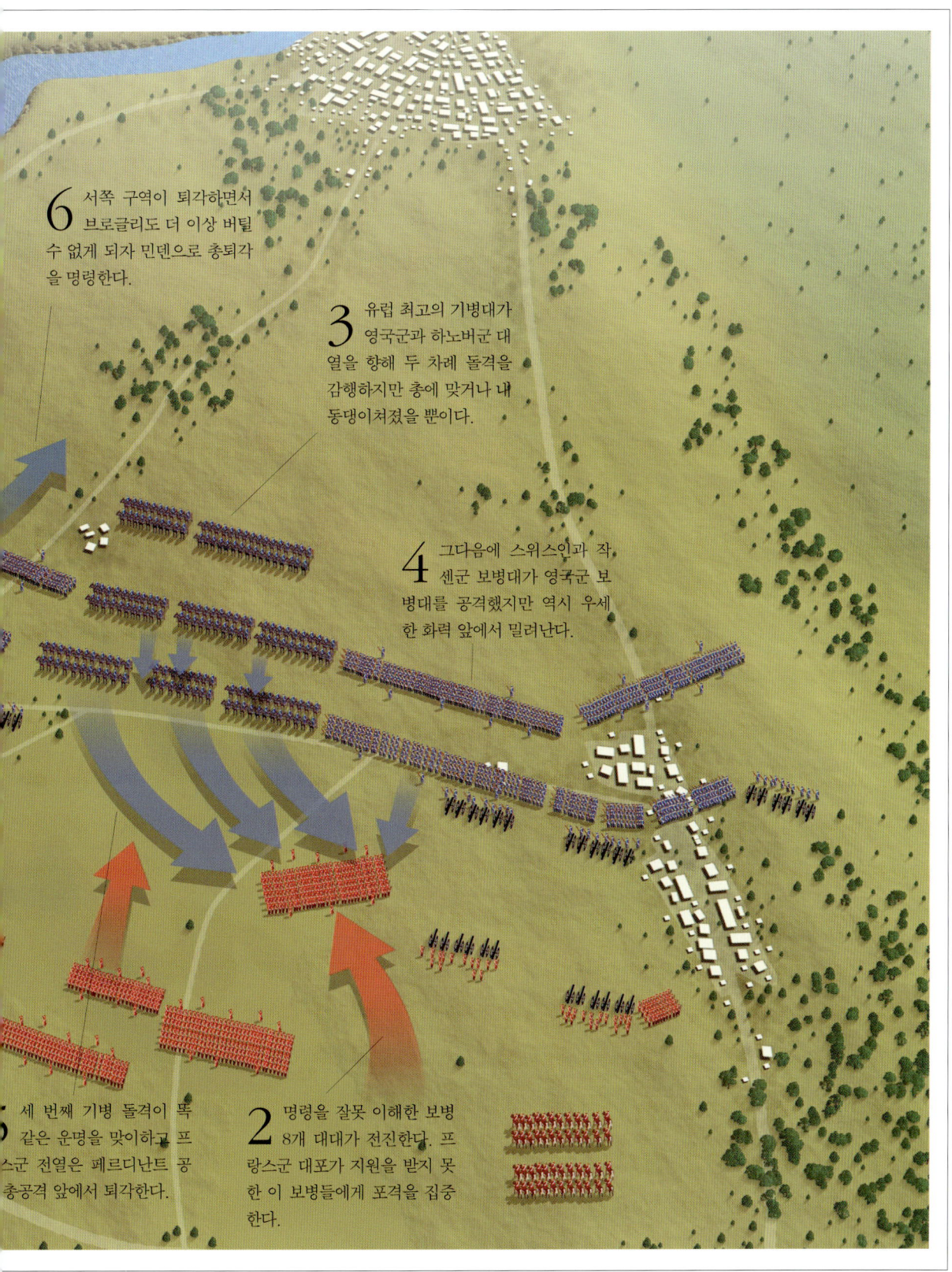

돌아 다시 그들에게 "사자도 달려들지 못할 만큼 무시무시한 사격을" 퍼부었다.

더 많은 돌격이 잇따랐고 더 많은 사격이 돌격하는 기병들을 우수수 쓰러트렸다. "엄청난 수의 사람과 말이 쓰러졌기 때문에 총에 맞지 않은 말도 퇴각하기 어려울 지경이었다." 세 번째 기병 공격도 격퇴되었고 남은 병사들은 물러났으나 이제 검게 그을리고 두들겨 맞고 너덜너덜해지고 만신창이가 된 보병 전열은 흔들렸다. 분명 마지막 돌격은 그들을 몰아내고 흩어지게 할 것이다.

피츠제임스 공작에게는 이제 여단이 하나 남아 있을 뿐이었다. 첫 공격에 참가하지 않은 피츠제임스 공작의 아홉 개 대대는 예비 병력으로 대기하고 있었지만 휘하의 나머지 대대는 박살났다. 아직 살아 있거나 싸울 수 있는 병사들 가운데 메종 뒤 루아 여단이 피해가 가장 적었다. 그들은 황급히 퇴각 명령을 받았지만 흩어진 나머지 대대의 장교들이 많이 죽었고 말을 잃어버린 병사들이 많아서 재정렬이 불가능했다. 유럽 최고의 기병들은 완전히 궤멸되었고 그들을 규합할 가망이 없었다. 지원 없이 기병이 한꺼번에 돌격하는 기술은 지원 없이 일렬로 늘어서서 "심지어 기병대의 돌격에 맞서기 위해 방진을 형성하는 인사치레조차 하지 않은" 보병의 방어 사격에 패배했다.

프랑스군 기병들이 엉망이 되고 그들의 중앙이 넓게 산개한 가운데 이제 동맹군 기병이 공격할 차례, 즉 콩타드 원수의 전열로 돌격해 밀어닥친 다음, 왼쪽과 오른쪽으로 선회해 양방향에서 콩타드 원수의 전열을 에워쌀 차례였다. 그러나 그들의 장군 조지 색빌 경은 돌격하지 않았다. 그와 영국군 및 독일군 기병대의 행위는 뒷말을 불러일으켰고 색빌 경에 대한 군사 재판은 굉장한 관심을 끌어 모았다. 그들의 행동은 프랑스군의 용맹과 대조되었는데 피츠제임스 공작의 기병들은 이후에도 두 차례 더 돌격을 감행했기에 특히 대조적이었다.

두 차례 돌격 가운데 첫 번째는 프랑스군 기병들이 앞선 참사에서 아무것도 배우지 못했음을 보여주었다. 그들은 슈포르켄을 향해 돌격하지 않고 대신 중앙에 있는 대규모 동맹군 포대로 향했다. 기병대의 명예 회복이 절실했던 지휘관 콜로뉴 백작은 동맹군 포대를 향해 정면으로 전속력 돌진이라는 극적인 기술을 구사했다. 포수는 기병들 코앞에서 이중 산탄을 발사했다. 헤센군과 브라운슈바이크군 보병들도 머스킷 사격으로 합세했고 콜로뉴 백작의 9개 기병 대대는 비유적으로 또 문자 그대로 연기 속으로 사라졌다. 그들은 갈가리 찢겼으며 말을 몰 수 있는 생존자들은 가까스로 프랑스군 진영으로 되돌아갔다.

동맹군은 곧 "민덴의 겁쟁이"로 불리게 될 색빌 경이 자신의 기병대와 함께 계속 꼼짝 않고 있는 오른쪽을 제외한 전선 전체를 따라 압박해 들어갔다. 격렬한 총검 싸움과 독일군 기병대의 전진 후에 그날의 승리는 페르디난트 공에게 돌아갔다. 남쪽 구역에서 프랑스 군대는 재집결한 피츠제임스 공작의 메종 뒤 루아 여단이 하노버군 기병대를 향해 돌격함으로써 가까스로 궤멸을 피할 수 있었으나 콩타드 원수 휘하의 병사들은 민덴으로 줄줄이 도망쳤다. 프랑스군이 후퇴하는 동료들을 엄호하기 위해 뒤로 물러나야 하면서 북쪽 구역에서는 방겐하임과 브로글리 사이의 팽팽한 교착 상태가 끝이 났다.

> 나는 불가능하다고 생각해왔던 것을 목도했다. 일개 보병 전열이 전투 대형을 갖춘 기병 전열 3개를 격파하고 무너뜨려 완전히 파괴하고 만 것이다.
> ㅡ 콩타주

민덴 전투는 머스킷과 총검 덕분에 승리한 전투였다. 기병들이 얻은 교훈은 보병이 버티고 서서 침착하게 질서정연한 근거리 일제 사격을 할 수 있다면 보병은 돌격해오는 기병들을 그 자리에서 저지할 수 있다는 사실이었다.

결론 : 영광을 향한 꿈

18세기 중반에 체득한 교훈이 무엇이든 간에, 서유럽 기병들을 전면 돌격에 대한 집착에서 멀어지게 할 수는 없었다. 노련한 프리드리히 대왕조차도 계속해서 자신의 기병대를 거대하고 두터운 대형으로, 기술과 투지가 숫자와 규모에 종속되는 대형으로 편성해갔다. 1758년 초른도르프에서 있었던 자이들리츠의 대규모 기병대 돌격은 나폴레옹에게도 본보기가 되었는데, 나폴레옹은 용맹하고 낭만적인 조아생 뮈라를 지원하기 위해 1807년 아일라우와 1809년 바그람에서 집단 기병 돌격을 이끌었다. 반면, 사브르를 빼 든 기병 돌격이 머스킷으로 무장한 보병을 극복한 실례의 전형은 르 마르샹의 기병대가 1812년 살라망카에서 적을 제압한 딱 한 번이었다.

르 마르샹의 일화는 영국군 기병들과 고위 장교들의 사고방식에 지속적인 영향을 미쳤다. 돌격에 대한 거의 도취에 버금가는 열광을 확인하기 위해서는 젊은 날의 윈스턴 처칠의 글만 읽어봐도 된다. 20세기 초까지도 신문 기사는 사브르의 칼날 혹은 칼끝 사용 시 가능한 다양한 이점에 관한 논쟁으로 넘쳐났으며 1차 세계 대전 당시 기병 장군들은 여전히 돌격의 전술적 가치를 논하면서 기병에 의한 돌파를 꿈꿨다. 반대편에서 철조망과 기관총 사수가 기다리고 있다는 사실을 뻔히 알고 있었으면서도 말이다.

3장
지휘와 통제

변화하는 전쟁 양상과 기술 진보, 증대하는 국가 수입과 더 많아진 인구 모두가 군사 지휘의 성격에 커다란 변화를 초래했다. 군사 기구의 설립은 전쟁을 수행하는 관료 집단을 창출했으며 이 시기 리더십의 진화는 관료 집단을 지휘할 군사 행정 제도를 만들어냈다.

1624년 말 발렌슈타인으로 더 잘 알려진 프리들란트 백작 알브레히트 폰 발트슈타인은 황제이자 국왕인 페르디난트 2세에게 접근하여 독일에서 쓸 수 있는 군사 5만 명을 일으켜주겠다고 제안했다. 발렌슈타인이 군대를 모집해 무장시키고 물자를 대면 황제는 재정적 보조만 제공하면 되었다. 발렌슈타인이 그런 솔깃한 약속을 한 게 이번이 처음은 아니었다. 1618년 보헤미아에서 반란이 시작된 이래, 부유한 귀족들은 합스부르크제국 황제에게 도움을 주고 있

그림_ 프리드리히 대왕의 근위 척탄병 대대는 2세기에 걸쳐 등장한, 고도로 규율이 잡힌 전문 군대를 집약한 것이다. 이 그림은 1745년 6월 4일 오스트리아 왕위 계승 전쟁 시기, 프리드리히 대왕의 병사들이 호엔프리트베르크에서 대령 — 말을 타고 있는 사람 — 의 지휘를 받으며 오스트리아군에 맞서는 모습이다.

었다. 발렌슈타인은 7년에 걸쳐 재정적으로도 군사적으로도 자원이 바닥난 이 군주에게 자금도 빌려주었다. 이제 발렌슈타인은 한때 페르디난트 2세의 동맹이었던 바이에른 공작 막시밀리안이 보수를 지급했던 군대보다 더 큰 군대를 일으키는 것뿐만 아니라 군대를 직접 이끌겠다는 약속까지 했다.

발렌슈타인은 르네상스 이후 유럽을 풍미한 현상인 군사 모험 기업가 혹은 청부업자의 전형이었다. 직업적 성격상 용병이긴 했지만 엄밀하게 말해 발렌슈타인은 용병이 아니었다. 비록 보헤미아에서 그리고 나중에 가서는 신성로마제국에서 자신의 권력과 영향력을 증대하고자 부와 지위를 이용하긴 했지만, 합스부르크 왕가의 대의에 대한 그의 지지는 진심이었다. 근대 초기 많은 군사 지도자들은 대동소이했다. 그러나 그 시기 유럽은 군사 혁명으로 대표되는 시기였고, 군사 혁명 속에서 기술 혁신과 증가하는 정금의 유통은 군대의 팽창과 군인 귀족에 대한 재정의를 가능케 했다. 군사 청부업자와 더불어 군인-국왕들도 있었고 17세기 말이 되면 장군은 더 이상 아마추어가 아니라 전쟁 사업에 관여하며 일생을 보내는 노련한 전문가였다.

로마제국이 멸망한 후, 전쟁은 줄곧 유럽 귀족들이 독점해왔다. 군사 지도자들은 전적으로 귀족 계급에서 나왔다. 전쟁은 단지 기술에 그치는 것이 아니라 귀족 문화의 근본적 일부이자 생활 방식이었다. 군주들과 그들의 군사 지도자들은 전장에 나서기 전에 무수한 사안들을 두고 씨름했다. 군대를 일으켜야 하지만 우선 그전에 국고부터 살펴야 했다. 적절한 자금 조달 없이는 군대가 행진할 수도 전투를 벌일 수도 없었다. 근대 초기에 장군은, 어쩌면 과거 그 어느 때보다 더, 전쟁에 뛰어들기에 앞서 전쟁의 비용을 고려해야 했다. 중세에 봉신이 되려면 귀족은 군역 의무 가운데 일부로서 특정 수의 '창병'을 국왕에게 제공해야 했다. 군대가 갈수록 커지고 귀족이 더 이상 군대의 중추를 이루지 않게 되자 전쟁 비용 부담은 점점 더 군주나 다른 이들에게 전가되었다. 체코 군대가 빈을 향해 성큼 다가오며 보헤미아 반란이 한창일 때 이를 물리칠 만한 군대와 자원이 전혀 없다는 것이 페르디난트 2세의 안타까운 현실이었다. 그는 바이에른 공작 막시밀리안과 자신의 부유한 사촌인 에스파냐의 펠리페 3세에게 눈길을 돌려 원조를 구했다.

이 시기 유럽 군주가 직면한 딜레마는 어느 정도는 상비군이 없다는 데서 기인했다. 15세기가 되어서야 처음으로 군주들은 상시 군대의 창설을 고려하게 된다. 16세기 초가 되면 에스파냐 왕정은 최초의 상설 군 편제를 도입하고 이것이 에스파냐가 크게 자랑하는 테르시오가 된다. 원래 무어인들에 대항하는 전투의 참전 병사들로 구성된 테르시오는 다양하고 방대한 제국 전역에 걸쳐 에스파냐 군사력의 핵심이 되었다. 대령은 각 테르시오를 통솔하고 하위 부대는 휘하 장교들이 지휘했다. 에스파냐, 이탈리아, 네덜란드에서 테르시오를 창설함으로써 에스파냐 왕정은 경험 많은 군인을 쉽

> 용병 대장들은 탁월한 군인이거나 아니거나 둘 중 하나다. 만약 그들이 탁월한 군인이라면 군주는 그들을 신뢰해서는 안 된다. 그들은 언제나 자신들의 후원자인 군주를 짓밟거나 군주의 뜻을 거스르며 다른 사람을 짓밟음으로써 자신의 대망을 좇기 때문이다. 반면 그들이 용맹하지 않다면 그들은 일반적인 방식으로 군주를 파멸시킬 것이다.
>
> ── 마키아벨리, 『군주론』

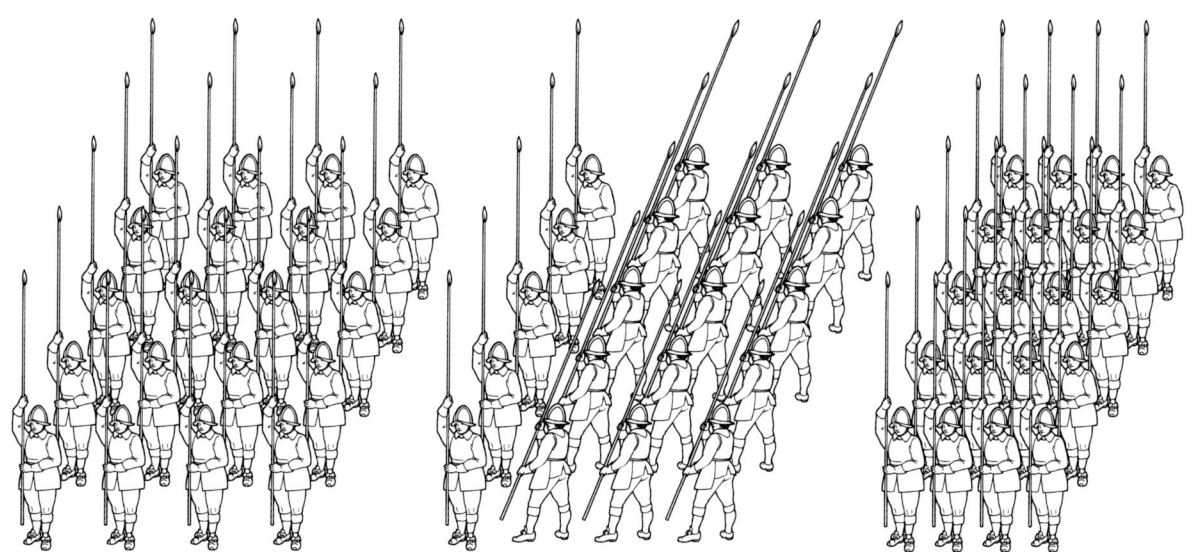

그림_ 장갑 기병의 몰락과 보병의 전장 주 무대로의 복귀는 군사 훈련의 부활을 동반했다. 이 삽화에서 장창병 중대가 17세기 군사 교본에 나올 법한 세 가지 다른 대형을 선보이고 있다.

게 얻을 수 있게 되었다. 당시는 또한 곤살로 데 코르도바와 에르난도 코르테스 같은 명장들의 시대였다. 상비군의 등장과 함께 군주는 귀족이 상비군을 지휘하고 이끌 거라고 기대할 수 있었다. 이는 지위가 낮은 귀족들이 국왕을 위해 일하며 부와 명성을 거머쥘 수 있는 수단도 제공했다.

중세 군대의 중추인 갑옷을 입은 기사는 상비군의 장교단으로 점차 변모해갔다. 이러한 이행이 완결되기까지는 2세기가 넘게 걸렸으나 그 과정에서 고위 귀족들은 군주의 신하가 되면서 독자적으로 군사력을 행사하는 군사 지도자의 틀을 벗게 되었다. 근대 초기의 장군은 두 주인, 다시 말해 그의 군주와 그 자신에게 봉사했다. 국왕을 수행하는 이들 가운데서 장군의 지위는 필연적으로 그의 군사적 명성에 달려 있었다. 승리는 영광과 보상을 가져왔지만 패배는 신망을 잃는 것을 의미했다.

전쟁의 기술에 대한 연구

전쟁 양상의 변화가 유럽 군사 체제의 재조직화로 이어지면서 군사 지도자들은 고대 문헌에서 길잡이를 찾았다. 어느 곳보다 고대 전통의 무게가 크게 느껴진 곳은 프랑스가 침공하여 에스파냐와 왕조 간 경쟁을 벌이던 시기의 이탈리아였다. 니콜로 마키아벨리는 코르도바가 나폴리와 중부 이탈리아에서 프랑스를 상대로 승리할 당시에 글을 썼다. 그는 자신이 목격한 것이 이전에 이탈리아에서 전쟁을 지배해왔던 콘도티에리, 즉 용병 대장들의 몰락과 전문 군대의 부상을 가리키는 신호라 해석했다. 이러한 관찰에서 영감을 받은 전쟁의 특색은 그가 쓴 『군주론』, 『전술론』, 『로마사 논고』 등의 저작에서 두드러지게 나타난다. 그는 로마의 군사 전통을 칭송하면서 이탈리아 군주들이 로마와 유사한 시민군에 의존할 것을 권고했다. 마키아벨리의 저작은 17세기에 매우 영향력이 컸다. 그러나 그의 논평이 주목을 받긴 했지만, 더 막강한 영향력을 발휘한 이는 베게티우스였던 듯하다.

베게티우스의 『군사학 논고』는 로마의 군사 제도와 전술에 관한 고전적 저작으로 여겨져왔다. 1천 년 세월을 살아남은 이 저작은 로마제국 후기 동안 조직과 리더십, 전쟁 수행에 관한 교과서가 되었다. 베게티우스의 논의는 장군들에게 귀중한 충고를 해주었기에 특히 중요했다. 마키아벨리는 군인이 아니었고 『전술론』에서 그의 논의는 본질적으로 학술적이었다. 비록 군인이 아니었지만 베게티우스는 로마인이었고 그의 직접적 관찰은 근대 초기에 더 큰 영향력과 권위를 행사했다. 『군사학 논고』 제3권은 특히 전쟁 수행 문제와 전역 시 군대 운영 문제를 다룬다. 베게티우스는 승산이 크지 않을 때는 전투를 피하라고 충고하며 대신 적의 의표를 찌르거나 적 무찌를 대체 전략에 의존하라고 권유한다. 그는 엄격한 군율의 중요성을 강조했고 장군은 군대 내 각 부대의 능력과 자질을 파악해야 한다고 말했다. 그의 저작은 아일리아누스의 『전술론』과 비잔티움 황제 레오의 『탁티카』와 더불어 에스파냐 테르시오의 시대에 가장 유용한 참고서가 되었고 특히 네덜란드 군사 지도자 세대에게 영향을 미쳤다.

같은 시기에 유스투스 립시우스의 저작은 신스토아 철학을 소개하고 이를 전술과 연계했다. 신스토아 철학은 직업적 군 지휘관의 이념적 토대를 마련했다. 그것은 지휘관으로 하여금 각종 난관이나 상황에 상관없이 묵묵히 의무를 이행할 것을 요구했다. 모든 것을 주재하는 신의 뜻을 받아들이란 소리다. 립시우스는 칼뱅파였고 예정설 관념은 이 그리스 철학의 부흥과 꼭 들어맞았다. 18세기가 되자 신

그림_ 16세기 군대는 직업 군인, 용병, 모험 기업가가 뒤섞인 다국적 집단이었다. 장군은 군사적 재능을 지니는 것 이상으로 외교관이자 사업가가 되어야 했다. 16세기 어느 이탈리아 도시의 포위전을 묘사한 이 판화에서 포대와 군량은 당대의 관행대로 민간 청부업자가 제공하고 있다.

스토아 철학은 기사도를 직업 군인의 근본적 이상으로 흡수했다.

라이몬도 몬테쿠콜리는 17세기의 가장 영향력 있는 군사 저술가 중 한 명이었다. 합스부르크제국 황제들과 함께한 그의 화려한 군 경력은 30년 전쟁부터 북방 전쟁, 투르크 전쟁, 네덜란드 전쟁까지 이어진다. 1675년 이후 오스트리아 호프크리크스라트 Hofkriegsrat(참모 회의) 의장으로서 그는 오스트리아 합스부르크 궁정에 막강한 영향력을 발휘했다. 몬테쿠콜리의 여러 승리 가운데에는 20년간 헝가리를 노린 오스만제국의 위협을 종식시킨 결정적 전투인 1664년 성 고타르트 고갯길 전투가 있다. 1673년에 그는 승승장구하던 유럽 군 사령관 가운데 한 명인 튀렌 원수에게 승리했다. 빛나는 군 경력을 쌓으면서 몬테쿠콜리는 네 권의 주요 저작, 『전쟁론』, 『전쟁에 대한 논고』, 『전술론』, 『헝가리에서의 투르크 전쟁』을 썼다. 그가 다룬 주제는 지휘부터 병참술까지 총망라한 것이었는데, 그의 저작들이 일찍이 빈에서 읽히긴 했지만 유럽 전역에서 출판되어 읽히게 된 것은 18세기가 되어서였다.

저자에게 불후의 명성을 안기고 미래의 장군들에게 조언을 제공하는 그러한 논평서들은 18세기가 되자 한 장르로 자리 잡았다. 모리스 드 삭스 원수의 『전술에 대한 고찰』, 프리드리히 대왕의 『군사 지침』, 『전술론』, 『군사적 증언』은 전쟁 수행에 관한 가장 의미 있는 성찰을 담고 있으며 18세기에 사관학교가 들어서면서 풋내기 장교들과 군사 지휘관들 모두의 기본서가 되었다.

지휘 성격의 변화

근대 초기 군대 통솔력의 진화는 지리와 기술이라는 두 가지 요인에 달려 있었다. 지리적 요인의 경우, 군사 리더십의 성격은 왕국이나 특정 지역에 묶여 있었다. 기술이라는 결정 요인은 전역 동안의 병사 운용과 군대의 구성 및 비용에 영향을 미쳤다. 16세기 유럽의 무력 충돌에는 왕국의 경계를 훨씬 뛰어넘는 왕가의 이해관계가 걸려 있었다. 비록 내부 충돌도 이후 200년간 지속적으로 등장하긴 하지만, 전쟁은 영토를 확장하고자 하는 '국왕들의 스포츠'가 되었다. 샤를 8세가 1494년에 이탈리아를 침공했을 때 프랑스 군대는 콘도티에리에 맞서기도 하고 그들을 고용하기도 했으며 거기다 스위스 장창병들을 용병으로 고용했다. 금후 30년 이내에 프랑수아 1세는 같은 전장에서 카를 5세(에스파냐 명칭으로는 카를로스 1세) 휘하의 가공할 에스파냐 테르시오와 싸웠다. 16세기가 흐르면서 합스부르크 왕가의 군사력은 이탈리아와 네덜란드로 확대되었다. 군대의 구성과 군 리더십의 특성은 이러한 무력 충돌에 관여하는 왕가의 이해관계를 반영하면서 점진적으로 진화하였다. 15세기가 저물 무렵 콘도티에리는 사실상 사라져서 장군들과 발루아 왕가 군대 및 합스부르크 왕가 군대로 대체되었다.

1516년 에스파냐 왕위에 올랐을 때 카를 5세 황제는 이미 중유럽과 독일 그리고 새로이 획득한 부르고뉴 지역에 있는 합스부르크 왕가 영토의 상속자였다. 3년 안에 그는 신성로마제국 황제, 보헤미아 국왕, 오스트리아 대공, 아메리카의 황제라는 칭호로 불리며 유럽을 가로지르는 기다란 영토를 다스리게 되었다. 따라서 프랑수아 1세는 북부 이탈리아에서 프랑스의 권리를 요구하고 나섰을 때 신성로마제국 황제의 군대와 더불어 에스파냐 국왕의 군대와도 맞닥뜨렸다. 카를 5세가 이탈리아 영토를 지키기 위해 에스파냐 군대를 끌어들였기 때문이다.

16세기 초 에스파냐 군대에는 전통적인 귀족 기병 집단과 많은 용병 보병들이 있었다. 이러한 구성은 16세기를 거치면서 점점 더 많은 병사들이 자국

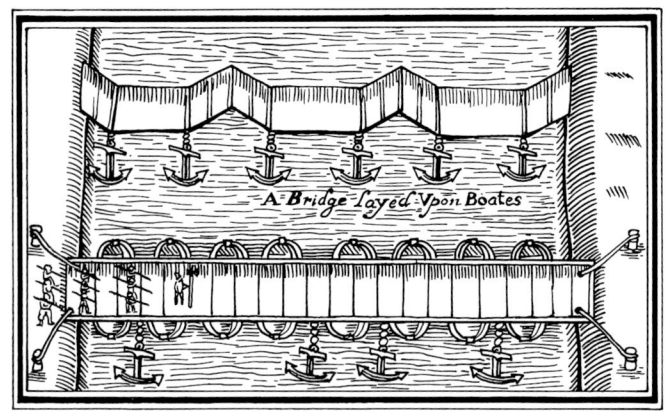 

그림_ 17세기를 거치면서 공병의 중요성이 커졌다. 포가 점점 흔해지고 병사 규모가 적지 않게 커지자, 강과 같은 자연 장애물이 공세를 늦추지 않게 하는 것이 중요해졌다. 부교와 다리를 놓는 장비는 18세기가 되자 필수가 되었다.

에서 모집되면서 차츰 변하게 된다. 용병 대장에 대한 용병들의 충성심은 잘 쳐도 미미한 수준이라서 용병 대장이 부상을 당하거나 죽기라도 하면 부대가 완전히 와해될 수 있었다. 귀족들에 의해 모집되어 주인들 아래서 싸우는 병사들은 일반적으로 전역 시 그리고 전장에서 결속력이 더 강했다. 비록 모든 군대가 탈영으로 골치를 썩였지만 이런 병사들 사이에서는 대체로 탈영병이 더 적었다. 그러나 그들의 충성심은 장군이나 전쟁의 대의명분보다는 부대를 일으킨 부대장과 함께했다. 장군들은 군대를 일으키거나 전역을 나가 군대를 운용할 때 이 모든 사항을 심각하게 고려해야 했다.

곤살보 데 코르도바[곤살로 데 코르도바의 이탈리아식 이름]가 이탈리아에서 군 경력을 쌓으면서 이룩한 성취는 전쟁의 성격, 군대 구성, 군사 기술 등의 변화에 그가 얼마나 잘 적응해갔는지를 잘 보여준다. 그의 군대가 에스파냐를 떠나 나폴리에 갓 도착했을 때 군대의 기병은 1/3에 불과하고 대부분은 보병이었다. 이런 일은 드물지 않았는데, 군주들이 전쟁에 나설 때 군대의 기간이 되는 병사들을 자비를 들여 제공하고 나면 장군들은 전역 길에 나머지 병사들을 충원해야 했다. 프랑스의 샤를 8세는 이탈리아에 입성하면서 자신의 포병 부대compagnie d'ordonannce를 이끌고 왔는데 이들과 기병이 상비군의 대부분을 차지했다. 그러나 그때까지 그들은 이탈리아 원정 내내 프랑스 군대에서 소수에 불과했다. 코르도바의 군대는 다양한 헤니토르genitor(경기병) 100명과 중기병 100명 및 1,000명 이상의 각종 보병들로 구성되었다. 군대의 잡다한 성격과 그 구성과 능력이 균일하지 않다는 사실은 전쟁 수행을 다소 불확실한 사업으로 만들었다. 기병만이 믿음직했고, 과연 기병은 언제나 전장의 지배자였다. 포위전이 일반 전투보다 선호되었는데, 이는 전장에서의 결과가 좀체 보장될 수 없었기 때문이다. 코르도바는 유럽에서 상당량의 화기를 운용하여 싸움의 승패를 결정한 최초의 장군이었다. 1503년 체리뇰라에서 프랑스군을 상대로 거둔 그의 승리는 야전 보루와 화기가 낳은 성과였다. 1525년 파비아에서 프랑수아 1세를 상대로 거둔 에스파냐의 승리는 대포와 장창으로 무장한 다수 보병의 지원을 받은 화승총병이 이룩한 것이었다.

카를 5세의 할아버지인 아라곤의 페르난도는 장

창병과 화승총병, 검과 방패로 무장한 병사 등으로 구성된 상비 보병 대형을 도입했다. 그들은 대략 1천 명으로 구성된 종대로 나뉘었고 각 종대는 카포 데 콜루넬라capo de colunela가 이끌었는데 이 콜루넬라가 '커넬colonel'〔대령〕이라는 단어로 발전하게 된다. 1505년, 20명의 대령 아래 20개의 종대가 있었고 그들은 16세기 초반 20년 동안 이탈리아 전 지역에서 광범위하게 복무했다. 대령들은 에스파냐에서 가장 이름나고 경험이 풍부한 귀족들 가운데서 뽑혔다. 종대는 20년 후에 만들어지는 테르시오의 토대가 되었다. 테르시오에는 화승총병과 장창병이 훨씬 더 많았는데 도합 3천 명가량이었다. 테르시오는 대충 10개에서 12개 중대로 구성되었으며 장창병과 화승총병이 똑같은 비율을 차지했다. 커다란 대형을 효과적으로 지휘·통제하고 총병과 장창병 간 작전을 조율하기 위해 테르시오에는 각 중대를 담당하는 장교와 부사관 외에도 중앙 참모가 있었다. 각 테르시오에는 또한 병사들 가운데 병사 겸 사제를 두어서 힘든 종교 전쟁의 시기에 병사들을 고무해주었다. 이러한 상설 군사 집단의 설립으로 카를 5세는 일찍이 상비군을 얻을 수 있었다. 그들은 원래 이탈리아에서 편성되고 운용되었지만 나중에 독일과 네덜란드에서도 싸웠다. 언제든 이용할 수 있는 베테랑 대형은 전쟁을 앞두고 수천 명의 병사들을 모집해야 하는 문제를 덜어주었다. 카를 5세와 나중에 그의 아들 펠리페 2세는 자신들의 광대한 제국을 지키기 위해 이 부대들에 의지할 수 있었다. 테르시오는 에스파냐 군대의 중추가 되었고 기병과 동맹 지원군에 의해 뒷받침되었다. 테르시오가 전장에서 폐기되는 것은 17세기가 되어서다.

아라곤의 페르난도와 훗날 카를 5세는 군대의 지휘관으로 에스냐퍄의 귀족 계급을 다른 나라의 경우보다 더 쉽게 고용할 수 있었는데, 이는 1400년대 내내 에스파냐의 군사적 경험이 프랑스와 중유럽의 경험과 달랐기 때문이다. 무어인에 맞선 국토 회복 운동에서 국왕에 대한 봉사는 군주와 전사 계급 간의 새로운 역학 관계를 창출하여 16세기에 중세적 군대에서 직업 군대로의 이행을 더 쉽게 만들었다.

프랑스와 독일의 경험은 상당히 달랐는데, 이 두 나라의 독립적인 귀족 계급의 성격상 일부 귀족들은

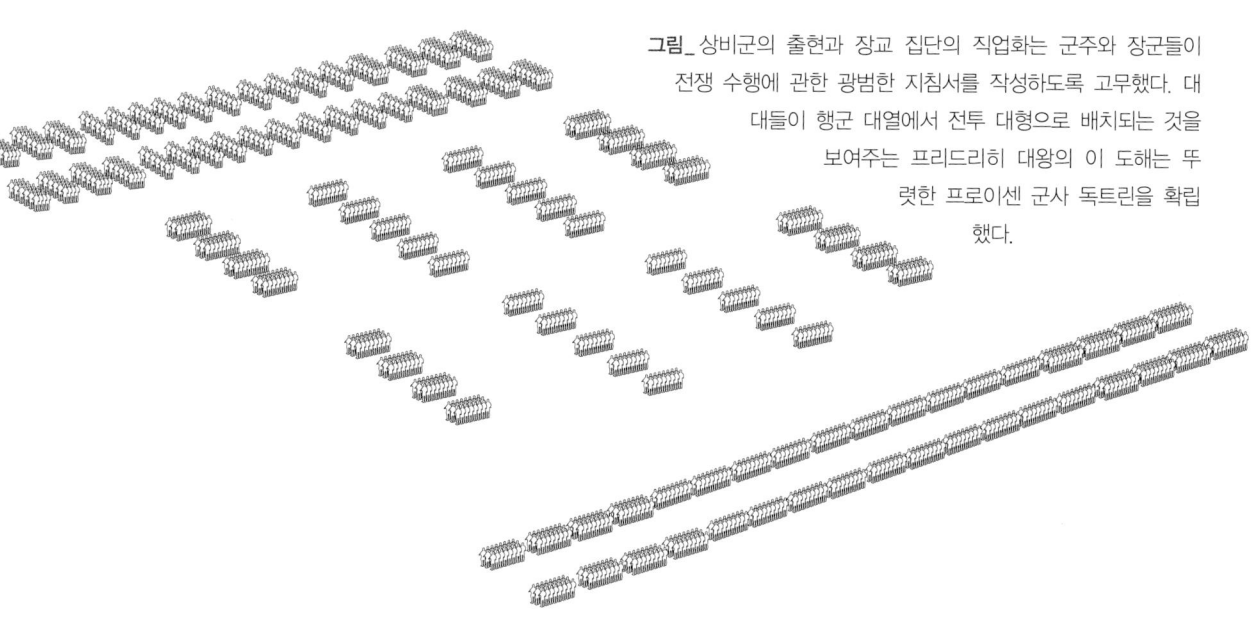

그림_ 상비군의 출현과 장교 집단의 직업화는 군주와 장군들이 전쟁 수행에 관한 광범위한 지침서를 작성하도록 고무했다. 대대들이 행군 대열에서 전투 대형으로 배치되는 것을 보여주는 프리드리히 대왕의 이 도해는 뚜렷한 프로이센 군사 독트린을 확립했다.

국왕의 군대의 지휘관이 되는 것을 꺼렸다. 앙리 4세는 자신의 대의명분을 위해서 자금과 인력을 대주는 위그노 귀족들에게 언제나 의지했다. 그는 군대를 전투에 끌고 나가는 것이 군주의 의무라고 여긴 소수의 16세기 군주 가운데 한 명이었다. 에스파냐의 펠리페 2세는 좀처럼 군대와 함께하지 않았고 네덜란드 원정도 결코 직접 지휘하지 않았다. 그는 말썽을 일으키는 네덜란드인들에 맞서기 위해 알바 공작이나 파르마 공작과 같은 산전수전 다 겪은 지휘관들에게 의지했다. 비록 알바 공작이 펠리페 2세 왕의 친척이기도 했지만〔저자의 착각이다. 파르마 공작이 펠리페 2세의 외조카였다.〕 펠리페 2세는 언제나 노련한 장군들의 조언을 구했다.

네덜란드파

네덜란드 반란(1565~1609년)은 역사가들에 의해 일반적으로 근대 초기 최초의 군사 체제로 간주되는 것을 낳았다. 네덜란드와 네덜란드의 통치권을 쥐고 있는 에스파냐 군주들 간의 대결은 반세기는 족히 넘게 이어졌고 적어도 에스파냐 쪽에서 보면 1648년〔30년 전쟁이 끝난 해〕까지 공식적으로 종식되지 않았다. 합스부르크 왕가의 부와 군사력은 종국에는 네덜란드 세력에 의해 저지되지만, 암살당한 아버지 침묵공 빌렘의 뒤를 이어 총독직을 계승한 나사우의 마우리츠가 네덜란드 전쟁 수행 노력을 지휘하게 된 시기는 1590년대였다. 마우리츠는 증가하는 화기의 이용 가능성과 효과를 누리기 위해 군 체제를 개혁하고자 부지런히 일했다. 그의 적수인 알바 공작과 파르마 공작은 에스파냐 국왕의 가신으로서 종종 프랑스에서의 전쟁에 투입되었고 따라서 초기 네덜란드의 여러 승리는 플랑드르에 에스파냐 군대와 노련한 장군들이 부재한 데서 기인했다. 알바 공작과 파르마 공작이 네덜란드에 복귀하자 네덜란드의 전세는 종종 역전되었다.

유스투스 립시우스는 마우리츠에게 심대한 영향을 미쳤다. 마우리츠의 칼뱅주의와 립시우스의 신스토아 철학은 마우리츠 자신에게 네덜란드 군대를 설립할 수 있는 본보기를 제공했다. 네덜란드 군대가 부상하면서 마우리츠의 지휘 체제는 네덜란드 너머로 널리 퍼져나갔다. 네덜란드 군대에서 싸운 병사들과 지휘관들의 상당수는 잉글랜드인, 독일인, 스코틀랜드인, 위그노 등 유럽의 다른 프로테스탄트 국가에서 온 사람들이었다. 엘리자베스 여왕 역시 많은 자금과 병사를 네덜란드의 대의를 위해서 지원했다. 네덜란드 군사 체제는 17세기 프로테스탄트 군대를 위한 학교가 되었다.

마우리츠는 병사들의 규율을 강조했고 립시우스의 가르침과 로마의 베게티우스와 〔비잔티움 황제〕 레오의 교훈에 따라 전문적인 장교 집단을 훈련시키기로 마음먹었다. 고위 장교는 네덜란드 귀족들 가운데서 발탁하거나 총독에 의해 임명되었으나 하급 장교는 중대 하나를 유지하는 비용을 보조할 수 있는 개인 자산을 보유한 중간 계급 구성원들로 채워졌다. 그러나 이들 모두는 군율을 준수하고 군사 훈련을 받아야 했으며 동일한 내용을 부하 병사들에게 가르쳐야 했다. 네덜란드 군대에서 각 중대에는 대위, 중위, 기수旗手와 다섯 명의 부사관이 있었다. 이러한 대형에서는 병사당 장교의 비율이 다른 곳보다 더 높아서 전투 시 더 뛰어난 규율과 통제를 기대할 수 있었다. 마우리츠는 이러한 체제를 네덜란드군 연대에만 적용하지 않고 그의 동맹군 연대에도 요구했다. 외국의 중대와 중대장들도 네덜란드 노선에 따라 병사들을 훈련시켰으며 네덜란드에서 복무가 끝난 후에도 그러한 경험을 본국으로 고스란히 전수할 수 있었다.

네덜란드군 체제는 17세기 초 스웨덴 군대와 영

국 군대에 결합되었다. 스웨덴 국왕 구스타브 2세 (구스타브 아돌프)는 자신의 연대들을 훈련하고 지휘하기 위해 이전에 네덜란드에서 복무했던 장교들을 고용했고 네덜란드의 아이디어를 빌려와 더 가는 대형을 운용하고 화력을 더 강조함으로써 자신만의 체제로 발전시켰다. 구스타브 2세의 중대들은 네덜란드와 비슷한 수의 장교들이 지휘했으나 부사관은 약간 더 많았다. 그리고 그는 이 책의 다른 곳에서 상세히 설명한 대로 기병을 훨씬 다르게 운용했다. 구스타브 2세의 체제는 굉장히 성공적이었고 특히, 스웨덴 군대가 자신들보다 더 구식 대형을 채택한 황제군을 격파한 브라이텐펠트 전투에서 돋보였다.

네덜란드군 체제는 올리버 크롬웰의 신형군에도 영향을 미쳤다. 마우리츠 군대는 영국인들이 큰 비중을 차지했기 때문에 그들의 경험은 영국 군대의 발전에도 강한 영향을 끼쳤으며 청교도 중대장들은 가톨릭에 대한 혐오에서 네덜란드의 칼뱅교도 못지않았다.

1600년 니우포르트 전투 : 피와 모래

니우포르트는 나사우의 마우리츠가 참가한 대규모 전투 딱 둘 가운데 하나로서 네덜란드 반란 역사에서 중요하다. 네덜란드군 체제의 광범위한 개혁에도 불구하고 네덜란드의 총독 겸 총사령관은 에스파냐군과 전면전을 치르기보다 에스파냐 수비대가 주둔한 도시와 요새 도시들을 점령하는 쪽을 선호했다. 1600년 네덜란드 의회 States-General [각 주 정부 대표들의 모임]가 네덜란드의 유일한 야전군을 데리고 플

그림_ 상비군의 출현에도 불구하고 17세기에 제복은 드물었다. 장교들과 병사들은 자신들의 재정 능력에 따라 옷을 입었다. 프랑스군, 독일군, 이탈리아군 등의 장교들은 그림에 묘사된 영국 내전기의 아일랜드군 장교와 유사하게 갖춰 입을 수 있었을 것이다.

랑드르 해안의 항구 도시 니우포르트를 함락시키라고 명령하자 마우리츠는 그 계획의 적절성에 의문을 표시했다. 그럼에도 그 명장은 명령을 받아들이고 직접 이 단기 원정을 지휘했다. 원정은 통틀어 한 달이 채 못 걸렸으며 네덜란드군 체제가 견고한 에스파냐 군대와 맞서게 되었다.

네덜란드인들은 1599년이 되자 사실상 독립을 달성했다. 1598년 펠리페 2세가 죽자 에스파냐제국은 그의 아들 펠리페 3세가 물려받았지만 네덜란드만은 예외였다. 대大군주는 이 속령을 딸인 이사벨과 그녀의 미래 남편인 알브레히트 대공에게 물려주라는 유언을 남겼다. 알브레히트 대공은 1595년 이래로 이미 네덜란드 총독으로 재임 중이었다. 새 국왕은 매형이 네덜란드와의 전쟁을 공격적으로 추진하기를 바랐지만 알브레히트 대공은 생각이 달랐다. 에스파냐는 파산 상태였기에 네덜란드 주들을 탈환하고자 새로운 공세를 감행하는 것은 고사하고 플랑드르에 있는 군대의 병사들에게 줄 돈도 없었다. 알브레히트 대공은 브뤼셀로 복귀한 직후 네덜란드 의회와 협상에 들어갔다. 네덜란드 의회는 이 회담에 참여하기는 했지만 플랑드르 지역으로 통제력을 확대할 수 있기를 은밀히 바랐다. 그들은 플랑드르 군대의 여러 테르시오에서 군사 반란이 일어났다는 소식, 1597년 튀른하우트에서 소규모 에스파냐 군대를 상대로 한 마우리츠의 승리, 뎅케르크와 니우포르트 앞바다에서 활동하는 에스파냐 사략선들의 약탈 종식에 대한 요구 등에 자극받았다.

마우리츠는 니우포르트를 공격한다는 발상, 특히 네덜란드 의회가 계획한 대로 수륙 양용 작전을 펼친다는 생각이 탐탁지 않았다. 그러나 그의 반대는 기각되었다. 1600년 6월 20일 보병 1만 2천 명과 기병 2천 명, 대포 38문으로 구성된 네덜란드 군대는 플리싱언에 집결하였다. 네덜란드 군대의 최소 1/3은 잉글랜드와 스코틀랜드 출신이었고 또 다른 1/3 이상은 프랑스 위그노와 왈롱인, 스위스인이었다. 비록 함대는 6월 21일 출항할 예정이었지만 기상 여건은 긴 여정을 저해했다. 마우리츠는 오스텐더에 상륙하지 않고 대신 스헬더 강을 건너 연안을 따라 행군하는 쪽을 택했는데 그 편이 원래부터 그가 선호한 전략이었다. 6월 22일까지 도강을 마친 네덜란드 군대는 에스파냐가 장악한 브뤼허를 우회하여 사스 판 헨트에서 오스텐더로 나아갔다. 마우리츠는 6월 27일에 오스텐더 앞에 도착하여 이 네덜란드 항구를 감시하던 몇 안 되는 에스파냐 병력을 쫓아냈다. 그는 그곳 수비대를 증원한 후 30일 니우포르트를 향해 남쪽으로 계속 이동했다.

마우리츠는 플랑드르의 에스파냐 군대가 열악한 조건 때문에 이 공세를 방해하지 못하기를 바라고 있었다. 7월 1일 마우리츠 선발대가 니우포르트에 도착했다. 한정된 군대 규모와 행군 속도 탓에 그는 브라반트와 플랑드르 전역의 에스파냐 군대의 상태에 대한 첩보를 수집할 수 없었다. 브라반트에서 에스파냐군의 움직임을 추적하지 못한 것은 이 원정에서 큰 실수였다. 이는 작전이 안전하다는 잘못된 인상을 심어줬다. 마우리츠는 니우포르트로 신속하게 전진하기로 한 방침과 에스파냐 군대의 상태가 열악할 것이라는 가정이 끔찍하게 틀렸다는 사실을 곧 깨닫게 된다.

장군이자 근대 군대의 아버지로서 마우리츠에게 돌려진 그 모든 영예에도 불구하고, 알브레히트 대공은 네덜란드의 공세에 직면하여 재빨리 움직였다는 칭찬을 받을 만했다. 마우리츠가 스헬더 강을 건넜다는 소식을 듣자 그는 끌어 모을 수 있는 군대를 모두 모아 브라반트로 가서 반란을 일으킨 수비대에게 호소했다. 그들의 종교적 열정과 지역에 대한 충성심에 기대어 무기만 든다면 요구 사항을 모두 들

그림_ 병사를 모집하는 일은 병사들을 통일된 무기로 무장시키는 비용도 포함하기에 비싸게 먹혔다. 장창과 화기는 생산, 공급, 전투 수행 등을 위해 규격화되어야 했다. 이 그림에서는 1621년, 네덜란드에서 12년 동안의 휴전이 끝나자 에스파냐와의 무력 충돌을 예상한 네덜란드 주州 민병대가 무장하고 있다.

어주겠다고 약속했다. 유능하게도 몇 시간 만에 반란을 평정함으로써 알브레히트 대공은 보병 8천 명과 기병 1천 명의 군대를 모을 수 있었다. 마우리츠가 니우포르트에 도착했을 때 알브레히트 대공은 단지 하루가 늦었을 뿐이었다. 알브레히트 대공은 마우리츠의 병참선에 맞서 이동하여 마우리츠를 오스텐더로부터 차단시켰다. 이 기동으로 네덜란드 군대는 니우포르트와 알브레히트 대공 군대 사이에 갇히게 말았다.

마우리츠는 에스파냐 군대의 전진을 지연시킬 수 있기를 기대하며 사촌인 나사우의 에른스트에게 병사 3천 명을 딸려 레핑험으로 보냈다. 그들은 패배했다. 레핑험의 교전에서 발생한 손실과 앞서 오스텐더로 보낸 분견대를 고려하면, 마우리츠는 이제 사실상 같은 수의 군대를 이끌고 알브레히트 대공과 맞서게 되었다. 그러나 에른스트의 노력으로 마우리츠는 7월 2일 아침 딱 군대를 재배치할 만큼의 시간을 벌었다.

해변의 대참패

마우리츠는 폭이 137미터가 넘지 않는 좁은 전면을 따라 군대를 배치했다. 이것은 동쪽에 사구砂丘가 있는 해변의 폭과 일치했다. 알브레히트 대공은 테르시오와 기병에게 안정된 땅을 제공하는 해변을 선호했다. 마우리츠는 좁은 전면을 선호했는데, 전면이 좁으면 에스파냐 군대가 자신의 보병과 대포 정면으로 전진할 수밖에 없기 때문이었다. 그는 군대를 두텁게 배치하여 3선으로 구성했다. 기병은 바다 쪽 측면을 담당했고 네덜란드 근위대로 강화된 잉글랜드군 연대와 스코틀랜드군 연대는 전위에 섰다. 기병의 지원을 받는 마우리츠의 위그노 연대는 제2선에 위치했고 네덜란드군 연대와 스위스 연대는 제3선에 섰다. 마우리츠는 잉글랜드군 대위 프랜시스 비어 경 휘하의 제1선 뒤쪽에 자리를 잡았다. 마우리츠의 동생 로데비크 공은 물가를 따라 기병을 지휘했다. 오스텐더에서 온 네덜란드군 전함은 니우포르트 앞바다에 있었고 약간의 화력을 지원하고자 해안으로 더 가까이 접근했다.

알브레히트 대공의 군대 역시 전위, 중앙, 후위의 3선으로 배치되었다. 전투는 오후 1시경 가벼운 산발적 교전으로 시작되었다. 에스파냐군 기병들은 산병들을 밀어낸 뒤 이내 네덜란드군의 포격에 직면하게 되었다. 같은 시각 전투를 지켜보던 네덜란드군 전함들이 에스파냐군 측면에 포문을 열었다. 알브레히트 대공으로서는 기분이 썩 좋을 리 없었다. 그는 측면 포격이 자신의 위치를 위협하고 있다는 점을 재빨리 깨달았다. 설상가상으로 밀물이 들어오면서 해변이 좁아지고 있었다. 2시 30분이 되자 알브레히트 대공은 군대를 사구로 재배치하도록 명령했다. 해변에는 약간의 대포의 지원을 받는 소규모 보병 분대만이 남았다. 그에 따라 마우리츠도 사구로 이동 명령을 내렸다.

전투가 재개된 것은 오후 3시였다. 에스파냐군 전열은 동쪽으로 뻗어 있었고 전위가 물가에 가장 가까이, 중앙은 그 옆에 위치했으며, 후위는 중앙의 뒤쪽에 떨어져 위치했다. 에스파냐군 기병의 압도적 다수는 알브레히트 대공의 가장 좌측에 있었다. 마우리츠의 군대는 에스파냐군 전열과 거의 45도 각도에 위치했는데 비어 경의 잉글랜드군 병사들이 바다에 가장 가까웠다. 네덜란드 전쟁의 역전 용사인 비어 경은 사구 사이에서 눈에 띄는 두 언덕을 발견하고 영국과 네덜란드 근위병 선발대를 그곳에 배치하는 한편 네덜란드군 보병의 지원을 받는 대포 2문도 배치했다. 영국군과 네덜란드군 병사들은 네덜란드군 본대의 전방에서 에스파냐군의 전진을 분쇄해야 했다. 후위에서 100미터 떨어진 다른 언덕이 네덜란

그림_ 대포는 유럽에 처음 도입되었을 당시에 이동이 극도로 번거로워서 대포마다 수소, 말, 사람들로 이루어진 운반조가 달라붙어 끌어야 했다. 군주와 장군들은 이동이 더 수월하고 포위전과 야전 양쪽에서 폭넓게 운용할 수 있는, 더 강력하고 가벼운 대포를 만들어낼 더 좋은 수단을 항상 찾고 있었다.

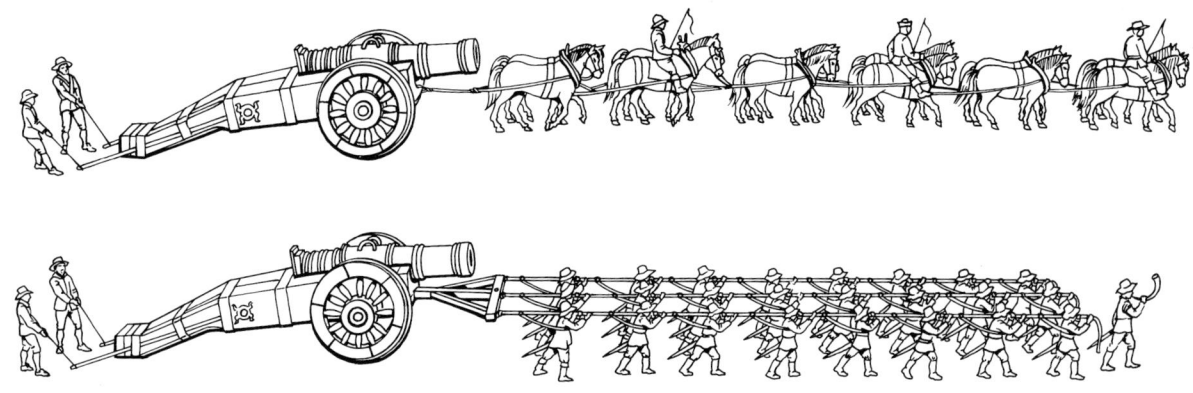

드군 전열의 새로운 중심이 되었다. 마우리츠의 동생 로데비크 공은 비어 경이 있는 곳 주변으로 기병을 이끌고 가서 알브레히트 대공의 기병 맞은편에 자리를 잡았다. 마우리츠는 위그노 중대와 왈롱인 중대, 스위스 중대로 구성된 중앙을 비어 경의 대포 바로 동쪽으로 이동시킨 반면 네덜란드군과 영국군 기병대는 여전히 바닷가를 따라 늘어서 있었다. 남은 네덜란드군 연대와 더 많은 수의 영국군 기병대로 구성된 후위는 중앙 뒤쪽에 있는 커다란 사구에 집결했다. 마우리츠는 중앙에 자리를 잡았고 에스파냐군이 전방에 있는 비어 경의 위치를 공격하는 모습을 지켜봤다. 반란을 일으켰던 에스파냐군 연대들은 전위를 맡겠다고 나서 500명의 화승총병으로 비어 경의 언덕을 공격했다. 두 배나 많은 적을 상대로 영국-네덜란드군 선발대는 물러서지 않았다. 에스파냐군 장창병 중대와 총병 중대가 언덕의 전투로 투입되었지만 비어 경의 소규모 병력을 몰아낼 수 없었다. 그 직후 알브레히트 대공은 비어 경 전열의 잔여 병사들을 상대하기 위해 테르시오 4개를 파견했다. 에스파냐군 기병들이 알브레히트 대공의 제2선의 앞쪽을 엄호했지만 곧 로데비크 공이 이끄는 기병이 돌격해왔다. 에스파냐군 기병들은 뿔뿔이 흩어졌다. 로데비크 공은 그들을 추격했지만 알브레히트 대공의 보병들이 질서정연한 사격을 가하여 결국에는 물러날 수밖에 없었다.

사구에서의 승리

마우리츠는 테르시오 2개가 비어 경의 오른쪽으로 접근하는 것을 보았다. 아직까지 마우리츠는 자신의 중앙이나 후위의 병력을 전투에 투입하지 않았다. 전방의 네덜란드군 중대들이 테르시오의 압박에 무너질지도 모른다는 걱정에, 그는 위그노 연대와 왈롱인 연대에게 네덜란드군 중대들의 측면을 지원하라는 명령을 내렸다. 그가 있는 곳에서는 비어 경의 좌측으로 접근하는 또 다른 테르시오 2개의 움직임을 관찰할 수 없었기에, 그는 그쪽 측면으로는 지원군을 보내지 않았다. 전투는 격렬했지만 비어 경은 한동안 계속 위치를 사수할 수 있었다. 반란 연대들은 별 성공을 거두지 못했고 심각한 손실을 입은 채 공격에서 물러났다. 비어 경의 좌측으로 이동하는 두 테르시오를 돕기 위해 그리고 영국군 병사들이 더 이상 수적 열세를 견디며 위치를 지키지는 못할 것이라 짐작하면서 알브레히트 대공은 남은 예비 병력을 투입했다. 그의 아일랜드군 연대와 왈롱인 연대는 마침내 비어 경의 저항을 물리쳤고 비어 경의 부하들은 해안을 향해 줄줄이 후퇴하기 시작했다. 비어 경은 후퇴하는 도중에 말에서 내동댕이쳐져 생포될 뻔했다.

마우리츠의 제2선이 알브레히트 대공의 테르시오 2개와 교전 중인 가운데 후위 병력은 마우리츠 공의 대열 오른쪽 배후에 배치되어 있어서, 에스파냐군의 전진을 저지할 만한 병사는 없는 것 같았다. 그러나 비어 경 군대의 와해를 지켜보며 흥분한 에스파냐 테르시오와 예비 부대는 적을 추격하면서 전열이 흐트러졌다. 해변에 대기하고 있던 네덜란드군 기병대는 비어 경의 중대들이 위기에 처한 것을 목격하고 에스파냐군에게로 돌격했다. 에스파냐군이 해변에 다다랐을 때 기병들이 그들을 덮쳐서 해변은 곧 아수라장이 되었다. 에스파냐군의 추격은 패주로 탈바꿈했다. 알브레히트 대공의 왼쪽이 와해되는 것을 본 마우리츠는 일제 전진을 명령하고 마침내 후위 부대까지 전장에 투입했으며 동생에게도 에스파냐군 기병을 향해 다시 돌격하라고 명령했다. 네덜란드군의 반격은 기진맥진한 에스파냐군 병사들의 기를 꺾었다. 알브레히트 대공은 일제히 전장에서 달아나는 연대들을 제지할 수 없었다. 로데비크 공의

니우포르트 전투
1600년

1600년 6월 20일, 나사우의 마우리츠는 자신의 뒤쪽으로는 니우포르트 시가, 보급선과 연락선 너머로는 에스파냐 군대가 있다는 사실을 알게 되었다. 두 군대는 원래 해변에 진을 쳤지만 결국에는 사구로 이동해 다시 제2의 진지를 구축했다. 알브레히트 대공은 사구 위, 네덜란드군 전방의 수비 진지에서 영국군 중대를 몰아내기 위해 합동 작전으로 공격을 개시하지만, 결국에는 완강하게 버티는 이 진지를 무너뜨리기 위해 에스파냐 군대의 절반을 투입해야 했다. 일단 알브레히트 대공이 테르시오를 투입하자 마우리츠도 본대를 파견한다. 영국-네덜란드 연합 부대는 에스파냐군 베테랑들과 정면으로 맞붙어 심각한 인명 손실을 입혔다. 알브레히트 대공은 마침내 이 난투전 한가운데로 예비 병력을 파견했다. 이는 마우리츠의 좌측을 무너트리기에 충분했지만 마우리츠의 군대와 사선으로 마주하던 에스파냐 군대의 전방이 마우리츠의 예비 병력에 열리고 말았다. 알브레히트 대공은 더 이상 전장에 투입할 군대가 없었고 일단 전진의 기세가 꺾이자 에스파냐군의 거추장스러운 대형은 붕괴하여, 앞쪽과 측면 모두에서 공격을 받게 되었다.

니우포르트는 플랑드르 해안에 위치해 있다. 요새화가 잘 된 곳으로, 에스파냐가 지배하는 영역 깊숙이 자리 잡고 있었다. 네덜란드 선박과 영국 선박을 약탈하는 사략선들은 이곳을 기지로 이용할 수 있었다.

5 기회를 포착한 마우리츠는 테르시오와 에스파냐군 예비 병력에 맞서 본대를 사선 공격에 투입한다.

6 영국-네덜란드군 기병들이 자신들 오른쪽에 있는 에스파냐군 기병들을 흩어지게 해, 네덜란드군이 반격에 나설 위치를 마련한다.

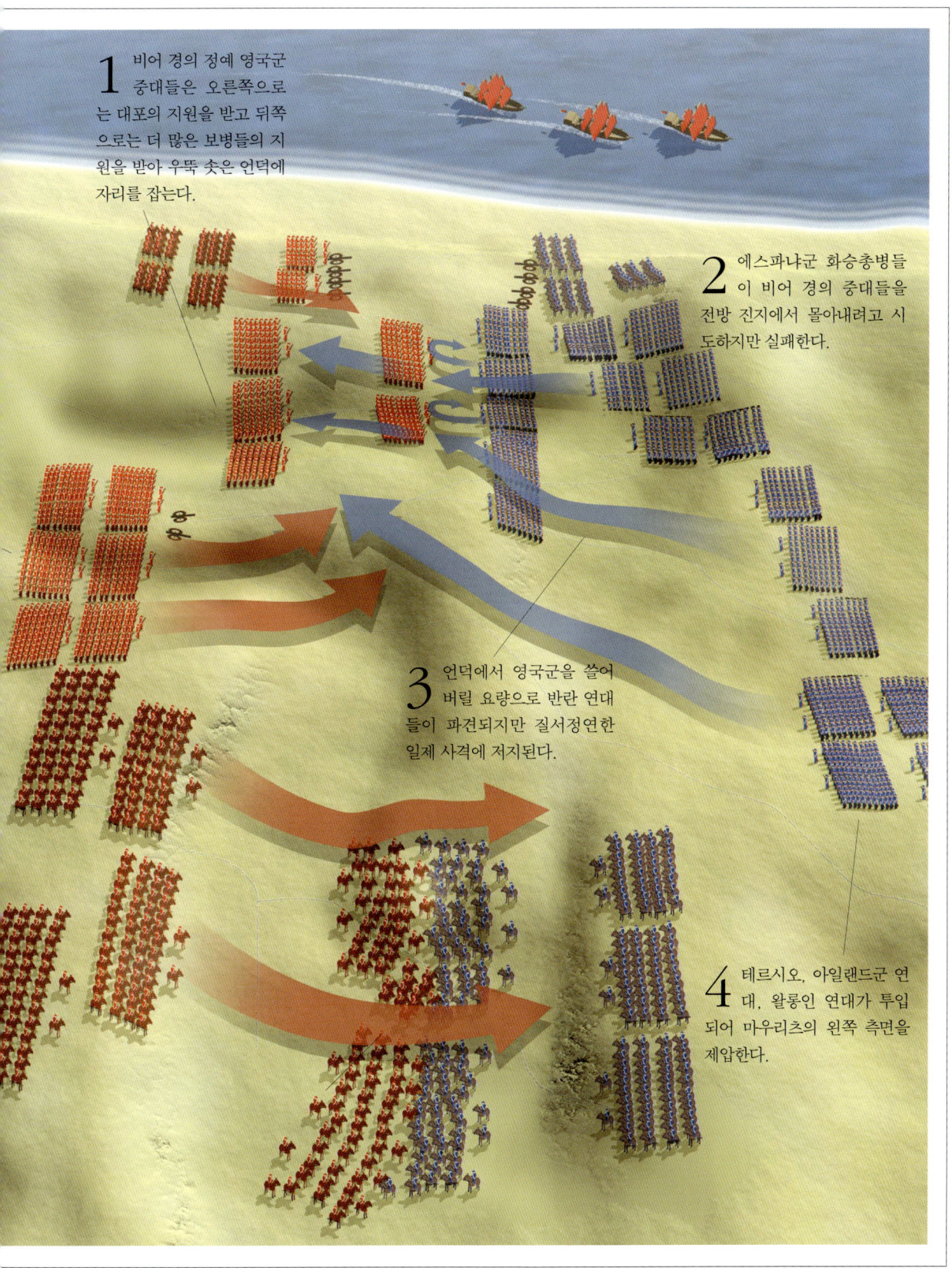

1 비어 경의 정예 영국군 중대들은 오른쪽으로는 대포의 지원을 받고 뒤쪽으로는 더 많은 보병들의 지원을 받아 우뚝 솟은 언덕에 자리를 잡는다.

2 에스파냐군 화승총병들이 비어 경의 중대들을 전방 진지에서 몰아내려고 시도하지만 실패한다.

3 언덕에서 영국군을 쓸어버릴 요량으로 반란 연대들이 파견되지만 질서정연한 일제 사격에 저지된다.

4 테르시오, 아일랜드군 연대, 왈롱인 연대가 투입되어 마우리츠의 왼쪽 측면을 제압한다.

3장 지휘와 통제

기병들은 달아나는 연대들을 추격하면서 레핑험 다리에 이를 때까지 사기가 꺾인 에스파냐 군대를 내내 괴롭혔다.

마우리츠는 압승을 거뒀다. 에스파냐군의 절반이 그날 죽거나 다치거나 포로로 붙잡혔다. 알브레히트 대공은 후퇴하는 길에 부상을 당했다. 그의 대령들은 모두 전사하거나 다치거나 포로가 되었고 50명이 넘는 대위들도 마찬가지였다. 네덜란드 측 사상자는 2천 명이었는데 대부분은 비어 경 휘하의 영국군 중대와 네덜란드군 중대 병사들이었다. 마우리츠는 테르시오를 깨트렸다. 사구에서 기동하지 못하는 테르시오의 무능력과 효과적인 화력으로 테르시오의 공격의 예봉을 무디게 한 네덜란드 군대의 능력이 결합해 이 거대 부대들의 결속을 깼다. 지친 데다가 전면과 측면에서 동시에 공격을 받자 테르시오는 와해되었다. 이것은 테르시오가 전쟁터에서 패배한 두 번째 경우였고 마우리츠의 보병을 맞아서는 처음이었다. 테르시오는 16세기 내내 전장에서 최고로 군림했다. 다른 군주들은 테르시오 대형을 모방했다. 이제 네덜란드는 질서정연한 사격으로 에스파냐군의 대형을 약화시킬 수 있다는 사실을 입증했다. 피드나에서 마케도니아의 팔랑크스를 상대로 로마가 거둔 승리와 비슷했는데, 마우리츠가 좋아했을 법한 고전적 대응 사례다.

에스파냐의 증원군이 예상되기에 승리의 기쁨은

그림_ 로마 시대 이래 진지는 거의 변하지 않았다. 17세기 들어 상비군이 재등장하면서 장군들은 다시 한 번 로마에서 본보기를 찾았다. 중앙의 장군 막사는 다양한 중대와 대대 막사로 둘러싸여 있다. 장군들과 고위 장교들은 평시에는 좀체 막사에 머물지 않고 대신 하급 장교와 부사관들에게 관리를 맡겼다.

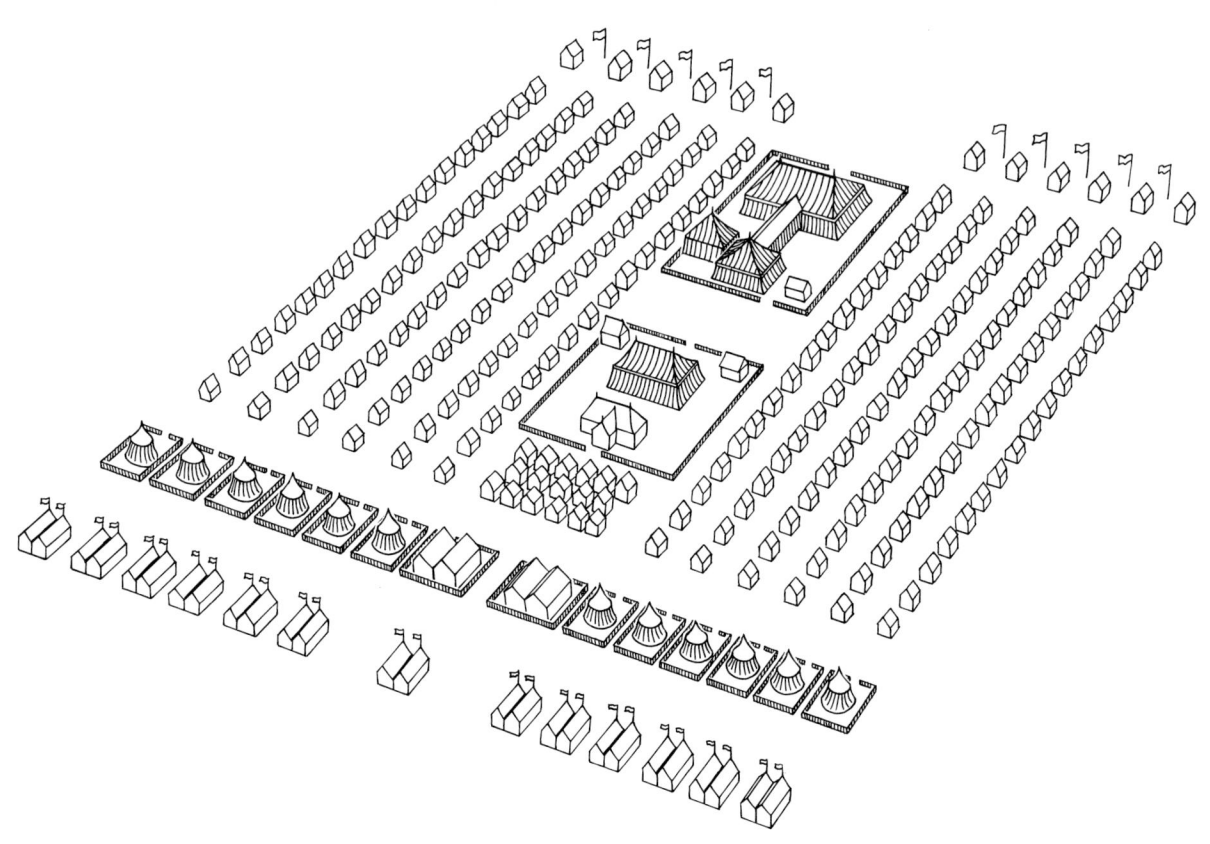

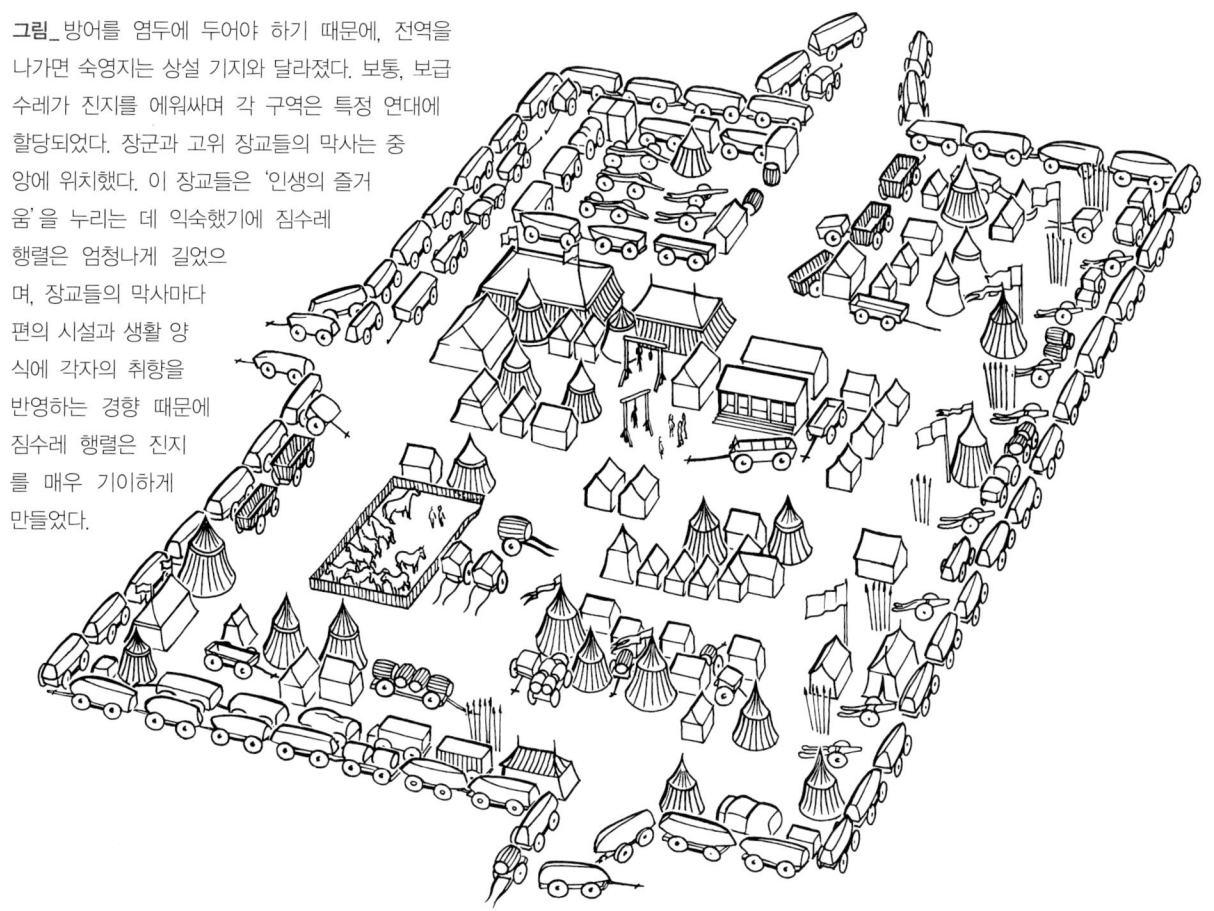

그림_ 방어를 염두에 두어야 하기 때문에, 전역을 나가면 숙영지는 상설 기지와 달라졌다. 보통, 보급 수레가 진지를 에워싸며 각 구역은 특정 연대에 할당되었다. 장군과 고위 장교들의 막사는 중앙에 위치했다. 이 장교들은 '인생의 즐거움'을 누리는 데 익숙했기에 짐수레 행렬은 엄청나게 길었으며, 장교들의 막사마다 편의 시설과 생활 양식에 각자의 취향을 반영하는 경향 때문에 짐수레 행렬은 진지를 매우 기이하게 만들었다.

오래가지 않았고 애초에 이 원정이 탐탁지 않았던 마우리츠는 재빨리 홀란트로 복귀하기로 결정했다. 니우포르트 전투는 마우리츠의 체제를 에스파냐의 테르시오와 맞붙였을 뿐 아니라 장군과 그의 정부 사이에서 발생할 수 있는 난점도 똑똑히 보여주었다. 총독으로서의 지위와 이전의 여러 승전에도 불구하고 네덜란드 의회의 정적들 때문에 마우리츠는 자신이 결코 찬성하지 않는 원정을 이끌었고 결코 바라지 않은 전투를 치러야 했다.

상비군

어쩌면 지휘에서 가장 극적인 변화는 17세기에 프랑스 상비군의 발전과 함께 왔는지도 모른다. 중세 후기에 무수한 귀족 가문이 토지와 작위를 박탈당했고 많은 이들이 100년 전쟁 동안 프랑스 국왕을 위해 싸우면서 영예와 보상을 구했다. 16세기 내내 군 복무는 출세의 수단으로서 이탈리아 전쟁과 이후의 여러 종교 전쟁에서 계속해서 성행했고 이러한 현상은 17세기에도 지속되었다. 플레시 가문은 이런 식으로 국왕의 총애를 노린 무수한 가문 가운데 하나였다. 플레시 가문의 삼남 아르망-장 뒤 플레시는 국왕의 군대에 입대했다. 아르망의 군 경력이 짧게 끝나면서 아르망은 곧 가톨릭교회로 방향을 틀지만, 국왕에게 봉사한다는 관념과 그러한 봉사가 그와 같은 지위의 다른 이들에게 제공하는 기회는 여전히 매력적으로 남았다. 아르망은 리슐리외 추기경으로 승좌된 후 프랑스 귀족 계급을 국왕의 종복으로 탈바꿈시켰다. 그가 보기에, 군주가 설립하고 돈을 대는 상비군에서 복무하는 것만큼 귀족들이 자신들의 호전정신을 발휘할 큰 기회도 없었다.

1500년에서 1512년 사이에 군사 조직을 개혁하고 제국을 재편성하기 전까지 신성로마제국 황제는 독일 공국들에게 군사적 권위가 거의 없었다. 제국은 크라이제kreise(권역)로 나뉘어 있었고 이 권역들의 제후들은 라이히스크리크Reichskrieg(제국 전쟁)가 닥칠 경우 제국의 방어를 위해 자금과 물자, 인력을 대야 했다. 각 권역의 군사적 분담금은 제국 의회의 칙령에 따라 두 배나 세 배 또는 네 배로 올릴 수도 있었다. 그러나 제국의 연방적 성격과 복잡성을 고려할 때 그러한 제국 전쟁의 선포는 드물었다. 제국 전쟁이 아니더라도 병력이 절실할 때 황제는 권역에 직접 호소하여 제후들에게 기부를 요청했다. 그것은 독일에서 군대를 일으키는 효과적인 수단이자 제국 헌법의 중요한 허점이었다. 1618년 가톨릭동맹의 군대를 결성할 때 황제가 사용한 수단이기도 했다. 자금이 부족한 황제는 바이에른 권역과 슈바벤 권역에 눈길을 돌렸던 것이다.

신성로마제국은 수백 개의 독립적 제국령과 자유 도시를 포함했으며 그곳들을 다스리는 백작과 기사, 시의회는 이웃 제후들의 점점 더 걷잡을 수 없는 탐욕에 직면하였고 그래서 자신들의 독립적 지위가 제국의 보호로만 보장될 수 있다는 점을 잘 알고 있었다. 황제는 이들을 불러 란츠크네히트의 장교로 복무하도록 요청할 수 있었다. 16세기와 17세기에 독일의 군대는 여전히 용병들과 크라이제가 파견한 분견대의 복잡한 조합으로 남았다. 상비군은 불가능했다.

독일에서 변화는 30년 전쟁에 대한 반작용으로 전쟁이 끝난 후 찾아왔다. 많은 제후들, 특히 북부 독일의 제후들이 상비군을 창설했다. 그들은 침공을 막을 수 있는 자연 장벽이 부재하기 때문에 영토를 방어하기 위해서 규율이 뛰어난 군대가 필요 불가결하다고 여겼다. 브란덴부르크-프로이센의 실례가 가장 잘 알려져 있지만, 헤센-다름슈타트와 헤센-카셀의 란트그라프landgraf들과 하노버의 공작들도 유사하게 행동했다. 브란덴부르크-프로이센은 30년 전쟁의 결과로 재정적, 물질적으로 피폐해져서 융커(귀족)의 재산과 부가 크게 감소했다. 대선제후 프리드리히 빌헬름이자 훗날의 프로이센 국왕인 프리드리히 1세는 귀족들과 거래를 하여 그들에게 영지 통치권을 주는 대가로 군에서 복무하도록 했다. 이 독일 귀족들은 비교적 가난했기 때문에 제후들의 뜻에 반대하기 힘들었다.

이 병사들의 능력은 17세기 후반 동안 분명해져서, 제후들이 이 귀족들의 연대를 고용하는 것은 흔한 일이었다. 이 연대들을 데려간 지휘관들은 종종 자신들이 급하게 일으킨 군대보다 이 연대들을 더 믿을 수 있었다. 그들이 얼마나 귀하게 여겨졌는지, 신성로마제국 황제 레오폴트 1세는 루이 14세에 맞선 전쟁에서 병사 1만 5천 명을 제공받은 대가로 브란덴부르크 선제후를 프로이센 국왕으로 승격시켜 주는 데 동의할 정도였다.

1683년 칼렌베르크 전투 : 빈을 구하라

'투르크의 해'인 1683년은 오스만제국의 최전성기였다. 이 해 이후 오스만 군대는 더 이상 중유럽을 위협하지 못한다. 오스만 군대는 예전에, 즉 1529년에 빈을 포위한 적이 있었다. 1683년 제2차 빈 포위전은 한여름에 개시되었고 오스만군의 급속한 진군으로 합스부르크제국 수도의 운명은 불투명해졌다. 수도를 구하기 위한 황제 레오폴트 1세의 필사적 시도는 근대 초기 연합 전쟁에서 나타난 문제점들의 생생한 실례를 보여준다. 구원군은 신성로마제국의 무수한 제후들이 제공한 독일 분견대들과 얀 3세 소

비에스키 국왕이 이끄는 폴란드 군대로 구성되었다.

1664년 오스만군을 상대로 성 고타르트 고갯길 전투에서 라이몬도 몬테쿠콜리가 거둔 승리는 합스부르크제국과 오스만제국 사이의 전반적 합의를 이끌어냈고 다음 20년 동안 오스만제국의 팽창은 폴란드와 우크라이나에 국한되었다. 중요한 영토 획득은 남부 폴란드에서 이뤄졌지만 1670년대가 되자 폴란드의 원수 얀 소비에스키가 오스만군을 상대로 여러 차례 성공적인 원정을 감행하여 1673년 호틴 전투에서 오스만군을 무찔렀다. 이듬해 폴란드의 미하우 국왕이 죽자 폴란드 귀족들은 관습대로 소비에스키를 후계자로 선출했다.

소비에스키가 동쪽에서 명예와 왕관을 얻는 동안 오스트리아의 레오폴트 1세는 프랑스의 루이 14세와의 전쟁으로 정신이 없었다. 루이 14세는 오스만

그림_ 오스만제국의 대와지르 카라 무스타파는 빈을 수중에 두고 있었다. 그의 막사는 오스트리아 수도를 둘러싸고 있는 오스만군 진영의 무수한 막사들 가운데서 눈에 띄었다. 무스타파의 막사는 그가 패잔병과 함께 달아난 이후 적군의 손에 떨어졌다.

제국의 팽창을 조장하면서 이를 오스트리아 황제의 주의를 분산하는 효과적 수단으로 여겼다.

1526년 이후 오스만제국의 국경은 헝가리까지 확장되었다. 오스만제국의 지방 수도인 부다에서 빈까지는 한걸음이었다. 1683년까지 거의 20년간 평화가 유지되었으나 법적으로는 합스부르크제국의 봉신인 트란실바니아 공 임레 퇴쾨이에 의해 깨지게 된다. 레오폴트 1세에 대한 충성심이 약해진 퇴쾨이는 술탄의 봉신이 되는 대가로 왕의 칭호를 얻고자 오스만제국의 대大와지르[이슬람 국가의 고위 관리인 와지르 가운데 최고 지위] 카라 무스타파의 후원을 받으려

3장 지휘와 통제 163

그림_ 장창과 낫창과 미늘창은 15세기 보병의 최상의 무기였다. 그러나 17세기와 18세기에 이르면, 이 무기들은 사병들보다는 흔히 하사관이나 하급 장교가 들고 다녔고 보병 대대의 앞이나 뒤에 고이 모셔졌다. 비스듬히 들면 대열을 정돈할 때 유용했다. 전장에서 병사들이 달아나려 할 경우에는 군사 정의를 신속히 이행하는 데 사용되었다.

했다.

카라 무스타파는 1676년에 대와지르가 되었다. 그는 1681년까지 우크라이나에서 전쟁을 치르다가 빈으로 눈길을 돌렸다. 1682년 한 오스만 군대가 북부 헝가리로 진군하면서 오스트리아와의 전면적 평화가 깨졌다. 오스만군의 핵심에는 예니체리yeniçeri라는 상비군이 있었는데 그들은 어릴 때부터 군인으로서 전문 훈련을 받았다. 유럽인들은 예니체리를 두려워했고 예니체리는 화기를 사용하고 포위전에 열성을 보임으로써 가공할 명성을 누렸다. 예니체리의 병력은 대략 2만 명에 달했다. 이들은 술탄의 노예였는데 오스만제국 내 기독교도 가정에서 팔려와 술탄의 궁정에서 양육되었다. 이슬람으로 개종된 아이들은 술탄의 정예 보병으로 복무하도록 훈련받았다. 예니체리는 16세기부터 17세기까지 오스만 군대의 중추였지만 1683년 무렵에는 유럽 군대의 군사 훈련과 규율에 못 미쳤다.

오스만 군대의 대다수는 지방 병력인 시파히 Sipahi(귀족 기병)와 군역 의무를 진 지방 보병으로 구성되었다. 캅카스와 크림에서 온 타타르 기병과 신성로마제국 내 기독교도 제후들이 파견한 분견대도 오스만군에 함께했다. 오스만 군대는 규모 자체도 엄청났지만 대포를 사용하고 포위 전술에 통달했기 때문에 가공할 만했다. 1683년 헝가리로 진군한 군대는 12만 명을 넘었다.

레오폴트 1세는 오스만군에 대항할 병사가 고작 3만 5천 명밖에 없었다. 신성로마제국의 황제로서 그는 독일 제후들과 제국 의회에 눈길을 돌렸다. 교황 인노켄티우스 11세가 주도적으로 나서 레오폴트 1세와, 이제는 폴란드 국왕인 얀 소비에스키 간의 동맹을 중재했다. 교황의 지원 가운데에는 군사를 일으키기 위한 자금도 포함되었다. 폴란드 군주는 동맹에 합의하여 전쟁에 4만 명의 병사를 지원하기로 약속했다.

빈 숲 속의 타타르인들

6월이 되자 카라 무스타파는 헝가리에 있었고 7월 7일, 황제 레오폴트 1세와 황가 사람들은 수도 빈을 에른스트 폰 슈타렘베르크 백작과 병사 1만 6천 명의 보호 아래 두고 빈을 떠나 린츠로 피신했다. 레오폴트 1세가 떠난 지 일주일도 채 지나지 않아 타타르 기병 무리가 빈 근교에 들이닥쳤다. 14일이 되자 도시는 완전히 포위되었고 오스만군의 대포가 도시 외곽 방어선을 향해 포문을 열었다. 포위가 시작된 지 2주 만에 참호가 파이고 땅굴이 뚫렸으며 남쪽의 두 요새 아래서 지하 갱도가 폭발했다. 오스만군의 포탄이 도시에 빗발쳤고 슈타렘베르크 백작은 외곽 요새를 지키기 위해 안간힘을 썼다. 대와지르 카라 무스타파는 타타르 병사들을 보내 빈 숲 Vienna Woods을 습격하게 했다.

오스만군과 싸우기 위해 신성로마제국과 폴란드에서 군대를 규합하는 데는 시간이 걸렸다. 레오폴트 1세는 레겐스베르크에 있는 제국 의회와 제국 내 개별 권역에 군사적 조력을 호소했다. 제국 의회는 제국의 군사적 분담액을 세 배로 올리는 데 동의했지만 일부 서부 권역들은 라인 강 서부에서 프랑스의 군사 행동이 있었기 때문에 병력을 파견할 수 없었다. 8월이 되었을 때 로렌 공작은 대략 3만 명의 제국 군대를 지휘하게 되었고 작센의 요한 게오르크 3세도 추가로 1만 명의 군사를 일으켰으며 바이에른의 막스 에마누엘(바이에른 선제후 막시밀리안 2세 에마누엘의 별칭)도 같은 수의 군사를 모았다.

폴란드에서 소비에스키는 단기간에 군대를 일으키기가 어렵다는 사실을 깨달았다. 소비에스키는 7월 말 크라쿠프에 도착해 8월 중순까지 그곳에 머물렀다. 병사들은 사실상 매일같이 도착하고 있었지만 카자크와 리투아니아의 병사들이 나타나려면 아직도 여러 주를 더 기다려야 했다. 소비에스키는 그들을 기다리지 않기로 결심하고 크라쿠프를 떠나 빈으로 진군했다.

다양한 군대들이 포위된 합스부르크제국 수도로 속속 모여들었고 폴란드군은 8월 31일에 도나우 강 북쪽에 도착해, 황제군을 이끄는 로렌 공작과 요한 게오르크 선제후에 합류했다. 소비에스키는 원래 약속한 4만 명 가운데 2만 4천 명밖에 끌고 오지 못했지만, 결합한 군대 인원은 총 7만 5천 명에 달했다.

도시에서 32킬로미터 떨어진 상류에서 도나우 강을 건넌 로렌 공작과 소비에스키는 빈 북쪽과 서쪽의 나무가 무성한 구릉 지대인 빈 숲으로 이동할 계획이었는데, 고지를 장악한 뒤 그곳에서 오스만군에게 공격을 감행할 작정이었다. 카라 무스타파는 그들의 존재를 알고 있었지만 병력에 대한 보고는 무시했다. 그는 빈 숲 속의 타타르 기병들과 적당한 오스만군 병사들만으로 적을 저지할 수 있으리라 자신했다. 빈은 언제든 함락될 것 같았고 그는 승리가 이렇게 가까운 이때에 포위를 풀고 싶지 않았다. 부다의 총독 이브라힘 베이는 황제군과 폴란드군을 저지하기 위해 보병 2만 3천 명과 기병 5천 명을 이끌고 언덕으로 갔다.

긴급 작전 회의에서 소비에스키와 로렌 공작은 군대를 삼분하기로 합의했다. 로렌 공작과 작센 선제후 요한 게오르크는 좌익을 이끌고 도나우 강을 따라 빈으로 향할 것이다. 3만 1천 명이 넘는 황제군과 작센군은 칼렌베르크 고지에 자리를 잡고 누스도르프에 있는 이브라힘 베이(베이 Bey는 오스만제국의 지방 장관을 칭하는 말이다.)의 진지를 내려다볼 수 있

칼렌베르크 전투

1683년

빈 포위전이 8주째 이어지고 있을 때 중유럽의 구원군이 도나우 강 북쪽 기슭에 도착했다. 로렌 공작은 신성로마제국의 독일 영토에서 끌어온 군대와 얀 소비에스키 국왕이 지휘하는 폴란드군의 시의적절한 도착으로 수가 늘어난 군대를 집결시켰다. 긴급 작전 회의에서 동맹군은 빈에서 32킬로미터 떨어진 도나우 강 상류를 건너 빈 숲을 통과해 서쪽에서 도시에 접근하기로 결정했다. 카라 무스타파는 동맹군이 빈을 구원하려고 하기 전에 빈이 함락되리라 자신했다. 그는 예니체리를 비롯한 병력 대부분을 계속 참호에 두었고 독일-폴란드군의 전진을 저지하는 데 전체 병력의 1/3만을 배치했다. 로렌 공작과 그의 동맹군은 칼렌베르크 고지에서 오스만군의 진지를 향해 비탈을 따라 내려가며 공격을 감행했다. 로렌 공작은 도나우 강을 따라 적을 돌파했고 폴란드군은 오른쪽에서 길을 냈다. 소비에스키의 기병들이 오스만군 진영으로 쏟아져 들었다. 로렌 공작은 빈 근교와 오스만군 참호에 도착해 아직 그곳에 있던 예니체리를 전멸시켰다.

폴란드
러시아
오스트리아
칼렌베르크
빈
헝가리
오스만제국

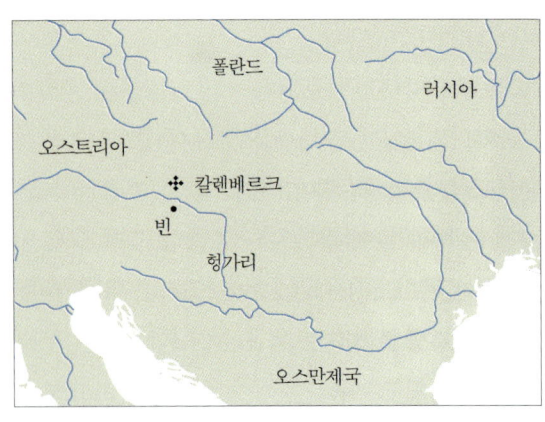

전략적 요충지인 빈은 보헤미아와 남부 독일로 오스만군이 향후 공세를 펼칠 수 있도록 중유럽에 발판을 마련해주었을 것이다.

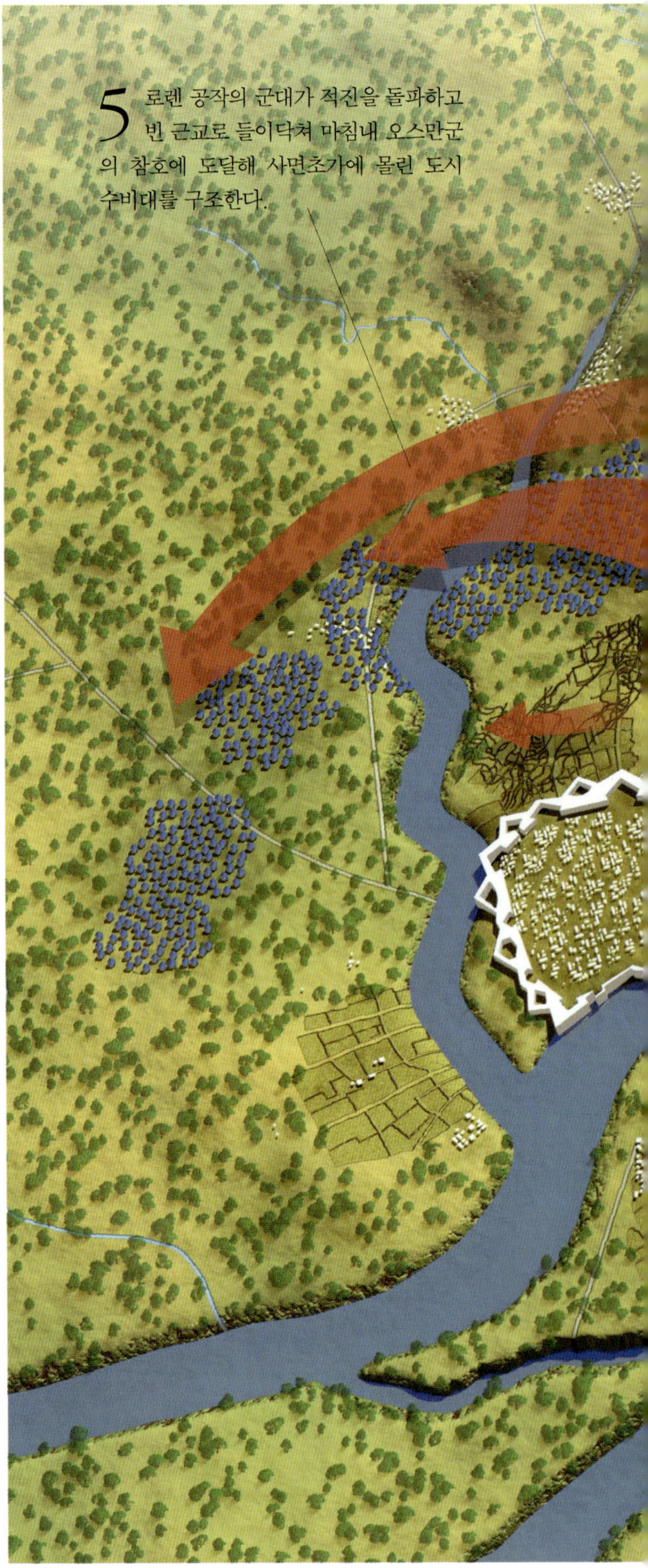

5 로렌 공작의 군대가 적진을 돌파하고 빈 근교로 들이닥쳐 마침내 오스만군의 참호에 도달해 사면초가에 몰린 도시 수비대를 구조한다.

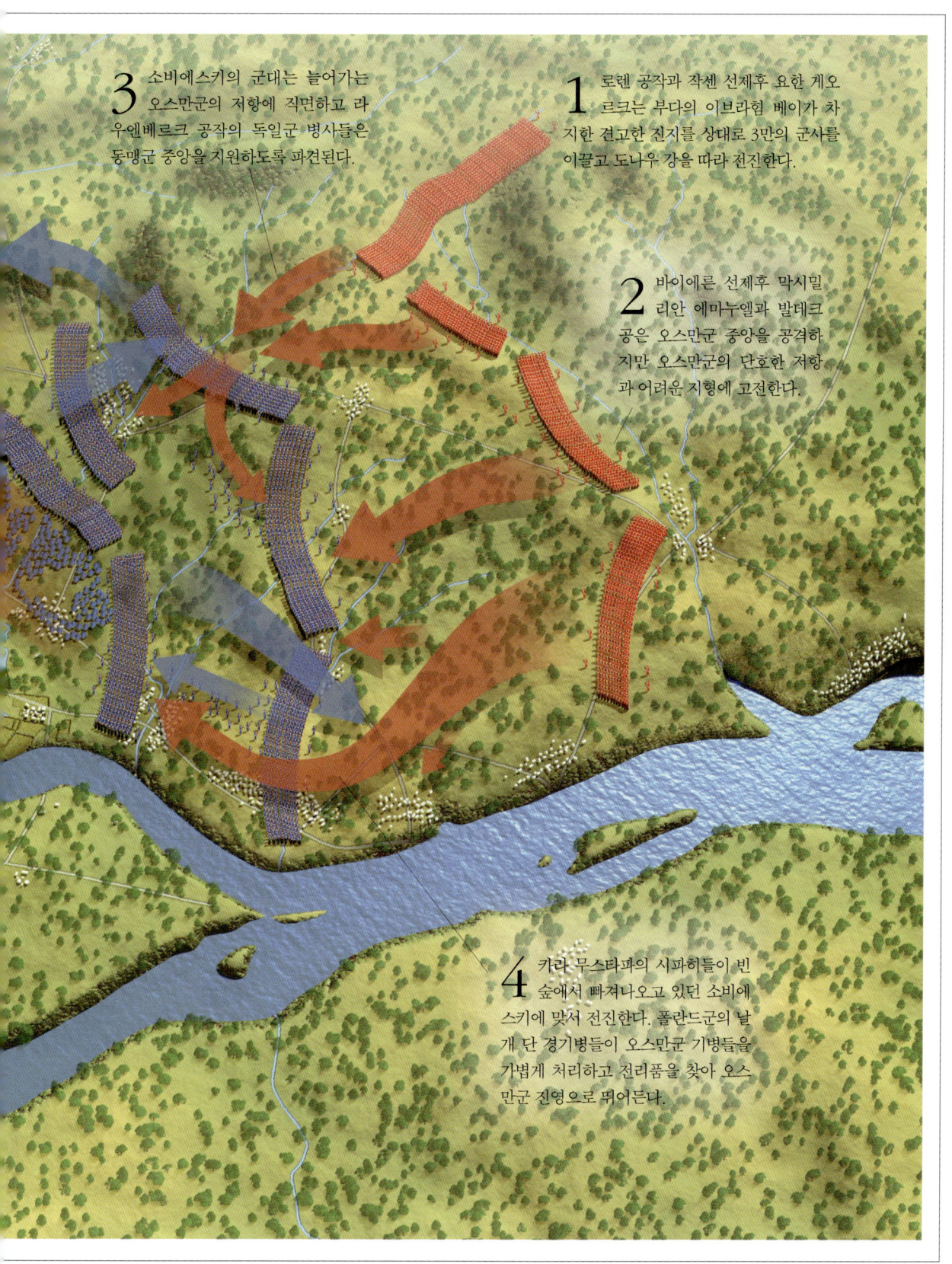

었다. 바이에른의 막스 에마누엘과 바이에른군 연대 및 크라이제 연대를 이끄는 발데크 공은 2만 1천 명이 넘는 병력과 함께 지프링과 바링으로 이동해 종국에는 빈에 도착할 예정이었다. 오른쪽에는 로렌 공작의 군대에서 온 4천5백 명의 보병을 이끄는 라우엔베르크 공작이 있었고 오른쪽 가장 끝에는 소비에스키와 갑옷으로 무장한 기병 1만 4천 명 — 그 유명한 날개 단 경기병을 포함해 — 과 보병 1만 명으로 구성된 폴란드 군대가 있었다.

9월 12일 이른 아침, 이브라힘 베이는 군대를 전진시키며 조심스레 로렌 공작의 전선이 어디 있는지 찾았다. 로렌 공작은 오스트리아군 연대를 지휘하던 바덴의 루이스 공(훗날 튀르켄루이스라고 불리는)에게 그들을 쫓아버리라고 명령했다. 루이스 공의 오른쪽에서는 작센군 병사들이 오스트리아군 연대를 지원하기 위해 전진했다. 오스트리아군 및 작센군 병사들과 오스만군 병사들 사이에서 격렬한 싸움이 붙었다. 황제군의 포격과 점차 늘어가는 로렌 공작과 요한 게오르크 선제후의 병사 수에 힘입어 처음에 완강하던 오스만군의 저항은 진압되었다. 누스도르프는 함락되었고 얼마 지나지 않아 하일리게슈타트도 황제군 수중에 들어왔다. 중앙에 있는 막스 에마누엘의 상황은 더 어렵게 돌아갔다. 그와 발데크 공은 다마스쿠스의 베이가 이끄는 병사들과 맞닥뜨려 지브링과 그린칭 사이에서 발이 묶였다. 오스만군은 막스 에마누엘의 측면을 포위할 기회가 있었다. 다행스럽게도 타타르인들은 그날 빈 남쪽을 습격하고 있었기 때문에 이브라힘 베이에게는 기병이 얼마 없었다. 독일군 병사들은 자신들을 보호하기 위해 밀집 대형을 형성했다.

날개 단 경기병들

까다로운 지형이 소비에스키와 라우엔베르크 공작의 발목을 잡았다. 독일군 병사들은 막스 에마누엘의 진지에 더 가까이 있었고 라우엔베르크 공작은 폴란드 국왕의 명령을 받아 오스만군 중앙을 포위하도록 파견되었다. 소비에스키의 기병들은 언덕과 숲을 통과해 계획한 대로 맨 우측에서 다시 모습을 드러냈다. 오스만군 기병들은 폴란드군 기병들이 숲속에서 평지로 빠져 나오는 순간 그들을 향해 결연하게 돌격을 감행했다. 결국 날개 단 경기병들은 게르스트호프와 도른바흐 사이에 길을 텄고 소비에스키는 갑옷으로 무장한 기병 1만 4천 명 전원을 2선으로 배치할 수 있었다. 때는 한낮이었고 이브라힘

그림_ 17세기 말과 18세기 초가 되자 확장일로에 있던 군대에 제복이 지급되었다. 비록 일반 사병들은 비교적 평범한 복장을 착용했지만 장교들과 부사관들의 제복은 다소 세련되었다. 그 덕분에 그들은 전장의 대형 속에서 눈에 확 띄었다. 가두리 장식은 일반적으로 장교의 직위와 담당 부서를 나타냈다.

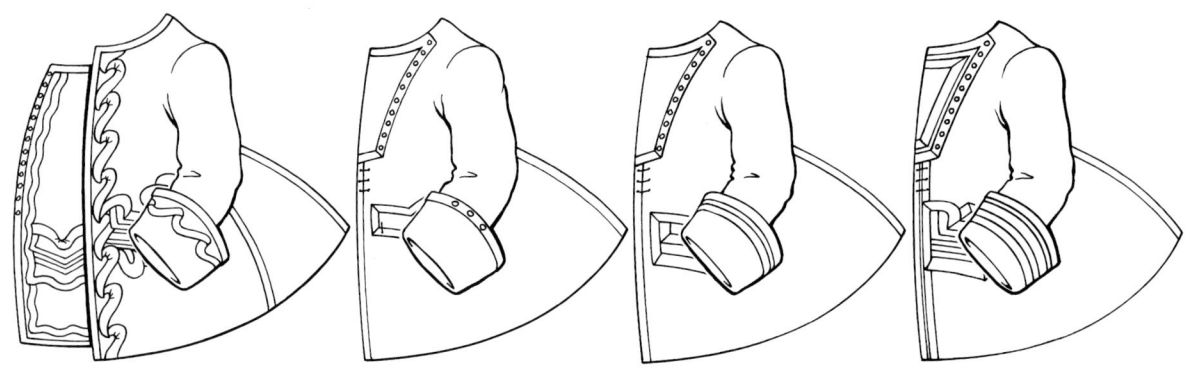

베이의 병사들은 와해되고 있었다. 정오 직후에 폴란드 국왕은 자신의 앞을 가로막는 오스만군을 쳐부수기 위한 공격을 직접 이끌었다. 그는 그들을 오스만군 진영까지 추격했다. 그 직후 루이스 공이 이끄는 로렌 공작의 측면 부대가 오스만군 우익을 돌파하고 바링으로 이동했다.

예니체리 병사들은 카라 무스타파의 명령에 따라 포위를 지속하기 위해 참호에 계속 머물고 있었고 황제군이 나타났을 때 물러서지 않았던 것 같다. 오스만군 참호에 대한 공격이 재개되자 작센군과 바이에른군이 힘을 실어주었다. 카라 무스타파는 적의 전력을 심각하게 과소 평가했다. 너무 놀란 그는 하마터면 폴란드군에게 생포될 뻔했다. 폴란드군은 오스만군 진영에 다다르자 추격을 멈추고 진영을 약탈하기 시작했다. 오후 다섯 시가 되자 저항하던 오스만군은 무너졌으며 도시는 구원되었다. 오스만군 측 손실은 1만 명에서 2만 명가량이고 황제군과 그 동맹군은 4천 명을 잃었다.

그림_ 군기는 전쟁이라는 혼란상의 한복판에서 개인이나 부대를 식별하기 위해 통상적으로 사용되었다. 군대가 점차 커지자 전장에서 연대를 식별하는 데 군기와 깃발이 결정적이게 되었다. 군기는 각각 달랐으며 왕가의 깃발이나 문장, 지역적 특색을 반영했고 나중에 가서는 부대의 역사를 반영하게 되었다. 왼쪽 위는 플랑드르에 주둔한 에스파냐 테르시오의 군기 가운데 하나이며 그 옆은 어느 프로이센군 연대의 군기다. 왼쪽 아래 그림은 어느 오스트리아 군기이며 가운데 병사가 들고 있는 군기와 오른쪽 아래 군기는 프랑스군의 깃발이다.

빈 구원은 중유럽의 노력의 산물이었다. 프랑스의 군사 작전에 직면하여 독일에서 군대를 일으키기 어려웠던 점은 폴란드군의 시의적절한 도착으로 상쇄되었다. 레오폴트 1세가 진을 친 파사우와 바르샤바 간의 거리로 인해 소비에스키가 합의한 내용을 지킬 것인지, 또 얼마나 군대를 규합할 수 있을지가 매우 불확실했다.

그 문제에 대해 보자면, 폴란드왕국의 크기 탓에 폴란드왕국의 귀족들과 그들이 이끄는 병사들이 국왕에게 합류하기까지는 시간이 걸렸다. 수도를 떠날 당시, 소비에스키는 여전히 리투아니아에서 올 수천 명의 병사들을 기다리고 있었다. 그는 그들이 오는 중이라고 믿었지만, 사실 리투아니아 제후들은 군사를 아예 일으키지 않았다. 소비에스키가 도착할지조차 확실치 않은 상태에서 로렌 공작이 도시 구원 계획을 짜는 것은 극히 어려운 일이었다. 멀리 떨어진 동맹군과 합동 작전을 펴는 문제는 차치하고라도 여전히 그는 황제군과, 보헤미아를 통과해 행군하는 작센 선제후 요한 게오르크의 움직임을 조율해야 했다. 모든 군대가 언제 어디서 만날 수 있을지 로렌 공작이 가늠할 수 있도록 전령과 사절들은 사방으로 말을 달렸다.

카라 무스타파는 자신의 실패에 대해 궁극적 대가를 치렀다. 1683년 크리스마스에 대와지르 카라 무스타파는 술탄의 명령에 따라 베오그라드에서 처형되었다. 그는 막대한 군사적 자원을 보유했지만 빈에 너무 초점을 맞추다가 구원군의 중요성을 과소평가했다. 마찬가지로 그는 로렌 공작이나 폴란드 국왕이 접근해온다는 소식을 듣고도 그들의 진군을 저지하려고 하지 않았다. 그날 타타르 기병들을 도시 남쪽으로 일제히 보낸 것은 잘못이었다. 그들은 그날 서쪽에서 로렌 공작의 군대를 정찰하고 습격하는 등 작전을 펼쳤어야 했다. 빈 숲으로 파견한 미미한 병력이 로렌 공작을 지연시키긴 했지만 카라 무스타파의 우수한 기병이 부재한 상황에서 그들이 소비에스키의 측면 기동을 막아낼 가능성은 전혀 없었다. 어느 모로 보나 지휘가 미숙한 사건이었다.

최고 사령부와 상비군

리슐리외와 후계자 마자랭 추기경이 프랑스 장군들이 지휘하는 군대를 고용하게 된 것은 1640년대가 되어서였다. 그러나 이 장군들은 여전히 고위 귀족들이었다. 육군 원수 튀렌 자작은 1643년 독일에서 군대를 이끌었지만 6년 후에는, 국왕의 신하였음에도 불구하고 1차 프롱드 난[1648~1653년에 귀족과 고등법원이 루이 14세의 모후 안 도트리슈와 재상 마자랭이 이끄는 궁정에 반발해 일어난 내란으로서, 구귀족 세력이 몰락하고 절대 왕정이 강화되는 결과를 가져왔다.]에서 반란군을 이끌었다. 마찬가지로 1643년 로크루아에서 에스파냐군을 상대로 결정적 승리를 이끌어낸 주역인 앙기앵 공작이자 훗날 콩데 공이 되는 루이 2세는 1차 프롱드 난에서는 군주정을 수호했으나 2차 프롱드 난에서는 마자랭에 맞서 결사적으로 싸우다가 이후에는 궁정에 복귀하기보다는 자진해서 망명을 떠났다. 이런 노련한 대귀족들이 세상을 뜬 후에야 루이 14세는 중간급 귀족들을 군사적 직위에 진급시켜 왕정의 군사적 영광에 그들의 명성을 단단히 결합할 수 있었다. 빌레루아, 탈라르, 빌라르 같은 원수들은 모두 에스파냐 왕위 계승 전쟁이 시작되고 나서야 진급할 수 있었지만, 자신들의 군사 작전에 이따금 국왕이 일일이 간섭하거나 군사 전략을 둘러싸고 국왕과 의견이 일치하지 않았는데도 언제나 주군의 뜻에 복종했다. 루이 14세의 이전 원수들은 의견이 맞지 않을 때는 국왕의 뜻을 무시하는 경향이 있었다.

에스파냐 왕위 계승 전쟁(1701~1714년)이 일어날

그림_ 대규모 군대를 유지하는 비용을 분담하기 위해 군주들은 종종 직위를 팔았다. 명망 있는 직위일수록 구입 비용도 비쌌다. 18세기가 되면 제복이 일반화되지만, 처음에는 개인의 사회적, 군사적 지위를 나타내기 위해 치장이 허용되었다. 그림 왼쪽은 영국군 장군이며 가운데는 공병 장교, 오른쪽은 영국군 원수이다. 이 영국군 원수의 경우, 자신의 직위를 요란하게 과시하는 것을 별로 선호하지 않았던 모양이다.

때쯤이 되자 군사 모험 기업가들은 자취를 감췄고 중유럽과 동유럽에서는 귀족 출신 장군들이 군사 청부업자들을 대체하게 되었다. 영예와 부를 좇는 귀족 태생의 군인들은 또한 외국에서 군 지도자 자리를 얻으려 했다. 합스부르크 궁정에서는 슈타렘베르크 가문이 호프크리크스라트(고위 참모 회의)에서 상당한 자리를 차지했고 18세기에 들어서고 한참이 지난 후까지 여러 군사령관 직위를 차지했다. 라이몬도 몬테쿠콜리와 사부아의 외젠 공은 합스부르크제국 황제의 신민이 아니었지만 17세기부터 18세기 말까지 합스부르크제국 군대를 지휘했다. 사실 외젠 공은 자리를 얻기 위해 원래 루이 14세에게 접근했다가 거부당하고 난 후에야 오스트리아 합스부르크 궁정에 고용되었다.

스웨덴 군대의 지도부는 구스타브 아돌프 시절과 카를 12세 시절 사이에 더 급속하게 변모했다. 비록 국왕은 직접 군대의 지휘권을 보유했지만 장교 집단은 독일에서와 유사한 패턴을 따랐다. 구스타브 아돌프의 군대는 1/3은 스웨덴인, 1/3은 작센 동맹군, 나머지 1/3은 독일, 홀란트, 스코틀랜드에서 모집된 병사들이었던 반면, 대북방 전쟁 무렵에 카를 12세의 군대는 대부분 스웨덴 영토에서 모집되고 스웨덴 장군들이 이끌었다. 카를 12세가 러시아와 폴란드에서 이끈 군대는 거의 전적으로 스웨덴의 발트제국에서 선발한 병사들인 반면, 덴마크군 병사들에 맞선 군대는 동맹군과 고용된 독일인 병사들에게 의존했다.

카를 12세의 맞수인 표트르 대제는 스트렐치 Streltsy(궁정 근위병)를 폐지하고 서유럽의 관행처럼 귀족들이 일선 장교로 복무하는 것을 강제하여 러시아군을 개혁했다. 원래는 외국인들을 데려와 군대를 지휘하고 훈련시켰으나 오랜 전쟁으로 손실이 상당

3장 지휘와 통제 **171**

하자 군 지휘부를 차출할 수 있는 믿을 만한 인력 집단을 수립할 수밖에 없었다. 이것 역시 굉장히 어려웠고 바람직한 결과를 이끌어내지 못했다. 이러한 문제에 맞서기 위해 표트르 대제는 상비군을 구성하는 순간부터 실력에 따른 진급이라는 혁명적 관념을 제시했다. 이것은 사회적 지위가 없어도 병사들을 지휘할 수 있는 베테랑 장교 집단을 창출했다. 사실, 이들의 진급은 하급 장교를 넘어서지 못했지만 노련한 지휘부를 제공했다. 표트르 대제의 치세가 끝날 무렵, 실력주의는 군대와 체제에 없어서는 안 될 것이 되어서 표트르 대제는 장교와 문관에게 등급에 따라 사회적 지위를 부여하는, 그 유명한 관리 등급표(1722년)를 수립했다.

직업 군대

18세기 중반이 되자 직업 군대를 보유하는 것이 자연스러워졌다. 반드시 써야 하는 돈 이상을 쓰기 싫어했던 합스부르크 왕가조차도 오스트리아 왕위 계승 전쟁을 치를 무렵에는 상비군을 창설할 수밖에 없었다. 이러한 상비군의 지휘부는 제각각이었다. 일부의 경우에는 프리드리히 대왕처럼 군주가 직접 이끌었는데, 이 군인 겸 국왕도 원래는 안할트-데사우의 제후인 레오폴트 1세처럼 자신에게 봉사하는 독일 제후들이나 슈베린 같은 직업 군인의 지도를 받았다. 비록 왕가의 고려에 따라 때때로 로렌의 샤를 같은 무능한 사람에게 지휘권이 주어지기도 했지만, 합스부르크 왕가 군대조차도 막시밀리안 브라운 원수, 다운 원수, 라우던 원수 같은 직업 군인들의 지휘를 받게 되었다.

프랑스의 루이 15세는 작센의 강건공 아우구스트의 3백 명이 넘는 사생아 가운데 모리스 드 삭스를 원수로 임명했다. 그러나 7년 전쟁 시기에 이르자 프랑스군 지휘부의 수준은 하락하게 된다. 프랑스 장군들은 자기들보다 사회적으로 지위가 높거나 궁정에 연줄이 있는 대령들이 자신의 연대가 전장에서 명예로운 위치를 차지해야 한다고 요구하거나 경쟁자의 연대나 지위가 떨어지는 연대와 나란히 싸우지 않겠다고 거부하는 사례를 한 차례 이상 겪게 되었다. 이러한 궁정 귀족들의 재부상으로 영예와 부를 좇는 군인들과 하급 귀족들의 입지는 축소되었다. 이러한 힘 있는 귀족들 간의 경쟁은 종종 루이 15세가 한 군대에 두 명의 사령관을 임명하는 결과를 야기했다.

직업 군대를 만들어내는 데 따르는 엄청난 어려움에도 불구하고 귀족 계급은 두 가지 이유에서 그러한 대담한 기획의 핵심적 부분이었다. 우선 그들은 사회 엘리트였다. 전사 계급의 후손인 그들은 군사적 재능을 자연히 타고났다고 여겨졌다. 아주 드문 경우에만 [유럽] 대륙 군대의 고위 직급에서 평민이나 귀족이 아닌 사람이 발견되었다. 다른 중요한 요인은 귀족의 재정 능력이었는데 장교 자리는 당연한 일처럼 사고팔렸기 때문이다. 직급이 높을수록 자리 값은 비쌌다. 국왕이 임명하는 장교 자리는 부와 명성의 표지였다. 연대의 명성과 지위도 가격을 결정했다. 대령들은 휘하 병사들이 제대로 장비를 지급받고 훈련받는지 살펴야 했다. 비록 국가가 기본 유지 비용을 대긴 했지만 부족분이 생기면 무엇이든 연대의 후원자(예를 들어, 독일에서는 인하버 Inhaber라고 알려진)가 충당해야 했고 대령은 자신의 비용을 부하들에게 전가했다. 대위들은 휘하 중대의 상태를 책임져야 했고 중위들도 그러한 책임을 분담하는 게 당연했다. 재정적 책임이 상당했기에 많은 귀족들은 군 장교로 있는 동안 빚을 심하게 지거나 파산 상태에 빠졌다.

물론 모든 대령들이 책임을 똑같이 떠맡지는 않았다. 연대의 준비 태세가 제각각이라는 것은 흔히

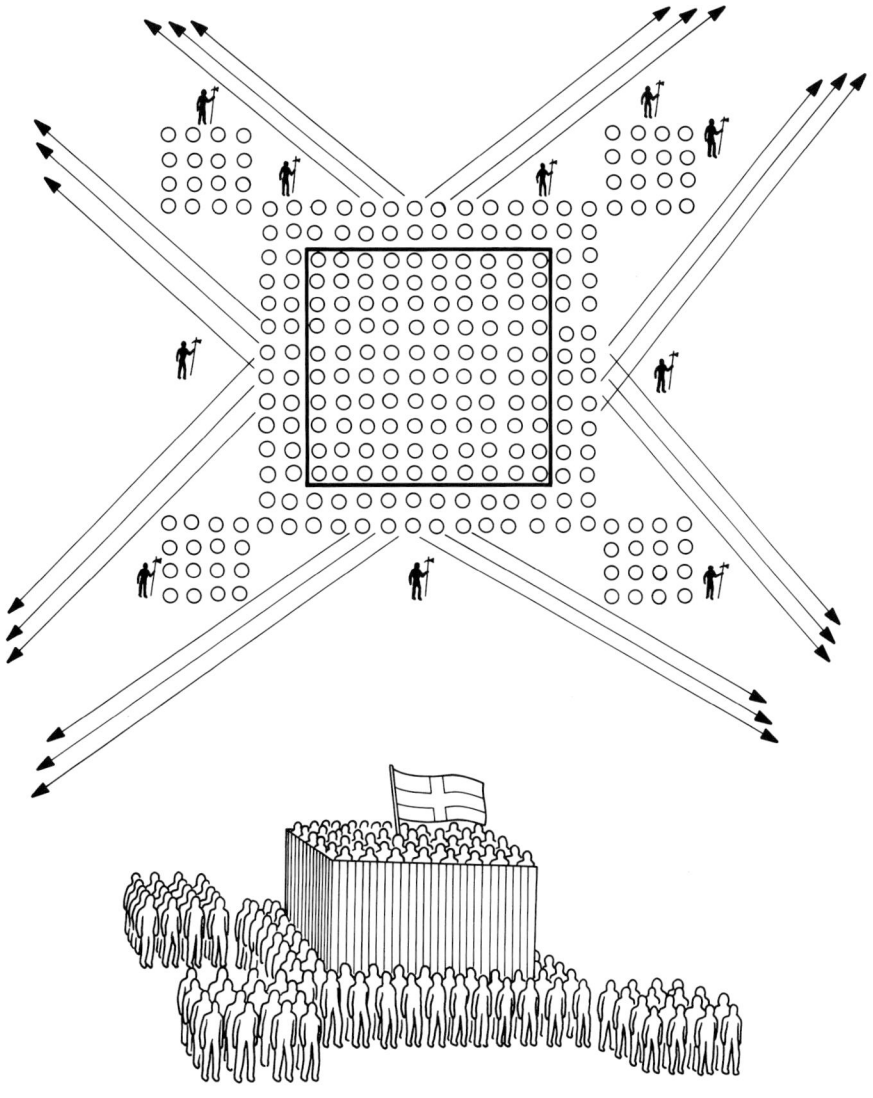

그림_ 이러한 유형의 대형은 1631년 브라이텐펠트 전투 무렵에 흔히 운용되었다. 이 같은 대형에서는 기병의 위협에 대비해 보병이 사격 방향을 바꿀 수 있었다. 대형 가운데 장창병은 기병의 돌격의지를 꺾기 위해 추가되었다. 부대의 군기는 중앙에서 보호되면서 지휘관의 식별물로 기능했다. 사실, 보병 전투는 흔히 기병 전투와 개별적으로 벌어졌다. 일단 어느 쪽이든 기병 전투에서 승리하면, 승리한 기병들이 돌아와 적의 보병을 제거하는 것을 도왔다.

전쟁이 막 터졌을 때 분명했다. 연대의 서류상 전력과 실제 전력은 언제나 차이가 났다. 연대의 정원이 부족하고 무장이 시원찮은 것을 방지하고자 루이 14세는 대령이 자기 임무를 성실하게 수행하는지 확인하는 중령 직급을 만들었다. 연대 간 통일성을 유지하기 위해 18세기에는 군사 감독관이 흔해졌다. 새로운 상비군의 명백한 결점이 무엇이든지 간에 군주는 모든 수준에서 자신의 권위를 성공적으로 행사할 수 있었다.

1704년 블레넘 전투 : 대담한 전략

블레넘 전투는 직업 군대의 시대에 치러진 동맹전의 이점과 난점을 극명하게 보여주었다. 또한 군 지휘부의 성격 변화도 잘 예시했다. 말버러 공작 존 처칠과 사부아의 외젠 공은 프랑스-바이에른군을 상대로 굉장한 결정적 승리를 거둬서 바이에른이 전쟁에서 발을 빼게 만들었다. 앤 여왕과 레오폴트 1세 황제와의 정치적 협조는 그들이 각자 임명한 사령관들의 작전상의 협조에 크게 못 미쳤다. 반대로, 육군 원수 탈라르 백작 카미유 휘하 프랑스군과 선제후 막시밀리안 2세 에마누엘 휘하 바이에른군의 관계는 좋게 말해도 아슬아슬한 수준이었다.

바이에른과의 동맹은 루이 14세에게 없어서는 안 될 것이었다. 1703년, 프랑스군의 원수 클로드 빌라르와 막스 에마누엘 선제후가 바이에른에서 성공적으로 제국군을 몰아냈지만 그 후 둘은 사이가 틀어지고 말았다. 1704년 빌라르 원수가 소환되고 탈라르 원수가 또 다른 프랑스 군대를 이끌고 라인 강을 건너가 프랑스-바이에른 동맹군을 증원하도록 임명되었다.

말버러 공작은 영국-네덜란드군을 이끌었다. 그의 임명은 군인으로서 다년간 쌓은 경험과 특히 그의 아내가 앤 여왕의 막역지우라는 사실이 작용한 결과였다. 비록 영국 장군이었지만 그는 대동맹의 성격상 전략 문제에 관해 네덜란드 의회의 의견도 들어야 했다. 1704년, 남부 독일에서 신성로마제국의 노력이 와해되기 직전이고 빈이 바이에른과 헝가리로부터 위협을 받는다는 사실이 분명해졌다. 말버러 공작은 오스트리아를 구하기 위해 진군하기로 한다. 그러나 두 가지 요인 때문에 이 일은 쉽지 않았다. 첫째, 네덜란드 의회는 그가 군대를 이끌고 빈으로 진군하는 것을 결코 허락하지 않을 것이었고 둘째, 네덜란드군은 그의 보급을 담당했다.

말버러 공작은 모젤 강 인근에서 작전을 수행하는 것처럼 맹방인 네덜란드를 오도했다. 그러고는 5월 19일에 2만 명의 병력을 이끌고 라인 강 상류로 진군해 코블렌츠에서 강을 건너 6월 7일 하이델베르크에 닿았다. 독일을 관통해 진군하는 동안 그는 하노버와 프로이센, 헤센에서 1만 5천 명의 증원군을 얻었다. 동쪽으로 방향을 튼 그는 2주 후 라운스하임에 도착해 외젠 공이 이끄는 황제군과 합류했다.

말버러 공작은 근 한 달 만에 402킬로미터를 이동했다. 전례 없는 위업은 아니지만 여전히 인상적인 업적이었다. 그는 네덜란드 청부업자들을 뒤에 남겨두고 그가 지나갈 도시들에 장교들을 미리 보내 보급 문제를 조정함으로써 보급의 딜레마를 해결했다. 그곳은 모두 동맹 지역이었기 때문에 어려운 일이 아니었다.

병참

라인 강 하부에서 바이에른까지 말버러 공작 부대의 행군은 진정 대단했지만 행군 거리나 속도 때문이 아니라(군대는 하루에 16킬로미터가 안 되게 이동했다.) 보급 기지에서 군대를 이동시켜 새로운 작전 구역으로 재배치한 병참상의 성취 때문이었다. 병참상의 고려 사항은 작전에서 언제나 핵심적 역할을 하긴 했지만, 군대의 규모가 커지면서 충분한 물자를 보급하는 데 드는 비용과 실질적 어려움은 최우선적인 전략적 고려 사항이 되었다. 따라서 항행이 가능한 강이나 주요 도시를 관통하는 포장도로를 따라 이동하는 쪽이 선호되었다.

말버러 공작은 외젠 공에게 도나우 강으로 진군할 작정이라고 미리 알렸다. 이에 이 합스부르크제국 장군은 바덴의 루이스 공에게 자신의 군사를 절반 이상 넘겨주어 바이에른으로 보내는 한편, 자신은 7월 초에 라인 강을 건넌 탈라르 원수의 움직임을 은밀히 추적했다. 외젠 공은 탈라르 원수에 앞서 바이에른에 도착했고 말버러 공작은 도나우 강을 건너 그 지역을 약탈했다. 이 작전은 대체로 바이에른 선제후(막시밀리안 에마누엘)로부터 귀중한 자원을 빼앗고 적을 희생시켜 자신의 군대에 보급을 하기 위해 이루어졌다. 바이에른이 유린당하자 막시밀리안 에마누엘과 탈라르 원수는 아우크스부르크로 이동하는 것으로 대응할 수밖에 없었다. 그들의 집결 소식에 말버러 공작과 외젠 공은 다시 도나우 강을 건너 돌아갔다. 탈라르 원수와 막시밀리안 에마누엘은 강을 따라 동쪽으로 이동하면서 블레넘까지 그들을 추격했고 8월 12일 블레넘에서 진을 쳤다. 블레넘 너머로는 네벨 개울이 흘렀고 맞은편에는 말버러 공작과 외젠 공의 군대가 있었다.

탈라르 원수는 자신의 위치에 자신만만했다. 오른쪽은 도나우 강으로 단단하게 지지되고 앞쪽에는 질퍽한 강둑으로 둘러싸인 네벨 개울이 흐르며, 주변에 작은 마을들이 군데군데 자리 잡고 있었다. 견고한 위치라 그는 말버러 공작과 외젠 공이 감히 공격해오지 못하리라 생각했다. 그래도 그는 군대를 전투 대형으로 배치했다. 막시밀리안 에마누엘은 보병 42개 대대와 기병 67개 대대를 이끌고 루칭겐과 오버글라우 사이에 있는 좌측을 맡았다. 탈라르 원수 자신은 보병 33개 대대와 기병 76개 대대를 이끌고 직접 중앙과 우측을 지휘했다. 탈라르 원수는 보병들을 마을에 배치하고 기병들은 개활지에 배치했다. 그의 대대 가운데 9개 대대는 블레넘에 배치되었고 예비 보병 18개 대대와 기병 12개 대대의 지원을 받았다. 이 마을과 오버글라우 사이, 거리로 치면 2.4킬로미터가 넘는 공간에는 제3선의 보병의 지원을 받는 기병을 2선으로 배치했다. 예비 병력은 없었다.

8월 13일 말버러 공작과 외젠 공은 탈라르 원수가 있는 곳을 정찰했다. 그들은 그날 프랑스-바이에른 동맹군을 공격하기로 결정했다. 외젠 공이 막시밀리안 에마누엘을 붙들고 있는 동안 말버러 공작은 블레넘과 오버글라우를 공격할 계획이었다. 병력을 이동하지 못하게 한곳에 고정시키는 이 공격으로 탈라르 원수는 보병의 수적 우위를 활용할 수 없게 되었다. 네벨 개울 너머 중앙으로는 말버러 공작의 동생 찰스 처칠이 기습 공격을 이끌 예정이었다. 중앙은 4선으로 구성되었는데 보병 7개 대대로 구성된 제1선 뒤로 총 72개의 기병 대대로 구성된 제2선과 제3선이 따랐다. 제4선은 예비 보병 11개 대대로 구성되었다. 커츠 경의 보병 20개 대대가 블레넘을 공격하고 홀슈타인-베크 공의 독일군 병사들이 오버글라우를 강습한 후 공격의 예봉이 떨어지게 될 것이었다.

12시 30분, 군대가 각자 위치에 정렬하자 말버러 공작은 전진 명령을 내렸다. 커츠 경의 대대는 블레넘의 방어선을 강습해 마을 뒤쪽에 배치되어 있던 프랑스군의 예비 병력을 모두 전투에 투입하게 만들었다. 독일군 병사들은 전장 너머에서 결연한 저항에 부닥쳤다. 오후 2시, 찰스 처칠 휘하의 전열과 홀슈타인-베크 공의 부대 사이에 틈이 보이자 중앙의 프랑스군 기병들은 찰스 처칠의 전열로 돌격했다. 말버러 공작은 중앙을 면밀히 주시하면서 말을 탄 전령을 보내 외젠 공에게 지원을 요청했다. 다행스럽게 전령은 외젠 공을 이내 발견했고 외젠 공은 재빨리 오스트리아군 흉갑 기병 대대를 파견했다. 그들이 임무에 성공한 덕분에 영국군 중앙은 살아났다. 처칠은 전진을 계속했다.

외젠 공과 말버러 공작 사이의 협력은 이들의 승리에서 결정적이었다. 외젠 공이 영국군 중앙을 지원하는 기병을 파견하지 못했다면 결과는 처참했을 것이다. 비록 그 와중에 홀슈타인-베크 공이 전사하기는 했지만, 오후 3시가 되자 독일군 병사들은 프랑스군의 손아귀에서 오버글라우를 어렵사리 빼앗았고 블레넘도 봉쇄했다. 말버러 공작은 탈라르 원수의 기병에 맞서 그의 중앙을 앞으로 이동시켰고 더 이상 커츠 경을 지원할 필요가 없는 기병으로 이들을 보강했다. 탈라르 원수는 기병 64개 대대와 보병 9개 대대로 맞섰다. 오후 4시, 말버러 공작은 이제 81개에 달하는 기병 대대와 18개의 보병 대대를 전투에 투입했다. 그들은 압도적인 숫자로 프랑스군 전열을 무너뜨렸다. 외젠 공이 막시밀리안 에마누엘

블레넘 전투
1704년

말버러 공작 존 처칠은 동맹군인 오스트리아군을 돕기 위해 네덜란드에서 바이에른까지 402킬로미터가 넘는 행군을 했다. 말버러 공작과 합스부르크제국 사령관 사부아의 외젠 공은 프랑스의 탈라르 원수와 바이에른 선제후 막시밀리안 2세 에마누엘과 블레넘에서 맞붙었다. 프랑스-바이에른군은 도나우 강을 오른편에 두고 앞은 질퍽한 강둑이 있는 개울로 보호되며 여러 마을들로 방어가 한층 강화된 견고한 위치를 차지했다. 견고한 위치에 있었는데도 탈라르 원수는 군대를 서투르게 운용하여 기병에게 중앙을 맡기고 보병은 대부분 블레넘에 고립시키고 만다. 말버러 공작은 블레넘을 공격하여 그곳에 위치한 탈라르 원수의 보병들을 붙잡아두고 프랑스군의 중앙을 향해 단호한 공격을 감행했다. 외젠 공은 동맹군과 전진해 막시밀리안 에마누엘이 탈라르 원수를 도우러 가지 못하게 저지했다. 프랑스군 중앙이 무너졌고 탈라르 원수의 보병들은 블레넘 안과 인근에 갇혔으며 막시밀리안 에마누엘은 잔여 병력을 이끌고 퇴각했다.

3 외젠 공은 선제후 막시밀리안 에마누엘의 위치 전역에 대대적 공격을 가하여 그가 탈라르 원수를 지원하지 못하게 저지한다.

6 탈라르 원수의 진지가 무너지자 막시밀리안 에마누엘은 동맹군을 버린 채 자신의 군대를 데리고 퇴각할 수밖에 없었다.

블레넘은 바이에른에 있는 도나우 강 북안에 위치한다. 도나우뵈르트를 비롯해 여러 바이에른 도시들이 이 출정 동안 격전의 장이 되었다.

이 맡은 측면에 매우 효과적인 압박을 가해, 존 처칠의 공격이 프랑스 중앙에 떨어질 때 이 바이에른 선제후는 탈라르 원수를 지원할 수 없었다. 두 시간이 채 못 지나 탈라르 원수의 군대는 무너져 달아났다. 블레넘에 있던 보병 대대와 기병 대대는 포위되어 항복할 수밖에 없었다. 막시밀리안 에마누엘의 측면은 처참한 피해를 입은 후에야 외젠 공의 공격에서 벗어날 수 있었다.

바이에른에서 프랑스의 군사적 노력은 한나절 만에 끝장나고 말았다. 탈라르 원수와 바이에른 선제후의 동맹군은 사상자로 2만 명을 잃었고 1만 4천 명은 포로로 붙잡혔다. 군대의 절반이 넘는 숫자였다. 영국군과 황제군은 1만 3천 명의 인명 피해를 입었지만 결과를 고려하면 감당할 수 있는 대가였다. 바이에른 선제후 막시밀리안 에마누엘은 자신의 영지로부터 차단되어 라인 강 방면으로 퇴각했다. 외젠 공은 여기서 그치지 않고 바이에른 선제후의 요새들을 포위하고 그의 영지를 점령했다. 탈라르 원수는 후퇴하는 동안 수천 명의 병사를 더 잃어서 라인 강 상류 지역에는 프랑스군이 거의 남아 있지 않았다. 루이 14세는 빈을 위협하고 전 제국의 명운을 위험에 빠트리며 그 해를 시작했다. 그는 8월 13일에 군대를 잃었고 11월에는 맹방마저 잃었다. 바이에른이 프랑스와의 동맹에서 발을 뺀 것이다. 남은 전쟁 기간 동안 루이 14세의 군대는 라인 강 서안의 기지를 중심으로 활동해야 했다. 프랑스 군대가 오스트리아 심장부를 위협하는 것보다 오스트리아군과 황제군이 프랑스를 더 쉽게 위협할 수 있었던 탓에 프랑스군은 전략적으로 불리한 입장에 서게 되었다.

전역과 전장 통솔력

근대 초기의 전쟁은 비싸게 먹히는 일이었다. 군대를 일으키고 물자를 대는 것은 1704년 말부터 공작과 막시밀리안 에마누엘이 모두 경험하게 되는 것처럼 국가와 개인의 엄청난 자원 부담이었다. 이 시기 전쟁들이 성격상 보통 왕가 간 사안이었기에, 영토의 획득은 무엇보다 중요했다. 실제로 점유하고 있

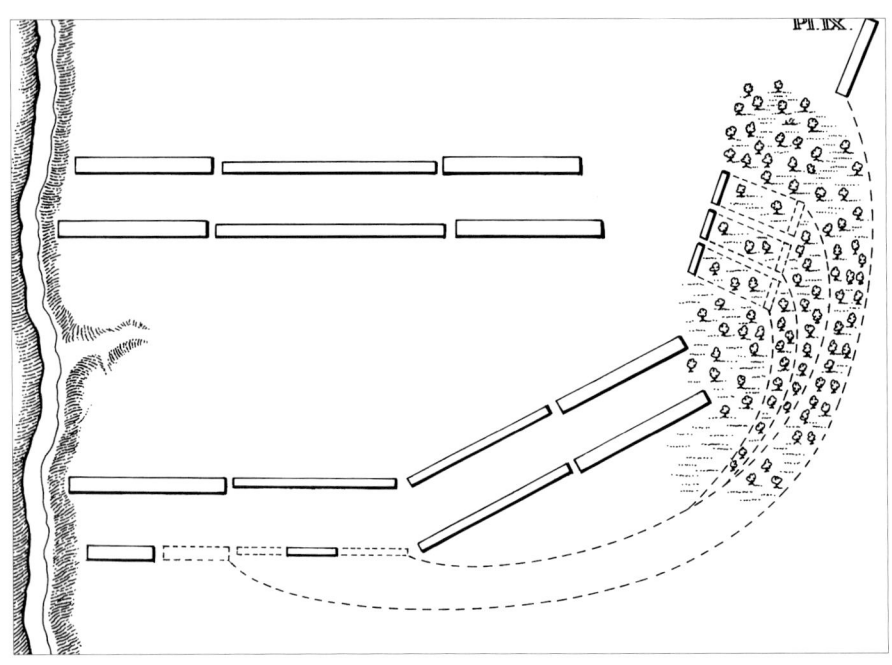

그림_ 이 다이어그램은 『군사 지침』이라는 제목이 붙은 프리드리히 대왕의 저작에 실려 있다. 이것은 사선 공격, 즉 적진을 향한 종사 전진을 잘 보여준다. 프리드리히 대왕은 이 전술을 로이텐에서 매우 성공적으로 운용하여 1757년 12월에 슐레지엔에서 오스트리아군을 격파했다.

으면 십중팔구 법적으로 더 유리했고, 상당한 크기의 영토와 마을, 도시를 점령한 후에 협상 테이블에 앉을 수 있는 능력은 강화 이후에 얼마간의 점령지를 계속 보유할 권리를 보장했다. 영토 획득은 무력 충돌의 비용을 메워주는 등 재정적 보상을 약속했다. 전투는, 기동 전술로 적의 의표를 찌르고 전투 없이 영토를 점령하는 것만큼 비용 효율이 높거나 수익이 높지 않았다.

따라서 근대 초기 내내 전투보다는 기동 전술과 포위를 선호하는 경향이 우세했다. 나사우의 마우리츠는 군 경력 기간 중 단 두 차례만, 즉 튀른하우트(1597년)와 니우포르트(1600년)에서만 주요 전투를 치렀다. 전투를 치르지 않은 채 적을 기동 전술로 무찌르고 승리를 얻는 능력은 더 고등한 전쟁 양식으로 여겨졌다. 기동은 상당한 영토적 이익도 제공했는데, 기동을 통해 적이 한 지역에서 완전히 밀려날 수도 있기 때문이다. 1632년 보헤미아에서 뉘른베르크까지 이어진 발렌슈타인의 진군은 구스타브 아돌프로 하여금 보급선과 연락선이 차단되는 것을 막기 위해 바이에른을 포기하고 북쪽으로 이동하게 만들었다. 이후 발렌슈타인이 작센에 진입하자 구스타브 아돌프는 프랑켄을 포기해야 했다. 루이 14세의 여러 전쟁 동안 포위전에서 육군 원수 세바스티앙 르 프레스트 르 드 보방이 거둔 성공들은 루이 14세의 다른 장군들의 군사적 활약보다 프랑스의 영토 보전과 팽창에 더 큰 기여를 했다.

> 장군에게 요구되는 능력은 끝이 없다. 장군은 군대를 유지해 나가는 법을 알아야 한다. …… 자신이 선택해서가 아니라 어쩔 수 없이 전투를 치러야 하는 상황에 맞닥뜨리지 않도록 군대를 배치하는 법도 알아야 한다. 서로 다른 온갖 배열에 따라 대형을 형성하는 법도 알아야 한다. 모든 전투에서 발생하는, 승리를 좌우하는 유리한 순간을 이용하는 법도 알아야 한다.
>
> ─ 모리스 드 삭스

장군들은 의식적으로 이러한 작업들 안에서 작전을 수행했으며 이러한 방식으로 국가적 목표를 추구했다. 결정적 전투의 부재는 소모전으로 이어졌는데, 그런 소모전 속에서 [적국의] 국가 자원은 적이 타협해오기 전에 바닥나야만 했다. 이는 1631~1632년에 구스타브 아돌프가 바이에른 전역을 샅샅이 훑고 다니고 1674년과 1688년 팔츠가 고의적으로 초토화되고, 1704년 말버러 공작이 바이에른을 유린한 이론적 근거다. 이러한 예들은 병참의 절대적 중요성을 잘 보여준다. 굶주린 군대는 말을 듣지 않게 되고 규율과 결집력이 사라진다. 병사들은 부정기적인 급료를 참아주지만 그것도 한동안만 그럴 뿐이었다. 군사 반란은 16세기와 17세기 군대에서 흔했다. "돈이 없으면 스위스인 병사들도 없다."는 경구는 병사들에게 급료를 제때 지급하는 것을 게을리 한 군사 청부업자들에게도 똑같이 적용되었다. 이 문제는 18세기 직업 군대에서도, 비록 형식은 다르지만, 지속되었다. 탈영은 끔찍한 문제였으며 장교와 부사관들이 무자비한 규율을 부과하는 데 기여했다. 프로이센 군대의 병사는 적보다 상사를 더 두려워한다는 관념은 거짓이 아니었다.

장군들이 전투를 받아들인 후 전투 대형은 고대 이래로 전통적인 대형, 즉 양익에는 기병을, 중앙에는 보병을 배치하는 것이었다. 기병은 18세기에도 백병전의 주요 무기였다. 기동성과 화기의 점진적 채택 덕분에 기병은 전장에서 가공할 만했다. 훨씬 느리게 이동하는 보병은 취약한 측면을 기병이 엄호해줄 필요가 있었다. 전투는 흔히, 적의 측면을 포위할 요량으로 양익에서 기병의 전진으로 개시되었다.

17세기, 군대의 규모가 커지면서 장군들은 대형을 더 두텁게 배치하게 되었다. 수백 미터 떨어져 전개되는 제2선이나 제3선 배치는 장군들로 하여금 제1선에 부대를 계속 투입함으로써 전투를 지속할 수 있게 해주었다. 제2선이나 제3선은 또한 제1선의 붕괴가 전군의 전멸로 이어지지 않게 하는 기능도 했다. 이러한 배치는 베게티우스가 강조한 것으로서 로마의 강한 영향을 반영했다.

15세기에 이르러 대포의 등장은 포위전의 성격을 바꾸었고 전쟁의 양상도 점차 변모시켰다. 16세기와 17세기에 대부분의 대포는 무겁고 기동이 어려웠다. 전장에 처음 배치하고 나면 그걸로 끝이었다. 구스타브 아돌프는 더 가벼운 연대 포를 진지하게 실험한 최초의 인물이었다. 대구경 무기들은 보통 아군이 전진해 사선을 가리기 전까지만 적을 포격할 수 있다. 연대 포는 더 쉽게 이동할 수 있으나 전투가 진행되는 와중에 이동하는 보병을 따라가기에는 아직 역부족이었다. 18세기까지 장군들이 대포를 어느 정도 기동성 있게 운용할 수 있는 경우는 거의 없었다. 당시 대부분의 경우 중포는 일제 공격을 앞두고 적진에 사전 준비 작업을 한 반면, 경포는 연대의 머스킷 사격을 보완했는데 둘 다 위치를 방어할 때에 가장 효과적이었다.

군대의 지휘와 통제는 과학적이라고 할 수 없었

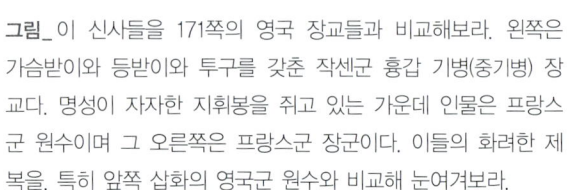

그림_ 이 신사들을 171쪽의 영국 장교들과 비교해보라. 왼쪽은 가슴받이와 등받이와 투구를 갖춘 작센군 흉갑 기병(중기병) 장교다. 명성이 자자한 지휘봉을 쥐고 있는 가운데 인물은 프랑스군 원수이며 그 오른쪽은 프랑스군 장군이다. 이들의 화려한 제복을, 특히 앞쪽 삽화의 영국군 원수와 비교해 눈여겨보라.

다. 군대의 규모가 커지고 전열의 두께와 폭이 점점 늘자 지휘-통제가 어려운 문제로 떠올랐다. 장군들은 군대를 양익으로 나눠 각각에 부하들을 임명하거나, 동맹군 장군들에게 양익 가운데 하나를 지휘하도록 맡겼다. 장군들이 직접 공격을 이끌어야 한다는 법은 없었지만 그렇게 하는 것은 장군들의 전사 문화였다. 장교들은 모범을 보임으로써 군대를 이끌었다. 그러나 시간이 흐르면서 그런 일은 점점 흔치 않게 되었고 17세기 말과 18세기가 되면 사령관들은 보통 전장이 한눈에 보이는 위치에서 전투를 지휘하였다.

장군들은 전투에서 연대의 깃발로 자신의 부대를 식별하고 부대의 진전 상황을 살펴볼 수 있었다. 깃발은 전투가 한창일 때 부대를 잃고 어찌할 바를 모르는 병사들에게 집결 장소도 제공했다. 화약 무기가 널리 보급되면서 연기가 전장을 많이 가리게 되었다. 전선의 한 곳에서 다른 곳으로, 또 지휘관한테서 예비 병력으로, 명령과 정보를 전달하는 데는 전령이 아주 중요했다. 전령이 장군의 명령을 부대에 때맞춰 전달하는 데 실패했을 때 장군은 직접 부대를 이끌고 전투에 뛰어들 수도 있었다. 1757년 프라하 전투에서 프로이센군 보병들이 흔들리는 것을 보자 말에 올라탄 슈베린 원수는 병사들의 군기를 낚아채고 "제군들이여, 힘을 내라."고 외쳤다. 안타깝게도 그는 그 직후 포도탄에 날아가고 말았다.

근대 초기 내내 군 병력은 전투 개시 시점에 투입되었다. 종심 방어와 예비 병력 유지가 전세에 유리하게 작용할 수는 있었지만 승리를 보장하지는 않았다. 대전투는 종종 작은 단위의 여러 교전으로 쪼개졌으며 이것들을 조율하는 장군의 능력은 시간이 흐를수록 줄어들었다.

장소를 고르고 야전 방어 시설을 구축하는 것도 중요했다. 장소 선정과 방어 시설 구축은 오늘날 전력 배가 요인이라고 부르는 것을 낳았다. 만약 수적으로 열세이거나 아니면 다른 이유로 방어 태세를

그림_ 프랑스군의 제복은 이 시기 다른 유럽 군대의 제복과 매우 비슷했다. 이 삽화는 메스트르-드-캉 기병 연대의 사병(말에 올라탄 사람)과 라 렌 기병 여단의 장교를 묘사했다. 두 부대 모두 로스바흐 전투에 참가했다.

취하려고 할 때, 장군은 측면을 보호하고 적의 전진을 분쇄하거나 적군을 전사자 다발 지역으로 몰아넣을 장소를 고를 것이다.

이는 승리의 가능성을 높여주었지만 그렇다고 해서 확실한 것은 아무것도 없었다. 표트르 대제는 나르바에서 카를 12세와 치른 첫 전투(1700년)부터 그 스웨덴 국왕을 상대로 한 폴타바의 승전(1709년) 때까지 야전 방어 시설과 참호를 어김없이 사용했다. 나르바에서 러시아군 보병은 스웨덴군의 단호한 공

3장 지휘와 통제 **181**

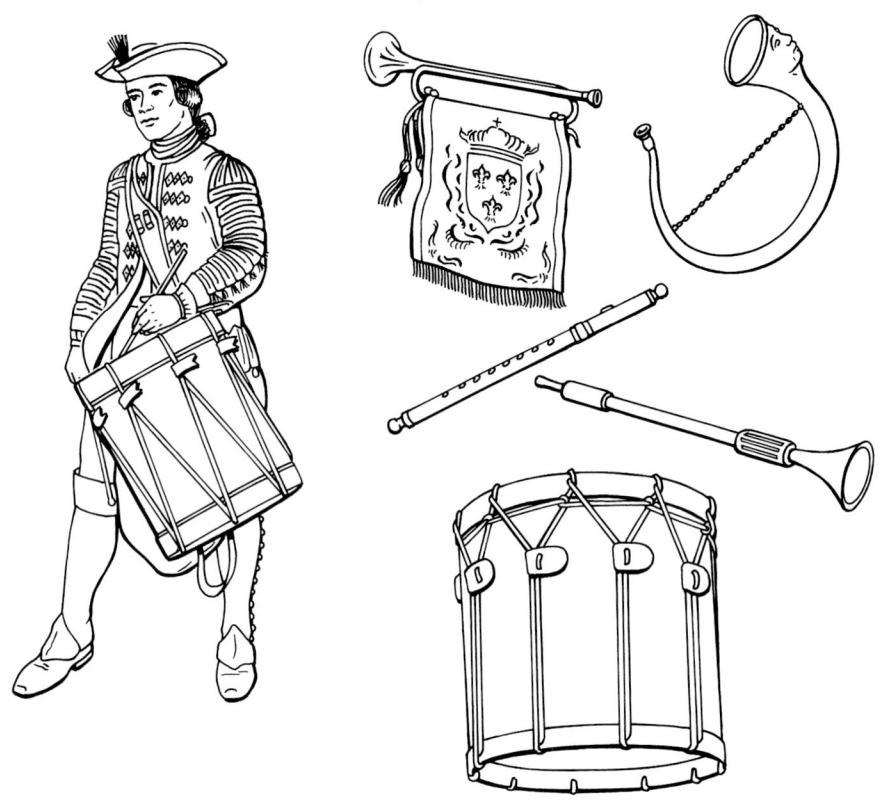

그림_음악은 유럽 군대에서 무척 중요했다. 피리 부는 사람, 북 치는 사람, 나팔수 등은 군대가 행진할 때 보조를 맞춰주었다. 북과 나팔은 포탄과 총알로 귀가 멍멍한 전장에서 명령을 전달하는 데 사용되었다. 연주자는 일반적으로 어린 소년들이었으며, 사병들과 확연히 구분되는 제복을 입었다.

격 앞에서 달아났다. 폴타바에서 러시아 군대는 요새화된 진지에서 위치를 지켰으며 본진에서 멀리 떨어진 보루에서 스웨덴군의 강습을 서서히 약화시킨 후 진지에서 출동하여 성공적인 반격을 가했다.

전투는 진공 상태에서 치러지는 것이 아니라 전역이라는 더 큰 맥락 안에서 진행되었다. 장군들은 위험 가능성을 고려하고 전투의 순이익이 귀중한 인력과 물자를 투입할 만큼 가치가 있는지 결정해야 했다. 근대 초기의 명장들의 면면을 살펴보면, 대부분은 별로 전투를 치르지 않았고 전역 기간을 심각한 교전 없이 끝내기도 했다. 18세기가 되자 무력 충돌의 범위와 군대의 규모는 전투의 위험 부담을 덜어주었다. 결국 장군들은 위대한 프로이센군 장군 헬무트 폰 몰트케가 1866년 오스트리아에 승리를 거두고 난 후 "전쟁에서 큰 위험 부담 없이 큰 승리를 거둘 수는 없다."고 한 말을 이해해야만 했다.

1757년 로스바흐 전투: 승승장구하는 프로이센군
동시대의 다른 많은 군주들과 달리 프리드리히 대왕은 전투를 두려워하지 않았다. 1757년 한 해 동안만 그는 프라하, 콜린, 로스바흐, 로이텐, 이 네 곳에서 4차례 교전을 치렀다. 로스바흐만 빼면 모두 희생이 컸다. 역사가들은 종종 프리드리히 대왕이 전투를 통해 전멸전을 추구했는지 소모전을 추구했는지 논쟁해왔다. 이러니저러니 해도 어쨌든 프로이센은 적들에게 둘러싸여 있었다. 1750년대에 합스부르크제국 여제 마리아 테레지아는 대륙의 주요 강대국들을 설득해 프로이센 군주를 물리치고 그의 영토를 분할하려는 노력에 동참하게 만들었다.

1757년 프리드리히 대왕은 오스트리아의 적대에 직면했고 그의 다른 적대국 가운데 러시아와 프랑스도 빠트릴 수 없었다. 프로이센왕국은 적수들보다 동원할 수 있는 인력과 자금이 부족했다. 영국은 이

군인-국왕의 편을 들었지만 영국의 개입은 대체로 하노버와 북독일에 초점이 맞춰져 있었다. 1757년 프리드리히 대왕이 치른 전투 가운데 두 가지는 그가 원해서 싸운 것이 아니었다. 프라하 전투와 콜린 전투는 [프로이센의] 프라하 포위를 풀려는 오스트리아의 노력의 산물이었다. 그러나 로스바흐 전투와 로이텐 전투는 전략적 위협을 제거하려는 목적에서 치른 의도적 교전이었다. 로스바흐 전투는 전역 수행에서 특히 중요한 역할을 했다. 사기가 떨어졌던 군주는 로스바흐 승전으로 다시 기운을 차렸고 프로이센의 영토를 확고히 지켰다.

1757년은 순조롭게 시작되었다. 전년도 작센 점령으로 프리드리히 대왕은 봄에 보헤미아를 침공할 수 있었다. 출정한 지 몇 달 못 되어 그는 프라하 성문 앞에 진을 치고 있었다. 그러나 여름에 접어들며 전세가 역전되었다. 5월 브라운 원수 휘하 오스트리아의 구원군이 보헤미아의 수도에 근접했다. 극소수의 병력만 남겨둔 채 프리드리히 대왕은 군사를 이끌고 가서 하루 동안의 참혹한 전투를 벌인 끝에 브라운 원수를 무찔렀지만 소중한 친구 슈베린 원수의 희생도 감수해야 했다.

한 달 후 두 번째 오스트리아군 수장인 다운 원수가 도시를 구원하러 진군해왔다. 다시 한 번 프리드리히 대왕은 프라하를 포위하던 병력 가운데 일부를 이동시켜 오스트리아군 원수와 교전했다. 콜린 전투는 궁여지책이었고 프리드리히 대왕은 이 전투에서 구사일생으로 포로 신세를 면했다. 군인-국왕이 손에 칼을 든 채 어느 보병 연대를 향해 "네놈들은 영

> 신중하게 행동한다 하더라도 장군은 날씨나 작황, 장교들과 병사들의 건강 상태, 실수 …… 밀정의 발각, 마지막으로 배신에 이르기까지 …… 여전히 불운을 겪을 수 있다. 이것들이야말로 행운에 눈이 멀지 않도록, 불운에 대비할 수 있도록 끊임없이 주시해야 할 것들이다.
> ___프리드리히 대왕, 『군사 지침』

영 살기를 바라느냐?"고 외치며 장광설을 토해냈다는 곳이 이곳이었다. 1만 4천 명의 사상자를 낸 프리드리히 대왕은 전장을 적에게 넘겨주고 프라하 포위를 푼 채 비틀거리며 작센으로 복귀했다. 상황은 악화일로였다. 1757년 봄, 프랑스가 전쟁에 뛰어들어 에스트레 공작 휘하의 대군을 독일로 보낸 것이다.

이것만으로도 이미 타격이 컸지만 프리드리히 대왕은 곧 프로이센이 스웨덴과 러시아에 의해 더 위태로운 지경에 빠졌음을 알게 되었다. 스웨덴은 봄에 대(對)프로이센 동맹에 가담하여 스웨덴령 포메른에 소규모 군대를 상륙시켰다. 엘리제베타 여제도 거대한 러시아군을 전쟁에 합류시켰다. 그 해 여름 러시아의 아프락신 원수는 10만 군사를 이끌고 동프로이센에 진군했는데 프리드리히 대왕은 그곳에 군사를 3만 명만 보유하고 있을 뿐이었다.

적에게 둘러싸이다

프로이센 국왕은 적들에게 결정타를 가할 수 있는 기회를 찾았다. 콜린에서 승리한 후 오스트리아는 군대를 슐레지엔으로 이동시켜 프리드리히 대왕이 10년 전에 빼앗았던 그 땅을 되찾으려고 했다. 프리드리히 대왕은 슐레지엔에 주둔해 있는 한 줌의 프로이센군을 구하러 갈 수도 있었지만, 수비즈 공 샤를 드 로앙 휘하 2만 4천 명의 두 번째 프랑스 군대가 라인 강을 건너면서 더 좋은 기회가 생겼다. 헤센-카셀을 통과해 프랑켄으로 이동하면서 수비즈 공은 황제군을 지휘하는 요제프 폰 작센-힐부르크하우젠 장군을 만날 예정이었다. 1757년 오스트리아는 프리드리히 대

왕에 대항해 크라이제 분견대를 소집할 것을 요청했다. 그 해 여름이 되자 황제군은 3만 2천 명을 넘었고 프랑스군과 합치면 프리드리히 대왕의 야전군보다 2배 많았다.

동맹군의 계획은 수비즈 공과 작센-힐부르크하우젠 장군이 작센으로 진격하는 동안 하노버의 프랑스군은 브란덴부르크를, 러시아군은 동프로이센을, 오스트리아군은 슐레지엔을 침공하는 것이었다. 10월이 되자 프랑스군과 황제군은 작센 공국령에 진입했다. 프리드리히 대왕은 1703년 빌라르 원수와 막시밀리안 에마누엘의 경우처럼 두 장군들 간의 협조가 부족한 덕을 보았다. 오스트리아-프랑스 군사 협정에 따르면 수비즈 공은 작센-힐부르크하우젠 장군의 보조군으로 활동해야 했다. 그러나 보조군이라는 관념은 수비즈 공의 비위에 맞지 않았다. 그는 군사 경험이 별로 없었고 그의 직책은 그의 사회적 지위 덕분이었다. 그는 아직 프랑스군의 원수가 아니었으며 1757년 전역에서 총사령관으로 임명된 것은 루이 15세의 정부인 퐁파두르 부인과의 친분 덕분이었다. 프리드리히 대왕은 퐁파두르 부인에게 뇌물을 먹여 프랑스가 전쟁에 나서는 것을 재고해보게 하려고 했지만 실패했다. 그러나 하노버에 있는 프랑스군의 새 사령관 리슐리외에게서는 더 훈훈한 답변을 받았다.

10월 말 프리드리히 대왕은 수비즈 공과 작센-힐부르크하우젠 장군을 향해 군대를 서쪽으로 이동시켰는데 두 사람의 군대는 탈영 문제에 시달리고 있었다. 전역을 위한 병참 준비가 허술해서 병사들은 굶주렸고 급료도 지급받지 못했다. 그럼에도 프랑스군과 황제군이 제대로 협조하기만 한다면 두 동맹군과 프로이센군의 수적 차이는 여전히 무시할 수 없는 수준이었다. 그러나 수비즈 공은 프리드리히 대왕을 상대로 전투를 치르기보다 기동 작전을 펴는 쪽을 선호했다.

수비즈 공과 작센-힐부르크하우젠 장군 간의 분열은 프리드리히 대왕에게 프랑스군이나 황제군의 양익 가운데 하나를 붙잡을 좋은 기회를 제공했다. 프로이센군이 잘레 강을 건너자 일시적으로 분리되어 있던 수비즈 공과 작센-힐부르크하우젠 장군은 합류하여 수적 안전을 도모하기로 했다. 11월 4일 저녁에 이르러 프로이센군은 동맹군이 있는 곳과 그리 멀지 않은 로스바흐 마을 인근에 진을 쳤다. 정확한 첩보를 통해 프리드리히 대왕은 두 군대가 보급이 부족하다는 사실을 알고 있었다. 그는 적군이 4만 1천 명에 지나지 않는다는 사실도 알아냈다. 작센-힐부르크하우젠 장군의 군대의 1/3인 1만 1천 병력만이 수비즈 공의 군대와 함께 있었는데, 수비즈 공의 군대에는 수천 명의 독일 동맹군 병사들이 포함되어 있었다.

작센-힐부르크하우젠 장군과 수비즈 공은 그날 아침 프로이센 국왕을 공격하기로 결정했다. 정면으로 돌격하는 대신 그들은 자신들의 진지를 엄폐하고 프로이센군의 왼쪽 측면으로 군대를 이동시켜 프리드리히 대왕을 기습할 작정이었다. 합리적인 계획안이었고 평소 그들답지 않게 대담했다. 프리드리히 대왕은 다음 달 로이텐에서 그와 똑같은 작전을 선보이게 된다. 그러나 차이가 있었다. 프랑스군과 황제군은 3개의 행군 종대로 정렬하느라 그날 아침 거의 대부분을 보냈다. 전위 부대는 오스트리아군과 독일군 중기병들이었다. 앞 두 종대는 프랑스군으로 이루어진 반면, 세 번째 종대는 작센-힐부르크하우젠 장군이 이끌었다.

신속한 대응

프랑스군의 여러 대대가 아군 진영을 엄폐하고 있었지만 프로이센 정찰대는 그 안에서 분명히 무언가가 분주히 진행되고 있음을 알아차렸다. 정오가 되자 동맹군이 움직이는 기척은 없었다. 한 프로이센 대위가 프리드리히 대왕의 점심을 방해했다. 아군 진영을 엄폐하던 프랑스군 보병 대대를 관찰하던 중 프로이센군 왼쪽에서 동맹군 행군 종대를 발견했다는 것이다. 프리드리히 대왕은 대위의 보고를 일축했지만 다른 이들도 유사한 정보를 들고 왕을 찾아오자 자리에서 일어섰다. 프로이센군의 위치가 이미 위험에 빠졌으며 오스트리아군 기병 전위 부대가 왼쪽과 배후에서 프로이센군의 대형과 직각으로 다가오고 있음을 깨달은 프리드리히 대왕은 기병 지휘관 자이들리츠 장군에게 전 기병을 이끌고 가 동맹군의 전진을 차단하라고 명령했다. 프로이센군의 재배치는 과단성 있는 리더십의 핵심적 중요성을 보여주며 위기에 재빠르게 대응할 줄 아는, 규율이 잘 잡힌 전문 군대의 이점을 보여주었다.

자이들리츠 장군이 기병들을 이끌고 떠나자 프로이센군 보병들도 행군을 시작했다. 프리드리히 대왕은 현지 지리의 도움을 받았다. 그의 바로 뒤편에, 동맹군에게는 비스듬하게 야누스 언덕이 서 있었다. 그는 언덕 마루에 중포를 배치해 1.6킬로미터 넘게

그림_1757년 12월 2일 아침, 로이텐 전투를 앞두고 프리드리히 대왕이 장군들에게 이야기하고 있다. 전투 도중 명령을 전달하기는 어려웠기 때문에 전투 전날 밤이나 아침에 하달된 명령은 분명하게 숙지되어야 했다. 일단 군대가 배치되고 계획에 따라 움직이기 시작하면 계획을 변경할 수 있는 기회는 거의 없었다.

로스바흐 전투

1757년

수비즈 공 휘하의 프랑스군은 작센 공국령에 있는 요제프 작센-힐부르크하우젠 장군 휘하의 황제군과 합류하기 위해 프랑켄을 통과해 진군했다. 프리드리히 대왕은 프랑스군과 황제군이 서로 가까이 있는 순간이 그들을 칠 기회라고 생각했다. 11월 4일 그는 수비즈 공과 작센-힐부르크하우젠 장군 군대 맞은편 로스바흐에 진을 치고 전투를 유도했다. 다음 날 두 장군은 프리드리히 대왕 진영의 왼쪽을 돌아나가 측면 포위 기동을 시도하기로 했다. 아군 진영을 엄폐한 프랑스-바이에른군은 우회 행군을 시작했다. 동맹군 행군 대열 1.6킬로미터 앞에는 전위 부대가 말을 달리고 있었다. 프리드리히 대왕은 전초 부대의 경고를 받고 신속히 전군을 재배치하는 한편, 대대를 전방에 보내 동맹군을 향해 종사 공격을 하게 했다. 또 동맹군의 기병대를 차단하기 위해 프로이센군 기병대와 함께 자이들리츠 장군을 파견했다. 자이들리츠 장군은 적의 기병 대대를 흩어지게 했고 동맹군 오른쪽으로 돌아나갔다. 프리드리히 대왕의 보병 대대가 프랑스-바이에른 군대 앞에 나타나 대형을 재조정하려는 동맹군을 격파했다. 프랑스군 오른쪽 측면에 자이들리츠 장군이 출현하자 수비즈 공의 군대는 깜짝 놀랐고 곧 산산조각 났다.

프리드리히 대왕은 보헤미아에서 퇴각한 군대가 쉴 곳으로 작센을 골랐는데, 독일 한가운데에 위치해서 적의 무수한 공세에 금방 대응할 수 있기 때문이었다.

1 수비즈 공과 작센-힐부르크하우젠 장군은 대규모 기병 부대를 전위 부대 삼아, 프로이센군 진영 왼쪽 측면을 우회하도록 군대를 이동시킨다.

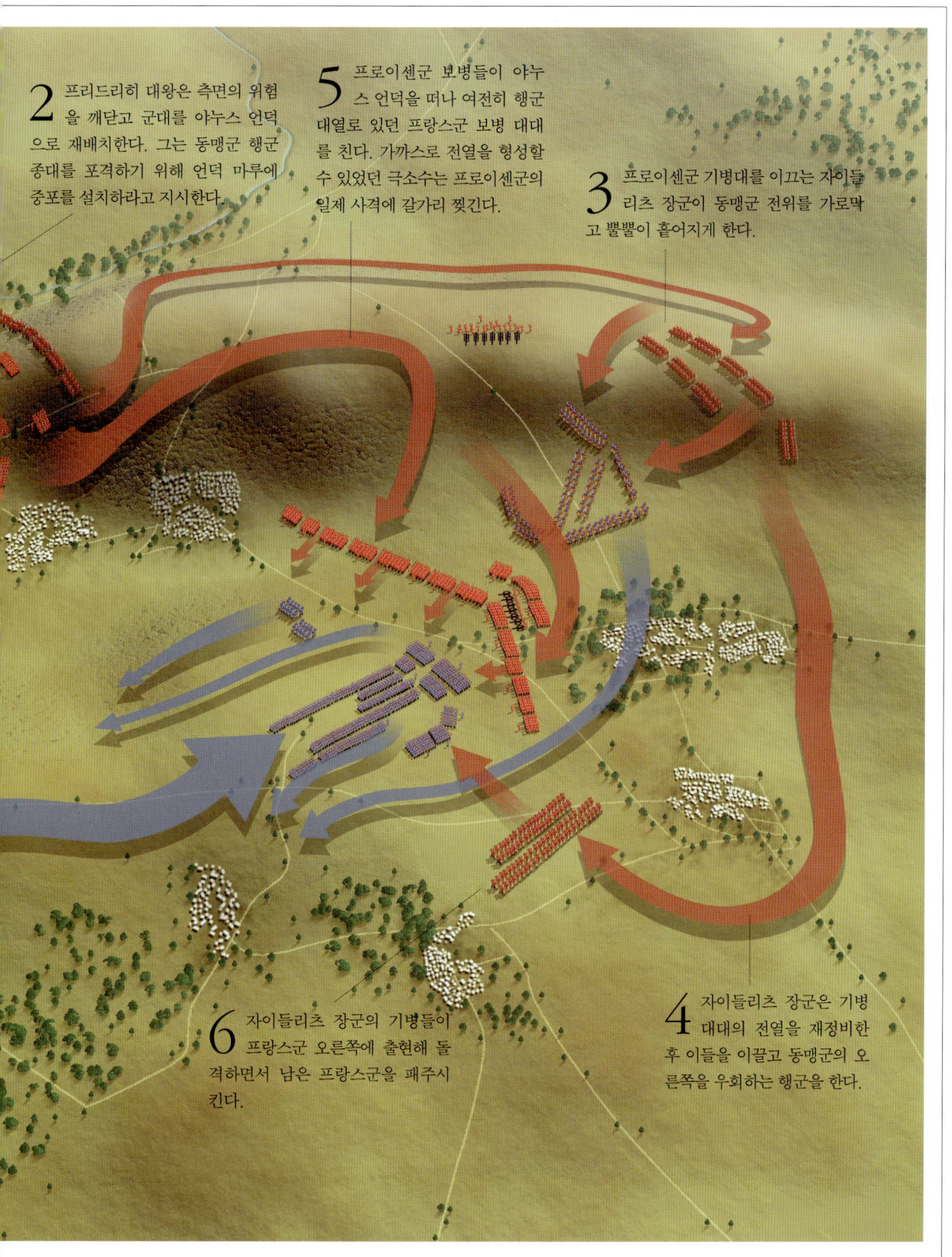

2 프리드리히 대왕은 측면의 위험을 깨닫고 군대를 야누스 언덕으로 재배치한다. 그는 동맹군 행군 종대를 포격하기 위해 언덕 마루에 중포를 설치하라고 지시한다.

5 프로이센군 보병들이 야누스 언덕을 떠나 여전히 행군 대열로 있던 프랑스군 보병 대대를 친다. 가까스로 전열을 형성할 수 있었던 극소수는 프로이센군의 일제 사격에 갈가리 찢긴다.

3 프로이센군 기병대를 이끄는 자이들리츠 장군이 동맹군 전위를 가로막고 뿔뿔이 흩어지게 한다.

6 자이들리츠 장군의 기병들이 프랑스군 오른쪽에 출현해 돌격하면서 남은 프랑스군을 패주시킨다.

4 자이들리츠 장군은 기병 대대의 전열을 재정비한 후 이들을 이끌고 동맹군의 오른쪽을 우회하는 행군을 한다.

3장 지휘와 통제 **187**

떨어진 프랑스군을 포격하라고 지시했다. 프로이센군 보병 대대는 한 치의 오차 없이 정확하게 왼쪽으로 방향을 틀어 언덕 위 새로운 위치로 행군했다. 프리드리히 대왕이 식사를 그만둔 지 90분이 채 지나지 않아 전군이 재배치를 마쳤다. 3시 15분, 프로이센군 포대가 포문을 열었고 곧이어 야누스 언덕 근방에서 자이들리츠 장군의 기병들이 나타났다. 앞쪽에는 동맹군 기병대가 여전히 종대를 지어 있었다. 자이들리츠 장군은 기병 38개 대대를 출동시켰다. 기습을 당한 오스트리아군 기병대는 일부만이 돌격에 맞설 수 있었다. 싸움은 격렬했지만, 프로이센군 기병들은 동맹군 기병 대대를 흩어지게 하는 데 성공했다. 적군이 도망치자 자이들리츠 장군은 기병 연대를 다시 불러들였는데 병사들의 탁월한 훈련 성과와 장군의 뛰어난 역량을 보여주는 실례였다. 프로이센군 보병들이 프랑스군을 향해 언덕을 내려오자 자이들리츠 장군은 연대를 재정렬한 후 포젠도르프 마을과 타게베르덴 마을 너머로, 프랑스군의 오른쪽으로 크게 돌아나가는 행군을 명령했다.

프로이센군 대대들이 야누스 언덕에서 내려오자 동맹군은 자신들과 프로이센군의 위치 사이에 있는 움푹 들어간 지형 탓에 적의 진행 방향을 관측할 수 없었다. 맨 왼쪽에 위치한 대대들이 프랑스군을 마주 보는 오른쪽으로 선회하자, 프로이센군 보병들의 모습이 동맹군의 전면에서 처음으로 보였다. 프리드리히 대왕 군대의 중앙과 오른쪽도 얼마 지나지 않아 모습을 드러냈다. 프랑스군 보병 7개 대대만이 프로이센군이 공격하기 전에 전투 대형을 갖출 수 있었다. 질서정연한 일제 사격이 동맹군 행군 종대 앞부분에 빗발치듯 쏟아졌다. 프랑스군 보병 대대는 흔들렸다.

무엇보다 공격 시점이 결정적이었다. 보병 공격이 전개되고 있을 때 자이들리츠 장군의 기병대가 프랑스군 오른쪽에 출현했다. 프로이센군 중기병 대대는 이미 흔들리고 있던 프랑스군을 향해 돌격했다. 수비즈 공이 어떤 통제력을 발휘하고 있었든 간에 그것은 한순간에 사라졌다. 작센-힐부르크하우젠 장군은 운이 더 좋았는데, 황제군이 대열 후위에 있었기 때문이다. 그는 보병 대대를 전투 대열로 정렬할 시간 여유가 더 있었고 프랑스군의 패주를 엄호해야 하는 상황을 묵묵히 받아들였다. 프로이센군 보병들의 사격과 대포의 일제 사격은 작센-힐부르크하우젠 장군의 전열에 구멍을 냈다. 헤센-다름슈타트 대대가 점점 잦아드는 포격을 견디면서 퇴각을 엄호했다. 자이들리츠 장군은 기병에게 재차 돌격을 지시하여 도주하던 황제군을 완전히 무력화했다.

오후 5시가 되자 프랑스군은 전장에서 깨끗이 자취를 감췄다. 작센-힐부르크하우젠 장군은 소규모 잔여 병력과 함께 전장을 떠났다. 프리드리히 대왕은 그날 전투를 이겼을 뿐 아니라 여름 내내 자신을 압박하던 전략적 상황을 뒤집는 승리도 거머쥐었다. 전투에서 프리드리히 대왕은 500명을 잃었다. 프랑스군과 황제군의 손실은 훨씬 컸다. 5천 명이 죽거나 다쳤으며 5천 명이 포로가 되었다. 겨울 숙영지로 이동하는 대신 프리드리히 대왕은 슐레지엔의 오스트리아군에 맞서 신속히 동쪽으로 이동하기로 했다. 한 달 후 그는 로이텐에서 오스트리아군을 격파할 수 있었다. 프리드리히 대왕은 이제 1757년을 프로이센에게 좋은 해로 여길 수 있게 되었다. 묘하게도 그 해는 수비즈 공에게도 그리 나쁘지 않은 해가 되었는데, 패전을 작센-힐부르크하우젠 장군 탓으로 돌릴 수 있었기 때문이다. 수비즈 공은 이듬해 원수봉을 하사받았고 다시 한 번 지휘권을 쥐게 되었다. 루이 14세 시대라면 블레넘 전투 후 탈라르 원수처럼 자리에서 쫓겨날 수도 있었지만 지금은 루이 15세의 시대였고 퐁파두르 부인의 우정은 한갓 패전보다 영향력이 더 컸다.

결론

장군 직은 16세기 이후 적지 않게 변화했다. 전쟁의 양상, 군대의 구성, 기술, 증가한 세수, 인구 성장과 근대 국가의 형성은 모두 거대한 변화를 초래했다. 군사 기구의 설립과 리더십의 발전은 전쟁을 수행하는 관료제를 창출하는 한편 관료제를 감독하는 군사 행정 제도를 만들어냈다. 군사 혁명은 이러한 요소를 모두 포괄하며 유럽 귀족을 병역 계급으로 재정의했다.

18세기 중반이 되면서 전쟁이 제도화하자 체계화와 조직화에 대한 요구가 점점 커졌다. 또한 이성의 시대에 원수와 장군, 장교들은 군사 교육을 직업의 토대 가운데 하나로 간주해야 했다. 사관학교와 군사사 연구가 이미 등장하고 있었고 프리드리히 대왕은 자신의 장교 집단을 가르치기 위해 여러 권의 책을 썼다. 그러나 독일의 군대들에서 찾아볼 수 있는 군사 전문가는 여전히 비교적 드문 족속이었다. 7년 전쟁에서 프로이센군의 불굴의 저력과 프랑스 군대의 처참한 패배에 자극받은 루이 15세는 의미 있는 군사 개혁을 단행했다. 그에 따라 새로운 사관학교에서 훈련받은 비귀족들에게도 장교가 될 수 있는 길이 열렸다. 그 결과, 훗날 혁명전쟁과 나폴레옹 전쟁 시기 프랑스의 군사 지도부를 구성하게 될, 교육을 잘 받은 전문 장교 집단이 탄생하게 되었다.

4장
포위전

공성포는 14세기 중반에 최초로 유럽에 출현하여 다음 몇 세기에 걸쳐 전투, 특히 포위전을 혁명적으로 변화시켰다. 이 새로운 대포에 대응하기 위해 복잡한 능보와 외보 체계가 고안되었고 포위전에 대한 점점 더 정교한 새로운 이론들이 제시되었다.

최초 공성포의 생김새는 후대의 전문 공병 장교에게 딱히 인상적이지 않았을 것이다. 초창기 공성포는 쇠로 된 단순히 속이 빈 포신으로, 고정된 나무 받침대에 설치되어 쇠나 돌로 된 포탄을 날려보냈다. 사정거리, 정확도, 사격 속도 모두 보잘것없었다. 그러므로 14세기와 15세기 초에는 방어 시설의 건물을 바꾸거나 개선해야 할 이유가 별로 없었다. 요새와 성의 벽들은 여전히 높았지만 두껍지 않았고 사다리나 공성탑을 이용한 강습에 대비해 축조되었다.

그림_ 프란츠 게펠스의 그림은 1683년 빈 포위전을 묘사한 것인데, 이 빈 포위전에서 대와지르가 이끄는 오스만군 병사들이 이 겹겹이 요새화되고 영웅적으로 방어된 도시를 손에 넣으려 했다. 얀 소비에스키 국왕이 이끄는 폴란드군의 알맞은 도착으로 유럽을 정복하려던 오스만제국의 이 마지막 시도는 어마어마하고 수치스러운 실패로 끝난다.

중세의 대포는 수레에 실어 운반하고 그 후에는 말이나 사람의 힘으로 발사 위치까지 날라야 하는 사실 번거로운 존재였다. 유동적인 기동전에서 쉽게 사용할 수 있는 포가 아니었으며 그 역할은 요새화된 도시와 성을 포위하는 데 국한되었다. 이 모든 것은 프랑스인들이 이동이 가능하고 화력이 강력한 개선된 공성 포대 siege train〔엄밀하게는 공성포와 각종 장비, 이를 운반할 수 있는 포차 등 수송 기구와 공성포 전문 병사들을 모두 합친 것〕를 만들면서 변하게 된다.

프랑스 대포

프랑스 포의 설계는 혁명적이었다. 포신은 단단한 청동으로 주조되었고 그 길이는 2.4미터였다. 대포는 쉽게 운반하기 위해 아주 적은 말로 끌 수 있는 나무 마차에 실렸다. 이러한 기동성 덕분에 프랑스군은 공세를 취할 경우, 1494년 이탈리아에서처럼 전례 없이 유리한 고지에 설 수 있었다.

그러나 그것이 전부가 아니었다. 총신은 포이砲耳, 다시 말해 포신을 포가에 걸칠 때 쓰는 포신 양옆에 튀어나온 손잡이를 축으로 하는 지렛대의 받침점을 중심으로 위아래로 움직일 수 있었으며 포이는 포신의 무게 중심 바로 앞쪽, 바퀴가 둘 달린 포차의 차축 거의 바로 위에 위치하도록 주조되었다. 포신을 좌우로 움직이기 위해서는 가미架尾〔포가의 다리〕를 땅에서 들어 올린 후 포차를 왼쪽이나 오른쪽으로 돌렸다. 포가에 고정되어 있고 다루기 힘든 중세의 '쇠 파이프'와 달리, 이것은 현대적인 포였고 기본 설계는 19세기 말까지 변하지 않게 된다. 프랑스식 포는 적은 수의 말로 상대적으로 짧은 시간 안에 굉장히 멀리까지 운반할 수 있었고 발사 장소에 도착하는 대로 즉시 사용 가능한 상태였다. 대포는 중세의 포처럼 성벽의 기저만 맞힐 수 있는 게 아니라 포신을 들어 올려 발사 각도를 고도로 높일 경우, 탑

그림_ 16세기 대부분 동안, 유럽의 전쟁에서 사용된 전형적인 청동 대포는 포신이 1.25미터였다. 이 대포는 15세기의 대포를 개선한 것이었는데, 15세기 대포는 포신을 좌우로 돌리거나 들어 올릴 수 없으며 매우 효과적이지 못하고 부정확하며 조악한 무기였다.

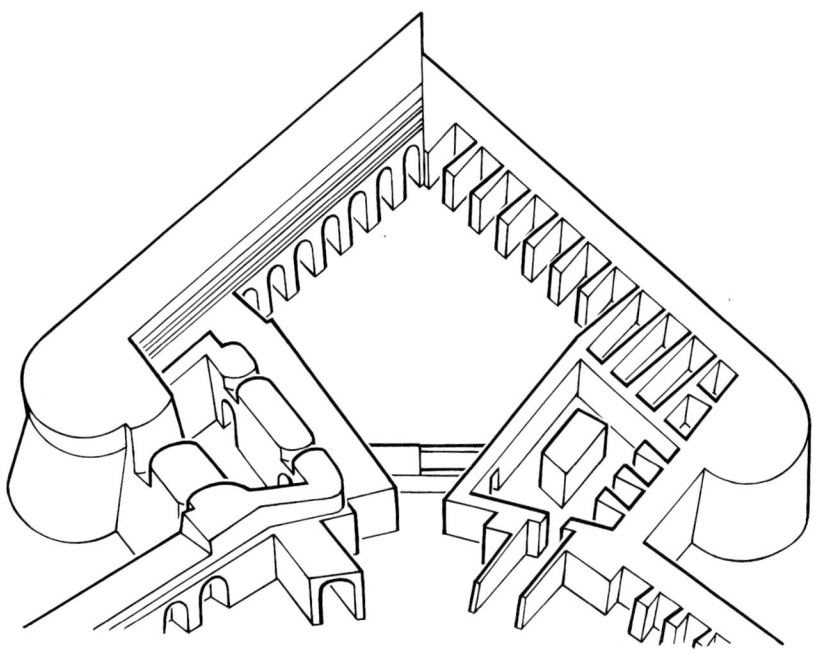

그림_ 이탈리아인들은 엄청난 파괴력을 자랑하면서 동시에 기동성도 뛰어난 '프랑스'식 포격에 대응하고자, 1561년 G. 찬키가 그린 이 그림에서 볼 수 있는 완전히 새로운 형태의 요새를 창안했다. 성벽은 직각으로 건설되었고 포탄이 빗나가게 하기 위해 아래로 완만하게 경사를 이루도록 축조되었다. 포격을 견디는 성벽을 지지하기 위해 성벽 뒤쪽에는 안쪽으로 석조 버팀대가 세워졌다.

이나 외벽의 가장자리를 사격할 수도 있었다.

그러나 프랑스인들은 — 두 세기 후 공병대의 부상을 가능케 한 특징인 전문성과 철저함을 과시하며 — 대포는 대포의 운용을 위해 특별히 훈련된 사람과 한 팀을 이뤄야 한다고 믿었다. 이 역시 옛 관념과 방법론에서 벗어난 것이었다. 프랑스 군대에서 포수나 포병은 특별한 훈련과 지휘를 받는 전문가 집단이었다.

1494년 말 샤를 8세는 포 운용법을 잘 훈련받은 전문 병사들과 장교들이 이끄는 크고 현대적인 공성 포대를 비롯하여 상당한 규모의 군대를 이끌고 이탈리아를 침공했다. 이탈리아인들은 이전 세기의 장비와 방법으로는 여러 날이 걸렸을 포위전을 프랑스군이 단 몇 시간 만에 해치우는 것을 보며 요새와 요새화된 도시가 이러한 적에 맞서 이길 가망이 전혀 없다는 사실을 깨닫고 경악했다. 샤를 8세는 피렌체와 로마를 손에 넣었고, 1495년 1월이 되자 끝내 나폴리까지 손에 넣었다.

'이탈리아식' 요새: 새로운 공성포에 대한 대응

이탈리아인들은 '북방의 야만인'들의 침공에 대한 처음의 놀라움이 일단 가시자, 요새를 전면적으로 점검하고 자신들의 대포도 프랑스 노선을 따라 만드는 것으로 활발히 대응했다. 1494~1495년 원정의 충격은 승패의 균형추를 포위하는 쪽에 전적으로 유리하게 이동시켰다. 이탈리아인들은 새로운 요새를 설계함으로써 이제 양자 간 승산의 차이를 크게 줄였다.

중세 성벽은 얇고 높았다. 새로운 대구경 포에, 이러한 크고 높은 목표물은 그저 믿기 힘들 정도로 손쉬운 상대였다. 단기 해법은 포의 화력을 흡수하여 높은 성벽을 보호할 수 있는 육중하고 낮은 흉벽을 흙으로 쌓는 것이었다. 성벽 강습대가 흉벽을 오르고 차지하는 것을 방지하고자 이러한 흙 제방 위에는 나무 말뚝을 박았고 특별히 선발된 병사들이 지켰다.

이런 종류의 토루는 임시방편에 불과했으며 정기적으로 보수되지 않는다면 말뚝이 금방 썩어버리는

그림_ 이탈리아 요새 양식을 모방하여, 흙으로 쌓은 이 네덜란드 요새는 17세기 초의 것이다. 리벨리노라고도 하는 분리된 능보(A)와 반월보 demilune(B), 각보 hornwork(C) 같은 특징들을 비롯하여 여러 단계로 구성되어 있다(물결 표시는 해자).

한편, 함몰되어 붕괴할 우려가 컸다. 분명히 옛 중세식 석조 성은 현대식 요새로 대체되어야 했지만, 이는 토목 기술과 비용 측면에서 엄청난 노력을 요구했다.

이탈리아 기술자들은 둥근 중세식 탑을 거부하고 대신 외벽이 두 측면과 바깥으로 뻗은 사각형의 능보를 고안했다. 능보는 여러 가지 장점이 있었다. 해자를 따라 맹렬한 교차 사격을 집중시킬 수 있었고, 중세의 둥근 탑 앞에 있던 사각지대를 없앴다. 각진 벽을 따라 매우 많은 대포를 설치할 수 있었고 따라서 이웃하는 능보에 지원 사격을 할 수 있었다. 이전의 많은 방어 시설과 달리 각각의 능보는 근접 사정거리를 스스로 방어할 필요가 없었다. 이러한 망치 모양의 능보는 그 자체로 거대하고 강력한 요새였다. 가까이 붙어 있는 능보들은 능보와 능보 사이에 끼어 있는 공간을 집중 포격으로 쓸어버릴 수 있었다.

새롭게 건설된 요새 도시 베로나는 이탈리아 양식의 본보기로 간주되었다. 그러나 이탈리아 기술자들은 특정한 모델이나 축성 체제에 구애받지 않았으며 자신들의 설계를 주변 지형과 지리에 맞게 변형시켰다. 베네치아 시가 베네치아 석호 남단에 있는 키오자에 주 요새를 건설했을 때 이 요새는 베로나 시와 달리 거대한 석조 누벽이 아니라 물에 잠긴 넓은 해자로 둘러싸였다.

1497년이 되자 제노바인들은 리벨리노 rivellino라고 하는 삼각형 토루를 설계했는데 성문과 성벽의 취약 지점을 보호하는, 다시 말해 중세의 감시 망루와 똑같은 기능을 하는 구조물이었다. 리벨리노가 성벽 전체를 방어하기 위해 더 전반적으로 이용될 수 있다는 사실은 금방 드러났다. 그에 따라 리벨리노는 능보를 보호하거나 능보에 엄호 사격을 지원할 수 있도록 혹은 막벽 curtain wall(능보와 능보 사이 벽)을 추가로 보호하기 위해 막벽 앞에 일정한 간격으로 건설될 수 있었다. 제3의 방어선은 물이 마르거나 채워진 해자 뒤쪽에 위치한 엄폐 통로(비스듬한 제방에 의해 보호를 받는 통로)였다. 이 통로는 요새를 공격하는 측에 맞서 근접 사격을 유지하는 머스킷 총병들을 엄호해주고 요새 바깥으로 공격하러 가는 보병들을 보호해주었다. 요새는 다시금 쉽게 넘볼 수 없게 되었으며 포위군의 포격에 대항할 태세를 갖추게 되었다.

새로운 이탈리아 축성 체제는 주효했다. 1500년 프랑스-피렌체 동맹군이 피사 시를 포위했을 때 도시는 일단 프랑스군이 성벽을 향해 포격을 시작하면 쉽게 함락될 줄 알았다. 공격자들은 성벽에 틈새를 냈고 프랑스군은 별 다른 어려움 없이 도시에 들이닥쳐 약탈을 할 수 있으리라 기대했다. 그러나 도시를 방어하던 사람들은 프랑스군에게 고약한 깜짝 선물을 준비해두었다. 그들은 성벽 뒤에 해자를 파고 해자 뒤에 이른바 레티라라retirara ─ 독립 누벽, 다시 말해 피사의 이중 누벽 ─ 를 세웠다. 틈새로 쏟아져 들어온 프랑스군은 새로운 벽을 발견하고 낙심천만이었다. 누벽 뒤쪽에 모여 있던 보병과 머스킷 총병, 대포를 몰아낼 수 없었기 때문에 누벽을 장악하려는 프랑스군의 시도가 여러 차례 있었지만 모두 수포로 돌아갔다.

이 예기치 못한 강력한 저항과 높은 사상자 수로 인해 레티라라를 장악할 희망이 보이지 않자 사기가

그림_ 이 그림의 포위군은 요새의 방벽에 구멍을 냈지만 뜻밖에도 수비군이 16세기 이탈리아의 포위전 기술을 따라, 레티라라라고 하는 새로운 즉석 방어선을 구축했음을 알게 되었다. 그림에 묘사되어 있는 것처럼 레티라라는 흙으로 누벽을 쌓고 나무 판자로 덧댄 후 위에 주머니를 쌓아 만든다.

4장 포위전 195

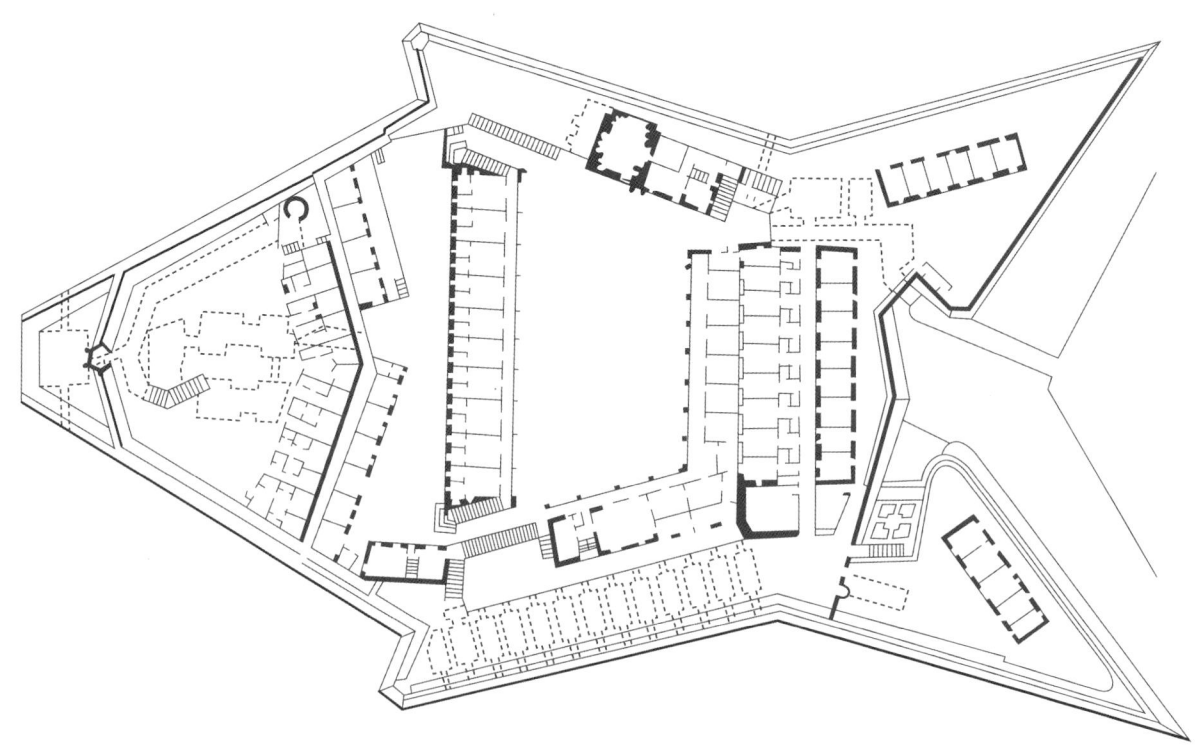

그림_ 성 엘모라는 작은 요새는 1552년에 에스파냐의 군사 기술자이자 건축 장인인 돈 페드론 파드로가 그랜드 하버에 있는 몰타 방어선의 핵심으로 건설했다. 잘 설계되긴 했지만 외부 방어 시설이 없으며 오스만군의 박격포에 매우 취약했다.

떨어진 프랑스군 —— 이제까지 무적으로 보였던 —— 은 포위를 풀었다. 9년 후 파도바 시의 수비군이 똑같은 수단을 채택했을 때 프랑스군은 파도바를 함락하려다 이번에도 실패했다. 새로운 대포가 초기에 보여주던 어마어마한 파괴력을 새로운 요새가 무력화했다는 것은 이제 의심의 여지가 없었다. 패배한 프랑스군은 이러한 전개 양상을 당연히 주목했고 1543년 프랑스 국왕 프랑수아 1세는 1백 명의 이탈리아 기술자들을 데려와 사방으로 뻗어나가는 광대한 왕국의 국경 지대를 따라 새로운 양식의 요새를 짓게 했다.

오스만군의 굴착 기술

오스만군의 공성포가 아쉬운 점이 있었다 하더라도, 그 점은 그들의 굴착mining(성벽까지 땅굴을 판 후 그 아래 화약을 설치해 성벽의 기지를 함몰시켜 성벽을 무너트리는 전술) 작전에는 적용되지 않았다. 오스만 군대에 모집된 노련한 민간 광부들, 특히 세르비아 광부들이 굴착 작업을 이끌었다. 광부는 밤에 돌멩이에 줄을 매달아 성벽 발치까지 던진 후 줄을 자르고 다시 잡아당긴다. 그렇게 해서 줄의 길이를 재면 성벽에 닿기 위해 땅굴을 얼마나 길고 깊게 파야 하는지 계산할 수 있다. 땅굴은 입구 땅바닥에 박아 넣은 말뚝에 다림줄(줄 한 끝에 추를 매달아 벽의 수직, 수평도를 측정하는 데 쓰는 줄)을 매달아 정확한 일직선을 유지시켰으며 땅굴을 파 들어가는 쪽에는 양초를 두었다.

유럽인들도 열성적인 광부들이었고 오스만투르크인에게서 기술을 배웠다. 1500년 오스만군은 이오니아 제도에 있는 베네치아 영토인 케팔리니아 섬을 점령하고 성 조르조 요새에 강력한 수비대를 주둔시켰다. 오스만투르크인들을 관찰하고 그들에게 기술을 배워 익힌 후 베네치아를 위해 일하고 있던 에스파냐인 페드로 나바로는 땅굴을 파서 요새의 능보를 날려버렸다. 나바로는 이탈리아에서 동포들에 합세해 프랑스인과 싸웠고 1503년에는 나폴리 바깥 카스텔로 누오보의 성벽 아래로 거대한 땅굴을 판 후 폭파시켜 프랑스군을 공포로 몰아넣었다.

다음 2세기에 걸쳐 유럽인들은 땅굴을 포위 전략의 필수 요소로 삼았지만, 위대한 프랑스 기술자 세바스티앙 르 프레스트르 드 보방의 영향하에서 공성 포대와 참호가 우세하게 된다.

1565년 몰타 포위전: 유럽을 구한 포위전

1453년 콘스탄티노플 함락부터 1683년 빈 포위전까지 유럽은 가공할 오스만제국으로부터 지속적인 위협에 직면했다. 유럽인들은 발칸을 가로지르는 오스만군의 진군에 무기력한 무관심으로 대응했고 오스만군에 의해 헝가리왕국이 패망한 1521년 모하치 전투조차도 냉담한 서유럽인들을 동요시키지 못했다.

그래도 오스만군에 대한 저항이 없지는 않아서, 교황과 에스파냐와 베네치아의 가톨릭동맹이 지중해에서 저항했고, 무엇보다도 성 요한 구호기사단이 저항을 보였다. 성 요한 구호기사단은 1522년에 로도스 섬이 오스만군에게 함락된 후 바위투성이 몰타 섬으로 근거지를 옮겼다. 성 요한 구호기사단은 지중해의 무슬림 선박 항행에 지속적이고 심각한 위협이 되었다.

술탄 쉴레이만 '대제'는 몰타를 침공해 정복함으로써 지중해의 서쪽 절반에서 자신의 병참선을 위협하는 성 요한 구호기사단을 평정하기로 결심했다. 몰타 섬은 오스만군의 수중에 들어올 경우 시칠리아와 나폴리 남쪽에 위치한 전략적 기지로서, 이탈리아를 침공해 기독교 유럽에 대항하려는 술탄의 성전에서 기독교도에게 골칫거리를 안겨주기에 이상적인 곳이었을 것이다. 쉴레이만이 지금까지 승승장구하던 자신의 군대가 또 다른 요새를 함락하며 원정이 단 몇 주 만에 낙승으로 끝나길 기대하고 있었다면, 깜짝 놀랐으리라. 전투에서, 특히 포위전에서 승리하는 쪽은 최후까지, 다시 말해 인간 인내력의 일반적인 한계까지 혹은 그 한계를 넘어서까지 싸우기로 작정한 쪽이다. 포위전을 견디기 위해서는 비범한 리더십과 보기 드문 인간성을 갖춘 지휘관이 필요하다. 성 요한 구호기사단과 몰타 주민들에게 단장인 장 파리소 드 라 발레트 기사는 바로 그런 사람이었다. 젊은 시절에 발레트 단장은 로도스 포위전에 참가했고 그가 두려워하는 만큼 동시에 혐오하는 적에게 몰타를 넘겨주느니 차라리 죽겠다고 결심했다. 그에게는 단호한 결의와 결코 꺾이지 않는 의지가 있었고, 세계에서 가장 가공할 전쟁기계에 맞서서 자신의 그러한 자질을 조금도 남김없이 이끌어내야 했으리라.

성 요한 구호기사단 단원들과 몰타 주민들을 신뢰한 발레트 단장은 우선 섬의 취약한 지점을 강화하고 기존의 방어 시설을 현대화하는 일에 착수했다. 그는 남동부 해안의 그랜드 하버를 방어하는 데 초점을 맞췄다. 가장 격렬한 전투가 전개될 주요 방어 시설은 스치베라스 반도 끄트머리에 있는 성 엘모 요새였다. 1552년 에스파냐 기술자에 의해 설계

> 얼마나 튼튼한 요새든지 간에 요새를 함락하고 싶다면 중포 24문, 강력한 컬버린 포 6~7문, 화약 20만 파운드를 가져갈 각오를 해야 한다.
> ─ 기즈 공작

되고 완공된 성 엘모 요새는 반도를 방어할 뿐 아니라 마르사무셰토(몰타의 마르삼세트의 옛 문헌식 표현)의 항구 입구와 만도 엄호했다. 성 엘모 요새는 작고, 네 군데가 뾰족하게 튀어나온 별 모양 요새로서, 석회암과 모래로 만든 높은 벽으로 둘러싸여 있었다. 요새는 단단한 암반 위에 세워져 있었다.

그러나 성 엘모 요새의 약점은 요새가 자리한 위치였는데 스치베라스 산 아래 저지대에 세워져 있어서 오스만군이 산에서 포격을 통해 요새를 지배할 수 있었던 것이다. 요새 자체도 시간 부족과 건축가의 선견지명 부족 탓에 질이 떨어지는 암석으로 지어졌다. 게다가 해자나 외안外岸(해자를 따라 세워진 경사진 외벽), 리벨리노처럼 내부 핵심부를 보호할 외부 방어 시설도 없었다. 지휘를 맡자마자 발레트 단장은 요새와 도개교로 연결되는 외안과 리벨리노 건설을 명령했다.

그랜드 하버 맞은편에는 몰타의 주요 요새들이 있었다. 비르구는 장기 포위전을 대비하여 식량과 물자를 저장하는 주요 요새였다. 요새의 가장 강력한 방어 시설은 남쪽을 바라보고 있었는데 바로 네 개의 능보와 반능보로 보호되는 거대한 석조 해자였다. 물이 흐르는 좁은 해자를 사이에 두고 비르구와 떨어져 있는 곳에는 그랜드 하버를 내려다보는 대포가 많이 놓여 있는 성 안젤로 요새가 있었다. 좁은 그리스 선거船渠 너머에는 센글레아가 있었다. 비르구처럼 센글레아도 요새화된 도시였는데, 남쪽으로는 성 미카엘 요새로 엄호되었다. 발레트 단장은 때에 딱 맞게 비르구와 센글레아의 방어 시설을 보수·개량했다. 그는 수비대를 성 요한 구호기사단 단원 600명과 몰타 비정규병 7,000~8,000명으로 늘려 이 넓은 방어 시설을 유지하고 지키게 했다. 마지막 방어 조치로 발레트 단장은 성벽 바깥의 모든 건물을 철거하고 오스만군이 물자와 노동력을 구할 수 없도록 요새 바깥의 시골에서 농민들을 남김없이 몰아내고 식량도 모조리 없앴다.

이러한 조치는 너무 이른 게 아니었는데, (6,300명의 정예 예니체리를 포함한) 4만 병력을 실은 거의 200척의 전함으로 구성된 거대한 오스만군 함대가 1565년 5월 18일 해변 앞바다에서 발견되었기 때문이다. 이튿날 오스만군은 몰타 섬 남부 해안에 아무런 저항도 받지 않고 상륙했다.

무스타파 파샤와 그의 해군 동료 피알리 파샤 제독은 몰타 포위전 초기에 치명적인 세 가지 전략상 실수를 저질렀다. 그들은 주요 요새에서 멀리 떨어진 곳에 상륙한 데다가 방어가 허술한 므디나를 손에 넣지 못해서 상륙 교두보에서 공성 보루까지 이어지는 병참선과 보급로를 기독교 수비군에게 고스란히 노출하고 말았는데, 결국 기독교 수비군은 오스만군의 병참선과 보급로를 끊임없이 공격하며 차단했다. 그러나 그들의 가장 큰 실수는 대규모 자원을 비르구와 센글레아에 쏟아붓는 대신 성 엘모 요새를 공격한 것이었다. 오스만군은 며칠 만에 성 엘모 요새를 손에 넣을 수 있으리라 내다봤다. 그들은 무척이나 의외의 곤경을 겪게 될 처지였다.

오스만군은 성 엘모 요새 위쪽 고지에 흙벽을 세우고 60파운드 포 2문과 80파운드 포 10문, 73킬로그램짜리 단단한 포탄을 발사하는 거대한 박격포 1문을 설치했다. 오스만군은 대리석, 무쇠, 돌덩이 등으로 된 포탄을 사용해 5월 24일부터 성 엘모 요새를 포격했다. 그들의 포격은 별다른 위협이 되지 못했다.

지금까지의 진행 상황이 영 마땅치 않았던 술탄 쉴레이만은 여든 살의 알제리의 베이자 북아프리카 해적들의 사령관인 투르구트 파샤를 새로운 사령관으로 임명해 파견했다. 투르구트 파샤는 무스타파 파샤와 피알리 파샤가 저지른 잘못들, 특히 성 엘모 요새 공격에 경악했다. 철수하기에는 너무 늦었다고 판단한 투르구트 파샤는 성 엘모 요새를 교차 사격하고자 갤로우즈 포인트에 포대를 설치하고 아군을 보호하기 위한 차단벽을 세웠다.

무스타파 파샤는 알제리인〔투르구트 파샤〕에게 밀려난 사실이 탐탁지 않았고 그래서 대규모 예니체리 부대를 보내 성 엘모 요새를 강습하게 했다. 성 엘모 요새의 수비군은 병기고에 있는 온갖 포위전용 무기를 발사했는데 이 가운데는 그리스 화약Greek Fire〔중국의 흑색 화약과 달리 액체로 된 화약〕도 포함되어 있었다. 그리스 화약은 두께가 얇은 통에 질산칼륨과 잘게 빻은 유황, 역청, 암모니아, 수지, 테레빈유를 뒤섞은 매우 고약한 혼합물이었다. 병사들은 노끈에 불을 붙인 후 적에게 투척했다. 불이 붙은 끈적끈적한 내용물은 현대의 네이팜과 비슷한 작용을 해서 옷가지와 피부, 머리카락에 달라붙었다. 수비군은 또한 트럼프Trump ― 속이 빈 나무나 금속관에 인화성 액체를 채운 것 ― 도 활용하여 오스만군에게 던지거나 떨어뜨렸다. 마지막으로 불꽃 고리firework hoop가 있었다. 이것은 가벼운 나무를 브랜디에 담근 후 기름을 바르고, 기름을 먹인 양모와 무명을 씌운 후 마지막으로 질산칼륨과 화약을 뿌려 만들었다. 예니체리의 흩날리는 옷자락은 목표물로 안성맞춤이었고 사람의 살이 타는 냄새가 공기 중에 가득했다. 이 공격은 오스만군 2,000명의 목숨을 앗아갔다.

가차 없는 포격 속에서 고위 장교들은 성 요한 구호기사단 단장에게 성 엘모 요새를 소개하자고 촉구했지만 오히려 어떤 희생을 치르더라도 기어이 요새를 사수하겠다는 발레트 단장의 각오만 굳혔을 뿐이었다. 그는 심약한 단원들을 자리에서 물러나게 하고 증원군을 파견했으며 요새의 지휘관 루이지 브롤리아를 질책하며 최후까지 싸우라고 명령했다. 발레트 단장은 성 엘모 요새가 하루하루 버틸수록 주 요새가 더 많은 시간을 벌고 구원군이 도착할 때까지 더 많은 시간을 벌 수 있다는 사실을 잘 알고 있었다. 6월 7일 오스만군 대포가 수 시간 동안 지속될 대규모 집중 포격을 개시했고 사흘 후 무스타파 파샤는 다시 한 번 예니체리를 출격시켰다. 이번에는 예니체리에게 그들만의 비밀 병기가 있는 듯했다. 그들은 성 요한 구호기사단의 무거운 갑옷에 날아가 달라붙는 소이 수류탄 ― 사케티sachetti ― 을 던졌다. 기독교인들은 이 수법을 이미 예상하여 단원들이 뛰어들 물통을 미리 준비해두었다. 공격이 멈췄을 때 전사자는 성 요한 구호기사단 60명, 예니체리

그림_ 폭파용 화구petard 이면의 아이디어는 매우 단순하면서도 파괴적이었다. 박격포에 화약을 채워 나무 발사대에 올린 후, 포위한 성문이나 성벽의 지정 부위에 그 화구를 대고 발사해 커다란 구멍을 내는 것이다. 그러나 작전은 생각보다 훨씬 자주 실패해서 제 꾀에 넘어간다는 의미의 "자기 화구에 들어올려지다 hoisted by his own petard."라는 표현이 생겨나게 되었다.

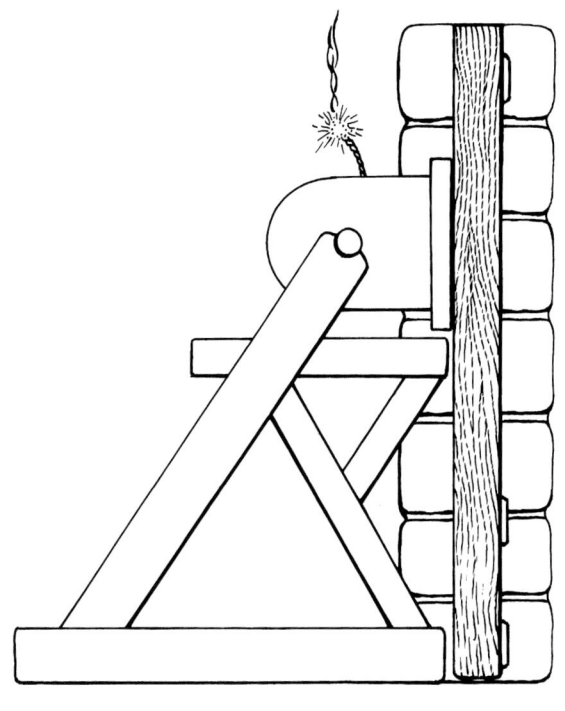

1,500명이었다. 수비군의 사기는 계속 높았다.

 실패하면 자신의 목에 명주 끈이 감기리라는 것을 아는 무스타파 파샤는 성 엘모 요새가 몇 주가 넘게 버티자 제정신이 아니었다. 그는 오스만군 언월도로 무장한 이아얄라르Iayalar들, 즉 지원자들을 대거 내보내기로 했다. 꾸란의 구절을 외치는 물라와 오스만 군악대의 요란한 취주에 고무되고 4천 명의 머스킷 총병들의 화력 지원을 받은 이아얄라르들은 성벽으로 돌진했지만 수비군의 화력과 무기에 격퇴되었을 뿐이다. 이번에 수비군은 150명이 죽었지만 이아얄라르도 1,000명 넘게 죽었다. 이 강습 이틀 후에 투르구트 파샤는 포탄에 치명상을 입었다. 그러나 이제 차단벽이 완공되어 성 엘모 요새는 완전히 포위되었고 그랜드 하버와의 병참선도 끊겼다. 6월 22일 오스만군은 또 한 차례 대규모 공격을 감행했으나 이번에도 격퇴되었다. 여섯 시간의 백병전 끝에 수비대는 200명을 잃었고 오스만군은 열 배가 넘는 병사를 잃었다. 이튿날 오스만군은 한 명도 빠지지 않고 전원 공격에 참가했다. 그들은 처음에 100명의 수비군에게 격퇴되었지만 두 번째 강습은 성공했다. 피로 얼룩진 술탄의 깃발이 성 엘모 요새의 성벽 위에 나부꼈다. 오스만군에게는 희생이 큰 승리였다. 몰타의 요새 가운데 가장 작고 가장 약한 이 요새를 차지하기 위해 거의 1/4에 가까운 병사들 — 8,000명 — 이 희생되었다. 이제 오스만군은 센글레아로 눈길을 돌렸다.

 무스타파 파샤는 센글레아의 북단을 공격하기 위해 예니체리 병사 1,000명을 보트에 실어 항구로 파

그림_ 대포가 충분하지 않을 때 병사들은 임기응변으로 대처해야 했다. (당대의 그림에서 가져온) 이 그리스 화약 단지는 공격자에게 던지거나 떨어뜨릴 수 있는 단순하지만 치명적 무기였다. 고약한 내용물은 옷가지와 피부와 무기에 달라붙었다. 머스킷으로 발사된 소이탄도 끔찍하기는 마찬가지였다. 이 단지는 그리스 화약이 담긴 두께가 얇은 도기로, 머스킷 끝에 매달아 포위군이나 수비군에게 발사했다. 나무 말뚝이나 목재 건물에 사용되었으나 병사들에게도 대단한 효력을 발휘했다.

견하는 한편, 또 다른 병력으로는 성 엘모 요새의 남쪽 성벽을 공격했다. 그러나 수비군은 해안선을 따라 대포 5문을 감춰두었다. 이 대포들이 보트를 향해 바로 코앞에서 포문을 열어, 오스만군 800명이 죽었다. 살아남은 병사들도 바닷가에 닿자마자 죽임을 당했다. 그 사이 육상 강습도 격퇴되었다.

무스타파 파샤는 비르구로 주의를 돌렸고 오스만 군대의 대규모 포성이 멀리 시칠리아까지 들릴 정도였다. 오스만군은 5일간의 집중 포격으로 성벽에 틈을 냈지만, 8월 7일 성벽의 틈을 통해 들이닥쳤을 때 요새 성벽 뒤에 또 다른 벽이 있다는 것을 알게 되었다. 그들은 그 자리에 멈춰 섰고 이내 자신들이 기독교도의 반격에 쫓기고 있음을 알게 됐다.

8월 18일 아침 오스만군은 센글레아에 대규모 포격을 시작했으나 이것은 양동 작전의 일환이었다. 오스만군이 판 땅굴이 비르구 성벽 아래서 폭파되어 성벽의 넓은 부위가 무너져내리면서 커다란 구멍이 생겼다. 오스만군은 힘차게 함성을 지르며 그 구멍으로 돌진했으나 곧 발레트 단장이 손수 이끄는 성 요한 구호기사단과 몰타 수비군에 직면했다. 발레트 단장은 다리에 부상을 입었지만 도시의 성벽이 기독교도의 손에 무사히 돌아왔을 때에야 붕대를 감았다.

그다음, 오스만군은 커다란 나무 공성탑으로 비르구 함락을 시도했지만 공성탑은 인화성 무기를 사용한 성 요한 구호기사단에 의해 불이 붙고 말았다. 8월 말이 되자 많은 사상자 때문에 오스만군의 사기는 땅에 떨어졌고 보급품은 바닥나고 가을이 다가오고 있었다. 9월 1일, 그들은 내키지 않은 공격을 시도했지만 이번에도 실패했다. 일주일 후 요새 바깥에는 오스만군 병사가 한 명도 남아 있지 않았고 소규모 에스파냐 증원군이 섬 북단에 도착했다. 성 요한 구호기사단과 몰타 주민들은 우레와 같은 테 데움 Te Deum〔대관식이나 승전과 같은 기념 행사 때 연주되는 라틴 찬송가〕으로 승리를 축하했으며 기독교와 이슬람 간의 성전의 연대기에서 가장 크고 가장 예상치 못한 승리를 축하하며 몇 시간 동안 성당 종을 울렸다. 몰타는 안전했고 오스만군은 두 번 다시 돌아오지 않았다. 오스만군은 몰타를 함락하려고 시도하는 과정에서 병사자를 포함하여 무려 2만 5천~3만 명이라는 어마어마한 수의 병사를 잃었고 1년 후 쉴레이만은 세상을 떴다. 그의 강적 발레트는 1568년 7월에 죽었다.

포위전: 80년 전쟁

펠리페 2세는 아버지에게서 네덜란드에 있는 영토를 물려받자마자 16세기 중반에 칼뱅주의 신교로 개종한 북부 네덜란드 신민들의 반란에 직면했다. 그의 대응은 마드리드가 단순한 반란이라고 크게 오판한 사태를 진압하도록 유능하고 무자비한 알바 공작을 파견한 것이었다. '단순한 반란'은 근대 유럽사에서 가장 긴 전쟁으로 발전하여, 1648년까지 이어지게 되었다. 그때에 이르면 에스파냐는 기진맥진한 거인이 되고 네덜란드공화국, 즉 북부 네덜란드는 세계에서 가장 부유하고 강력한 해상 세력이 된다. 이 기나긴 무력 충돌은 근대 포위전을 탄생시켰고 다음 3세기 동안의 포위전 양식을 확립했다.

1567년, 네덜란드에 도착한 알바 공작은 브뤼셀이나 발랑시엔, 나무르 같은 남부 네덜란드의 모든 도시에 강력한 석조 방어 시설이나 성채를 건설하기 시작했다. 이 전략은 궁극적으로 에스파냐령 네덜란드가 될 지역(즉 벨기에)을 구하게 된다. 그러나 에스파냐군의 전진은 북쪽으로 갈수록 힘들어졌는데, 이는 네덜란드군이 지금까지 무적이었던 에스파냐 테르시오를 저지하기 위해서 북쪽의 호수나 늪지, 제방과 운하 뒤에 매우 복잡하고 강력한 야전 방어 시

몰타 포위전

1565년

오스만군 사령관들은 개전 초기 4만 명에 달하는 거대한 오스만군을 몰타의 주요 방어 시설 —— 그랜드 하버를 둘러싼 요새들 —— 에 집중하지 않고 대신 자그마한 외곽 요새인 성 엘모를 무력화하려다 몇 주씩이나 그곳에 꽁꽁 묶이게 되는 심각한 실수를 저질렀다. 함락을 자신하던 오스만군은 요새 수비대가 갤로우즈 포인트에 유사한 포대를 설치하여 전력을 다해 저항하는 만일의 사태를 대비하지 못했다. 며칠이면 마무리되어야 할 막간극이 몰타 전투에서 가장 참혹하고 오래 끄는 대목이 되어버린 것이다. 덕분에 성 요한 구호기사단은 주요 방어 시설에서 채비를 갖출 시간을 벌 수 있었고, 두 달간이나 지속된, 진이 빠지는 장기 포위전은 오스만군의 사기를 갉아먹었다. 오스만군이 비르구와 센글레아로 주의를 돌렸을 때는 원정 기간이 이미 너무 많이 길어졌고 군대의 사기도 땅에 떨어져 8월 18일 대규모 공격은 실패했다.

지중해 정중앙에 자리한 몰타 섬은 북쪽에 있는 에스파냐가 지배하는 시칠리아와 남쪽에 있는 오스만제국의 영토인 트리폴리타니아(오늘날의 리비아) 사이에 있었다.

설을 건설했기 때문이다. 포위한 도시나 요새를 손에 넣으려면 참을성과 끈기가 필요하다는 것을 에스파냐인들이 깨닫기까지는 오랜 세월이 걸렸다. 1572년, 더 집요한 실행 방식으로 원숙해진 에스파냐군의 방법은 성과가 있었다. 에스파냐군은 도시 주변으로 연속적인 포위선을 구축해 도시 수비군은 도시 안에, 구원군은 도시 바깥에 꽁꽁 묶었다. 그 해, 몽스와 하를럼이 에스파냐군의 손에 떨어졌다.

6년 후 파르마 공작 알레산드로 파르네세가 지휘권을 이어받았는데 그의 방법론은 아예 포위전을 전적으로 회피하는 것이었다. 그리고 이를 위해 반란 세력이 장악한 도시를 고립시키고 구원군이나 물자가 도시로 들어가지 못하도록 도시 주변 시골 지역을 완전히 소개해버리는 것이었다. 그러면 희생이 많이 필요한 포위전을 치르지 않고도 반란 세력은 조만간 항복할 수밖에 없을 것이다.

따라서 그는 포위전을 치르는 것을 꺼렸다. 마스트리흐트 시는 1578년에 다시 에스파냐의 수중에 들어왔지만 2,000명의 귀중한 병사의 목숨을 희생한 다음이었다. 안트베르펀에서 파르마 공작은 더 냉철하고 논리적인 공격 계획을 실행했다. 그는 북쪽에 있는 반란 세력의 물자나 증원군이 도시로 들어오는 것을 막기 위해 부교를 띄워 스헬더 강을 차단했고 방비가 더 허술한 안트베르펀의 강쪽 성벽을 포격하

그림_ 오스만군은 이전의 포위전에서 중세식의 공성탑을 사용해 좋은 효과를 봤지만 몰타에서는 처참한 실패로 끝났다. 오스만군은 물을 먹여 딱딱하게 굳은 가죽을 성문을 바라보는 쪽 탑 측면에 씌워 적이 쏘는 불화살이 와서 박히지 않도록 했다. 그러나 몰타의 성 요한 구호기사단이 숨겨둔 대포와 사슬탄으로 공격하자 이 엉성한 구조물은 요란한 굉음과 함께 무너져버렸다.

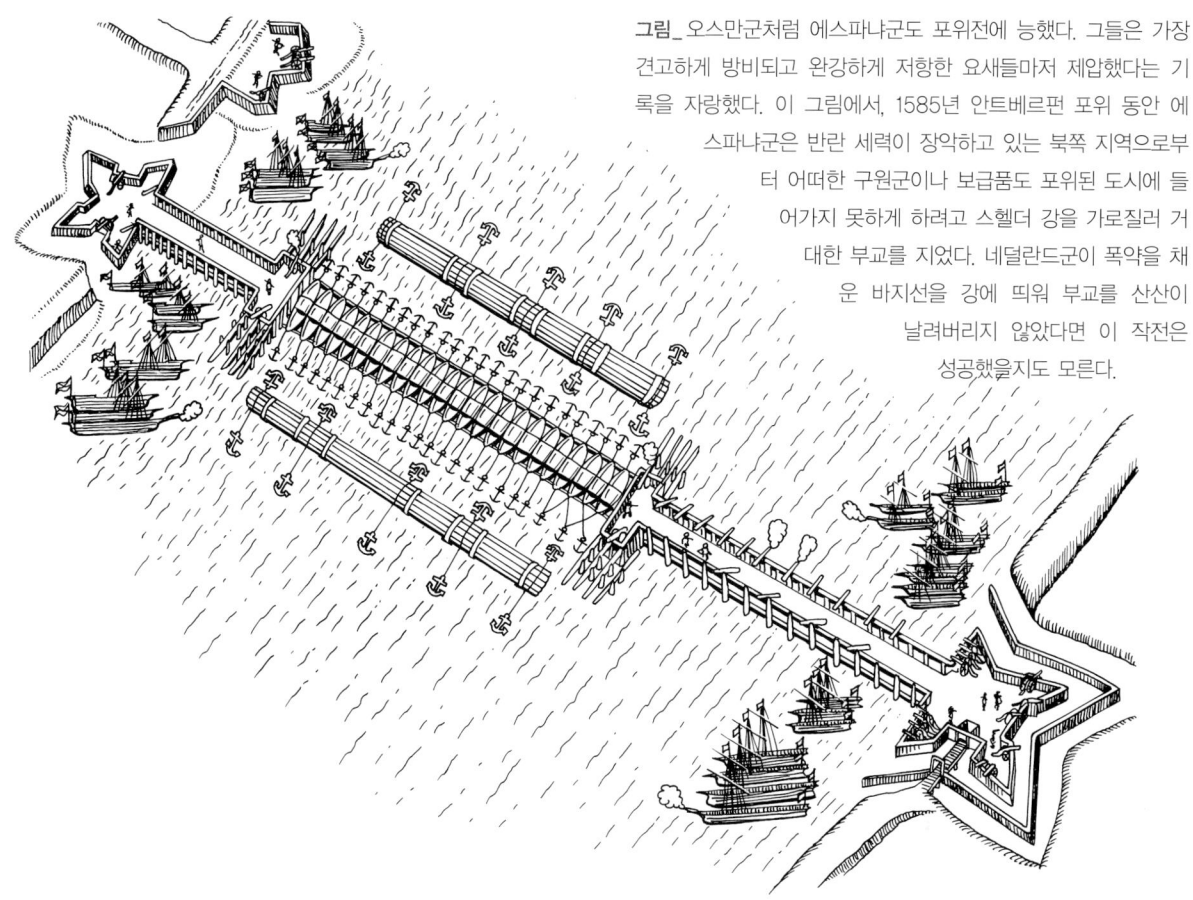

그림_ 오스만군처럼 에스파냐군도 포위전에 능했다. 그들은 가장 견고하게 방비되고 완강하게 저항한 요새들마저 제압했다는 기록을 자랑했다. 이 그림에서, 1585년 안트베르펀 포위 동안 에스파냐군은 반란 세력이 장악하고 있는 북쪽 지역으로부터 어떠한 구원군이나 보급품도 포위된 도시에 들어가지 못하게 하려고 스헬더 강을 가로질러 거대한 부교를 지었다. 네덜란드군이 폭약을 채운 바지선을 강에 띄워 부교를 산산이 날려버리지 않았다면 이 작전은 성공했을지도 모른다.

기 위해 강 건너편에 포대를 세웠다. 도시 수비군은 뗏목 두 척에 폭약을 가득 실어 강으로 띄워 보내 부교를 폭파하고 에스파냐군 병사 800명의 목숨을 앗아갔다. 그러나 구원군은 오지 않았고 1585년에 도시는 항복했다.

네덜란드 독립 전쟁에서 가장 긴 포위전은 몇 겹으로 방어되고 침수된 늪지와 운하, 호수로 둘러싸여 있어서 난공불락이라고 여겨진 항구 도시 오스텐더를 상대로 에스파냐군이 벌인 것이었다. 그러나 요새가 아무리 견고하다 해도 결연한 적 앞에서 언제까지 난공불락인 것은 아니었다. 이 경우 결연한 적은 에스파냐군 총사령관 돈 암브로조 스피놀라였다.

오스텐더로 가는 유일한 길은 해안의 사구를 통하는 것이었지만, 이를 통과하고 난 후에도 에스파냐군은 깊고 넓은 해자로 구성된 막강한 방어선과 맞닥뜨렸고 방어선 뒤에는 병사들과 대포가 지키고 있는, 흙으로 쌓은 커다란 여덟 개의 능보가 버티고 있었다. 이 방어선을 넘은 뒤에야 비로소 요새로 둘러싸인 오스텐더 시를 만날 수 있었다.

1602년 1월에 2천 명의 목숨을 희생시킨 강습이 수포로 돌아간 후, 스피놀라는 방어선의 약점을 파악하고 물이 가득한 습지를 무거운 섶나뭇다발 fascine(밀짚이나 나뭇가지를 묶은 다발)로 메우고 공격자들을 보호할 수 있게 보람堡藍(흙을 채운 고리버들 바구니)을 일렬로 쌓으라고 지시했다. 스피놀라는 직접 이 작업을 지휘하여 병사들을 고무했다.

1604년 4월, 에스파냐군은 외곽 방어선을 함락하

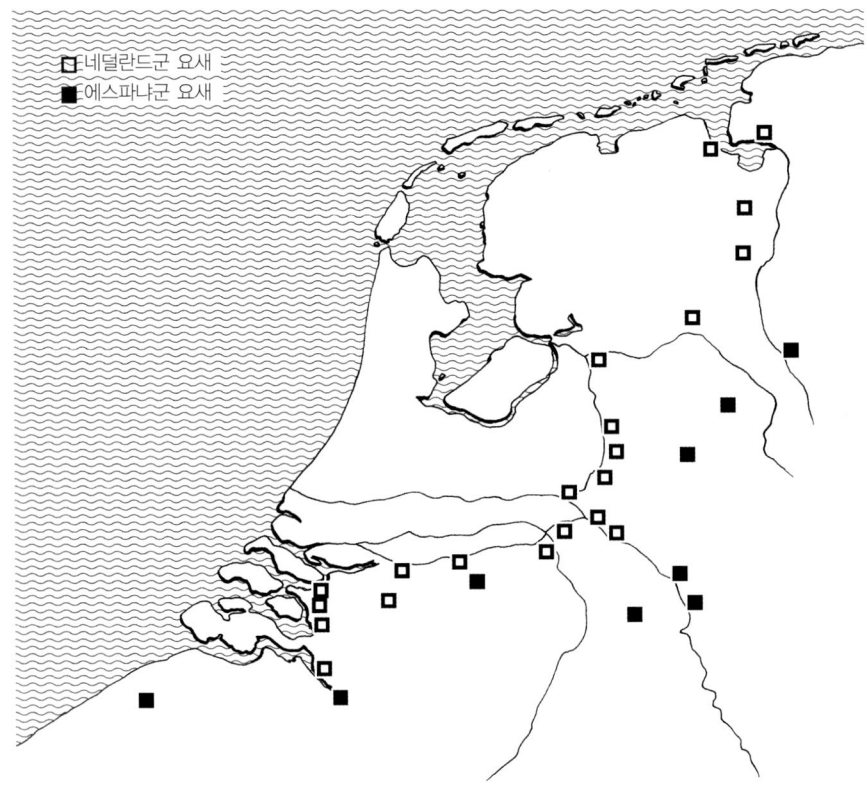

그림_ 에스파냐제국과 프로테스탄트 네덜란드 간의 전쟁은 유럽에서 두 번째로 긴 전쟁이었다. 80년간 지속된 이 전쟁은 종종 피비린내 나는 사투를 동반한, 장기 포위전 방식으로 수행되었다. 운하와 제방, 강, 평평한 저지가 많은 저지대 국가는 포위전과 느리지만 신중하고 주도면밀한 진군에 안성맞춤인 지역이어서, 양측은 모두 많은 수의 요새와 보루를 지어 적을 저지했다. 에스파냐군은 커다란 라인 강과 뫼즈 강을 따라 늘어선 요새들과 독일 지역 내부에 있는 요새들도 장악해 유럽의 주요 보급 기지로부터 네덜란드를 차단했다. 한편 네덜란드는 에스파냐의 공격으로부터 로테르담, 위트레흐트, 암스테르담 같은 주요 도시를 보호하는 요새를 건설했다.

고 내부 방어선을 새롭게 포위했다. 9월 말 '난공불락'이라던 오스텐더 시는 무릎을 꿇었다. 포위전은 3년이 넘게 지속되었고 무려 4만 명의 목숨이 희생되었다. 오스텐더가 함락되었고 1609년부터 12년간 휴전이 있었지만, 전쟁은 다시 44년간 지루하게 계속되었다.

이 긴 무력 충돌은 이동하는 야전군이 전장에서 적과 맞붙어 싸우는 전쟁이라기보다 주로 장기간에 걸친 참혹한 일련의 포위전으로 이루어졌으며, 정교한 포위술과 축성술, 장비의 광범위한 발전을 가져왔다.

에스파냐-네덜란드 전쟁의 경험

이 시기 초반의 포술이란 가능한 온갖 구경과 사정거리의 포들을 총동원해 포위된 도시나 요새를 두들겨 순전히 화력의 힘으로 항복하게 만드는 것이었다. 다수의 전쟁에 직면하여 에스파냐인들은 최초로 포를 표준화했고 1609년 에스파냐 병참감은 대포를 네 가지 기본 범주로 나눠 각각 48파운드 포('성벽 부수기용' 혹은 완포full gun), 24파운드 포(반포demi-gun), 10~12파운드 포(1/4대포), 마지막으로 가벼운 5~6파운드 포(1/8포)로 구분했다. 이것은 합리적 표준화의 주목할 만한 업적이었고 본질적으로 19세기 말까지 이 구분 체계가 유지되었다.

가장 효과적인 공성포는 24파운드 포로 48파운드 포와 마찬가지로 성벽을 연타하는 역할을 했는데 48파운드 포보다 더 효율적이었다. 24파운드 포는 형뻘 되는 48파운드에 비해 무게가 절반밖에 나가지 않았고 포열에서 자리를 훨씬 덜 차지했다. 게다가 24파운드 포는 48파운드 포에 비해 훨씬 빨리 장전할 수 있었고 화약도 절반밖에 소비하지 않았다. 결국 24파운드 포는 다음 250년간 포위전에서 가장 많이 이용되는 포가 되었고 탁월한 전천후 포가 되었다. 1620년에는 에스파냐의 적인 프랑스와 네덜란드도 에스파냐의 표준 체계를 채택하게 되었다.

캐넌포cannon는 문자 그대로 요새의 성벽을 때려 구멍을 내고 균열을 일으킬 때 사용되었다. 그러나 캐넌포의 한계는 도시 성벽을 향해서, 수평으로만 발사할 수밖에 없는 것이다. 그러면 화약과 무기가 저장된 성 안의 건물들은 어떻게 공격할 것인가? 고탄도 포가 요구되었고 해법은 17세기를 거치면서 포구가 뭉툭한 캐넌포의 사촌뻘 되는 박격포mortar의 형태로 등장했다.

이번에도 혁신가들은 1588년 바흐텐동크 포위전 동안 네덜란드군에게 처음으로 박격포를 사용한 에스파냐군이었다. 에스파냐인들은 박격포를 더 일반적으로 운용하는 데는 더뎠으며 일부는 박격포가 요새의 생존 가능성을 높여주는 방어용 무기라는 잘못된 결론에 이르기도 했다. 사실, 진실은 정반대여서 박격포는 포위된 요새가 맞서야 하는 가장 위험한 상대였다. 육중한 성벽은 정상적인 포격을 가할 경우 도시나 요새를 약간은 보호해주고 포위된 주민들과 수비대의 사기를 높였다. 그러나 성벽은 요새 안의 어느 목표물도 맞힐 수 있는 고탄도 박격포 포탄에는 속수무책이었다.

박격포가 요새 안의 건물과 주민들에게 야기할 수 있는 피해와 위험 탓에 박격포는 모두가 두려워하는 포위전 무기가 되었다. 특히 보방의 포위 전술이 지지를 얻어 널리 이용되면서 많은 요새들이 첫 일제 사격으로 날아온 박격포 포탄을 몇 발 맞자마자 항복을 청해왔다. 박격포탄은 안에 폭발물을 채운 쇠나 돌로 만들어졌다. 집의 지붕이나 마루를 뚫고 기저부에 도달해 폭발하기 위해서 적어도 63~68kg은 나가야 했다. 어느 프랑스 관측통이 입맛 떨어질 만큼 열광적으로 언급한 대로, 박격포는 성 안의 사람들을 "박살내고 통구이로 만들었다."

80년 전쟁 동안 표준화되고 향상된 새로운 포격술에 대응하기 위해서 양측 모두 전적으로 새로운 방식의 축성술이 필요했다. 이전에 이탈리아의 대응은 튼튼한 석조 요새를 짓는 것이었지만, 네덜란드에서는 어느 편도 그러한 호사를 누릴 시간이나 돈이 없었다. 방어 시설은 싸고 짓기 쉬우며 주변 지형에 적합해야 했다.

> 오늘날 에스파냐와 네덜란드의 장교들은 도시 함락을 예술의 경지로 끌어올렸기에, 그들은 아무리 강력한 요새라 할지라도 며칠 이상 버티지 못할 것이라 예견할 수 있었다.
> ___ 타반 원수

네덜란드인들은 전쟁 내내 대체로 방어하는 쪽이었기에 안트베르펀이나 하를럼 같은 도시를 빙 둘러싸는 중세식의 영구적인 성벽을 보강하고자 흙으로 능보를 짓는 기술을 고도로 발전시켰다. 게다가 네덜란드인들은 강 나루터나 제방을 내려다볼 수 있는 스한전Schanzen이라는 자그마한 토루도 지었다. 1599년 마우리츠 공은 발Waal 강과 마스 강을 따라 이러한 스한전 선을 구축하여 에스파냐군의 공세를 경계했다. 게다가 북부 네덜란드의 두 주요지, 제일란트와 홀란트의 도시들은 1589년 이후에 자위더르제 해부터 라인 강까지 이어지는 제2차 방어선에 의해 대폭적으로 요새화되고 강화되었는데, 뉴 더치 워터 라인이라고 불리는 이 방어선은 무수한 요새들과 해자, 제방, 호수, 운하로 이루어져 있었다. 네덜란드의 방어 체제는 헤르토헨보스에서 에스파냐군이 기습 공격을 한 1605~1606년 겨울 동안 강화되었다.

그림_ 포위전에서 치명성을 자랑하는 박격포. 방어하는 쪽은 박격포의 탄도 때문에 무거운 포탄에 대해 사실상 무방비 상태가 될 수밖에 없었다. 이 무지막지한 괴물은 청동으로 주조되었고 따라서 제작비가 많이 들었다. 거의 0.5톤(445kg)에 달하는 이 박격포는 구경이 127밀리미터이고 커다란 돌덩어리나 강철 탄알을 0.5미터짜리 포신을 통해 발사했다.

네덜란드군 요새는 두꺼운 토벽으로 지어졌는데 토벽의 바깥 면은 강기슭까지 경사를 이루었다. 이 요새는 강습 장대storm pole라고 하는 가로 말뚝이 공성용 사다리의 공격을 막아주었다. 이 토벽 발치를 따라 더 바깥쪽으로 '포-브레fausse-braye'라는 낮은 토루를 쌓았는데, 요새를 방어하는 측은 여기서 해자를 한눈에 내려다볼 수 있었다. 요새는 포가 아니라 머스킷을 염두에 두고 지어졌으며 따라서 능보는 229미터가 넘는 간격으로 띄엄띄엄 건설되었다. 이 능보들은 길게 튀어나왔고 빗면이 급격하게 좁아지며 만났다. 네덜란드인들은 이탈리아의 리벨리노를 모방했지만, 반월보와 각보를 더해 능보에 추가적 보호나 측면 지원 사격을 제공했다. 이 네덜란드 방어 시설(에스파냐군과 네덜란드군 모두가 사용한)은 포위된 쪽이 두텁고 견고한 방어를 하게 해주었다. 1587년 프랑스 군사 전문가 라 누La Noue는

이탈리아인들이 축성술을 과학으로 만들었지만 축성의 속도와 비용 측면에서는 네덜란드인들이 이탈리아인들을 눌렀다고 인정했다. 그는 네덜란드인들이 헨트를 요새화하는 데 3년의 세월과 30만 플로린의 돈이 들었지만 이탈리아인들이 그들의 방식대로 헨트를 요새화했다면 20년의 세월과 30만 플로린의 10배가 넘는 돈이 들었을 것이라고 지적했다. 독일에서는 주요 도시들이 네덜란드군 체제에 따라 건설되었고 베네치아조차도 질퍽질퍽한 네덜란드와 명백한 기후 차이가 있는데도 네덜란드의 모델을 따라 코르푸(현재 그리스의 케르키라)를 요새화했다.

그러나 네덜란드군 체제에는 중요한 결점이 있었다. 요새를 제대로 방어하기 위해서는 지나치게 많은 수의 병사들이 필요했다. 게다가 일단 외곽의 방어 시설이 적의 손에 넘어가면 적은 편안한 설비와 장소를 이용해 공성포를 설치할 수 있었다.

게다가 물을 채운 해자는 공격하는 쪽에 위협적인 문제를 안겨주지만 방어하는 쪽에도 외부 방어 시설을 다시 보강하고 보수하는 것과 같은 여러 골칫거리를 야기했다. 만약 방어하는 쪽이 나무다리를 건설하면 뗏목이나 보트로 건너는 문제를 해결할 수 있었지만 이는 공격하는 쪽이 요새로 쳐들어올 수 있는 완벽한 길을 터주는 셈이었다. 또 날씨가 험악해지면 해자는 얼어서 아무런 보호막이 될 수 없었다. 에스파냐군 수비대와 네덜란드군 수비대 양쪽 모두 겨울이면 해자에 얼음이 생기지 않게 물을 빼는 데 많은 시간과 정력을 쏟았다.

마지막으로 이 방어 시설들은 사실 일시적 수단일 뿐이었다. 흙으로 쌓은 둑이 흘러내리거나 무너지지 않게 하려면 비용이 많이 드는 지속적인 보수가 필요했다. 물이 고인 해자는 진흙과 침니(모래보다는 잘고 진흙보다는 거친 침적토)가 쌓이지 않게 수시로 치워야 하고 나무 말뚝과 강습 장대는 습한 날

씨에 쉽게 썩었다. 장기적으로는 나무와 흙으로 지은 요새를 보수하느라 끝없이 고생하느니 경제적, 군사적인 관점에서 영구적인 석조 요새를 짓는 편이 나았다.

포위에 들어가기

포위에 들어가는 군대에 의해 적용되는 기술 가운데 최우선적인 것은 튼튼하게 요새화된 진지를 짓는 기술이었다. 그다음에는 구원군이나 보급품이 포위된 요새에 들어가는 것을 막기 위해 일련의 나무 방어 시설 ― (주변의 시골 지역을 바라보는) 포위 누벽과 (포위한 도시를 바라보는) 반反누벽으로 이루어진 포위선 ― 을 구축해야 한다.

다시금 이러한 포위전 기술을 개척한 이도 에스파냐인들이었는데, 알바 공작은 이 기술을 1572년 몽스에서 사용했다. 파르마 공작은 알바 공작의 기술을 발전시켰고 17세기 초에 그들의 적인 홀란트의 마우리츠 공이 그 기술을 완성시켰다. 1602년 흐라버 포위전에서 프랑스 대사는 마우리츠가 보루마다 물이 고인 해자와 도개교를 만들었다는 사실을 주목했다. 그가 이 인상적인 네덜란드군 포위선을 정찰하는 데는 다섯 시간이 걸렸다.

일단 포위선이 완성되고 지휘관이 공격 지점을 결정하면 근접 작전을 위한 기지가 보루 형태로 건설되어야 한다. 그다음, 500명 정도의 병사들이 야간에 요새의 외부 방어 시설이 머스킷 사정거리 안으로 들어오는 곳까지 전진한다. 운이 좋으면 이 은밀한 이동을 방어하는 쪽이 눈치 채지 못할 수도 있다. 그런 다음, 깊은 참호를 파고 추가적 보호를 위

그림_ 요새의 입구는 복잡한 경계 보초 체제(S)로 보호될 수 있었는데, 이 경계 보초는 적의 기습을 방지했다. 첫 번째 검문은 요새 바깥의 경계 보초가 맡았다. 그다음 해자 안의 리벨리노에 더 많은 보초가 있었고 다시 도개교의 보초(D)와 요새 안의 또 다른 보초가 뒤따랐다. 무수한 초소들(G)도 입구를 보호했다.

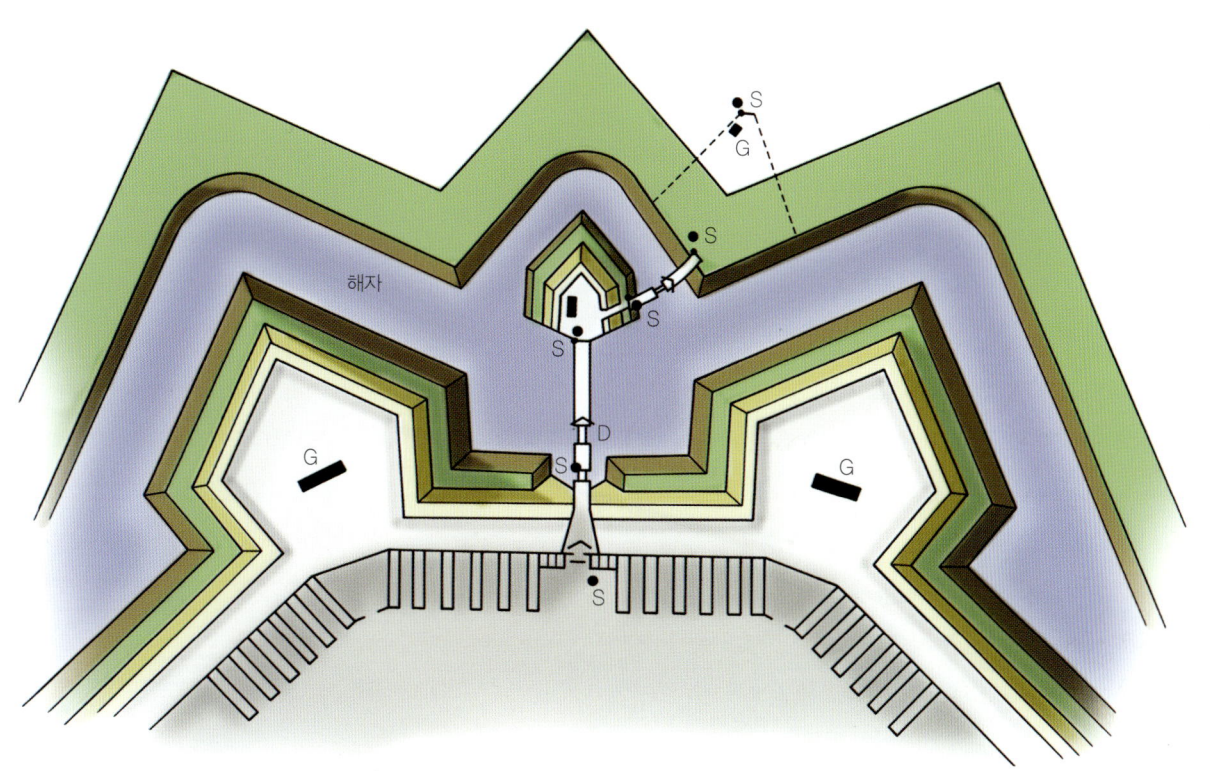

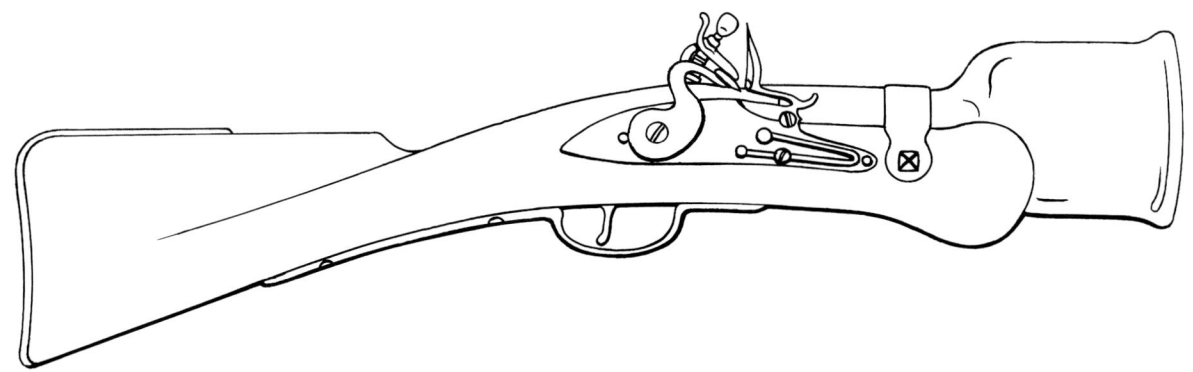

그림_ 이상하게 생긴 이 무기는 앞에서 언급한 머스킷 부착 수류탄이 발전한 형태이다. 수류탄 발사를 위해 특정하게 변형된 머스킷이 개발되어 컵같이 생긴 총구에서 수류탄을 발사했다. 가볍고 다루기 쉬웠으며 포격이 충분하지 않을 때 포위 보병들에게 뛰어난 지원 무기였다.

해 흙으로 흉벽을 쌓는다. 흙이 부족하거나 땅이 너무 질퍽거리면 흙 대신 보람을 쌓는다. 그리고 대포를 설치할 수 있을 때까지 참호를 확장하고 적을 바라보는 쪽 참호 벽에 계단을 설치한다.

다음 단계는 지그재그 모양으로 적을 향해 대호對壕[적진에 접근하기 위한 참호]를 파는 것인데 이때 전방의 장애 요소가 제거되어야 한다. 그럴 수 없다면, 하를럼에서처럼 대호 굴림대의 보호를 받으며 직선 대호를 파야 한다. 대호 굴림대는 보강된 무거운 보람이었고, 대호를 파는 공병은 이것을 밀고 나가면서 대호를 팠다. 그쯤이 되면 대누벽은 공병과 너무 멀리 떨어져 있어서 아무런 지원도 해줄 수 없었기에 포위하는 쪽은 엄폐 통로를 만들고 각 참호에 일정한 간격으로 보루를 세웠다. 대호의 앞부분이 성벽에 가까워지면 공병들을 보호하기 위해 대호 굴림대나 나무 차단막이 세워졌다. 이 과정에서 공병의 무려 2/3 정도가 죽은 것으로 추정되었지만 대신 공병들은 이 더럽고 위험하며 고단한 임무를 하여 두둑한 보수를 받았다. 대호는 엄폐 통로에서 약 27미터 거리에서 끝났다. 그다음 포위군은 대호 왼쪽과 오른쪽으로 참호를 파고 카발리에 드 트랑셰cavalier de tranchée 즉 칸처(일종의 누벽)를 둘러쌓았다. 이것은 두 가지 기능을 했다. 첫째, 대포와 머스킷 사격으로 적의 위치를 공격할 수 있는 안전한 장소를 제공하고 둘째, 요새의 성벽과 엄폐 통로로 파견할 강습 부대를 위한 집결지를 제공했다. 1629년 헤르토헨보스에서 네덜란드인들은 동시에 네 개의 대호를 팠다.

16세기의 일반적인 관행은 일반 포병 부대를 한 곳에 배치하는 것이었지만 다음 세기에 축성술이 진화하면서 주요 변화가 일어나게 된다. 1600년 이후 일반 포병 부대는 규모가 줄어들었고 대신 소규모 포병 부대들이 공격받고 있는 능보의 측면을 포격하거나 성벽에 생긴 균열에 교차 사격을 함으로써 양측면에서 일반 포병 부대를 보완하게 되었다. 효과를 극대화하기 위해 공성 포병 부대는 갈수록 가까이에 배치되었고 1620년이 되자 일반적으로 인정된 거리는 고작 200보에 지나지 않았다. 일반적 통념에 따르면 이제 능보를 공격할 차례였다. 만약 공격군이 막벽에 틈새를 만들고 나면, 병사들이 가까이 다

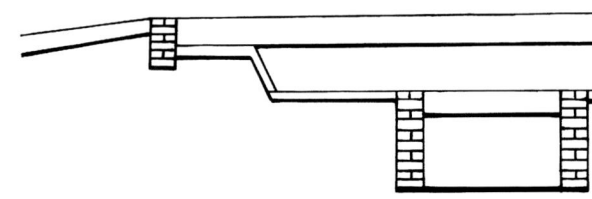

가갈 때 인접한 능보에서 날아오는 측면 사격을 받게 될 것이다. 따라서 능보의 돌출각 맞은편에 중포를 4문 이상 배치하는 것이 관행이 되었다. 보충 포병 부대가 일반 포병 부대 양옆에 배치되어 인접 능보에 있는 적의 포를 무력화했다.

한편 대호는 엄폐 통로에 도달했다. 포위군은 수비군을 몰아내기 위해 주철과 나무, 청동이나 두꺼운 유리로 만든 수류탄을 이용해 공격을 시도했다. 이 시점에서 포위당한 요새의 병사들은 도시의 절반이 이미 넘어갔음을 깨달으며 일단 성벽에 구멍이 생기면 결사 항전하겠다는 병사들은 거의 없다. 이 때가 되면 포위군은 요새의 대포를 잠재우고 물이 찬 해자를 가로지르는 (무거운 것을 매단 섶나무단으로 된) 다리 혹은 둑길을 만들게 된다.

'스웨덴의 방법': 강습

동유럽과 북유럽에서는 네덜란드-에스파냐 모델이 열성적으로 수용되지도, 그다지 능숙하게 운용되지도 않았다. 그 지역 세력들이 선호하는 신속한 기동전에는 너무 느리고 비용이 많이 들었던 것이다. 전형적인 예는 포위전이나 공성용 중포에 의존하지 않고 독일 땅을 적잖이 정복한 구스타브 2세 아돌프였다. 그는 저지대 국가에서 통상적인, 느릿느릿 힘들게 진행되는 포위전보다 야전으로 신성로마제국 가톨릭 세력들을 무찔렀다.

구스타브 아돌프의 조카로서 왕위를 계승한 카를 10세는 그의 숙부처럼 포위전과 거추장스러운 공성 포대를 무시했다. 1657년, 카를 10세는 오로지 자신의 정복욕을 채우기 위해서 침공한 폴란드를 떠나 덴마크로 진군해서 얼어붙은 스토레벨트 해협과 릴레벨트 해협을 건너갔다. 그리고 1657년 말에는 견고한 덴마크 수도 코펜하겐의 성벽 앞에 도달해 포위에 들어갔다. 그러나 그다음에 어떻게 할 것인가? 시간이 없는 데다가 강력한 대포나 제대로 된 공성 포대가 없는 상태에서?

해답은 코펜하겐의 방어선에 강습을 시도하는 것

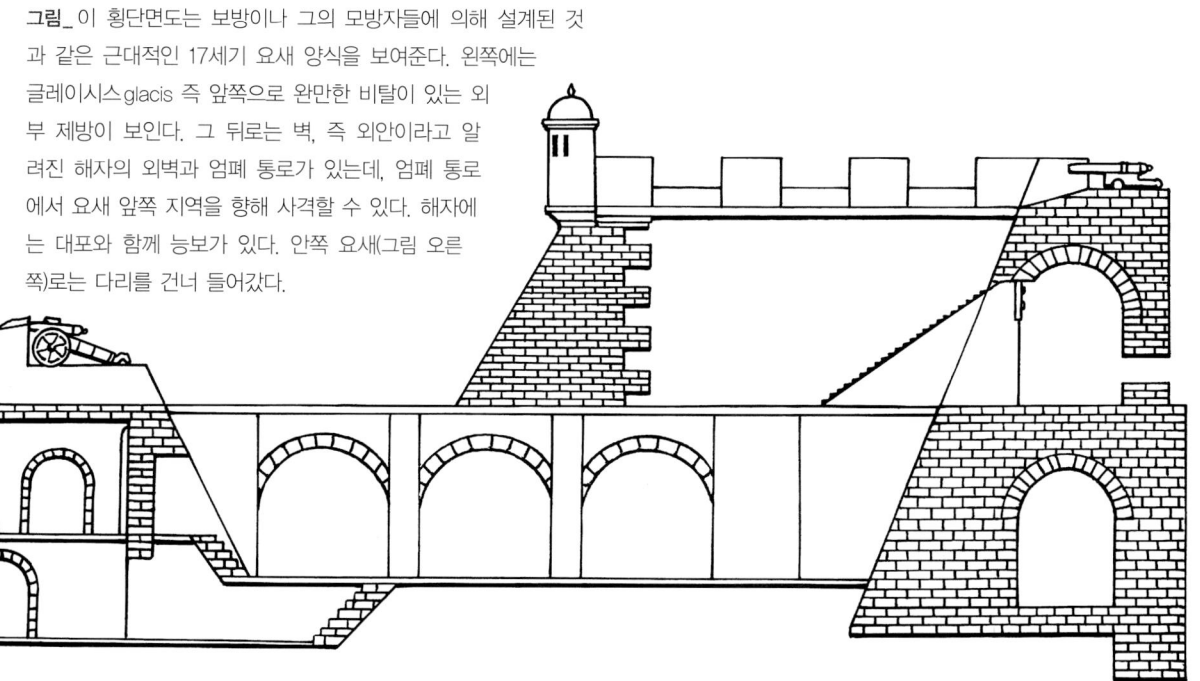

그림_ 이 횡단면도는 보방이나 그의 모방자들에 의해 설계된 것과 같은 근대적인 17세기 요새 양식을 보여준다. 왼쪽에는 글레이시스 glacis 즉 앞쪽으로 완만한 비탈이 있는 외부 제방이 보인다. 그 뒤로는 벽, 즉 외안이라고 알려진 해자의 외벽과 엄폐 통로가 있는데, 엄폐 통로에서 요새 앞쪽 지역을 향해 사격할 수 있다. 해자에는 대포와 함께 능보가 있다. 안쪽 요새(그림 오른쪽)로는 다리를 건너 들어갔다.

19세기 중반 이전까지 무기들은 좀처럼 규격화 되지 않아서 대포의 구경, 총의 구경, 탄환과 탄알 의 크기 등등에서 여러 혼란이 초래되었다. 이것은 포위전에서 효과적인 포격을 시행해야 할 때, 특히 사용하는 탄알이 포신 에 맞지 않을 경우, 주된 장애가 되었다. 요새는 각자 자기 대 포에 맞는 포탄을 만들 책임이 있었는데, 이 일은 복잡하고 시 간과 비용이 많이 드는 공정이었지만 가장 필수적인 공정이 있었 다. 포탄이 잘 들어맞을수록 사거리와 정확도가 개선되고 대포의 포강을 덜 손상시키기 때 문에 정확성과 전문 기술이 필요했다. 여기에 묘사된 것들은 다양한 포탄들과 포탄을 만들 때 사용하는 장비들이다.

1. 캘리퍼스 유형의 단일 구경 측정기
2. 포탄을 검사하는 네 가지 구경 측정판
3. 구경을 검사하는 매듭진 노끈
4. 고리 구경 측정기
5. 포구의 구경을 검사하는 컴퍼스
6. 일반적인 단단한 쇠 포탄
7. 작은 탄환이나 쇠 부스러기를 담는 철판 통
8. 발사 후 열리는 반구 두 쪽
9. (포신을 보호하기 위해) 나무로 감싼 포탄
10. 쇠 테두리로 강화한 돌 포탄
11. 고리로 연결된 포탄 한 쌍
12. 발사 후 벌어지는 나이프 탄환
13. (날아가면서 폭발하도록 신관을 장치한) 수류탄
14. 포탄의 구경을 검사하는 컴퍼스

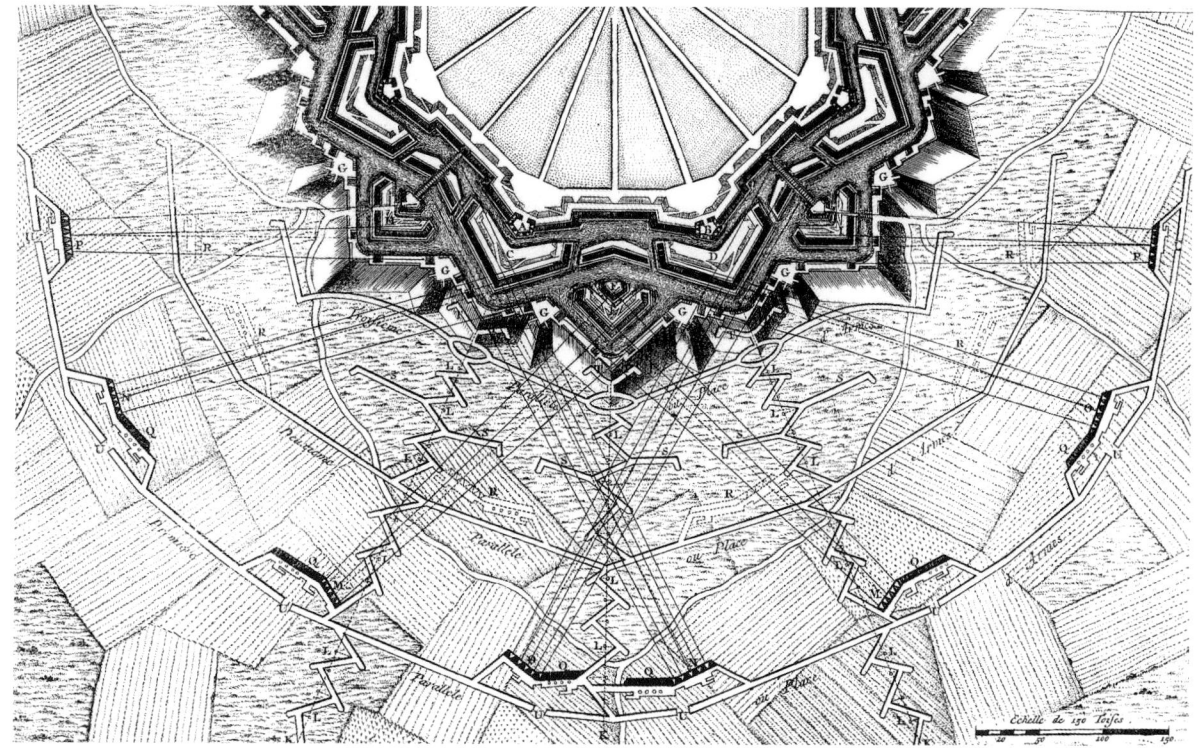

이었다. 1658년 2월 11일 카를 10세는 도합 5,800명에 달하는 두 부대를 수도 주변의 얼음판 너머로 출동시켰다. 첫 번째 강습 부대의 선봉에는 머스킷 총병 70명과 공성용 사다리를 든 150명의 병사들이 있었다. 스웨덴군은 대포를 하나도 끌고 오지 않았기 때문에 대신 머스킷에서 발사하는 수류탄에 만족해야 했다. 그것이 스웨덴군 병사들이 얻을 수 있는 유일한 형태의 '포격' 지원이었다. 비록 덴마크 수비군에게는 성벽 위에 대포가 많았지만 말이다.

처음에 강습은 파죽지세로 진행되었다. 물밀듯이 쇄도한 스웨덴군 병사들은 항구에 꽁꽁 얼어붙어 있던 덴마크군 포함gunboat 두 척을 빼앗았다. 결사적인 덴마크군은 만약 이 싸움에서 지면 덴마크의 자주성도 끝장이라는 것을 알고 있었다. 한편 100명가량의 병사들이 크리스티안스하운의 요새화된 외곽에서 양동 작전을 감행했는데, 세 차례나 용감하게 성벽을 넘어가려고 결사적인 시도를 했는데도 이 공

그림_ 이 포위 시설의 1차 평행 참호를 따라 설치된 포대는 능보의 각 면을 종사하도록 배치되었는데 이때 포대에서 발사되는 포탄은 수비군의 포가 설치된 누도壘道[성벽이나 성채 위, 흉벽 뒤로 대포를 두는 평평한 부분] 표면에 맞고 다시 튀어 오른다.

세는 완전히 실패했다.

카를 10세의 무모한 도박은 전적으로, 그의 주요 밀정 에리크 달베리가 제공한 부정확한 첩보에 의존했다. 그의 첩보에 의하면, 코펜하겐의 남쪽(바다쪽) 성벽을 따라가면 도시의 주 성벽과 아성Citadel 사이에 있는 무방비 상태의 성문이 나타날 것이었다. 브렌빈Brännvin(화주의 일종)과 돌격 구호로 용기백배한 3천 명가량의 스웨덴군 병사들이 얼음판을 가로질러 이 약점으로 추정되는 곳으로 몰려갔으나 그곳 성벽에는 아무런 성문도 출입구도 없다는 것만 발견했을 뿐이다. 대신 덴마크군은 이 노출된 구역에 가장 강력한 대포와 머스킷 분대를 배치해두었고 이제 가증스러운 적에게 열렬한 덴마크식 환영 인사, 즉

100문이 넘는 포와 1,000정이 넘는 머스킷에서 발사된 포도탄과 포탄, 총알 세례를 퍼부었다. 스웨덴군 병사들은 성벽 꼭대기로 갈고리를 던져서 줄사다리를 설치하려고 했다. 일부는 간신히 사다리에 올랐고, 어쩌면 한두 명은 꼭대기까지 갔을지도 모르지만, 수비군의 무기에 찔리거나 총에 맞을 뿐이었다. 아래에 있던 동료들은 손쉬운 먹잇감이었고, 머스킷과 대포에 난사당하고 수비군이 아래로 던진 수류탄에 산산조각이 난 스웨덴군 병사들은 한두 명씩이 아니라 수백 명씩 몰살을 당했다. 피투성이 시체더미가 성벽 아래 얼음판 여기저기에 쌓여갔다.

카를 10세의 성급함과 달베리의 잘못된 첩보 탓에 강습은 대실패였다. 스웨덴군은 공격 병력의 거의 절반에 달하는 2,000명이 넘는 사상자를 기록했다. 덴마크군 사상자 수치는 낮았다. 20명이 죽고 100명에 못 미치는 병사들이 부상을 입었을 뿐이었다. 이 강습은, 축성은 한 나라를 파멸에서 구해낼 수 있다는 사실을 보여주었고 방어가 튼튼하고 겹겹이 요새화된 도시를 강습할 때 따르는 위험성을 예시했다.

카를 10세는 실수로부터 배울 수 있는 시간을 얻기 전에 죽었다. 달베리는 그 경험으로 좋은 교훈을 얻었다. 발트 해 연안 여러 주의 총독으로서 그는 1710~1711년 러시아의 침공에 맞서 그 지역을 보호하는 견고한 일련의 요새를 건설했다.

1718년 프레드리크스텐 포위전: 노르웨이를 구한 포위

스웨덴의 만만찮은 전사戰士 국왕 카를 12세가 1716년 노르웨이 침공 계획을 내놨을 때 대북방 전쟁은 16년째 지속되고 있었다. 카를 12세에게 노르웨이는 덴마크·러시아와 협상에 들어가기 전에 영국을 침공해서 조지 1세를 폐위하고 제임스 스튜어트를 즉위시킨다는 자신의 원대한 계획의 단순한 디딤돌에 불과했다.

1716년 카를 12세의 계획은 전격전 방식으로, 7,700명의 소규모 군대를 세 개의 종대로 배치하여

그림_ 갤리선은 16세기에 지중해에서 이용되었지만, 러시아와 스웨덴이 대북방 전쟁에 갤리선을 이용했다는 사실은 그보다 덜 알려져 있다. 이 그림에서 일단의 말과 사람들은 기름을 칠한 통나무 위로 갤리선을 끌면서 육로를 이용해 북해 연안에서 프레드리크스할의 이데피오르의 검푸른 해역으로 배를 옮기고 있다.

노르웨이를 공격하는 것이었다. 스웨덴군은 노르웨이인들을 조심스럽게 상대하면 노르웨이인들이 자신들을 '해방자'로 반갑게 맞아주리라 기대했다. 그들은 자신들의 소규모 침공군이 두 배나 되는 노르웨이군을 맞닥뜨리게 되리라는 것을 알고 있었다. 그러나 노르웨이군은 장비도 부족하고 훈련도 형편없는 농민 출신 신병들이었다. 선제공격하는 쪽으로서 스웨덴군은 주도권을 쥐고 있었고 그에 따라 노르웨이 군대는 적이 언제 어디를 칠지 모른 채 긴 국경을 따라 가늘게 배치되어 있다는 사실을 잘 알고 있었다. 노르웨이는 캐나다와 유사하게 자연 요새를 방불케 했는데 특히 겨울에는 얼어붙은 호수와 강, 늪지, 삼림이 울창한 야산과 끝없이 펼쳐진 숲 사이사이로 자그마한 농민 정착촌이 드문드문 자리 잡고 있는 곳이었다. 침공군이 유럽식의 전역을 치르기에 좋은 고장은 아니었다.

노르웨이인들은 덴마크 해군의 지원에 기댈 수 있었다. 노르웨이의 '넬슨' 페테르 토르덴숄드가 이끄는 덴마크와 노르웨이 배들은 스웨덴군의 연안 수송로를 혼란에 빠뜨려 긴요한 보급품이 침공군에게 전달되는 것을 막았다. 해상에서 스웨덴군이 보인 약점은 카를 12세가 세운 계획에서 중요한 문제점이었다. 노르웨이군은 동부 노르웨이에 있는 자연 장벽인 강을 따라 여섯 개의 주요 요새로 이루어진 만만찮은 방어선, 글로마 선Glomma Line도 구축했다. 이 글로마 선과 더불어, 노르웨이군 사령관 뤼트초프 장군은 방어를 강화하기 위해 크리스티아니아[오슬로의 옛 이름]로 이어지는 두 주요 언덕 고갯길에도 야전 요새를 세워 크리스티아로 들어오는 입구를 막았다. 이 야전 요새는 1,500명의 기병과 5,600명의 보병이 지켰다.

3월 초 국경을 넘은 카를 12세는 글로마 선에 도달해 이 요새들 가운데 한 군데를 공격했지만 실패하여 남쪽으로 후퇴해야만 했다. 그는 그 후 북쪽으로 향했지만 적군이 통나무와 쓰러트린 나무로 신속하게 방벽을 구축한 사실에 놀랐으며 그의 병사들은 이 장애물을 도저히 통과할 수 없었다. 캐나다군처럼 노르웨이군은 방어선을 구축하는 데 능숙했다. 그러나 카를 12세는 꽁꽁 언 오슬로 협만의 얼음판을 가로질러 병사들을 행군시켜 적의 측면을 포위하고자 했고, 3월 21일이 되자 노르웨이의 수도 바깥에 도착해 있었다.

북방의 사자가 접근해온다는 소식이 전해지자 크리스티아니아의 주민들은 서쪽으로 달아났다. 크리스티아니아 수비대의 정규군 3천 명은 보급 물자가 풍부했고 덴마크에서 복무 중인 강인한 독일군 장교 외르겐 폰 클레노브 대령이 지휘하고 있었다. 스웨덴군의 침공은 노르웨이 요새들의 난관에 부딪치기 시작했다. 3월 22일 카를 12세는 크리스티아니아를 점령했지만 수도의 거리들이 요새에 설치된 대포와 수직으로 뻗어 있었기 때문에 거리로 나설 만큼 어리석은 스웨덴군 병사들은 누구든 대포에서 날아온 직격탄에 맞을 수 있었다. 스웨덴군 병사들은 자신들을 보호하기 위해, 포석과 가옥을 비롯해 쓸 만한 것은 무엇이든 해체하고 철거해서 흙벽을 세우고 참호를 팠다. 다른 요새들에 대한 강습은 큰 피해를 입고 격퇴되었다. 카를 12세는 희망을 버리지 않았지만 그의 장교들은 비관적이었고 1709년 폴타바에서 최악의

> 요새의 공격과 수비는 전쟁의 가장 필수적인 요소 가운데 하나다. …… 포위전으로 수행되는 전쟁은 국가를 더 적은 위험에 노출하면서 승리의 가능성을 더 높여준다.
>
> ― 보방

패배를 한 이후 스웨덴 군대의 사기를 흔든 패배주의가 다시 고개를 쳐들었다. 장교들은 보급선이 길기 때문에 물자가 중간에 끊겨 굶주리다가 항복하게 될까봐 두려워했다. 카를 12세는 남쪽으로 진군하여 7월에 프레드리크스할(오늘날의 할덴) 시를 점령했다. 그러나 무장한 도시 주민들이 장악하고 있는 도시의 요새인 프레드리크스텐, 즉 도시의 내성은 손에 넣지 못했다.

1718년에 카를 12세가 재차 노르웨이를 침공했을 때 그의 접근법은 매우 달랐다. 스웨덴군을 해방자로 환영하지 않는다면 노르웨이인들은 항복을 강요받을 것이며 순전히 군사적 힘으로 분쇄되는 수밖에 없으리라. 그는 1716년의 경험을 유념하여 이번에는 프레드리크스텐부터 손에 넣기로 결심했다. 프레드리크스텐은 노르웨이에서 가장 견고한 요새였으며 스웨덴까지 쭉 뻗어 있는 보급로와 병참선에 걸쳐 있었다.

이 계획의 첫 단계는 스폰비켄 요새를 제압한 후 할덴을 육지 쪽에서뿐만 아니라 해상에서도 포격할 수 있도록 갤리선 선단을 이데피오르까지 옮기는 것이었다. 선단은 프레드리크스타의 요새 포대의 심각한 위협과 연안 주변을 도는 토르덴숄드 함대의 무시무시한 눈초리를 피할 수 있으리라. 카를 12세는 병사 800명과 말 1,000마리를 동원해 반도를 가로질러 북해에서 이데피오르까지 갤리선과 포함을 끌고 갔다.

프레드리크의 바위라는 뜻의 프레드리크스텐은 서쪽으로 스비네순 해역과 연결되는 이데피오르의 노르웨이 방면, 프레드리크스할 시 위로 솟은 거대한 화강암 산꼭대기에 지어졌다. 이 독수리 둥지는 삼면이 바다와 절벽, 깊은 협곡으로 보호되었고 남동쪽으로만 공격에 노출되어 있었다. 남동쪽에서 접근하는 것조차도 늪지와 세 군데의 요새에 막혀 쉽지 않았다.

이번에 카를 12세는 모험을 하려고 하지 않았다. 그는 4만 병력의 거대하고 보급이 훌륭한 군대를 만들었고, 포위전 경험이 풍부한 전문 공성 장교가 지휘하는 장비를 잘 갖춘 공성 포병 부대도 동반했다. 프랑스군 공성 장교 필리프 메그레는 보방 밑에서 훈련을 받아, 이제 이 북방의 황야에서 저명한 스승의 대가다운 체계에 따라 포위전을 수행할 준비를 갖췄다. 프레드리크스텐은 철저하게 포위되어 외부 세계와 완전히 차단될 것이다. 그는 요새를 동심원으로 둘러싸는 두 줄의 참호를 나란히 팔 계획이었다. 요새로 가까이 다가가기 위한 접근 참호를 요새의 포격을 피할 수 있게 팔 것이다. 그다음, 공성용 중重박격포와 중포가 동원되어 성벽에 균열을 낼 것이다. 한편 메그레는, 요새가 고립되어 점점 물자가 바닥나고 바깥소식도 들을 수 없게 되면 요새 수비대의 사기가 떨어질 것이라고 스웨덴인들에게 말했고, 일단 그렇게만 되면 스웨덴군 병사들은 요새를 강습할 수 있을 것이었다.

스웨덴인들이 아주 공들여 준비하느라 노르웨이 침공은 10월 말에야 개시되었다. 카를 12세는 일정보다 일찍 기병대 900명을 이끌고 먼저 도착해 노르웨이군이 이데피오르 위의 수송 선단을 어쩔 수 없이 침몰시키게 만들었다. 그런데도 공성포가 설치된 것은 11월 20일이 되어서였다. 카를 12세는 남부 노르웨이에 총 3만 5천 명의 병력을 이끌고 있었던 반면, 프레드리크스텐의 노르웨이군 사령관 란츠베르그 대령은 요새가 포위되어 외부와 완전히 차단되었고 자신에게는 병사가 1,400명밖에 없다는 것을 인정했다. 카를 12세는 위험을 무릅쓰고 싶은 유혹을 떨칠 수 없었고 결국 11월 27일 대담한 공격을 손수 지휘하여 프레드리크스텐 외곽의 윌덴뢰베 요새를 강습, 장악했다.

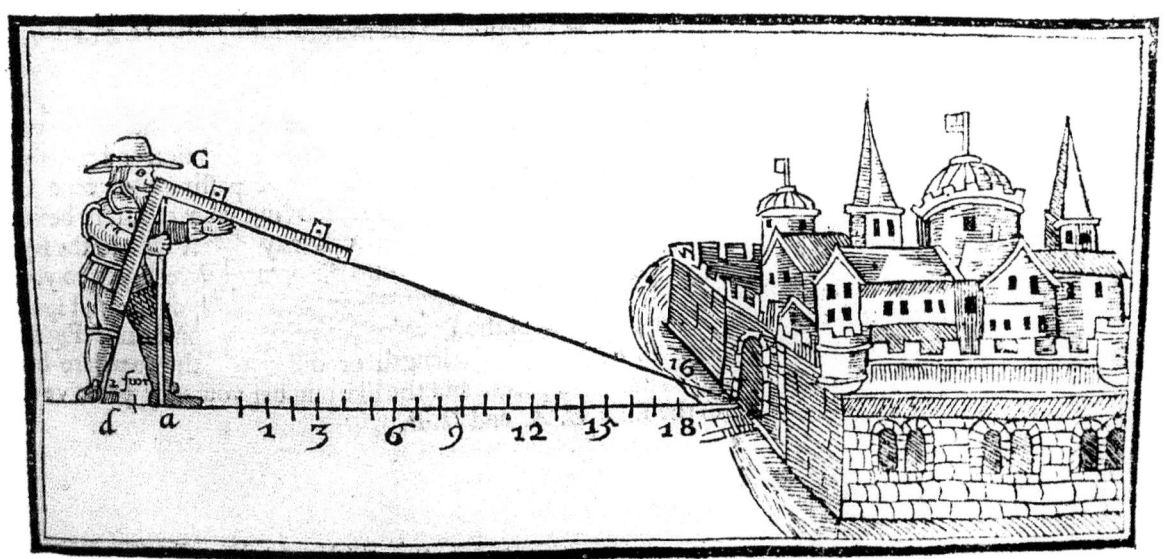

그림_ 원시적인 도구인데도 포위선, 땅굴, 참호의 정확성이 놀랄 만했다. 이 그림에서 공성 기술자는 정체불명의 도구를 이용하여 그가 서 있는 곳부터 요새화된 도시를 둘러싼 해자까지의 거리를 계산하고 있다.

스웨덴군은 이제 프레드리크스텐에 접근하기 위해 참호를 파는 지루하고 이례적인 임무를 수행하게 되었다. 병사들은 중심 요새와 남은 두 곳의 다른 방어 시설에서 노르웨이군이 가하는 사격에 직면한 채 요새 주변의 바위투성이 땅에서 참호를 파는 고되고 내키지 않는 작업을 했다. 11월 30일 첫 번째 평행 참호가 완성되고 대호가 파였다. 카를 12세는 메그레가 가능한 한 빨리 2차 평행 참호에 착수하기를 원했다. 앞서 메그레는 조급한 국왕에게 요새는 8일 이내에 함락될 것이라고 장담했고 심지어 프레드리크스텐의 사령관 란츠베르그 대령조차도 프레드리크스텐이 일주일 이상은 버틸 수 없으리라는 것을 인정했다.

토양이 푸석푸석했기 때문에 스웨덴군 병사들은 매일 보람 600개와 3,000개의 주머니로 참호를 보강해야 했다. 일단 2차 평행 참호가 구축되고 흉벽으로 보강되면 18문의 중포(16킬로그램짜리 곡사포 6문과 34킬로그램짜리 박격포 6문을 포함)로 구성된 메그레의 공성포가 방벽을 포격해 구멍을 낼 것이다. 란츠베르그 대령은 성벽이 암반에 제대로 박히지 않아서 스웨덴군의 한 차례 일제 포격만으로도 산산이 부서지리라는 것을 알고 있었다.

노르웨이인들에게는 다행스럽게도, 알려진 바에 따르면 언제나 최전선에 있는 카를 12세가 11월 30일 저녁에 대호에 나가 있었고 그때 유탄 하나가 국왕의 머리에 명중하여 국왕이 즉사했다. 스웨덴군 사령부는 즉시 퇴각을 명령했고 제국의 모든 꿈도 사라졌다. 오늘날 그 유탄은 무자비하고 야심만만한 국왕의 매부이자 훗날 스웨덴의 프레데리크 1세가 되는 헤센의 프리드리히 공이 고용한 자객이 쏜 총알로 추정된다.

축성술의 대가들: 보방과 쿠호른

프랑스는 17세기 전반기 축성술과 포위전 기술, 포격술에서 네덜란드군이나 에스파냐군의 체제를 채택하면서 크고 작은 성공과 실패를 맛봤다. 프랑스

프레드리크스텐 포위전

1718년

1718년 10월 스웨덴 국왕 카를 12세는 고용한 프랑스군 공성 장교 메그레 대령이 지휘하는 통상적인 포위전을 통해 프레드리크스할에 있는 노르웨이 국경 방어선의 중심축을 잔해만 남겨버리겠다고 작정하고서 3만 5천 명의 병력을 이끌고 남부 노르웨이를 침공했다. 국왕이 직접 이끈 스웨덴군은 11월 27일 외곽 요새 윌덴뢰베를 강습해 장악했다. 3일 후 스웨덴군은 프레드리크스텐 요새를 지키는 1,400명에 불과한 적군에 맞서 요새와 평행한 참호를 팠고 그다음 (2차 평행 참호로 이어지는) 접근 참호를 파서 곧 ── 상대적으로 손쉬운 ── 압승을 눈앞에 둔 듯했다. 일단 요새가 공성포의 유효 사거리 안에 들어오게 되면, 메그레 대령이 국왕에게 장담한 대로, 포격을 통해 항복을 받아낼 수 있었다. 그러나 11월 30일에 카를 12세가 매우 미심쩍은 상황에서 전방 참호에서 살해당해, 노르웨이인들은 굴욕적 항복과 궁극적으로는 이웃 나라의 점령이라는 위기를 모면할 수 있었다.

노르웨이
스웨덴
프레드리크스텐
스톡홀름
덴마크
폴란드

프레드리크스텐은 스웨덴과 만나는 국경의 핵심 요새로서, 남부 노르웨이의 변경 도시 프레드리크스할 바로 옆에 자리했다.

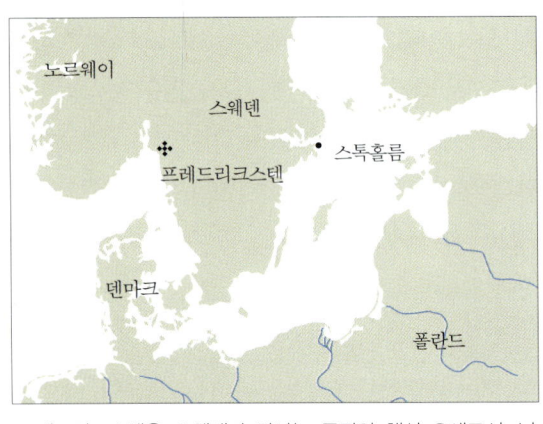

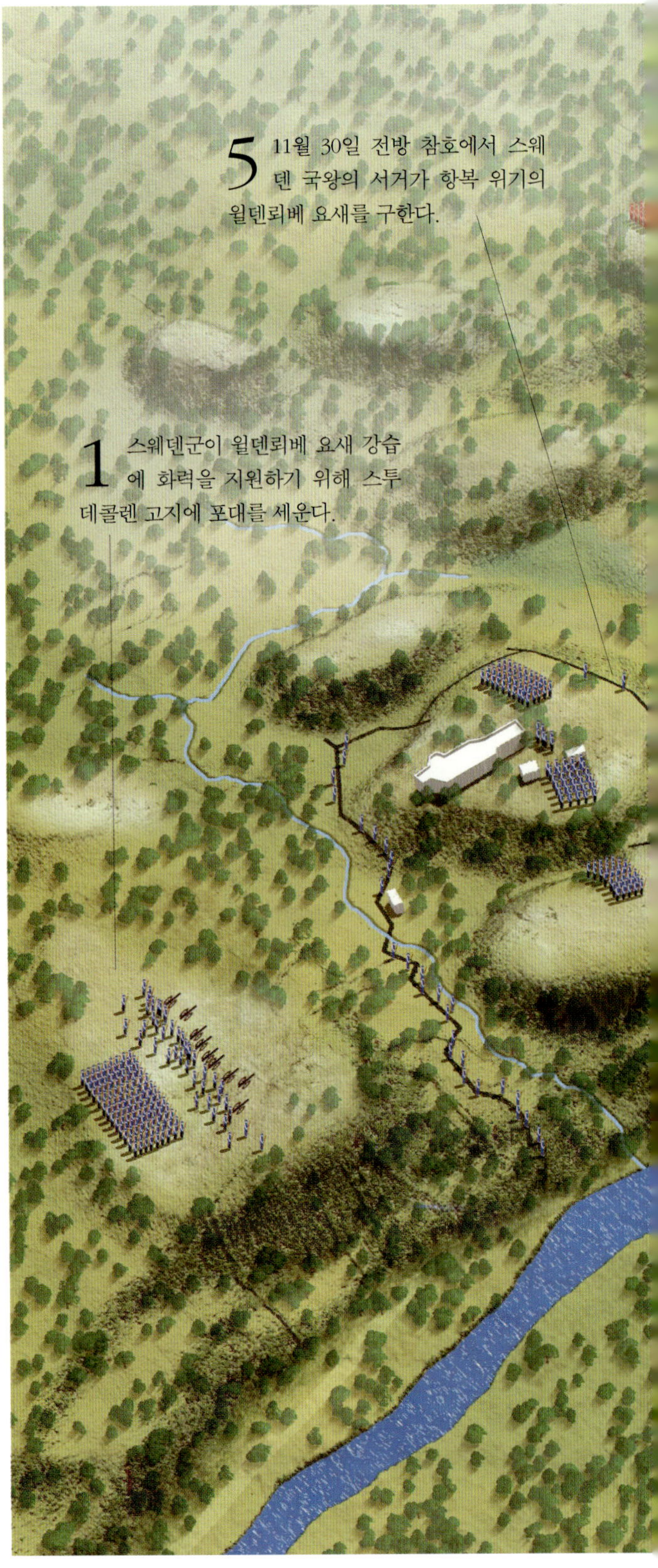

5 11월 30일 전방 참호에서 스웨덴 국왕의 서거가 항복 위기의 윌덴뢰베 요새를 구한다.
1 스웨덴군이 윌덴뢰베 요새 강습에 화력을 지원하기 위해 스투데콜렌 고지에 포대를 세운다.

인들은 네덜란드의 반누벽에는 거의 전 군대가 필요하지만 실제 요새로의 접근 경로는 좁고 고립되어 있어서 포위하는 쪽의 사상자 수와 위험성을 증가시킨다는 것을 알게 되었다. 또 오스만군 방식의 평행 참호 운용에도 주목했는데, 관찰력이 뛰어난 플레시스 원수 같은 프랑스 지휘관들은 평행 참호에 공성포를 배치하자고 제안했다. 이것은 강습 부대를 근접 지원하고 수비군의 요새로 포대를 더 가까이 가져갈 수 있을 것이다. 이러한 제안은 17세기 후반에 보방이 발전시킨 프랑스군의 공성 포대와 공성 기술보다 앞서는 것이었다.

세바스티앙 르 프레스트르 드 보방(1633~1707년)은 17세기 중반에 젊은 포병 장교였다. 그는, 포위전이 벌어질 때 프랑스군을 포함한 모든 군대가 휩싸인 혼란과 무질서는 주로 노련한 기술자와 적절한 공병단의 부재에서 기인한다고 믿었다. 전문 공병 장교는 보방의 젊은 시절에는 프랑스군에서 흔히 찾아보기 힘든 사람이었고 공병단은 군대에서 상시적인 직위가 아니거나 지위가 낮았다. 플레시스나 콩데, 튀렌 같은 프랑스 사령관들은 자신들을 전문가의 조언이나 전문적인 포위전 기술자 없이 손수 포위전을 지휘할 줄 아는 팔방미인이라고 여겼다. 공병단을 창설하고 육성해, 공병 장교들을 자부심이 강하고 고도로 전문적이고 효율적인 전문가 집단, 궁극적으로 프랑스군에 결코 없어서는 안 될 집단으로 키워낸 장본인은 보방이었다. 보방 — 전 시대를 통틀어 가장 유명한 축성술 전문가 — 은 1633년에 부르고뉴의 가난한 귀족 집안에서 태어났다. 그는 1678년에 축성 총감이 되었고 1688년에 중장으로 승진했으며 1703년에 마침내 프랑스군의 원수가 되었다. 그는 4년 후 78세의 남부럽지 않은 나이에 세상을 떴으며 그때까지 약 160군데의 요새를 건설하거나 기획했고 48차례의 포위전을 치렀으며 8차례 부상을 입었다. 당대 사람들은 그를 파리의 청사에서 지도나 설계도, 도면을 열심히 들여다보거나 수시로 시찰 여행을 떠나는 일 중독자로 기억했다. 그의 최대 업적은 영국 해협부터 스위스 국경까지 일련의 요새들이 죽 이어진, 그 유명한 철의 국경선을 구축한 것이었다.

1709년부터 1711년까지 에스파냐 왕위 계승 전쟁의 최악의 국면에 프랑스의 요새화된 철의 방어선이 한 번도 뚫린 적이 없었던 것은 그의 이런 사전 대책 덕분이었다. 이 요새들은 1790년대에 존립을 위해 사투를 벌이던 프랑스공화국을 외국의 침공으로부터 구해냈고 심지어 1870~1871년 프로이센의 포격에도 잘 버텼다.

그러나 보방은 요새 건설자로서의 공로에도 불구하고 어쩌면 요새를 짓는 것보다 요새를 파괴하고 함락한 것으로 더 잘 기억될지도 모른다. 보방이 합리적이고 논리적이며 체계적인 포위전 양식 siège en forme 체제를 도입하기 전에는 각종 보루와 참호, 포대가 미로처럼 얽히고설켜 있었다. 보방 체제 아래서는 중심 계획이 존재했다. 포위군은 공격하려는 성벽에 평행하게 참호를 파는데 이것을 1차 평행 참호라고 한다. 1차 평행 참호가 완성되면 곧게 죽 뻗은 참호를 따라 적이 종사하는 것을 방지하기 위해, 이른바 아프로셰 approche(즉 대호)라는 접근 참호를 지그재그 모양으로 파는데, 곧게 뻗은 참호는 만약 잘 조준된 종사 포탄이 명중하게 되면 피투성이 잔해가 즐비하게 될 수도 있기 때문이었다. 그다음, 성벽과의 중간 지점에 2차 평행 참호를 파면 포대가 성벽으로 더 가까이 이동했다. 일단 이 작업이 완료되면 마지막인 3차 평행 참호를 파고, 그다음에 성벽 너머로 포탄을 날릴 수 있는 박격포와 곡사포가 지옥의 불길을 토해내면 요새의 조건부 항복은 피할 수 없었다. 대개, 포위군이 성벽에 구멍을 내고 요새

그림_ 보방이 직접 쓴 포위전 교과서에서 가져온 이 그림은 사다리꼴의 빗변 통로로 연결된 평행 참호들의 체계를 주제별로 단순화해서 보여준다. 이 평행 참호들은 지그재그 모양으로 판 참호를 이용해 실제 성벽까지 접근하게 된다.

안으로 들이닥친 뒤 수비군을 학살하고 약탈하는 일만은 피해야 한다고 여겨졌다. 보방 체제는 대부분의 경우 효과가 있어서 포위군은 성벽의 구멍을 통과해 요새 안으로 들이닥칠 필요가 거의 없었다.

보방은, 이전 시대의 어느 연금술사처럼, 포위하는 쪽이 대규모 인명 손실을 입거나 크게 피를 흘리지 않고도, 심지어 제때에 항복할 만큼 머리가 나쁘지 않다면 포위당한 쪽도 큰 피해를 입지 않은 채, 요새를 함락하는 교과서와도 같은 뛰어나고 정확한 체제를 창안했다. 그러나 그의 기술은 프랑스의 적들에 의해 모방되었다. 게다가 보방은 프랑스군의 대포를 포위 체제 안에서 유연하게 돌아가는 톱니바퀴로 만들지 못했다. 무엇보다 18세기 중반 벨리도르가 여압 장치를 이용한 땅굴 폭파 방법을 발명할 때까지, 프랑스군의 땅굴 폭파 능력을 후퇴시킨 장본인은 땅굴 폭파에 반감을 보인 보방이었다. 보방은 포위된 요새를 지휘해본 적이 없었고 따라서, 요새에 많은 포를 설치하는 것을 제외하고, 포위당한 요새를 어떻게 방어할지에 대해서는 새로운 아이디어를 내놓지 못했다. 결국 보방의 포위 체제는 체제의 발명자들을 상대로 활용되면서 거꾸로 끔찍한 결과를 안겨주게 되었다.

보방에 대응하는 네덜란드인 메노 판 쿠호른은 그보다 이름이 훨씬 덜 알려져 있다. 그는 1692년에 프랑스군에 맞서 나무르를 지켜냈으며 1695년 9월에는 프랑스의 수중에서 나무르를 탈환하기도 했다. 잉글랜드와 네덜란드의 공동왕 윌리엄 3세가 그를 축성 대장으로 임명하여, 그는 브레다, 흐라버, 즈볼러, 호로닝언 등의 요새를 현대화하는 작업에 착수했다. 그의 걸작품은 베르헌-옵-좀Bergen-op-Zoom이었다. 그는 장교 70명으로 구성된 네덜란드 공병단을 창설했고 그의 건축물들은 보방의 건축물들과 마찬가지로 세월의 시험을 잘 견뎌냈다. 가볍고 기동성이 뛰어난 공성용 박격포를 개발했는데, 박격포는 두 사람이 끌 수 있고 포위용 참호에 쉽게 설치할 수 있으며, 훗날 그의 이름을 따 쿠호른 박격포라고 불리게 되었다.

보방의 전성기: 태양왕의 전쟁들
루이 14세는 1661년 프랑스 국왕에 즉위한 후 국왕으로서의 자신의 첫째 의무는 프랑스군 총사령관으로서의 의무를 다하는 것이라고 여겼다. 인생 말년에 그는 후계자들에게 자신처럼 전쟁을 사랑하지 말라고 경고했다. 그의 열정의 대상이 전쟁이었다면, 그가 특히 애호하는 것은 포위전이었는데, 포위전은 질서정연했고 보방의 지휘하에서 언제나 승리로 이어졌기 때문이다.

루이 14세는 1673년에 보방이, 네덜란드가 장악하고 있던 요새 도시 마스트리흐트를 포위했을 때 그의 옆에 있었다. 보방은 넓고 넉넉하며 사격 계단으로 보강된 포위 참호를 팠는데, 머스킷 총병들은 그 계단 위에서 도시의 성벽을 향해 끊임없이 정확한 사격을 할 수 있었으며 출격한 적군을 넓은 전면에서 상대할 수 있었다. 그는 대포를 설치하기 위해 평행 참호를 팠으며 사상자 수를 줄이기 위해 지그재그 모양으로 대호를 만들었다. 그는 노출된 지점 한 곳에, 즉 이 경우에는 도시 성문에 포격을 집중했으며 마스트리흐트 시는 7월 1일에 항복했다. 보방의 가장 위대한 유산은 에스파냐 왕위 계승 전쟁 기간 동안 프랑스에 전례 없는 방어선을 제공한 철의 국경선이었지만, 보방은 공격적인 국왕에게 여기에는 큰 대가가 따른다는 사실도 지적했다. 프랑스의 야전군에서 더 잘 활용될 수 있을 병사들이 너무나도 많이 이곳의 요새들에서 수동적인 수비대 임무에 묶여 있었던 것이다. 게다가 요새에 들어가는 돈 때문에 국왕의 국고가 거덜났을 뿐 아니라 프랑스 야전군에게 쓸 수 있는 돈도 줄어들었다.

그림_ 발명자인 네덜란드 축성 전문가 메노 판 쿠호른의 이름을 딴 이 가벼운 박격포는 포위 공격 시 보병을 위한 이동 지원 무기로 개발되었다. 143밀리미터 구경에, 74킬로그램 '밖에' 나가지 않았고 사거리는 약 1킬로미터였다. 474밀리미터 길이의 포신은 20도에서 70도 각도 범위 안에서 올리거나 내릴 수 있었다.

그림_ 퀘벡 포위전에 대한 이 당대 그림은 눈에 확 들어오는 주홍색 제복을 입은 영국군 병사들이 착각을 불러일으킬 만큼 잔잔해 보이는 세인트로렌스 강을 보트로 건너는 모습을 보여준다.

응용된 보방 : 북아메리카의 7년 전쟁

보방의 교과서 같은 포위전 기술이 유럽 바깥에서 적용될 수 있다는 사실은 프랑스와 영국이 몇몇 흥미로운 포위전을 치른 북아메리카의 7년 전쟁에서 드러났다. 영국은 강력한 해군과, 정규군을 지원하는 대규모 식민지 민병대라는 유리한 카드를 쥐고 있었다. 수적 우세와 자원만이 전쟁의 승패를 결정한다면 프랑스군은 그들의 오랜 적에게 쉽게 제압되었을 것이다. 프랑스군이 호락호락 당하지 않은 중요 이유는 영국군이 전쟁 초기에 서투르게 일을 망친 탓도 있지만 프랑스군의 가공할 요새들이 캐나다로 들어갈 수 있는 모든 길목을 지키고 있었기 때문이다.

북아메리카의 프랑스군 총사령관 몽칼름 후작은 1757년 3월에 윌리엄 헨리 요새에 습격대를 보내 전력이 더 우세한 영국군에 맞서 현명하게 주도권을 쥐었다. 습격대는 조지 호에 정박해 있던 선단을 불태워서 요새의 연락을 두절시키고 프랑스군이 조지 호를 가로질러 진군하는 것을 저지하지 못하게 했다. 8월 3일, 몽칼름 후작은 영국군 수비대의 별다른 저항 없이 요새 옆에 상륙했다. 같은 날 그는 요새 서쪽에 포대를 세우고 곧장 고전적인 보방 방식에 따라, 차근차근 요새로 접근하는 평행 참호와 대로를 파기 시작했다. 3일 후 프랑스군은 평행 참호에서 포격을 개시했고 그다음 하루가 더 지나서 박격포도 포격을 개시했다. 박격포 포격은 요새 안쪽의 건물들을 파괴했지만 영국군은 여기에 아무런 대응도 할 수 없었고, 전통적인 포격의 대공세 앞에서 요새의 방벽이 부서지기 시작했다. 8월 9일, 윌리엄 헨리 요새의 사령관 먼로 대령은 항복했다.

이듬해에 영국군은 더 잘 조직되었고 프랑스군에

4장 포위전 223

게 당한 패배를 되갚아주고 싶은 생각뿐이었다. 영국군 병사들 사이에서 '그래니Granny'[할멈]라는 적절한 별명으로 불린 제임스 애버크롬비 장군은 12,000명의 병력과 거대한 공성 포대를 이끌고 카리용 요새(타이콘데로가Ticonderoga)를 공격하기 위해 조지 호를 건넜다. 애버크롬비 장군은 방울뱀 언덕을 장악해, 공성포(대포 16문, 박격포 11문, 곡사포 13문)를 배치하고 허약한 방벽을 두들겨 부수는 편이 나았을 것이다.

대신, 그는 몽칼름 후작이 요새를 보호하기 위해 아바티스abattis 선을 구축할 시간을 주며 공격을 망설였다. 아바티스는 얕은 참호에 통나무를 대고, 위에 모래주머니를 쌓은 후 전방 수백 미터 공간에 나무를 베어 넘어뜨려 만드는데, 넘어진 나무 둥치와 뾰족하고 뒤엉킨 나뭇가지는 뚫고 가기 힘든 장애물이었다.

애버크롬비 장군은 친절하게도 이 아바티스 선에 맞서 밀집한 7,000명의 멋진 영국군 보병들을 내보내 적을 오히려 도와주었고, 나뭇가지 덤불을 향해 어물어물 나아가던 영국군은 프랑스군의 머스킷 총알과 포탄에 박살이 났다. 영국군은 전사자만 2,000명을 기록했고 그들이 아군 선단이 있는 곳으로 굴욕적인 퇴각을 하는 동안 프랑스군은 환호성을 지르며 영국군을 조롱했다.

대륙의 더 동쪽에서는 보방을 더 환기시키는 매우 다른 포위전을 영국군이 북아메리카에서 가장 강력한 프랑스 요새인 루이스버그를 상대로 전개하고 있었다. [영국군] 앰허스트 장군은 14,000명의 병력을 이끌고 6월 8일 케이프브레턴 섬에 상륙해 루이스버그 시의 성벽 둘레로 참호선을 구축하기 시작했다. 루이스버그의 방어선은 거대한 능보 두 곳(르 루아와 라 렌)과 더 작은 반半능보(도팽과 프랑세스) 두 곳으로 구성되었고 6,000명의 병사들과 수병들이 주둔해 있었다. 루이스버그는 북아메리카 기준으로는 거대한 요새였다. 이 포위전은 영국군이 보방의 기술에 매우 정통하게 통달했다는 사실을 의심의 여지 없이 보여주었다. 그들은 6월 8일에 참호를 파기 시작해서 12일에 바깥 보루에서 프랑스군을 몰아내고 1주일 후 포격을 시작했다. 7월 3일이 되자 치명적인 박격포를 보유한 영국군 포병 부대는 도시의 성벽에서 550미터 거리밖에 떨어져 있지 않았고, 요새화된 도시 안쪽으로 박격포탄을 쏟아부어 도시를 쑥대밭으로 만들었다. 7월 24일, 프랑스 해군 전대戰隊가 무력화되고 영국 함대가 항구로 진입하여 르 루아 능보를 정확한 박격포 포격으로 폭파시켜 불길에 휩싸이게 하자, 루이스버그는 항복했다. 캐나다 심장부로 들어가는 길이 열린 것이다.

1759년 퀘벡 포위전: 북아메리카에서 프랑스의 종말이 시작되다

캐나다 외부 방어선을 제압하고 루이스버그를 함락하자 영국군에게는 세인트로렌스 강을 거슬러 올라가 뉴프랑스의 심장부를 침공할 수 있는 물길이 열렸다. 퀘벡 원정군 사령관 제임스 울프 장군은 영국군이 점령한 루이스버그를 떠나 8,500명의 영국 정규군 병사들과 함께 배를 타고 세인트로렌스 강을 거슬러 내륙으로 진입했다. 그는 그의 경력에서 가장 큰 도전을 만났다. 바로 퀘벡 요새를 제압해 점령하는 것이었다.

퀘벡에 뉴프랑스의 수도와 중심 요새 도시를 세운 것을 보면 당시 프랑스인들은 보방 방식의 군사 건축 공학에 그 어느 때보다 뛰어났던 것 같다. 퀘벡은 몇 백 미터 고도의 단단한 암반 곶 위에 자리 잡고 있고 삼면이 세인트로렌스 강과 세인트찰스 강으로 보호되는 이상적인 장소였다.

프랑스인들은, 1693년과 1711년에 있었던 영국군

의 원정 실패를 바탕으로 생각해볼 때, 영국군이 세인트로렌스 강을 항행하는 데는 엄청난 어려움이 있을 것이라고 믿었고, 화선火船을 이용해 적선이 퀘벡 가까이로 접근하는 것을 저지할 수 있으리라 여겼다. 만약 영국군이 도시를 공격한다면 도시의 북쪽에 상륙할 것이라 프랑스인들은 확신했다. 이 교두보에서 영국군은 틀림없이 무턱대고 남쪽으로 가 세인트찰스 강 너머에서 공격해올 것이다. 만약 적군이 남쪽에서 공격해온다면 세인트찰스 강의 북쪽 기슭을 따라 우뚝 솟은 거대하고 단단한 절벽이 적군의 상륙과 강습에 어마어마한 장애물이 될 것이라고 프랑스인들은 내다봤다. 만약 영국군이 서쪽에서 공격해온다면 거대한 두 능보와 두 반능보를 포함해 끊임없이 이어진 도시 성벽이 그들의 진군을 막을 것이다. 프랑스인들은 자신만만했지만 그들의 자신감은 그릇된 것이었다. 퀘벡의 지상 방벽을 맞닥뜨린 관찰자들은 강력하다는 잘못된 인상을 받을 수도 있지만, 요새는 빛 좋은 개살구에 지나지 않았다. 언뜻 봐서는 가공할 만한 지상 방벽에는 여러 가지 문제가 있었다. 그것은 1749년에야 완공된 데다가 방벽 앞에는 제대로 된 해자가 없었다. 퀘벡을 함락한 후 영국군 공병들은 적의 시설물에 대해 매우 혹평을 했다. 암반이 너무 딱딱해서 충분히 깊고 넓은 해자를 파려면 땅바닥을 폭파시켜야만 했다. 그러나 성벽이 먼저 세워졌기 때문에 바닥을 폭파했다가는 성벽이 갈라지거나 무너질 염려가 있었다. 영국군의 조사 결과, 제대로 된 해자와 외부 보루는 북쪽의 세인트존스 능보 바깥에만 있었던 것이 드러났다. 그 밖의 다른 곳에

> 포위전 siegecraft은 영토를 획득하고 유지할 수 있는 수단을 제공한다. 야전battle의 승자는 한동안 한 지역을 통제할 수는 있지만 만약 요새를 점령하지 않는다면 그 지역을 완전히 정복할 수는 없다.
> ___보방

서는 완공이 되지 않았다. 실제로 판 해자도 1.5~1.8미터 깊이밖에 되지 않는 얕은 해자였다.

당시의 근대적 요새에는 대포의 직격탄과 사다리 공격에서 도시 성벽을 보호하는 넓고 강력한 외부 보루가 필요했다. 퀘벡에는 이 같은 시설들이 전무했고 더 나아가 도시 성벽 자체에도 문제들이 있었다. 이곳의 지반은 북쪽에서 남쪽으로 갈수록 점차 낮아졌다. 즉 남쪽에서 북쪽으로 갈수록 각 능보는 그다음 능보보다 더 낮고 따라서 각 능보는 원래 설계와 달리 상호 지원 사격을 제공할 수 없었다. 게다가 전 성벽은 세인트찰스 강 너머에서 가하는 종사 사격에 고스란히 노출되었고 성벽의 북단은 성벽 바깥의 고지대에서 잘 내려다보였다. 성벽의 마지막 문제점은 〔요새의〕 건설자 레리가 성벽에 대포를 설치하지 않은 데다가 에이브러햄 평원을 마주 보는 쪽에 총안銃眼을 하나도 만들지 않았다는 점이었다. 성벽의 네 능보는 평원의 적을 향해 사격할 수 있게 설계되지 않았고 어쨌거나 적이 성벽을 강습하려고 시도할 경우, 성벽을 따라 단 52문의 포밖에 쏠 수 없었다. 그러나 만약 적이 성벽까지 온다면 ─ 이런 여러 약점을 고려해볼 때 ─ 퀘벡은 함락될 수밖에 없으리라. 일단 퀘벡을 손에 넣자 영국군은 즉시 평원을 내다보는 쪽 성벽에 총안부터 뚫었다.

프랑스군은 매우 뼈아픈 태만 사항을 한 가지 더 저질렀다. 원래, 1702년 프랑스군은 세인트로렌스 강 너머, 퀘벡의 저지 읍 정반대편에 있는 포인트 레비에 요새 하나를, 어쩌면 두 개를 지을 계획을 세웠었다. 만약 영국군이 이 지역을 차지한다면 영국군

퀘벡 포위전
1759년

북아메리카의 프랑스 정부 당국은 언제나, 자신들이 결코 식민지 수도 인근 너머를 방어해야 하는 심각한 상황이 생기지 않기를 바랐고, 그 결과로 적의 움직임을 잘못 계산했다. 몽칼름 후작은 세인트찰스 강 북쪽에 있는 자랑거리인 보포르 방어선에 프랑스군의 방어를 집중했지만 저지 읍 맞은편 포인트 레비는 요새화하지 않았다. 영국군 사령관 울프 장군은 이 요충지를 점령하고 포대를 세운 후, 이 포대의 엄호를 받아 선단을 이동시켰으며 그렇게 하여 퀘벡에서 상류 쪽인 랑소풀롱에 군대를 상륙시킴으로써 프랑스군의 입지를 완전히 약화시켰다. 그 후 울프 장군은 에이브러햄 평원에서 자신이 원하는 방식으로 전투를 벌일 수 있었다. 몽칼름 후작은 더 수세를 취하는 대신에 병사들을 전투에 너무 일찍 투입하는 치명적 실수를 또다시 저질렀다. 프랑스군은 성급하게 영국군 대형을 공격하다가 영국군 보병들의 일제 사격에 궤멸되었다. 피비린내 나는 전투 후에 영국군은 포위선을 구축하기 시작했으나 일단 수비대가 전장에서 패배하자 도시는 항복했다.

퀘벡은 세인트로렌스 강을 통제할 뿐 아니라 캐나다의 프랑스 식민지의 심장부에 있었다. 잘 요새화된 도시라, 울프 장군과 영국군에게 퀘벡 함락은 어려운 숙제였다.

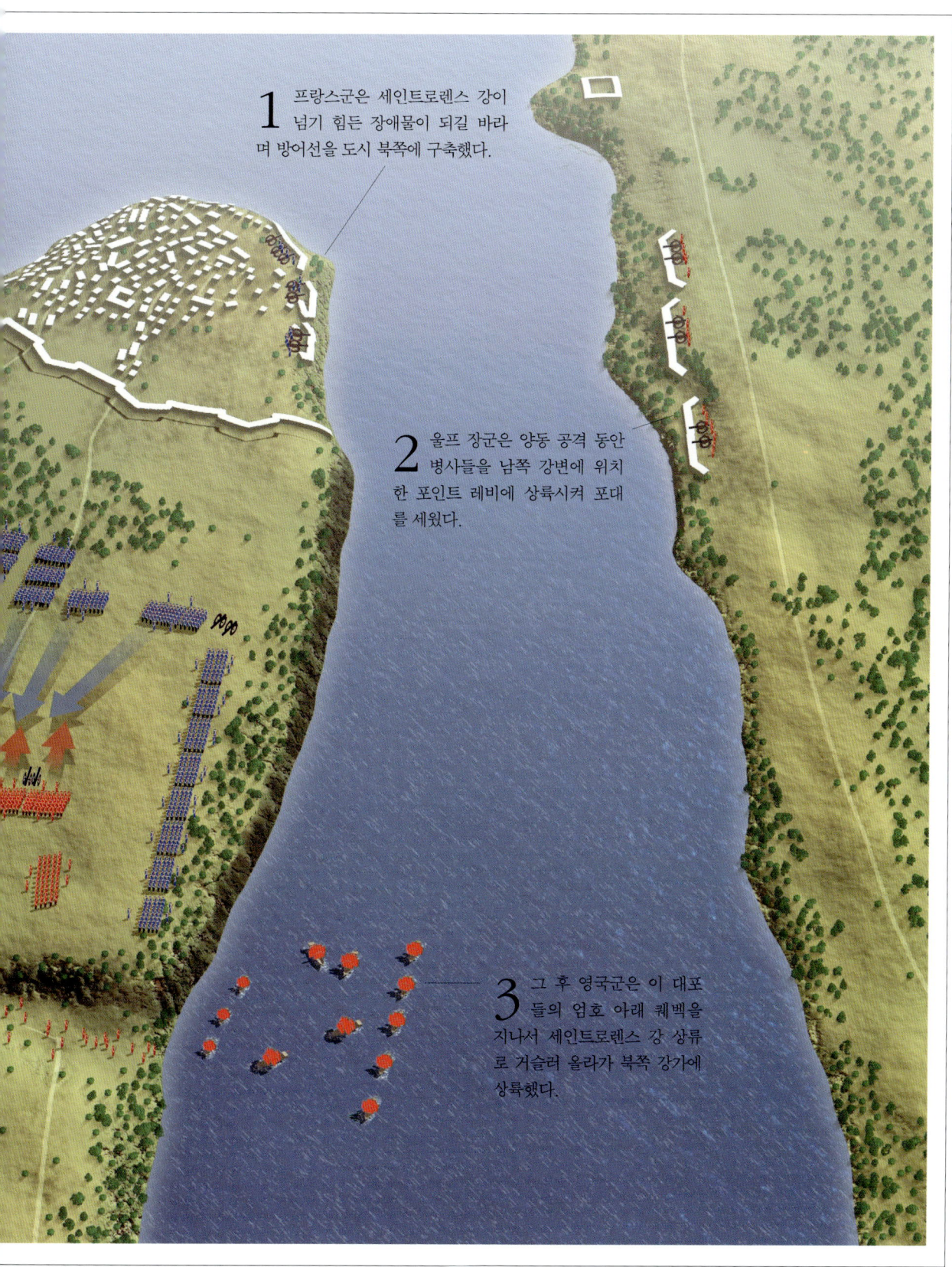

은 강을 거슬러 와서 남쪽이나 서쪽에서 퀘벡을 칠 수 있는 영국군 함대를 엄호할 수 있을 뿐 아니라 도시를 포격해 항복을 받아낼 수도 있는 포대를 세울 수 있었다.

1758년 가을, 몽칼름 후작과 그의 수석 공병 장교 퐁르루아 대령도 자신들만의 방어 계획을 짰다. 그들은 요새화된 퀘벡 방어선에 믿음이 가지 않아 성벽 바깥에 일련의 야전 요새를 만들어 적과 맞서기로 했다. 그러나 그들은 영국군이 세인트찰스 강과 몽모랑시 강 어귀 사이에 상륙하려면 우선 함대가 보포르 정박지에 닻을 내리고 머물러야 할 것이라고 내다봤다. 그래서 몽칼름 후작은 프랑스군의 주 방어선을 보포르 해안선을 따라 구축하고 2차 후퇴선을 세인트찰스 강을 따라 짓기로 결심했다. 그들은 퀘벡과 포인트 레비, 에이브러햄 평원에서의 약점을 고려하지 않았다. 만약 영국군이 1차 방어선을 차지하게 되면 그다음에 영국군은 퀘벡을 지나쳐 강을 거슬러 가 보포르 방어선을 측면에서 포위할 것이고, 만약 프랑스군의 모든 예상을 뛰어넘어 북쪽 해안의 거의 수직으로 깎아지른 절벽을 넘는다면 퀘벡은 함락될 것이었다.

1759년 6월 11일, 세 개의 커다란 보루와 여러 개의 작은 보루, 세인트찰스 강을 가로지르는 세 개의 다리로 구성된 보포르 방어선이 완성되었다. 몽칼름 후작에게는, 나중에 그가 주장한 대로, 요새를 짓고 유지할 만한 병력이 부족하지 않았다. 그는 대대적인 동원 노력을 통해 캐나다 민병대 병사를 포함해 15,000 병력의 군대를 보유할 수 있었다. 그러나 몽칼름 후작은 배가 들어오지 못하도록 봉쇄하는 작전을 효과적으로 펴기에는 세인트로렌스 강의 주요 수로가 너무 넓다는 사실을 깨달았고, 6월 27일에 때가 아닌데도 화선을 띄워 보냈을 때 작전은 완전히

그림_ 이 포좌에서 공성포는 흙과 돌로 만든 거대한 방어 시설로 보호된다. 이 시설들은 대포를 훌륭히 보호해주지만 포격 범위를 제한했다. 포좌 뒤로는 참호를 파서 바닥에 화약을 묻고 그 위에는 흙과 목재를 두껍게 덮었다. 화약 저장소는 적의 포격에 맞아 폭발할 경우에 포좌를 보호하기 위해 포좌와 안전한 거리만큼 떨어져 있었다.

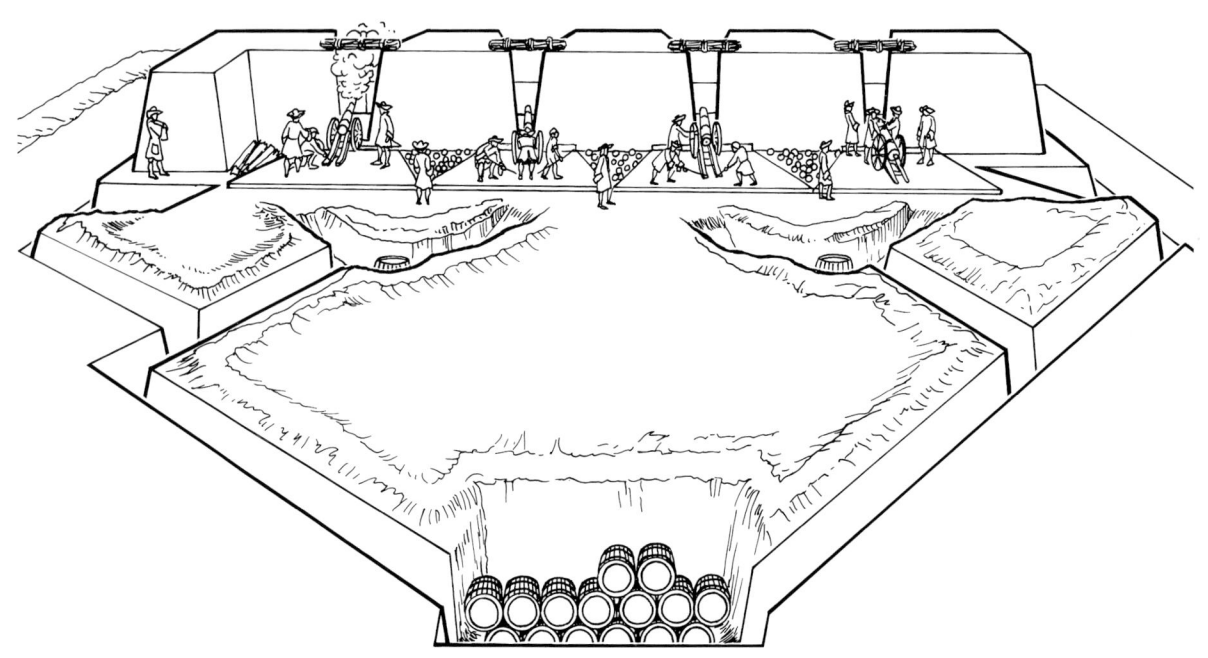

실패로 돌아갔다.

영국군 지휘관들은 퀘벡의 약점을 더 잘 의식하고 있었고 해군 함장 손더스 제독은 울프 장군에게 포인트 레비를 즉시 공격해 손에 넣고 요새화하는 일을 맡겼다. 프랑스군이 세인트로렌스 강 상류로 진입하는 것을 막기 위해, 6월 29일 영국군은 이 요충지를 차지했고 이튿날 더 많은 영국군이 해변으로 쏟아져 들어왔다. 포인트 레비가 수중에 들어오자 영국군은 이제 퀘벡에 포격을 개시하고 강변의 포대를 너무 의식할 필요 없이 강을 거슬러 항행할 수 있었다.

영국군은 이제 강의 남안을 차지하고 있었다. 7월 31일, 울프 장군은 공격을 시도했다 실패하여 병사 443명을 잃었다. 8월에 그는 주변 시골 지역을 유린하도록 병사들을 내보내 농장 1,400곳을 파괴했는데, 이는 몽칼름 후작을 자극해 밖으로 나와 싸우게 하려는 무자비한 시도였다. 그러나 몽칼름 후작은 누벽 뒤에서 나오지 않았다.

그다음에 울프 장군에게 행운이 찾아왔다. 퀘벡에 포로로 잡혀 있던 영국군 장교 로버트 스태보 대위가 1759년 봄에 탈출한 것이다. 그는 울프 장군에게 강가를 따라 에이브러햄 평원으로 이어지는 좁고 위험천만한 길이 랑소풀롱에 하나 있다고 알려주었다. 이쯤에서 울프 장군은 도박을 한다 해도 잃을 게 없었고 그래서 그 지점에 군대를 상륙시켰다. 한편, 이 작전이 단순한 기만 전술인 것처럼 프랑스군을 속이기 위해 손더스 제독은 보포르에 주의를 분산시키는 요란한 공격을 감행했다. 랑소풀롱에서 울프 장군은 병력을 먼저 보내 절벽 위의 자그마한 프랑스군 진지를 빼앗도록 했고 그런 뒤 군대를 평원에 배치했다. 프랑스군은 미끼를 물어서 보포르 공격에 대응했고, 몽칼름 후작이 지금 적이 자신의 취약한 배후를 위협하고 있다는 끔찍한 소식을 들었을 때는 한참 늦은 뒤였다.

몽칼름 후작은 3시간 뒤 부갱빌 대위가 캅루주에서 1,500명의 정규군을 이끌고 평원에 도착할 때까지 기다리는 편이 나았다. 하지만 그러기는커녕 그는 마지막 판단 착오를 저질렀다. 그는 규율이 잡힌 정규군이 부족한데도 즉시 공격하는 쪽을 택했다. 용감하지만 충동적인 캐나다인들은 영국군 대열로 쇄도하여 산발적인 일제 사격을 했지만 별 성과가 없었다. 영국군은 12~20미터의 근거리에서 사격을 개시해 무시무시한 집중 사격을 선보였다. 이 사격의 효과는 어마어마해서 흔들리던 프랑스군 전열은 퀘벡 성벽을 향해 달아나는 겁에 질린 오합지졸로 전락했다. 고지 스코틀랜드 부대원들은 무거운 칼을 빼 들고, 달아나는 병사들을 추격하기 시작했다. 프랑스군의 유일한 위안거리라면 원주민 저격수와 캐나다인 저격수가 울프 장군과 그의 동료 몽크턴을 쏴 죽인 것이었다.

몽칼름 후작도 치명상을 입고 9월 14일에 죽었다. 같은 날 영국군은 성벽 바깥에 포위선을 파기 시작했다. 다음 사흘 동안 영국군은 이 작업을 계속했고 더 많은 대포를 포위선으로 끌고 왔다. 9월 17일 오후가 되자 영국군 함대는 강변에서 퀘벡을 포격할 태세였고 포위선에서 포격 태세를 갖춘 육군은 성 우르술라 능보에 포격을 집중했다. 9월 18일, 퀘벡은 항복했다.

1762년 아바나 포위전: 에스파냐를 꺾은 포위전

아바나는 18세기 아메리카 대륙에서 가장 강력하게 요새화된 도시이자 신세계에서 에스파냐제국의 핵심이었다. 이 도시는 쿠바의 수도이자 주요 항구였으며 서인도제도에서 에스파냐 세력의 중심지였다. 게다가 에스파냐의 은 수송 선단이 대서양을 가로질러 카디스로 향하기 전에 집결하는 항구이기도 했

그림_ 이 판화는 커다란 보트를 이용해 엘 모로 요새와 아바나 시 바로 동쪽에 상륙하고 있는 병사들을 영국군 함대가 지원 사격하는 광경을 묘사하고 있다. 그림에서는 요새와 도시가 함대의 중포로 포격당하고 있는 것처럼 보인다. 그러나 사실, 영국군의 포격은 훨씬 나중에 벌어진 일이며 대부분의 포탄은 육지에 설치된 영국군 대포와 박격포에서 날아왔다.

다. 에스파냐인들은 아바나의 전략항과 해군 기지, 조선소를 보호하기 위해 그곳에 가장 강력한 함대를 배치했다. 아바나 함락은 에스파냐의 제국으로서의 위신에 엄청난 타격을 안겼고 다음 60년에 걸쳐 서서히 아메리카 대륙 본토의 식민지에 대한 통제력을 약화시켰으며, 그 파급 효과 측면에서 1942년에 일본이 영국의 싱가포르를 함락한 사건에 비길 만했다.

1762년 초 영국인들은 스핏헤드에 16,000명의 병력과 거대한 수송 선단을 끌어 모았다. 그들은 3월 5일에 출발하여 5월 25일에 생도맹그(아이티) 북부 해안 앞바다에 도착했다. 영국군은 에스파냐인들이 방심하는 틈을 타기 위해 과감하게 올드 바하마 해협의 좁고 위험한 수역을 통과한 뒤 6월 6일 아바나 앞바다에 도착하여 완벽하게 에스파냐인들의 허를 찔렀다.

이 기습이라는 요소가 필수적이었는데, 황열병과 말라리아가 가져올 재난을 피하려면 영국군은 병이 돌기 시작하는 가을 전에 아바나를 손에 넣을 필요가 있었다. 그러나 에스파냐인들이 아바나를 난공불락이라고 여긴 대로, 요새 도시 아바나를 제압하는 것은 결코 쉬운 문제가 아니었다. 우선 항구 길목을 경계하고 성벽으로 둘러싸인 도시를 지키는 거대한 엘 모로 요새가 있었다. 육지 쪽에 있는 요새의 커다란 방벽은 깊고 넓은 석조 해자로 강화되었다. 요새 바깥쪽 땅에는 포위 참호를 파거나 모래주머니를 채울 만한 흙이 전혀 없었고 적이 엄폐물로 의지할 만한 것이나 담수를 얻을 수 있는 곳도 없었다. 또한 항구로 들어오는 길목은 서쪽의 라 푼타 요새와 방책[선박 등의 출입을 차단하기 위해 서로 잇달아 강이나 항구에 띄우는 목재]과 아바나 소함대의 배들로 봉쇄되었다. 아바나 시와 도시 외곽의 요새 및 항구는 서로 맞물려 매우 강력한 방어 체제를 형성했기에, 포위하는 군대로서는 결코 만만한 대상이 아니었다. 게다가 소함대의 선원들을 포함해 5,000~10,000명의 수비대도 상대해야 했다. 그러나 에스파냐의 방어선은 영국군이 결코 놓칠 수 없는 한 가지 치명적 약점이 있었는데, 바로 아바나를 내려다보는 라 카바나 고지가 결코 요새화되지 않았다는 것이었다. 그곳에 포대를 설치하면 엘 모로 요새와 아바나 시, 아바나 항구를 더 없이 정확한 포격으로 휩쓸어버릴 수 있었다.

앨버말 경이 지휘하는 영국군은 엘 모로 요새를 공격해 손에 넣는 데 노력을 집중하기로 하지만, 이 작전은 영국군을 장기 포위전에 빠트려 현지 기후에 익숙지 않은 많은 병사들이 열대 기후와 풍토병의 참상을 고스란히 겪게 되었다. 6월 7일, 영국군은 4천 명의 병력을 바쿠라나오 강 어귀에 상륙시켜 별다른 저항 없이 그곳 요새를 점령했다. 일단 영국군이 교두보를 마련하자 에스파냐인들이 라 카바나 고지를 요새화해야 했다는 사실은 그 어느 때보다 분명해졌다. 6월 10일, 칼턴 대령이 이끄는 경보병대가 이 핵심 고지를 점령했다. 영국군은 교두보에서 라 카바나까지 신속하고 과감하게 길을 닦기 시작해, 엘 모로 요새 맞은편에 포대를 세웠다.

일단 이 작업이 마무리되자 영국군은 라 카바나 고지 위에 설치된 중박격포로 항구의 선박들을 침몰시키고 한결같은 결의로 엘 모로 요새를 포격했다. 에스파냐군은 허리케인과 역병이 찾아오는 계절까지 전역을 끌고 가기를 바라면서 일정한 간격으로 엘 모로 요새의 수비대를 교체했고 아바나 총독은 요새를 지킬 결연한 지휘관으로 돈 루이스 데 벨라스코를 뽑았다. 영국군은 벨라스코가 무슨 일이 있더라도 최후까지 버티리라는 점과 요새의 성벽에 균열을 내기 전에 우선 대대적인 장기 포격으로 엘 모로 요새의 수비대를 약화시켜야 한다는 사실을 깨달았다.

7월 첫 주, 영국군은 고온과 물 부족으로 고생하고 있었다. 2주 동안 비 한 방울 내리지 않자 한 포대에서는 저절로 불이 났다. 이미 떨어진 사기는 더 곤두박질쳤다. 포콕 제독 휘하의 수병들(800명 정도)이 모래주머니를 채우고 섶나뭇다발을 만드는 일에 동

그림_ 이 1769년형 지상 설치용 영국군 박격포는 포신이 청동으로 주조되었고 포이가 있어서 포미를 나무 받침대에 장착할 수 있었다. 이 때문에 사격 시 안정적이었지만 운반할 때, 특히 아바나 근처의 울창한 밀림 속 길을 따라 포를 옮길 때는 다소 번거로웠다. 박격포의 발사 각도는 쐐기로 조절했다. 이런 유형의 박격포는 연안 포격을 위해 해군에서도 사용했다.

4장 포위전 231

아바나 포위전
1762년

1762년 6월 영국군은 바쿠라나오 강 어귀에 기습적으로 상륙한 후 전략적 고지인 라 카바나와 과나바코아 마을을 신속히 점령해 에스파냐군의 허를 찔렀다. 영국군 사령관 앨버말 경은 체계적이지만 더딘 전략으로 비판받았다. 라 카바나 고지는 영국군에게 아바나 만을 한눈에 내려다볼 수 있는 요지를 제공했기 때문에, 영국군은 엘 모로 요새를 접수하는 작전에 들어가기 전에 그곳에 포대를 세울 수 있었다. 엘 모로 요새 수비대의 주의를 돌리기 위해 영국군은 아바나 서쪽에 있는 코레아에 양동 작전을 펼쳤다. 예상과 달리, 에스파냐군이 치열하게 방어한 엘 모로 요새는 7월 22일까지 버텼고, 요새 함락이 지연되면서 건강에 좋지 않은 열대 기후로 인한 병자와 부상자가 속출한 영국군의 손실은 뼈아팠다. 그러나 엘 모로 요새의 함락으로 앨버말 경의 병사들은 마침내 아바나 만 남쪽 주변으로 진군하여 도시를 포위할 수 있었고 아바나 시는 결국 1762년 8월 4일에 항복했다. 포위는 끝났고 영국은 식민지 경쟁자를 상대로 큰 승리를 거두었다.

앤틸리스 제도의 진주와도 같은 섬인 쿠바는 멕시코 만과 플로리다 해협을 통과하는 항로를 통제할 수 있는 전략적 요충지이다. 아바나는 쿠바 섬의 주 항구이자 요새화된 기지였다.

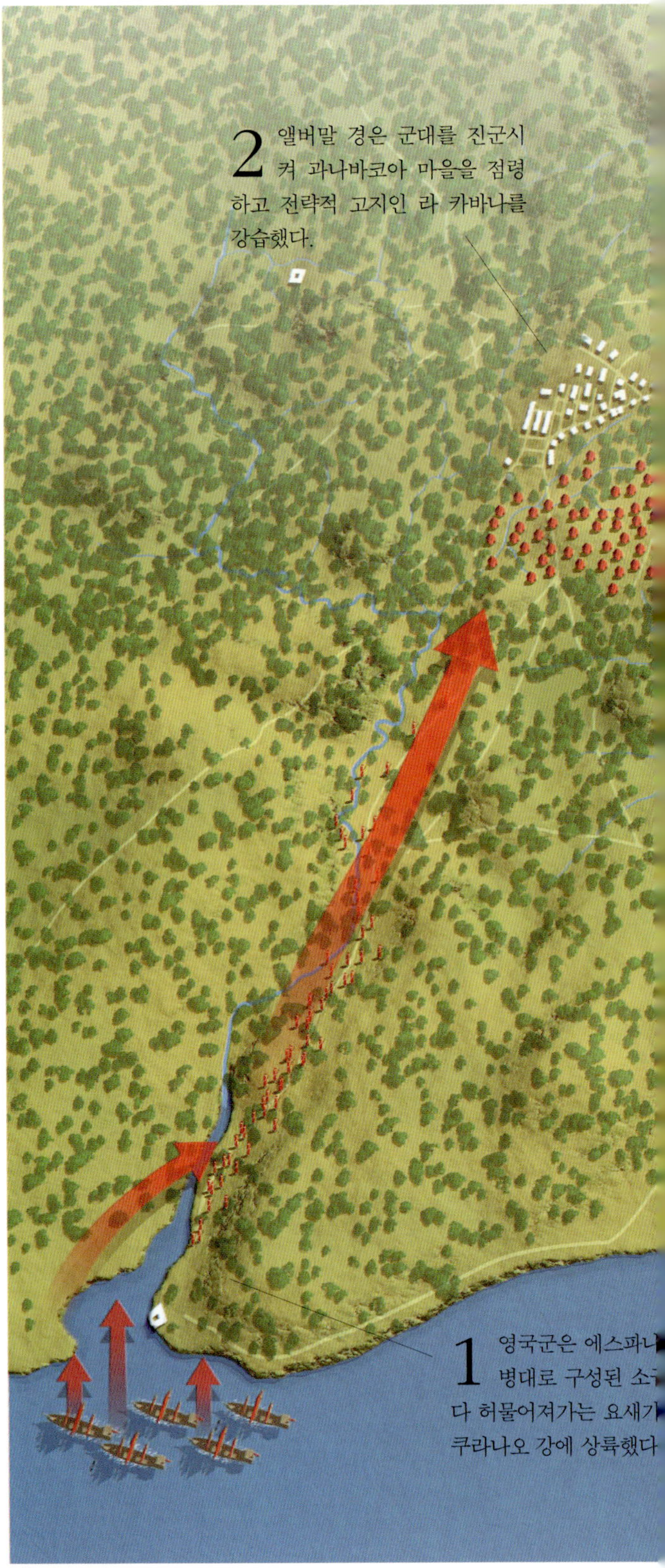

2 앨버말 경은 군대를 진군시켜 과나바코아 마을을 점령하고 전략적 고지인 라 카바나를 강습했다.

1 영국군은 에스파냐 병대로 구성된 소... 다 허물어져가는 요새가... 쿠라나오 강에 상륙했다...

232

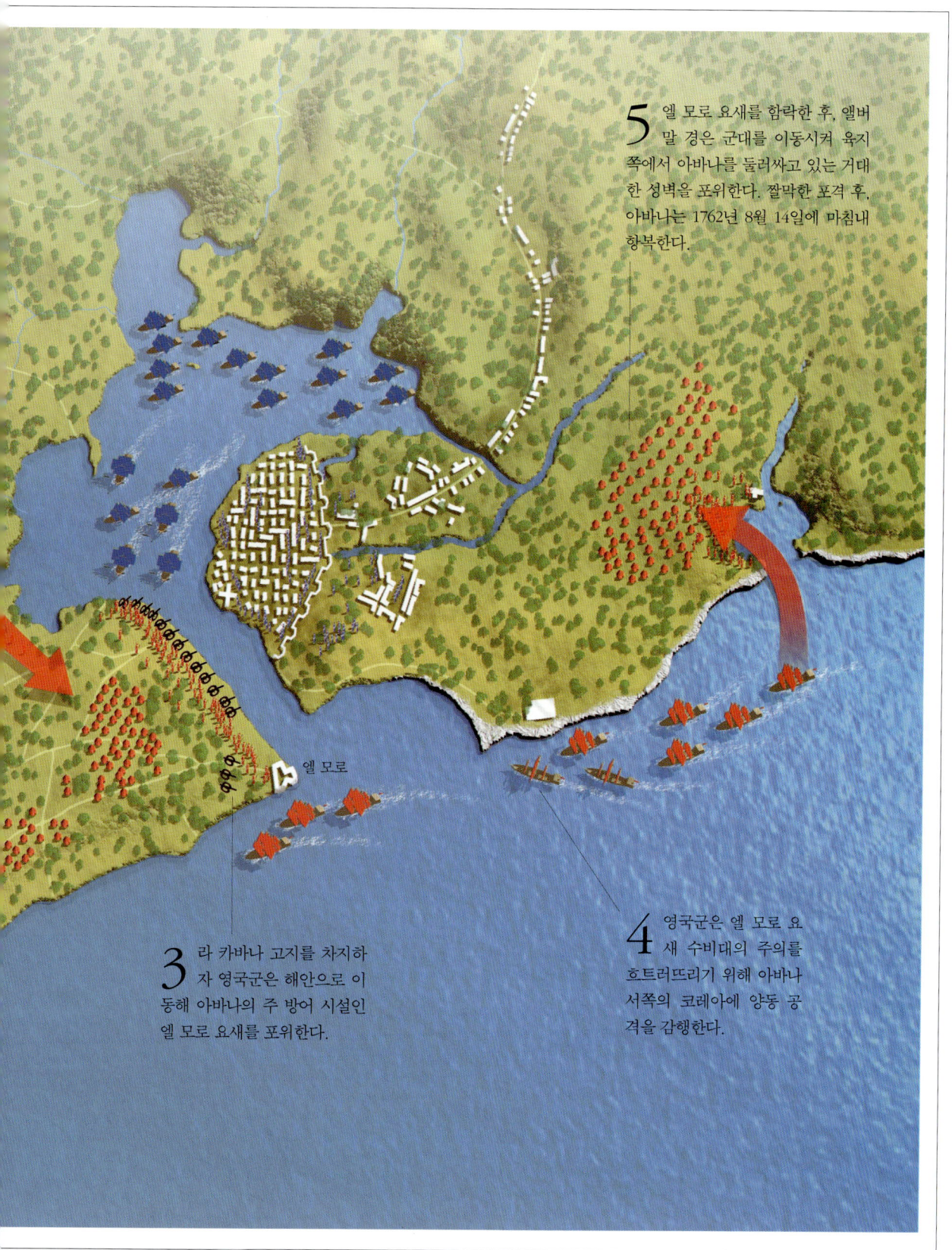

원되었다. 24파운드 포와 32파운드 포, 거기다 28센티미터 구경 박격포와 33센티미터 구경 박격포가 매일 엘 모로 요새를 맹포격하여 포대의 포탄이 바닥나기 시작했다. 그럼에도 영국군 포병 부대는 엘 모로 요새 안쪽으로 포탄 파편을 흩뿌려서 요새 성벽의 커다란 돌덩어리가 떨어져나갔다. 7월 17일, 엘 모로 요새에는 작동하는 대포가 2문밖에 없었고 영국군은 요새로 접근할 수 있었다. 영국군은 바다 바로 옆에 있는 오른쪽 능보를 향해 북서쪽으로 뻗는 참호선을 구축했지만 주변에 쓸 만한 흙이 전혀 없었기 때문에 이 참호는 일련의 흉벽으로 보호되어야만 했다. 7월 20일, 참호를 따라 흉벽이 완성되자 영국군이 성벽 꼭대기를 소화기로 공격하고 능보 반대편에 포대를 세우는 것이 가능해졌다. 영국군은 바로 그곳에 있는 성벽에 구멍을 낼 수 있으리라고 내다봤다. 그러나 영국군은 해자를 가로지르는 좁은 석조 마루를 발견하자 계획을 바꿔서 그곳에 두 기의 지뢰를 매설하기로 했다. 하나는 성벽 아래 매설되어 성벽에 구멍을 낼 것이고, 다른 하나가 폭파되어 생긴 돌무더기와 잔해가 해자를 메우면 영국군의 강습 부대는 방해를 받지 않고 해자를 쉽게 건널 수 있을 것이다.

7월 20일에 땅굴을 파서 폭발물을 설치하는 작업이 시작되어 이틀 후 끝났다. 그날(7월 22일) 에스파냐군은 1,300명의 병력으로 라 카바나 고지를 비롯해 세 곳을 공격하여 영국군 포병 부대의 대포를 망가뜨리고 두 기의 지뢰를 파괴하려고 필사적으로 애썼다. 그러나 이 모든 공격은 수포로 돌아갔다.

지뢰가 폭발하자 성벽에 구멍이 생겼으나 해자는 계획했던 대로 메워지지 않았다. 제90연대의 제임스 스튜어트 대령은 268명의 보병과 150명의 공병을 이끌고 강습을 감행했다. 많은 수의 영국군이 엄청난 기세와 속도로 쇄도해왔기 때문에 처참한 백병전 끝에 엘 모로 요새를 함락하기까지는 한 시간밖에 걸리지 않았다. 에스파냐군은 130명이 죽고 37명이 부상당했으며 326명이 포로가 되었다. 또 213명은 목숨을 부지하기 위해 항만 입구를 가로질러 아바나 시로 헤엄쳐 가려다 물에 빠져 죽었다. 많은 전사자 가운데에는 용감하고 결의에 찬 지휘관 돈 벨라스코도 있었다. 아바나 총독 돈 후안 데 프라도는 아마 이쯤에서 앨버말 경에게 항복한다 해도 충분히 변명의 여지가 있었겠지만, 에스파냐인들은 끝까지 싸우려고 했다.

이 시점에서 간절한 증원군이 도착했다. 뉴욕에서 3,188명가량의 아메리카 식민지 보조군과 영국 정규군이 온 것이다. 증원군 덕분에 영국군은 교두보를 넓히고 라 푼타 요새와 아바나를 포격하기 위해 추가로 포대를 세울 수 있었다. 에스파냐군 출격대는 포대를 파괴하거나 영국군을 몰아내는 데 다시금 실패했다. 7월 31일이 되자 앨버말 경은 아바나 시 서쪽(육지 쪽) 전체를 감싸는 포위선을 완성하고 엘 모로 요새부터 라 카바나 고지까지 항구 해안선 전역에 포대를 세웠다. 8월 10일이 되자 그에게는 도시의 방어선을 포격할 만반의 준비가 된 박격포 10문과 곡사포 5문 그리고 40문이 넘는 대포가 있었다. 앨버말 경은 부관을 보내 돈 프라도 총독에게 항복을 권유했으나 총독은 거부했다.

8월 11일 영국군은 아바나와 아직 남아 있는 에스파냐군 외곽 요새인 라 푼타와 라 푸에르사에 마지막 포격을 개시하여 심각한 결과를 야기했다. 여러 시간 동안 달갑잖은 집중 포격을 당하고 난 후 라 푼타 요새는 조용해졌고 수비대는 아나바 시로 퇴각했다. 정오가 되자 도시 성벽의 대포 대다수는 작동하지 않았다. 도시가 강습을 받고 약탈당하는 것은 이제 시간문제였다. 오후 2시에 돈 프라도 총독은 백기를 내걸었고 포위선 건너편으로 부관을 보내 조건을 협상했다. 협상 논의에 별다른 성과가 없자 앨버말 경과 포콕 제독은 돈 프라도 총독이 영국의 조건을 즉시 수락하지 않으면 도시를 가루로 만들어버리겠다고 위협하는 경고를 보냈다. 8월 14일, 영국군은 라 푼타 요새를 점령하고 아바나로 입성했다.

아바나의 승전은 어려운 기후 조건하에서 병참술과 포위 전술로 거둔 승리였다. 포콕 제독은 부하 1,200명을 잃었는데 대부분은 병에 걸려서였고, 앨버말 경도 5,000명이 넘는 병사를 잃었다. 결국, 오래 끌고 희생이 컸던 아바나 포위전은 에스파냐의 아메리카제국의 몰락뿐만 아니라 북아메리카에서의 영국의 몰락에도 일조했다. 북아메리카 보충병들은 뉴욕으로 귀환했을 때 병고에 시달렸다. 영국군은 아메리카 원주민의 공격을 근절할 수 없었다. 이러한 상황은 대영제국의 지배에 대한 아메리카 식민지 주민들의 불만에 기름을 부었고 결국 1776년 반란으로 절정에 이르게 된다.

5장

해전

전술, 기술, 지형이 바다에서 벌어지는 싸움의 승패를 결정했다. 근대 초기는 기술과 전술, 즉 인간의 지력으로 변화가 가능한 분야에서 혁신이 두드러진 시대였으며 전술과 기술은 세 번째 필수 요소인 지형의 효과에 영향을 미쳤다.

근대 초기가 끝날 무렵이 되면 유럽인들은 향상된 병기와 배 덕분에, 지구상의 해안에 위치한 곳이라면 어느 곳이라도 힘을 행사할 수 있는 무기 체계가 자신들의 손에 쥐어졌다는 사실을 깨닫게 되었다. 따라서 세계의 어느 주요 지역도 서양의 영향력으로부터 전적으로 동떨어져 있을 수는 없었다. 근대 초기 내내, 성공적인 전술은 기술이 채택하게 될 미래의 방향을 결정했고 그와 동시에 선박과 장비, 무기 기술은 제독들과 함장들이 특정 시점에 운용할 수 있는 전투 기술의 종류를 정했다. 멀리 떨어진 영토를 보호하거나 공격하거나 획득해야 한다는 것은

그림_ 전술, 기술, 지형은 근대 초기가 시작될 즈음 해상에서 싸움의 기본 틀을 결정했다. 현대적인 동력과 통신이 부재한 가운데 함대의 전 교전 활동은 기본적인 공격 계획 그리고 배와 무기 전반의 우수성으로 결정되거나 해안의 습곡처럼 단순한 요인으로 결정될 수도 있다.

237

근대 초기의 유럽인들이 이전 세대에게는 알려지지 않은 바다에서 싸웠다는 말이었다. 항구로 피신하면 안전하다고 생각하던 함장들은 이후 성능이 더 뛰어난 적선이 요새와 폭풍우, 위험한 여울목도 아랑곳 않고 자신들을 공격하여 끔찍한 피해를 입힐 수 있음을 알게 되었다.

전술

후세의 어느 제독은 해전에서 가장 유구한 전술을 한마디로 요약했다. 즉 넬슨 경은 휘하 함장들에게 자신의 기본 명령을 "그냥 달려들어라!"라고 잘라 말했다. 그러나 1571년 레판토 해전에서와 같이 적선이 친절하게도 자신과 목표를 공유하는 게 아니라면 적선에 달려드는 것이 바로 문제였다. 레판토 해전 이외의 해전에서, 공격적인 함장들은 전투를 피하려는 적 함대에 전투를 강요하여 싸울 수밖에 없게 만들었다. 싸울 생각이 없는 적을 도대체 어떻게 하면 전투에 끌어들일 수 있을지는 지휘관들을 끊임없이 괴롭히는 문제였다.

에스파냐 무적함대 소속의 불운한 갈레아스선 galleass들이 1588년 그라블린 해전 동안 그리고 해전이 끝난 후 깨닫게 된 것처럼, 북대서양의 험악한 기상 여건에 적합하지 않은 배들은 중대한 전투에서 싸워 이기는 것은 고사하고 살아남는 것 자체가 크나큰 도전이었을 것이다. 선박의 설계는 이후 변화하여, 조선공들은 파도에 더 잘 견디고 무거운 포를 더 잘 실을 수 있도록 선체를 강화했다. 불리한 여건에서는 교전을 피하는 적선의 행방을 찾아내는 것은 또 다른 문제였는데, 이는 정찰에 적합하게 특화된 가벼운 배의 건조를 가져왔다. 네덜란드 제독 마르턴 판 트롬프는 1639년 다운스 해전에서 새로운 전함을 충분히 모아 승패를 확실하게 결정지을 수 있는 싸움을 벌일 수 있을 때까지, 그런 가벼운 배를 이용하여 더 강력한 적 함대와 계속 근접전을 벌여왔다.

커뮤니케이션 문제는 기술에 의해 서서히 해결된 또 다른 문제였다. 무적함대는 협조의 어려움으로 크게 고생했으며 레판토 해전에서 돈 후안 같은 총사령관 제독들은 자신의 명령을 부하들에게 전달하기 위해 매우 기초적인 신호를 보내는 것 이상으로는 할 수 있는 일이 거의 없었다. 공격이나 퇴각 명령은 결국 근대 초기의 전반기 내내 전술 전달의 한계와 관련이 있었다. 신호기signal flag에 의한 더 선진적 커뮤니케이션 방법은 18세기 말에야 등장했으며 그때에도 시계 조건이 좋을 때에만 가능했다. 미리 협의된 신호는 다양한 수단을 통해 전달될 수 있었지만, 변화한 여건을 반영하도록 추후에 변경될 수는 없었다.

다른 기술들은 커뮤니케이션과 지휘 체계의 결정 요인들이었다. 이 시기의 제독들에게는 망원경도, 망원경으로 볼 수 있는 유연한 신호 체계도 없었다. 시간이 흐르면서, 깃발과 대포 발사를 이용한 더 정교한 신호 체계가 도입되었지만 바다에서 상세하고 상호 작용이 가능한 명령 전달은 얼굴을 맞대고 이

> 사람들은 바다 위에서 질서를 부과하려고 해봤자 아무 소용없다고 한다. 그 질서가 유지될 수 없기 때문이다. 여기에 나는 모두 똑같은 무기를 갖고 있다면 결국 질서를 가장 잘 유지하는 함대가 이긴다고 답하겠다. 왜냐하면 만약 험한 바다가 질서 정연한 함대를 혼란에 빠트린다면, 무질서한 함대는 더 큰 혼란에 빠질 것이기 때문이다.
>
> ─ 알론소 데 차베스, 1530년

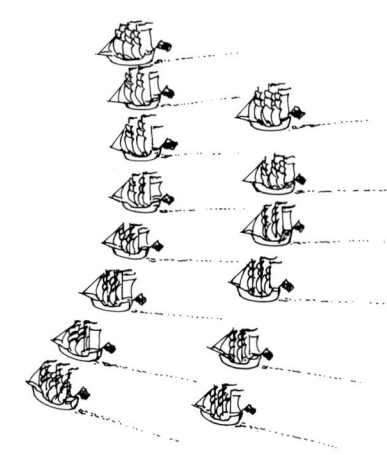

그림_ 사격 조준선은 그 시대의 대형을 두 가지 기본형, 즉 횡렬(뱃머리를 적에게 향하고 배들이 나란히 정렬하는 방식)과 종렬(선미와 선수를 잇대어 줄줄이 적선을 향해 나아가는 방식)로 제한했다. 횡렬 대형 배들은, 바람이나 바다가 허락한다면, 다가오는 적에게 현측 일제 사격을 할 수 있는 선택권이 있었다. 종렬 대형 배들은 거리를 좁히면서, 적의 대형 사이로 통과하는 것을 시도하거나 갑작스레 선회하여 자신들도 횡렬을 형성할 수 있다.

야기하거나 부르면 들리는 거리에 있는 개개인이 물리적으로 이동하는 것에 의존했다. 그러한 만남은 작은 배와 기상 조건에, 그리고 전투에서는 개인의 생존에 달려 있었다. 바다에서 벌어지는 전투의 혼란과 살육 속에서, 작은 보트를 탄 채 지정된 배를 찾은 후 답변을 듣고 귀환하려고 애쓰는 전령이란 참으로 딱하다. 근대적인 군율이 자리 잡기 이전 시대에는 일을 어렵게 만드는 요인들이 이 외에도 많았다. 명령에 복종해야 할 부하 장교들이 종종 지휘하는 제독의 명령을 듣지 않았고 그 결과는 흔히 명령 체계의 일대 혼란이었다. 무적함대와의 첫 해전에서 프랜시스 드레이크는 군사적 의무의 요구를 무시한 채, 값나가는 적선을 노획하는 해적질에 열성을 보이며 심각하게 파손된 '누에스트라 세뇨라 델 로사리오호號'를 붙잡으러 가버려서, 하워드 해군성장을 노발대발하게 만들었다. 레판토에서는 일단 교전이 시작되자 네 명의 '후위 제독' ── 그러니까, 총사령관 '후위에' 위치한 제독 ── 들이 대체로 각자 자기들만의 전투를 치렀다. 트롬프 제독은 다운스 전투에서 운이 좋았는데, 왜냐면 사실 네덜란드 해군에서는 개인적 불화 때문에 혹은 홧김에 부하들이 고의로 전투를 거부해버리는 경우가 끔찍하게도 종종 있었지만 그의 부하 함장들은 그를 따르며 전

투에 참가했기 때문이다. 호크 제독은 1759년 키베롱 만에서 훨씬 더 운이 좋았는데 그때쯤 비교적 발전된 광학 기기와 바람을 거슬러서 바짝 달릴 수 있는 배, 더 잘 작동하는 신호 체계가 도입되었던 것이다. 그렇다 하더라도 호크 제독의 배와 대포는 자신들에게 부여된 임무를 간신히 해내는 수준이었다.

그 시대의 전술은 종진line astern과 횡진line abreast이라는 고대의 두 기본 대형을 이용한 기동을 중심으로 전개되었는데, 종진은 배들이 선두船頭를 일렬로 해서 다시 말해, 선두와 선미船尾를 서로 잇대어 줄지어 이동하는 것이고 횡진은 배들이 같은 방향으로 나란히 이동하는 것이다. 그리스인들과 로마인들은 이 두 가지 기본 대형을 육지와 바다 양쪽 모두에서 사용했고 이 같은 기본적 전술 구분은 심지어 2차 세계 대전 시기의 해전에서도 지배적이게 된다. 배 자체와 배의 장비에 의해 두 가지 대형 가운데 어느 쪽이 주어진 전투에서 성공적인지가 결정

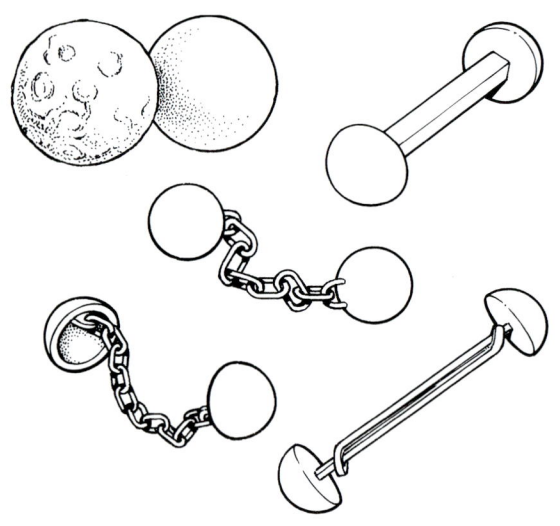

그림_ 밧줄과 돛과 사람은 이후의 포격술에서 "불구로 만드는 포탄"이라고 알려진 특별한 발사체들로 갈가리 찢길 수도 있었다. 돌덩이 포탄은 치명적인 파편으로 쪼개질 수 있었지만 쇠 탄알은 더 멀리 날아가고 비용도 저렴하며 만들기도 쉬웠다. 막대탄과 사슬탄은 삭구 사이에서 빙글빙글 돌며 근거리의 돛을 가르고 찢어서 적선의 이동 능력을 떨어트렸다.

될 것이었다.

기술

배는 인간의 기술이 가장 인상적으로 발현되는 것 가운데 하나이다. 나무가, 나중에는 금속, 밧줄, 천이 집어삼킬 듯한 바다 위에 안전하게 떠 있는 것 말이다. 배들은 여행자들 — 혹은 전사들 — 을 이 세상의 바다가 닿는 곳이라면 어느 목적지로든 데려다 줄 수 있다. 선장의 기본 임무는 항해하는 것이지만 심지어 그것마저도 배가 횡단하게 될 해역의 성격에 의해 복잡해진다. 항해 철에 상대적으로 잔잔한 지중해 해역이 기원전 1천 년 전부터 이미 장거리 해양 무역을 가능케 하긴 했지만, 청동기 시대의 손바닥만 한 배가 지브롤터 해협의 '헤라클레스 기둥' 너머 사나운 대서양으로 용감히 나아갔다는 생각은 한갓 전설에 불과하다. 중세 말이 되자 선박 건조술은 상선이나 전함이 지구상의 대양에서 일반적으로 살아남을 수 있는 정도까지 발전했다. 레판토 해전 50년 전, 마젤란의 성공적인 세계 일주는 그러한 성공의 증거다. 그러나 그 시대와 이후 대항해 시대의 배들은 모두 중간 중간 배를 수선하고 정비하기 위한 정박지가 필요했고 선원들은 식량과 마실 물을 얻을 곳이 필요했는데, 이는 언제나 배들의 가능성에 대한 한계를 설정하는 요인들이었다.

적에게 대항해 살아남는 문제는 선장에게 더 많

그림_ 가장 초기의 포미 장전식 함포는 포미 부근에 불을 내뿜어서 흑색 화약이 있는 곳에 잠재적으로 재난을 야기할 수 있었다. 포수는 속이 빈 포미에 화약을 넣고 포강에 탄알을 넣은 다음, 무거운 추와 쐐기 그리고 기도와 함께 포미와 포신을 꼭 밀착시켜 발사했다. 이 번거로운 체제는 이후의 '포구 장전식보다 재장전 속도가 더 느렸다.

그림_두 가지 다른 유형의 돛의 혼합은 로마인들과 바이킹들의 사각돛 그리고 이후에 지중해 항해가들이 애용한 삼각돛보다 더 우수한 범장帆裝을 만들어냈는데, 이 같은 혼합식에서 거대한 하나짜리 아래 활대에 달린 긴 삼각돛은 변화무쌍한 바람을 잘 받을 수 있도록 돛대에서 쉽게 회전했다. 이 '배ship'[해양 용어에서 엄밀한 의미의 'ship'은 세 돛대에 모두 사각돛을 단 배 혹은 돛대가 셋 이상인 배이다.]의 삭구는 맨 뒤의 돛대에 다는, 조종이 편한 반半삼각돛 '스팽커spanker'와 순풍에 배를 강력하게 추진하는, 여러 장의 사각돛을 결합했다.

은 임무를 요구했다. 화물선 안으로 바닷물이 들어오지 않게 막는 높은 뱃전은 1340년 중세 슬라위스 해전에서 기능한 뱃전들과 마찬가지로, 화물선을 사수와 석궁수에 의해 방어되고 움직이는 자연스런 목재 성채로 만들었다. 일찍이 그리스인들과 로마인들은 평시의 '둥근 배Round Ship'[선체의 폭 대 길이의 비율이 1:2 혹은 1:2.5 정도인 중세 돛단배]와 전시의 '긴 배long ship'를 날카롭게 구분했다. 갤리선이 화물을 실을 수 있었고 초창기 범선들이 전사들을 태울 수 있었다는 점을 들어, 갤리선과 초창기 범선이 각각 상대방의 목적에 특히 적합했다고 말할 수는 없다. 기동 능력과 충각으로 들이받을 수 있는 능력 덕분에 노로 추진되는 갤리선은 16세기까지 서양 역사에서 지배적인 전함이었으며, 이러한 경향은 레판토 해전에서 마지막으로 두드러졌다. 그러나 그 세기에, 신기술의 진보가 새로운 전함의 설계에 반영되어야 할 것이라는 점은 분명해졌고, 그 신기술의 진보는 물론 화약과 대포였다.

슬라위스 해전에서 원시적인 포 드 페르pot de fer['철 냄비'란 뜻으로, 100년 전쟁 당시 프랑스군이 사용한 몸통이 불룩하고 목이 가는 유럽 초창기 대포] 쇠사석포가 있었지만 이 거추장스러운 무기가 전투에 극적인 영향을 끼쳤다는 이야기는 없다. 그러나 레판토에서는 크고 작은 포들이 존재하여 전투에 참가한다고 생각되는 모든 배에 사격을 하고 있었다. 갤리선의 선수에는 3문이나 5문의 대포가 전방을 향하여 배치되었다. 오랜 세월의 경험으로 검증된 들이받기와 적선 올라타기 전술이 전투의 승패를 결정하기 직전에, 수병들은 강력한 파괴 효과를 기대하며 이 선수포를 한 차례 발사했다. 그러나 해상 대포의 설계와 운용이 세련되어지자 해군 지휘관들은 포격술로 더 많은 것을 이룰 수 있다는 사실을 깨달았다.

이 시기의 대포는 1759년과 그 이후까지도 제멋대로였고 종종 적뿐만 아니라 아군 수병들에게도 위험했다. "느슨한 대포"라는 표현은 제대로 고정되지 않은 대포가 갑판을 굴러다니며 배와 수병들에게 야기하는 위험을 가리키는 유산으로 남아 있다. 완벽하게 주조되지 않을 경우 대포는 폭발할 수 있고 실제로 폭발해서 배와 수병들에게 끔찍한 결과를 초래했으며, 포구를 정확하게 뚫지 않으면 가장 비싼 대

5장 해전 241

포라도 사람들이 그 대포의 효력을 위해 쏟은 자원과 그 대포에 대한 믿음이 전혀 근거 없을 정도로 처참하게 부정확했다. 화약에 습기가 찰 경우 대포가 발사되지 않을 수 있었고 화약 자체도 위험할 만큼 불안정해져서 다시금 치명적 결과를 초래할 수 있었다. 오늘날에는 배에 대포를 많이 탑재하면 그만큼 전투력도 증가하는 것이 당연한 일 같지만, 병기의 무게 때문에 배의 내항성이나 기동 능력이 떨어진다면 배와 대포는 결국 해저에 가라앉거나 적의 수중에 들어가게 될 수도 있었다.

기동 능력 대 화력

세월이 한참 흐른 오늘날, 현대의 독자들이 근대 초기의 기술 진보의 진정한 성격을 이해하기란 쉬운 일이 아니다. 많은 대포를 싣고 돛으로 가는 전함들이 대포를 얼마 싣지 않고 노로 추진되는 배보다 우월하다는 점이 궁극적으로 드러나게 되지만, 제독들과 함장들은 모두 노가 제공하는 기동 능력을 쉽게 포기하고 싶지 않았다.

레판토 해전이 있기 몇 년 전, 베네치아 갈레아스선 전대〔유형과 규모가 같은 여러 척의 전함으로 구성된, 함대의 하위 단위〕가 네덜란드 해적 카르스턴스의 갈레온선galleon에 성큼 다가가 배를 격파해버렸을 때 카르스턴스가 알게 된 대로, 무장한 갤리선이 접근해오고 있을 때 변덕스러운 바람이 갑자기 잦아들 수도 있다는 전망은 별로 반가울 리 없었다. 갈레아스선의 설계 자체는 뱃전에 많은 수의 대포를 탑재할 수 있는 능력과 노의 기동 능력을 결합하는 것이었지만,

> …… 우리 함대가 패배한다면 우리의 군주들이 그렇게 약화되지는 않겠지만 적어도 충분한 방어 조치를 취할 수는 없을 것이다. 반면에 우리가 승리한다면, 우리는 어쩌면 그리스의 구원을 내다볼 수도 있으리라. …… 게다가, 우선 오스만〔투르크〕의 함대를 파괴하지 않고서 우리가 오스만〔투르크〕에 많은 피해를 입히기를 바랄 수는 없다.
> ── 마키아벨리, 『전술론』

이러한 타협은 결코 진정으로 성공적이지는 못했다.

레판토 해전 무렵에는 범선 자체도 타협의 산물이었지만, 장기적으로는 갈레아스선보다 더 성공적인 배로 드러나게 된다. 큰 삼각돛 배는 풍향이 바뀔 때 돛의 방향을 바꾸기 쉬웠지만 사각형 가로돛 배는 순풍에서 추진력이 더 강했다. 두 가지 형태의 돛을 하나의 배 설계 안에 결합해 바람을 안고서도 또 바람을 거슬러서도 항해할 수 있는 배를 만들어낸 것은 중세 후기 성공적인 카라크선carrack〔15세기 포르투갈 항해가들이 설계한 세 돛대 혹은 네 돛대 범선으로서, 대서양 항해가 가능한 원양선〕의 배후에 있는 위대한 혁신이었다. 카라크선에서 선수루가 사라지고 삭구와 돛이 개선된 결과물은, 드레이크와 마젤란을 전 세계로 데려간 그런 종류의 전설적인 갈레온선이었다. 이와 같은 범선들은 바다의 물보라와 습기가 미치지 않는 위쪽에 대포를 실을 수 있었고 대포의 사정 범위는 파도나 힘들게 일하는 노잡이들의 움직임에 방해받지 않았다. 또한 주 갑판의 포 아래에서 추가로 다른 높이의 뱃전 일제 사격을 하게 해주는 포문gunport〔대포의 포구를 선체 밖으로 뺄 수 있게 뱃전에 뚫은 구멍〕, 선박의 포격 속도를 결정적으로 높일 수 있는 포가砲架 같은, 그런 중대하고 심지어 결정적인 개선도 이뤄지게 되었다. 바퀴가 넷 달린 포가는 그라블린 해전에서 잉글랜드의 두 번째 중요 비밀 무기였지만, 키베롱 만의 거친 바다 위에서는 단순히 포문을 여는 것만으로도 프랑스군 전함이 침몰할 수도 있었다. 배의 화력을 최대

그림_ 이 포가의 바퀴는 대포의 반동으로 선박의 목재를 손상시키기보다는 포가를 움직이게 하여 반동을 흡수하고, 포수는 포미 아래 나무 쐐기를 움직임으로써 포신을 들어올릴 수 있었다. 또한 재장전 장치를 통해 대포를 옆에서 밀고 당기는 것이 가능했다. 이런 설계의 포가 덕분에 영국인들은 아르마다 해전에서 더 뛰어난 사격 속도를 자랑할 수 있었다.

한 활용하려는 노력의 대가였던 셈이다.

사후적 지식이라는 여과 렌즈가 없는 상태에서 당대 사람들에게 추세가 언제나 분명해 보였던 것은 아니었다. 그러나 1538년 프레베차 해협에서의 전투 동안 발생한 우연한 사건처럼 약간의 유용한 지표들도 있는데, 프레베차 전투는 여러 나라들과 제독들에게 돛을 단 전함의 잠재력을 보여주는 역할을 했다. 안드레아 도리아가 처참하게 퇴각하는 동안 카를 5세의 연합 함대 소속 베네치아 전대의 기함은 유럽인들이 몹시 겁내던 오스만군 제독 바르바로사에 의해 다른 배들로부터 고립되어 측면이 포위되었다. '베네치아의 갈레온선'(어쩌면 그런 배들 가운데 최초로 건조된)은 도리아의 갤리선들이 도망치는 동안 바람이 잦아들어 움직일 수 없었고 오스만군 배들이 다가오고 있었다.

극도로 위험한 위기 상황이었지만, 알레산드로 콘달미에로의 유능한 지휘 아래 이 무지막지한 전함의 현측 포대의 포수들은 조심스럽게 포탄을 바다 위로 스치듯이 발사하여 오스만군 갤리선들을 향해 튀어 오르게 했다. 주 돛대를 잃어버렸고 도리아가 경쟁 도시의 기함을 구조하려는 노력을 전혀 하지 않았는데도 이 갈레온선은 오스만군의 모든 공격을 물리쳤으며, 갤리선의 수병들을 많이 죽였다. 바람이 없어 움직이지 못하든 그렇지 않든 간에 범선 한 척은 갤리선 함대를 상대로 전혀 밀리지 않았고 다른 범선들도 똑같은 능력을 입증해 보이게 된다. 그러나 1588년 그라블린에서의 갈레아스선의 실패는 범선 기술에 분산 투자하려고 한 에스파냐의 시도가 잘못이었음을 보여준다. 재빨리 기동할 수 있는 배들 덕분에 제독은 전술 선택의 범위가 넓어졌다. 장거리 대포와 빠르게 재장전할 수 있는 대포(두 가지 능력은 원래 서로 배타적이었다.)는 근대 초기 지휘관들에게 더 많은 선택권을 줬다. 키베롱 만에서처럼 그리고 어느 정도는 다운스에서처럼 적군은 폭풍우를 피할 수 있는 수역으로 피신해 있는 것이 더 안전하다고 여길 때 여전히 포격을 할 수 있는 배들이 그랬듯이 말이다. 패배와 승리는 흔히 그러한 자그마한 차이에 잠재해 있다.

지형

인간은 물고기가 아니었고, 또한 이 시기 항해가들과 배의 능력이 점차 커졌는데도 근대 초기의 해군은 육지에서의 전투나 상황에 구애받지 않고 독자적으로 행동할 능력이 전혀 없었다. 그라블린에서의 무적함대와 키베롱 만에서의 콩플랑 휘하의 프랑스 함대에게 목표는 영국 제도諸島 침공이었다. 레판토 해전과 다운스 해전은 순수하게 제해권을 둘러싼 싸움이었다. 그러나 두 해전 모두 적 함대가 육지의 전역을 방해하거나 지원하는 것을 저지한다는 생각에서 벌어졌다. 트롬프 제독이 다운스에서 에스파냐의 수송 선단을 파괴한 것은 육지의 어느 교전 못지않게 네덜란드 독립 운동에 효과적인 공헌을 했다.

이론과 생물학 이외의 사안들도 근대 초기와 그 이후의 해전을 해안 지역으로 제한했다. 이 시대 배들은 수리와 보급을 위해 육지 기지에 의존했고 항해의 길잡이로서 육지의 표지가 필요했으며 항해의 최종 목적지나 긴 여정의 중간 기착지로서 적군이나 아군의 항구가 존재한다는 사실 등이 모두 배들의 동선을 해안에 제한시키는 요인이었다. 항구에 대한 필요와 육상 전역을 지원할 필요성 때문에 함대는 바닷가 가까이에 붙어 있었고 또한 해안 근처에서 적 함대를 공격할 수 있으리라 기대해왔다.

육지에서 까마득하게 멀리 떨어진 대양 한복판에서 적 함대를 마주치는 상황은 근대 초기에 거의 상

그림_ 공격하는 쪽의 가장 무거운 포가 불을 내뿜고 충각이 뱃전을 들이받으며 갤리선끼리 맞붙어 싸우고 있다. 공격하는 배의 해병들이 목표물 위로 벌떼처럼 들이닥치려고 하는 가운데, 갈고리를 걸어 매고 적선에 올라타려는 움직임이 뒤따른다. 죄수들이나 노예들에 의해 움직이는 갤리선은 그런 위기 시에 배 노잡이들이 벌이는 반란의 위험에 직면했다. 그러나 그런 반란을 방지하기 위해 사용된 쇠사슬은 만약 갤리선이 침몰한다면 그들의 운명이 어찌될지를 가르쳐주었다.

그림_ 신성동맹의 대제독인 오스트리아의 돈 후안은 이 라이터선lighter[크고 바닥이 평평한 바지선의 일종] 레알호를 전투 동안 자신의 기함으로 썼다. 그는 기동 능력과 속도를 고려해 이 배를 골랐다. 함대의 총사령관은 광대한 기독교도 함대의 다국적 단위 부대들이 자신의 명령을 확실하게 이해하고 따를 수 있도록 본인이 직접 명령을 전달하는 방식을 사용했다. 한편 레알호는 그다지 눈에 띄지 않은 기함이어서 적의 목표물이 될 가능성이 적은 이점도 있었다.

상할 수 없는 일이었고 그 이후에도 드문 일이었다. 주변 지형도 싸움을 방해하지 않을 때만 싸움은 가능했다. 레판토 해전이 벌어진 파트라스 만은, 연합 함대의 갤리선과 오스만군 함대의 갤리선이 가장 유리하게 싸우는 데 필요한 잔잔한 바다를 제공했다. 그라블린의 정박지와 키베롱 만의 정박지가 안전하게 해줄 거라는 전망은 에스파냐군 함대와 프랑스군 함대를 그곳으로 끌어들였고, 그들의 적들도 그곳을 찾아가게 만들었다. 다운스는 거친 파도와 바람을 피할 수 있는 피난처를 제공했으며 이미 네덜란드군에게 호되게 당하여 절박한 에스파냐군에게는 이론상으로는 닻을 내릴 수 있는 중립적인 피난처였다.

굳은 결의와 능력을 앞세워 공격해오는 네덜란드군 함대 앞에서 에스파냐군은 잉글랜드군 전대의 지원을 받을 때조차 그들이 바라던 보호를 전혀 받을 수 없었다. 물가와 여울목은 전투 자체와 전투로 이어지는 상황들 속에서 배들의 운명과 경로를 갈랐다. 다음에 소개하는 네 가지 해전은 모두 육상 지리적 특징, 다시 말해서 전술 및 기술과 더불어 전투를 야기하는 데 기여한 지리적 특징들을 보여준다.

1571년 레판토 해전: 갤리선들의 충돌

레판토 해전은 천국과 영광에 대한 약속으로 각자 추종자들의 사기를 북돋우고 있는 두 거대 종교 세력이 싸운 전투로서, 주변 지형 덕분에 양측의 갤리선이 날씨와 바다의 변덕으로 인한 영향을 최소한으로 받으면서 교전하는 것이 가능한 수역에서 싸운 전투였다. 양측은 어느 정도 정교한 전술을 시도하려고 노력한 것 같지만, "네 얼굴에 적의 피가 튀기 전까지는 발사하지 마라."는 기독교도 진영의 명령은 가까이 다가가 적을 죽이려는 양측 공통의 소망을 간결하게 대변해준다. 훨씬 새로운 무기인 대포를 탑재한 구식 무기인 갤리선은 새롭고 파괴적인 비밀 무기와 나란히 함께 싸웠는데, 이 비밀 무기가 신성동맹에 승리를 안겨주고 패배한 오스만군에게는 매우 깊은 인상을 남겨서 오늘날까지도 레판토 해전을 '신긴Singin', 즉 참패로 알려지게 만들었다.

이슬람의 이름으로 수행되는 지하드는 교황 피우

그림_ 베네치아 병기창이 살상용으로 과감하게 급조하여 광포한 레판토 해전의 한복판으로 내보낸 여섯 척의 갤레아스선은 원래 수지맞는 동방 향신료 무역에 이용되는 거대한 갤리선이었다. 이 어마어마한 배들은 전함으로 개조된 후 선루와 대포를 탑재했고 그에 따라, 물론 전적으로는 아니지만, 사실상 움직임이 불가능해졌다. 이 새로운 유형의 배는 매우 성공적이어서 갤레아스 전대의 함장은 전투가 끝난 후 특별 표창을 받았고 갤레아스선의 실례들은 2세기 후의 함대에서도 찾아볼 수 있었다. 갤레아스선은 범선에 비해 느리고 조종이 힘들지만 바람이 잔잔하거나 역풍이 불 경우 뚜렷하게 드러나는 이점을 누릴 수 있었다.

스 5세가 십자군을 선포하고 동시에 십자가를 위해 싸운 사람들에게 사후의 고통을 덜어주는 특별 사면을 수여하면서 되살아난 기독교도의 역공을 만났다. 오스만제국은 이전 수세기 동안 적어도 그들의 적대자 기독교도가 보유한 것만큼 좋은, 때로는 그보다 더 뛰어난 배와 지휘관과 대포를 가지고 그들 판본의 종교 투쟁을 지중해 해역으로 확장해왔다.

이 적대자들 가운데에는 오스만제국이 영토를 확장하면서 동방으로 가는 모든 무역로에 걸쳐 있게 된 이래로, 오스만투르크인들과 좋은 통상 관계를 유지하면서 동시에 그들에 의한 정복에 저항해야 하는 딜레마에 직면한 유서 깊고 강고한 베네치아공화국이 있었다. 에스파냐의 '신중한' 국왕 펠리페 2세는 길쭉한 지중해 해안 지역을 소유했고 오스만투르크인들이 에스파냐왕국의 상당 지역(그 가운데 끝부분 지역들은 에스파냐인들이 마침내 재수복한 지 1세기도 채 지나지 않았다.)을 기회만 생기면 제일 먼저 되찾아야 할 무슬림의 영토로 여긴다는 사실도 알고 있었다.

교황은 프로테스탄트 종교 개혁에 맞서 정력적인 전역을 치르는 중이었지만, 공격적인 이슬람의 더 오래된 위협은 이탈리아에 거주하는 이라면 결코 무시할 수 없었다. 베네치아인들은 동지중해에 있는 최후의 전초 기지 키프로스가 곧 점령당할 위험에 처하게 되고 강력한 오스만군 함대가 아드리아 해로 진입했을 때에야 비로소 오스만군의 위협에 맞서 자신들을 지지하도록 교황과 에스파냐인들을 설득해냈다.

에스파냐, 교황, 베네치아의 연합군을 지휘할 사람은 펠리페 2세의 서출 동생인 오스트리아의 돈 후안이었다. 돈 후안은 유능하고 단호하며 고무적인 지휘관이었으며 과거에 오스만투르크 해적들과 싸운 경험이 있고 외관상 우위를 보이는 오스만제국 함대와 겨뤄야 함을 이해하고 있었다. 교황의 깃발을 펄럭이는 열두 척의 갤리선으로 구체화된 교황의 지지는 무적이라는 오스만군의 명성에 대한 중대한 심리적 반격이었는데, 무적의 명성은 이슬람이라는 종교적 신념과 결합하여, 돈 후안에 대응하는 오스만군 지휘관 알리 파샤에게 공격적 전략에 대한 자신감과 끝까지 싸우겠다는 의지를 심어주었다.

기독교 세력은 가벼운 네프선 nef[카라크선의 프랑스식 이름]부터 그날의 운명을 결정하게 될 거대한 괴물 여섯 척까지 약 240척의 배에 약 7만 4천 명이 타고 있었다. 오스만군 함대는 대략 210척에 선원은 약 7만 5천 명에 달했다. 알리 파샤는 돈 후안처럼 왕가의 총애를 받아 이 자리에 올랐으나 그의 부하 함장들은 모두 노련한 이들이었고 그의 배에 올라탄 병사들은 기독교 유럽의 공포의 대상이었다. 오스만군이 1538년 프레베차 해협에서 거둔 성공을 되풀이할 수 있을 거라고 기대할 만한 이유는 충분했다. 그 당시에도 이때와 유사했던 기독교 연합 함대는 지리멸렬하게 패하여 그 중대한 해협에서 밀려났다. 알리 파샤가 그리스 서부 해안의 파트라스 만에 전력을 집결시키는 동안 기독교도 함대는 가볍고 빠른 오스만투르크 해적선을 꽁무니에 매단 채 서서히 동쪽으로 이동했다.

그러나 1538년부터 1571년이라는 짧은 기간에도 여러 요인들이 변했다. 우선, 오스만투르크인들은 더 이상 유럽의 부富만을 상대하고 있지 않았다. 신세계의 발견으로 새로운 영토의 자연 자원, 특히 금과 은의 대규모 채굴이 가능해졌다. 거기서 나온 이익의 대부분은 에스파냐에 있는 무어인들, 나중에는 아프리카 해안의 무어인들에 맞서 수세기 동안 싸우면서 이미 가공할 만한 세력이 된 에스파냐의 군사 부문으로 곧장 흘러 들어갔다. 펠리페 2세의 갤리선은 최고의 설계와 성능을 자랑했으며 배에 탄 병사들도 새로운 화승총으로 무장하고 있었다. 기독교인들은 이 신무기가 두렵기 짝이 없는 오스만군의 복합궁에 맞설 수 있기를 바랐다.

오스만군에게 불리하게 작용한 또 다른 요인은 그들 자신의 최근 성공이었다. 5만 명의 오스만군 병사가 희생된 끝에 베네치아의 성채 파마고스타가 넘어갔고 키프로스 함락이 눈앞에 닥쳐오자 베네치아공화국은 더 이상 공화국을 다스리는 상인 가문이 동방 무역을 통해 얻는 이익으로 오스만제국의 위협을 상쇄할 수 없었다. 오스만군은 이미 외교 노력의 한계를 넘어섰다. 그에 따라 레판토에 출정한 베네치아군 함대는 지금까지 이 도시 국가가 선보인 함대 가운데 가장 크고 가장 잘 무장한 함대가 될 예정이었다. 갤리선에 부족한 노잡이는 최초로 베네치아 속령 출신의 사람들과 (자유를 약속받은) 죄수들을 추가하여 메웠다.

배들은 서양 세계에서 가장 선진적이고 가장 잘 경영되는 공장이자 지옥에 관한 단테의 묘사에 바탕이 된 가마솥과 수천 명의 일꾼이 있는 그 유명한 베네치아 병기창의 생산품이었다. 1백 척의 갤리선 함대를 만들고 무장하기 위해 레판토 해전 몇 달 전에 잘 훈련된 전문가가 동원되고 표준화된 부품이 사용되었는데, 이 갤리선 함대로 세레니시마〔베네치아공화국의 별명〕는 이 마지막 거대한 투쟁에서 스스로를 방어할 작정이었다. 병기창은 이전 수세기 동안의 항해에서, 베네치아에 전함과 무역선을 제공해왔다. 주로 설계하는 것은 노 한 자루를 네 명씩이나 젓는 '대大갤리선'이었다. 그런 배들은 칸칸이 나눈 선체에 화물을 싣거나 앞서 언급한 대로 선수에 대포를 실을 수 있었다. 가장 큰 '그레이트 캐넌great cannon'은 배의 중앙선에, 더 작은 '드래곤dragon'이나 '드레이크drake'〔둘 다 초창기 대형 산탄총의 일종〕는 측면에 배치했다. 베네치아 대포는 단순하고 기능적이며 표준화되어 있고 치명적이었다.

비밀 무기

한 설명에 따르면, 임박한 전투를 위한 준비가 절정에 달했을 때 베네치아 선단의 가장 큰 무역 갤리선 여섯 척이 병기창의 계선지繫船池 안에 떠 있었다고 한다. 순간 영감이 떠오른 사람들은 이 거대한 선박들에 비단과 향신료 같은 평소 화물 대신 더 무시무시한 것들을 싣기로 했다. 병기창 일꾼들은 거대한 갤리선의 선수와 선미에 그리고 뱃전을 따라 중포와 전투에 맞게 특화된 구조물을 각각 장비했다. 세상의 어느 조선소도 새로운 혼합 기종을 이렇게 빨리 만들어낼 수는 없었으리라.

이 혼합 기종의 나중 유형들은 선체 길이가 49미터, 선폭이 12미터로, 더 가벼운 갤리선의 두 배였다. 노 한 자루를 여섯 명이 저었는데 배마다 이런 무거운 노가 76자루 있었다. 갑판은 건현〔흘수선에서 상갑판 윗면까지의 부분〕을 높게 해서 보호했는데 흘수선에서 갑판까지의 긴 거리는 공격하는 사람들에게 넘기 힘든 장애물이 되었다. 포대는 22.6킬로그램의 포탄을 발사하는 중포full cannon 5, 6문과 11킬로그램짜리 포 2, 3문, 기타 다양한 생김새와 크기의 경포 약 23문, 마지막으로 적선의 노잡이를 죽이고 적군이 갑판에 오르지 못하게 뱃전 난간에 설치한 선회포 약 20문으로 구성되었던 것 같다. 그같이 모은 무기 정도면, 일반적인 갤리선 다섯 척을 무장할 수 있었을 것이다.

어느 각도에서 보든 이 기발한 배들은 전함이었다. 방어 장비를 잘 갖춘 높은 선수루에는 대포를 잔뜩 실었고 크고 튼튼한 선미루도 비슷하게 무장하여 균형을 맞췄다. 아홉 기나 그 이상의 무기들이 선체의 양 측면을 따라, 노잡이들 위 혹은 사이에 설치되었는데, 일반적인 갤리선이라면 그런 무기들을 수용할 수 없는 위치였다. 나중에 가면, 가장 무거운 베네치아 갈레아스선은 일제 사격마다 약 1,147킬로그램의 포탄을 발사할 수 있었다. 쇠창살을 댄 갑판 위에는 거대한 삼각돛 세 장이 각각 돛대에 걸려 있었는데 삼각돛 범포의 총 면적은 743제곱미터에 달했다. 레판토 해전에 참가한 갈레아스선 여섯 척이 후대의 배들처럼 이렇게 중무장했는지 여부는 확실히 알 수 없지만, 어쨌든 그 여섯 척이 매우 무시무시한 전함이었다는 점은 확실하다. 이 새로운 리바이어던들은 어느 정도 속도를 내려면 예인이 필요했지만, 그런 문제라면 커다란 갤리선 함대에서 조금도 걱정거리가 아니었다.

새로운 갈레아스선과는 별도로, 신성동맹 함대에는 갤리선이 있었는데 일반적으로 오스만군 갤리선보다 더 무겁게 건조되었지만 그런 만큼 더 느리고 기동 능력이 떨어졌다. 대신 페이브세이드pavesade라는 조립식 가리개가 있어서 해병과 노잡이를 보호해주었다. 오스만군 갤리선의 경우, 언제든 전투의 혼란을 틈타 탈출의 기회를 잡으려 들 수 있는 많은 기독교인 노예들이 노잡이를 하고 있다는 점이 크게 불리했다. 심지어 오스만군의 높은 사기와 투지마저도 예기치 못한 약점이었음이 드러나게 된다. 1571년 10월 7일 아침, 기독교도 함대가 파트라스 만에 진입했을 때 오스만군은 전투를 거부하고, 파트라스 만의 해협에 늘어선 요새의 대포가 보호하는 위치로 안전하게 물러나 있는 편을 선택할 수도 있었다. 그러나 싸우기로 결심한 알리 파샤와 휘하 제독들은 횡진 대형으로 출격했다. 망루 위의 오스만군 경계병들은 자신들 뒤로 태양이 떠오르고 있을 때 기독교도가 종대로 다가오고 있는 모습을 발견했다.

돈 후안의 휘하 제독들 가운데 일부는 오스만군 함대를 맞닥뜨리자 퇴각할 것을 촉구했지만 돈 후안은 "의논을 하기에는 너무 늦었다. 이제는 싸울 때다."라고 대꾸했다. 돈 후안은 교황이 성호를 그어 축복한 커다란 깃발을 올리고 대포와 초록색 페넌트〔길쭉한 삼각형 모양의 함선용 신호기〕로 전투 개시 신호를 보냈다. 돈 후안의 기함은 빠르고 가벼운 배였으며 전투의 서막이 오르기 직전에 돈 후안은 돌아다니며 휘하의 소함대들을 격려하고 전투태세를 갖추도록 지휘했다. 갈레아스선들은 돈 후안이 지시한 명령에 따라 각각 네 척의 갤리선에 이끌려 휘청거리며 대형 앞으로 나왔다. 노로 추진되는 배들이 대형을 유지하는 일은 변화무쌍한 바람에 좌우되는 배의 경우보다 더 쉬운 일이었다.

유명한 안드레아 도리아의 종손자이면서 그와 이름이 같은 한 제노바 용병이 이끄는 12척의 갤리선 전대가 기독교 대형을 이끌며 앞으로 나가, 다가오는 오스만군 함대 쪽으로 양 끝이 휜 초승달 대형을 형성했다. 자신감으로 충만한 알리 파샤와 그의 함장들은 도리아의 전대를 발견하고서 수적으로 밀리는 기독교도의 배가 자신들을 보자 후퇴 중이며 곧 어지러이 달아날 것이라며 함성을 드높였다. 해가 더 높이 떠오르고 난 후에야 도리아 뒤편에 있는 신성동맹 함대의 나머지 부분이 오스만투르크인들의 눈에 들

> …… 중앙에서 승리한 후 …… 나는 도움이 필요한 곳으로 가려고, 붙잡아 예인하던 갤리선들을 버렸다. 뒤를 따라오던 몇몇 베네치아 갤리선들은 내 노획선에 올라타 많은 전리품을 챙겼다. 이 무슬림 해적선들은 값나가는 것이 아주 많기 때문이다. 하지만 나는 신경 쓰지 않는다. 나는 약탈을 하러 온 게 아니라 우리 주를 섬기고 싸우러 왔기 때문이다.
>
> ─ 오노라토 카에타니

레판토 해전
1571년

파트라스 만의 수역을 감싸는 지형 덕분에, 갤리선들과 기독교도 함대의 무시무시한 갈레아스선들은 양측 함대의 해병들이 사투를 벌이는 데 방해가 되는 파도와 대형을 무너트리는 바람이 없는 최상의 조건에서 싸울 수 있었다. 오스만군의 궁술은 정확하고 신속하며 치명적이었으나 기독교도의 갑옷과 화승총도 그에 충분히 대적할 만한 것으로 드러났다. 오스만제국의 제독 알리 파샤는 해안의 오스만군 포대의 엄호를 벗어나 전진하여 돈 후안이 지휘하는 신성동맹 연합군에 맞섰다. 노련한 기독교도 함장들이 신속하게 전투 대형을 갖추는 동안, 여섯 척의 초대형 갈레아스선은 지정된 예인선에 의해 앞으로 끌려 나오면서 주변을 지나는 오스만군 배들을 심하게 파손시켰고 이후 오스만군 함대 배후에서 이들을 공격했다. 오스만군 함대가 기독교도 진영의 중앙을 침투하면서 기독교도 진영의 양익이 포위될 뻔했지만, 날이 저물 무렵 오스만군 함대의 거의 모든 배들은 파괴되거나 포획되었다. 레판토 해전의 중요한 결과는 어쩌면 해전이 사람들에게 미친 심리적 효과일 것이다. 오스만군 함대의 대다수 전함이 파괴되거나 포획된 이 압도적 승리는 오스만군의 무적 신화에 종지부를 찍었다.

레판토 만은 남쪽의 펠로폰네소스 반도와 북쪽의 그리스 본토를 가르며 길쭉하게 뻗은 이오니아 해의 코린토스 만 동쪽에 있는 파트라스 항구 근처에 자리 잡고 있다.

갈레아스선

1 기독교도 함대는 전투를 하기로 결정하고 오스만군 함대가 연안 포대의 보호 아래 정박 중인 파트라스 만으로 이동한다.

250

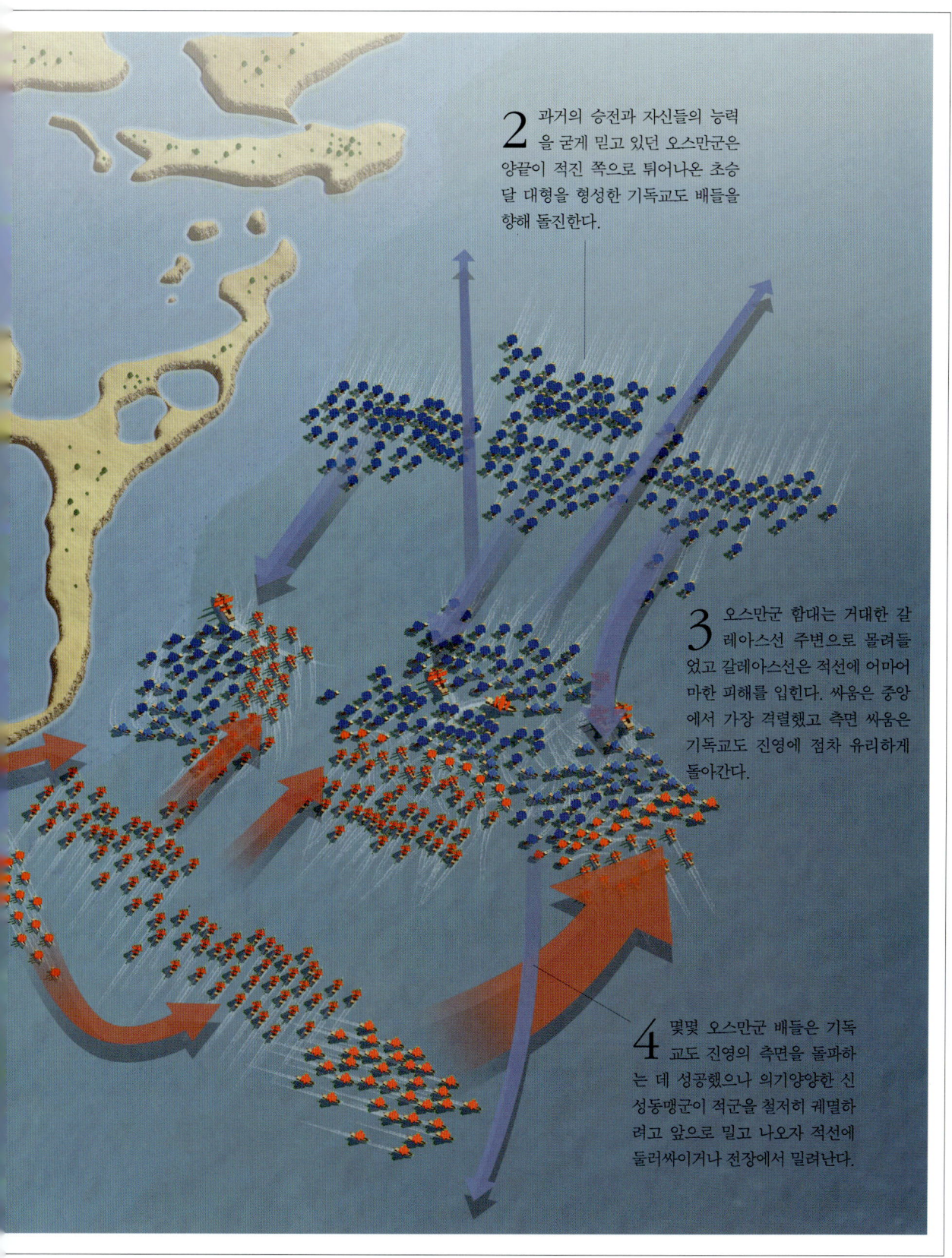

어왔다. 이에 전혀 기죽지 않은 알리 파샤는 교전 신호를 보냈다.

두 진영이 각자 노의 추진력에 힘입어 서로에게 돌진하는 가운데 양 함대의 전술적 구성 요소는 세 전대였다. 기독교도 진영 전방에 위치한 여섯 척의 갈레아스선의 모습은 알리 파샤에게 어려운 딜레마를 안겼다. 그의 갤리선들은 이 베헤못(성서에 등장하는 거대 괴물) 쪽으로 뱃머리와 대포를 돌릴 수도 있었지만 그러면 기독교도 갤리선들에 측면이 노출될 것이고 기독교인들은 이 결정적 기회를 결코 놓치지 않으리라. 결국 오스만군 제독은 함대의 대형을 나눠서, 최대한 멀리 떨어져 현측 일제 사격을 견디며 갈레아스선의 경계선을 돌파하기로 했다. 그러한 전략은 전투 개시 시점에 기독교도의 리바이어던들이 오스만군 전열에 입히는 피해를 최소화하겠지만 오스만군 함대가 전대들로 분리되어, 기독교도 함대의 본진을 칠 때 서로를 지원할 수 없다는 것을 의미했다. 게다가 육중한 갈레아스선이 느릿느릿 방향을 틀어, 전대들 뒤에서 솟아오를 수도 있었다.

그림_ 이 포미 장전식 팔코넷falcone('작은 매'라는 뜻)은 대인용 무기로 사용되어 사람 잡는 "살인자"라는 별명을 얻었다. 삼각 받침대나 뱃전 난간에 설치된 회전 받침대 덕분에 이런 유형의 무기들은 돛대나 밧줄에 매달린 선원이나 망루에 있는 저격수, 선창의 노잡이나 포수를 죽일 수 있었다. 때에 따라서는 배에 오르려는 적군에 맞서 갑판을 화력으로 박살내버리기도 했다.

갤리선들이 충돌하자 기독교도의 화승총에서 뿜어져 나오는 검은 연기와, 허공을 가르는 오스만군의 화살이 하늘을 가득 메웠고 그보다 더 기묘한 무기들도 각자 반대 방향으로 날아갔다. 기독교도 뱃전 난간에는 대형 산탄총과 비슷한, 사람 잡는 '살인자'라는 뜻의 베르소스versos라는 선회포가 설치되어 근거리에서 적선의 선원들을 향해 온갖 종류의 쇠붙이들을 날려 보냈다. 적선을 불태우거나 적이 갑판에 발을 들이지 못하도록 특별 임무를 맡은 병사들은 불을 붙인 기름이나 동물 지방 혹은 생석회를 채운 도기 항아리를 던졌고, 본질적으로는 대형 로마 폭죽(원통 속에 화약을 넣어 터뜨리는 폭죽)이라고 할 수 있는 봄바bomba라는 단거리 소이탄이 적선의 갑판과 선체와 사람들에게 인화 물질로 속을 채운 쇠구슬과 불똥 세례를 퍼부었다. 갈레아스선들은 선수나 선미 쪽 대포를 적선에 겨누기 위해 노를 저어 방향을 바꾸는 한편, 갈레아스선에 올라타지 못하거나 갈레아스선의 공격에 맞대응할 수 없는 오스만군 갤리선을 향해 일제 사격을 퍼부으며 앞으로 나아갔다.

양 함대가 서로의 측면에서 에워싸려고 했기 때문에, 전투는 대형의 양 끝자락에서 특히 치열했으며 기독교도 진영이 서서히 승기를 잡았다. 오스만군 함대의 노잡이를 하던 기독교인 노예들 가운데 몇몇은 전투 와중에 바닥에 떨어진 무기를 집어 들고 이전 주인들을 공격하기도 했다. 기독교인들이 착용한 무거운 갑옷은 오스만군의 화살로부터 몸을 보호하는 이점이 있었지만 대신 바다에 빠졌을 경우에는 치명적이었으리라. 알리 파샤가 직접 지휘하는 전대는 기독교도 지휘관들이 많이 있는 곳인, 적 대형 중앙의 '왕립' 갤리선들을 향해 돌진해 적선에 올라탔다. 전세는 오락가락했고 알리 파샤도 손수 활을 당겼다. 기독교도 진영에서는, 어느 70대 베네치아 귀족이 돛대 꼭대기에서 무거운 석궁과, 석궁에 활을 걸고 시위를 당겨주는 조수의 도움을 받아, 갑판에 오르려는 오스만군 병사들을 쏘아 맞히기도 했다.

며칠 후, 베네치아 석호의 가장 외곽을 보호하는 방파제에서 초조하게 기다리던 파수꾼들은 아드리아 해의 안개 속에서 서서히 홀로 모습을 드러내는 갤리선 한 척을 발견했다. 깃발은 축 처지고 노는 제멋대로 흔들리는 배는 심하게 파손된 티가 역력했다. 물결 너머로 기진맥진한 선원들의 함성이 들려왔다. "이겼다! 이겼다!" 축 처진 깃발은 오스만군 깃발이었다. 170척이 넘는 오스만군 갤리선과 소형 선박들이 포획되고 나머지 배들은 대부분 파괴되었다. 3만 명의 오스만군 병력이 이 살육의 와중에 목숨을 잃었다. 신성동맹 함대는 약 7,700명과 열두 척의 배를 잃었다.

요즘에는 꽤 합리적인 근거에서 이 위대한 전투의 의의를 축소하는 것이 유행이다. 오스만제국의 대신들은 술탄에게 말했다. 원한다면, 술탄은 여전히 넘쳐나는 제국의 자원을 바탕으로 레판토에서 전멸한 함대를 은으로 만든 닻과 공단으로 만든 돛에 명주실로 짠 밧줄을 갖춘 함대로 대체할 수도 있다고. 레판토 해전 이후 한 세대도 지나지 않아 쇠퇴해가던 베네치아공화국은 조약을 맺어 동지중해 해역에서 오스만제국의 패권을 인정했다. 그러나 오스만제국이 한창 기세등등할 때 기독교권 일부만이 참가한 동맹에 의해 패배한 사실이 문명 세계에 던진 충격은 오늘날까지, 이슬람에 대한 서양의 전반적인 군사적 우위라는 인상으로 남아 있다.

1588년 그라블린 해전: 바람과 조수

레판토 해전 이후, 에스파냐의 펠리페 2세가 그날 자신의 이복동생에게 승리를 안겨준 비밀 무기인 갈레아스선을 크게 신뢰한 것을 탓할 수는 없다. 1588년, 돈 후안이 세상을 뜬 지는 벌써 10년이 지났지만 에스파냐군 함대에는 레판토의 영광이 여전했고, 에스파냐 국왕 펠리페 2세가 또 다른 십자군을, 이번에는 이단의 적 함대와 영토에 십자군을 출정시킬 시기라고 결정했을 때 레판토 해전의 승리를 뒷받침했던 국왕의 방대한 자원도 여전했다.

그러나 영국의 엘리자베스 1세와 그녀의 '물개들'〔엘리자베스 시대의 영국 모험 기업가들과 해적들〕은

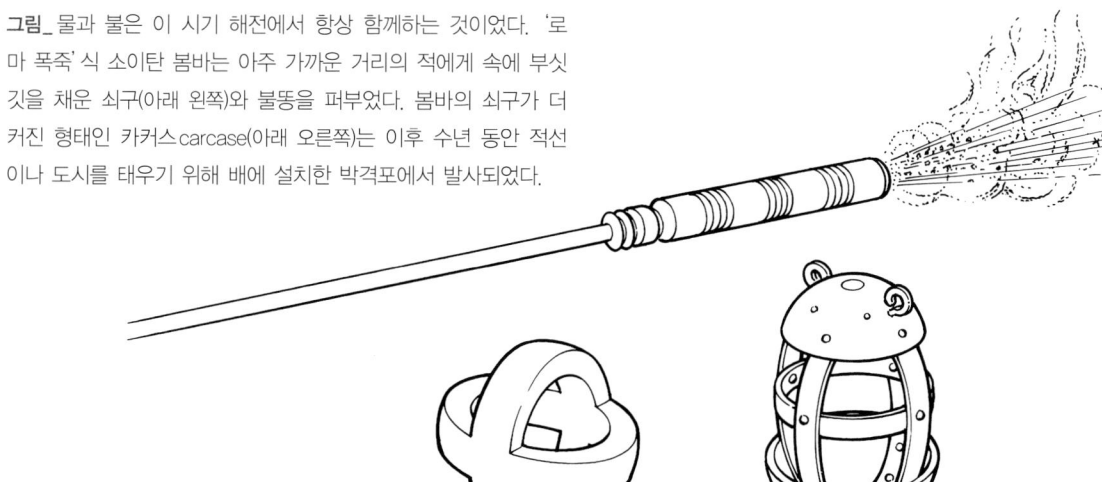

그림_ 물과 불은 이 시기 해전에서 항상 함께하는 것이었다. '로마 폭죽' 식 소이탄 봄바는 아주 가까운 거리의 적에게 속에 부싯깃을 채운 쇠구(아래 왼쪽)와 불똥을 퍼부었다. 봄바의 쇠구가 더 커진 형태인 카커스 carcase(아래 오른쪽)는 이후 수년 동안 적선이나 도시를 태우기 위해 배에 설치한 박격포에서 발사되었다.

오스만제국 술탄의 갤리선들과 매우 다른 적수였다. 역사가들과 해양 고고학자들이 1588년의 사건들을 둘러싼 비현실적 신화와 확고한 여러 사실들을 분리해낸 것은 다행스러운 일이다. 전설들은 이제 더 이상, 바다에서 우레와 같은 포성에 의해 좌우되는 또 하나의 거대한 국가적 생존 투쟁에서 에스파냐의 무적함대가 쇠퇴하고 영국의 선박 조종술이 우세하게 만든 수단이 있었음을 은폐할 수 없다.

에스파냐는 1501년 튜더가家의 첫 국왕 헨리 7세가 페르난도·이사벨과 동맹을 맺은 이래로 언제나 영국에 대해 지배적인 위치에 있다고 여겨왔다. 페르난도와 이사벨의 딸 아라곤의 캐서린은 1502년에 미래의 헨리 8세와 결혼한 후 아버지에게 보낸 편지에서 영국을 가리켜 "폐하의 이 새로운 땅"이라고 썼다. 1534년 헨리 8세가 로마 가톨릭과 단절하고 상호간의 군사적 어려움으로 두 나라의 동맹은 깨졌지만 잠깐 동안 에스파냐는 다시금 영국에 대한 권위를 누렸는데 이는 1554년 헨리 8세의 딸 '블러디' 메리Bloody Mary가 바로 펠리페 2세와 결혼한 덕분이었다. 펠리페 2세는 영국의 여왕 메리도, 그곳의 기후도 별로 좋아하지 않았고 1558년 엘리자베스 1세가 즉위하면서 영국인들과 에스파냐인들은 익히 알려진 상호 혐오감을 드러내며 다시 대적하게 되었다. 펠리페 2세와 가톨릭 기독교권은 엘리자베스 1세가 비합법적인 결혼에 의한 사생아라고 규정했고 교황은 여왕의 신민들이 그녀에게 한 충성 맹세에

그림_ '무적함대'를 이끈 펠리페 2세의 제독 메디나 시도니아 공작은 기함 산마르틴호를 타고 출정해 패배했다. 이 '에스파냐 갈레온선'은 무장과 적재를 많이 할 수 있는 넓은 공간 덕분에 대서양의 항해와 전쟁에 잘 적응하는 이탈리아 선박 설계에서 비롯되었다. 갈레온선은 초기 카라크선에 높이 솟아 있던 위험한 선수루와 선미루를 없앴다.

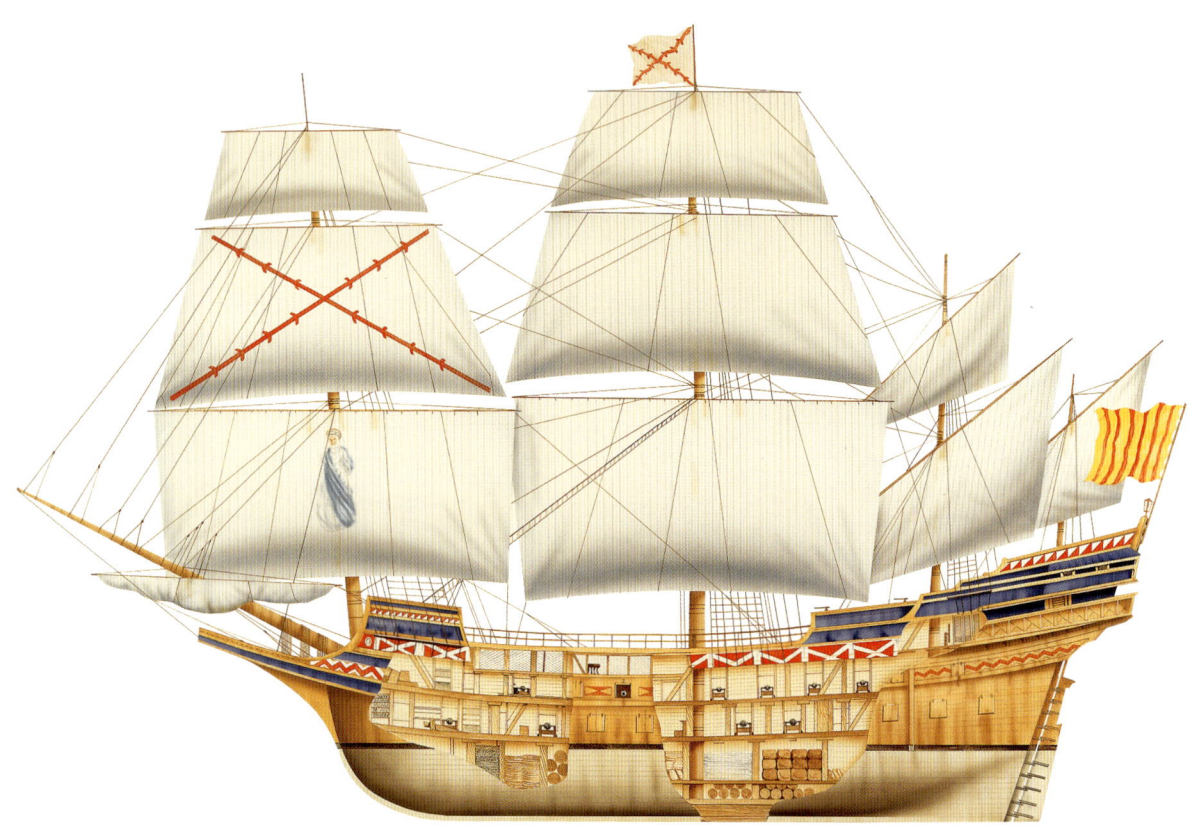

대해 모두 면죄해주었다.

엘리자베스 1세는 어느 누가 예상한 것보다 훨씬 더 만만치 않은 적수임을 드러냈다. 튜더가의 마지막 후손은 에스파냐인들을 괴롭히고 그와 동시에 프랑스와 여러 차례 전쟁을 치러 피폐해진 왕국을 살찌울 값싼, 사실은 수익이 많이 남는 수단을 금방 발견했다. 그것은 해적질이었으며 여왕은 자신의 해군에서 임대하거나 판매한 배와 선정된 투자자들이 마련한 자금을 통해서 그러한 해적질을 후원했다. 투자자들 가운데에는 종종 여왕 본인도 있어서 해적들의 습격은 에스파냐 신세계의 부가 영국의 국고로 흘러가게 했다. 1587년 프랜시스 드레이크의 카디스 항 습격은 에스파냐의 부와 국가적 위신에 대한 점점 늘어가던 일련의 지긋지긋한 공격 가운데 마지막이었을 뿐이다. 이듬해 원정 준비를 마쳤을 때 펠리페 2세는 영국의 도발과 해적질, 프로테스탄티즘을 참을 만큼 참은 상태였다.

> 바다를 지배하는 자는 누구든 무역을 지배한다. 세계의 무역을 지배하는 자는 누구든 세계의 부를 지배하며 그에 따라 세계 자체도 지배한다.
> ___ 월터 롤리 경

시행착오

드레이크와 그의 경쟁 상대 '물개들'은 기술적 의미에서 장비를 잘 갖추고 있었다. 훗날 바다를 지배하게 된 것과 달리 영국인들이 처음부터 자연스레 바다에 의지하게 된 것은 아니었지만, 헨리 8세 치세기에 이르자 여태까지 건조된 가장 크고 가장 튼튼한 전함들 가운데 일부가 영국의 진수대에서 미끄러져 나오게 되었다. 그렇게 되기까지는 중간에 실패한 실험들도 있었는데, 일례로 헨리 8세의 '거대한 배', 카라크선 메리로즈호는 뒤집혀 침몰하고 말았다. 메리로즈호의 침몰은 지켜보던 국왕과 배에 타고 있던 불운한 선원들에게는 재앙이었지만, 현대의 해양 고고학자들에게는 뜻밖의 대단한 발견이 되었다. 나중의 배들에서는 헨리 8세의 이전 배들에 있던 우뚝 솟은 선수루가 사라지게 되지만, 몇몇 배들은 그 크기에서 메리로즈호와 비길 만하거나 메리로즈호를 능가했다. 아르마다 해전을 둘러싼 신화 가운데 가장 먼저 지적할 수 있는 것은 작고 민첩한 영국 배들이 거대한 에스파냐 갈레온선들과 대적했다는 것이다. 사실 전투에 참가한 배들 가운데 가장 큰 배는 영국 배들이었다.

헨리 8세는 영국 반대편 해안에 늘어선 가톨릭 나라들과 갑작스레 적대하는 형국이 되자 독자적인 군비 확충과 선박 건조를 위한 기반 시설을 발전시키는 데 상당한 시간과 자금을 투자했다. 헨리 8세의 아버지 헨리 7세의 함대에 있던 첫 거대 선박들은 이탈리아에서 데려온 장인들의 작품이었다. 그 장인들의 아들들은 영국인 경쟁자들에게 전함의 설계와 청동 대포, 철제 대포의 주조법을 가르쳤고 또 그들과 경쟁하였다. 여러 실험과 해군 팽창 덕분에 영국인은 여러 가지를 개량할 수 있었고 그에 따라 영국의 배는 여러 결정적 분야에서 에스파냐의 배보다 더 효율적이었으며 이는 결국 펠리페 2세의 '무적함대'에 맞선 영국 함대의 승리에 일조하게 된다.

영국의 전문 지식의 가장 중요한 구현은 겉보기에는 무척 단순한 네 바퀴 '수레' 포가였다. 갈레아스선에 탑재된 것과 같은 대구경 포의 무거운 무게를 상쇄하려면 작은 배들은 그보다 더 신속하게 사격할 필요가 있었다. 적선을 공격하러 돌진하는 갤리선에서 포를 재장전한다는 생각은 현실성이 없었다. 갤리선이 선수포를 발사할 수 있을 만큼 적선에 근접하면 얼마 안 있어 충각으로 적선을 들이받을 테고 갤리선의 선원들은 충각 너머로 적선에 올라타 머스킷 총알과 차가운 날붙이 무기들로 결판을 낼 것이다.

그러한 '한 발 전략'은 나중에 펠리페 2세 해군의 범선에서도 지속되어, 펠리페 2세의 해군은 육상의 야포에 쓰던 것과 똑같거나 매우 유사한 두 바퀴짜리 포가에 크고 작은 대포들을 올렸다. 포수들은 포탄을 장전한 채로(몇몇 대포들은 수세기 후 대양 밑바닥에서 포탄이 장전된 상태 그대로 인양되었다.) 대포를 뱃전의 앞부분이나 뒷부분으로 이동시킬 수 있었고, 엄청난 타격을 기대하며 적선에 올라타기 직전에 근거리에서 대포를 발사했다. 효과적이고 신속한 원거리 사격은 에스파냐인들에게 희망 사항이었지 현실이 아니었다. 지나치게 긴 포신, 무거운 포가, 구경이 제멋대로인 대포가 그러한 현실을 방해했다.

영국인들은 다른 식으로 행동했다. 에스파냐인들과 포르투갈인들이 아시아로 가는 교역로와 남아메리카의 광산 그리고 그곳의 진귀한 물품들을 장악하고 있는 상황에서 영국 상인들은 새로운 교역 기회를 찾아서 더 먼 곳으로 내몰릴 수밖에 없었고 따라서 점점 더, 긴 항해가 가능한 배를 탔다. 거대한 한 발 대포는 그러한 장기 항해에 싣고 가기에는 너무 크고 무거웠다.

빈번하게 에스파냐군 대포보다 두 배 더 발사하는 가볍고 이동이 용이한 대포는 더 우수한 항해 능력과 함께 드레이크, 프로비셔, 하워드 등 에스파냐인들에 맞선 영국인들의 배의 장점이었다. 압도적인 크기와 비용에 혁신이 대응했다. 에스파냐군 대포에서 많이 발사하는 커다란 돌덩어리 포탄은 살인적이고 엄청난 효과를 냈지만, 값싸고 탄도학적으로 더 우수한 영국군의 주철 포탄보다 만드는 데 시간이 더 많이 걸렸다. 영국인들은 또한 흑색 화약을 쓰는 대포의 경우 특정 길이 이상이면 긴 포신이 더 유리할 것이 없다고 올바르게 결론 내렸다.

에스파냐의 준비 과정과 난제

에스파냐인들은 눈앞에 다가온 대결을 위해 방대한 제국의 자원을 끌어왔으며 원정을 계획하고 자원을 조직하는 국왕의 능력은 그 자신의 목표와 열망에 버금갔다. 선박의 공급과 선원의 조달 측면에서 펠리페 2세가 이룩한 성과는 여전히 대단했다. 펠리페 2세는 지중해 함대의 배들, 에스파냐에 병합된 포르투갈의 원양 선원들, 이탈리아에서 징발하거나 임대한 배들 등을 결합하여 강력하고 통일된 전대를 형성함으로써, 영국이 예상한 것보다 혹은 집결 중이던 함대를 드레이크가 성공적으로 습격했는데도 영국이 저지할 수 있었던 것보다 더 신속하게 더 강력한 위협을 야기했다. 펠리페 2세의 배들 가운데에는 레판토 해전의 비밀 무기인 갈레아스선도 있었는데, 이 갈레아스선들은 전투에 뛰어들기 위한 예인이 더 이상 필요하지 않게 개선되었으며 베테랑 에스파냐군 보병들로 채워져 있었다.

펠리페 2세의 함대라는 망치는, 경험이 풍부한 파르마 공작 휘하에서 언제든 영국을 칠 태세를 갖추고 플랑드르에서 기다리고 있는 펠리페 2세의 육군이라는 모루를 만나 완벽해질 것이다. 그들 앞에 놓

> 무적함대는 함께 모여 있는 것이 매우 중요하다. …… 내 허락 없이는 어느 배도 무적함대에서 떨어져 나갈 수 없다. …… 이 명령에 대한 일체의 불복종은 사형으로 다스릴 것이다.
>
> ― 메디나 시도니아 공작

인 문제는 바로, 예전에 영국 제도를 침공한 사람들이 직면한 대상이자 미래의 침략자들이 맞닥뜨리게 될 39킬로미터의 개방된 바다였다. 펠리페 2세가 두 가지 강력한 무기, 즉 육군과 함대를 영국에 맞서 결합할 수 있다면, 에스파냐가 성가시고 독립적인 섬나라 왕국인 영국을 정복하지 못하게 막을 수 있는 힘이 영국에는 없었다.

펠리페 2세의 신중함은 영국 침공군을 위한 보급품과 소형 선박, 장비를 조달할 때에도 역력했다. 침공을 계획한 사람들의 일정표만 잘 따른다면 에스파냐군 병사들의 식량과 탄약은 충분했다. 펠리페 2세의 대포 담당 전문가들은 사실, 포의 구경을 규격화하고 각기 다른 포에서 요구되는 다양한 포탄의 종류를 제한하려고 시도하면서 영국인들보다 한 발 더 나갔지만, 이 점에서 무적함대의 어마어마한 규모와 무적함대를 이루는 엄청나게 다양한 배와 대포가 그들의 발목을 잡았다.

그들이 이룩한 성과가 원래의 열망에 미치지 못했다는 사실을 보여주는 한 가지 표지는 펠리페 2세의 포수들이 지니고 다닌 공식집公式集인데, 이것은 현대 학자들에게 발견되어 철저하게 분석되었다. 정확한 계산과 예측이 담긴 이 공식들은 사용자들에게 특정 무게의 납탄과 쇠탄의 궤적을 정확하게 예측하게 해주지만 공식에 포함된 수학적 오류는 그러한 공식을 완전히 무용지물로 만들고 말았다.

전투 함대는 병력 수송선을 보호해야 했으며, 따라서 병력 수송선은 영국 해협을 가로지를 때 전투 함대가 그들을 호위할 수 있고 상륙을 지원할 수 있는 위치에 있어야 했다. 두 가지 큰 어려움이 펠리페 2세의 제독인 메디나 시도니아 공작과 파르마 공작 앞에 있었다. 협조가 가능하려면 커뮤니케이션이 되어야 하는데, 기상 여건과 영국 해군이라는 복합 요인 때문에 그러한 커뮤니케이션이 거의 불가능했다. 게다가 메디나 시도니아 공작은 펠리페 2세가 처음 선택한 제독이 출정 3개월 전에 사망하면서 지휘를 맡았기 때문에 자신의 책무에 대한 준비가 되어 있

그림_ 연철 사석포Lombard를 탑재한 이 두 바퀴짜리 포가와 둥근 포문은 아직 완벽한 개념은 아니었지만 이후의 성공적인 발전의 전조가 되었다. 무적함대의 두 바퀴짜리 포가는 조준과 위치 조종이 더 느렸고 대포의 반동으로부터 배를 별로 보호하지 못했다. 둥근 포문은 조준에 적당하지 않았으며 바닷물이 들어오지 못하게 막을 수 없었다.

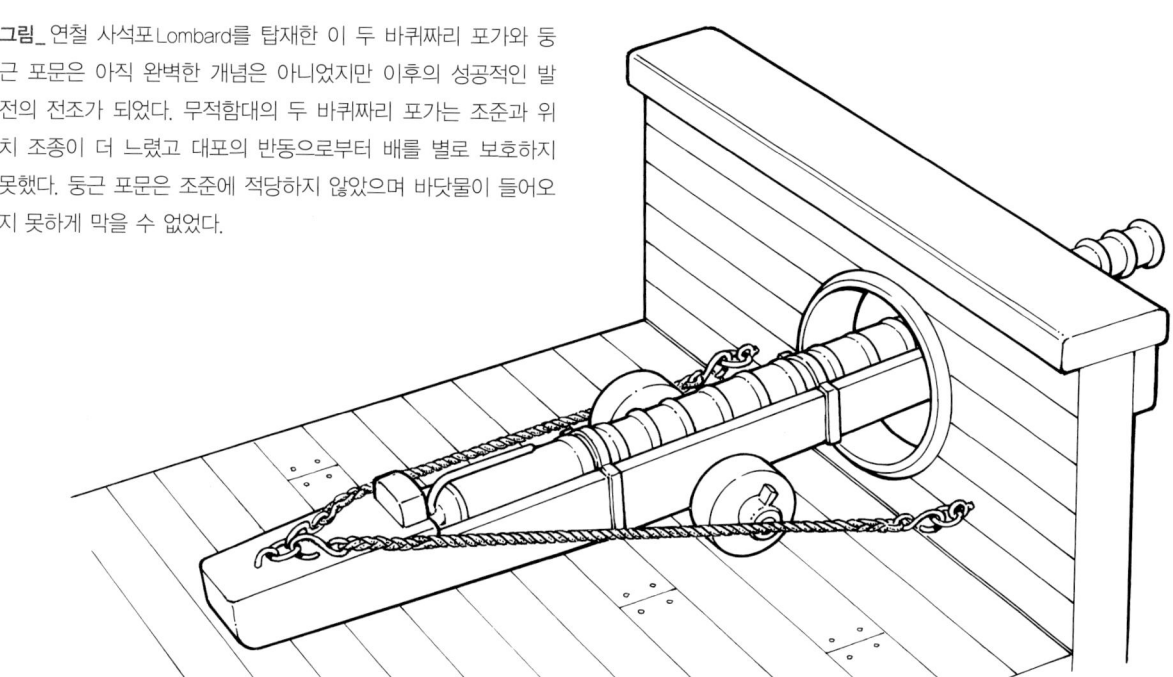

그라블린 해전

1588년

보급 상황은 나쁘고 침공 함대와의 협조는 전무한 가운데, 메디나 시도니아 공작은 피난처와 식량을 기대하며 중립항이긴 하지만 가톨릭 세력의 항구인 칼레에 '무적' 함대를 정박시켰다. 한편 영국군은 더 많은 탄약을 가지러 자신들의 항구로 복귀했다. 에스파냐군의 사전 대비에도 불구하고 하워드 경의 화선은 에스파냐군 함대를 혼란에 빠트렸으며 영국군 배들이 대포의 사정거리까지 접근해왔지만 수에서 우세한 배 위의 에스파냐인들은 포탄 세례에 죽는 것 말고 별 도리가 없었다. 에스파냐군 대포는 더 무거웠지만 사격 속도가 더 느렸고 포수들의 운용도 더 서툴렀다. 날이 저물 무렵, 에스파냐군 배들이 처참한 피해를 입고 완전히 와해되어 침공 함대를 영국으로 호위하겠다는 희망은 완전히 사라졌다. 상태가 가장 나쁜 배 여덟 척을 화선으로 개조한 하워드 경의 결정은 영국 역사상 최고의 군사적 임기응변으로 일컬어진다.

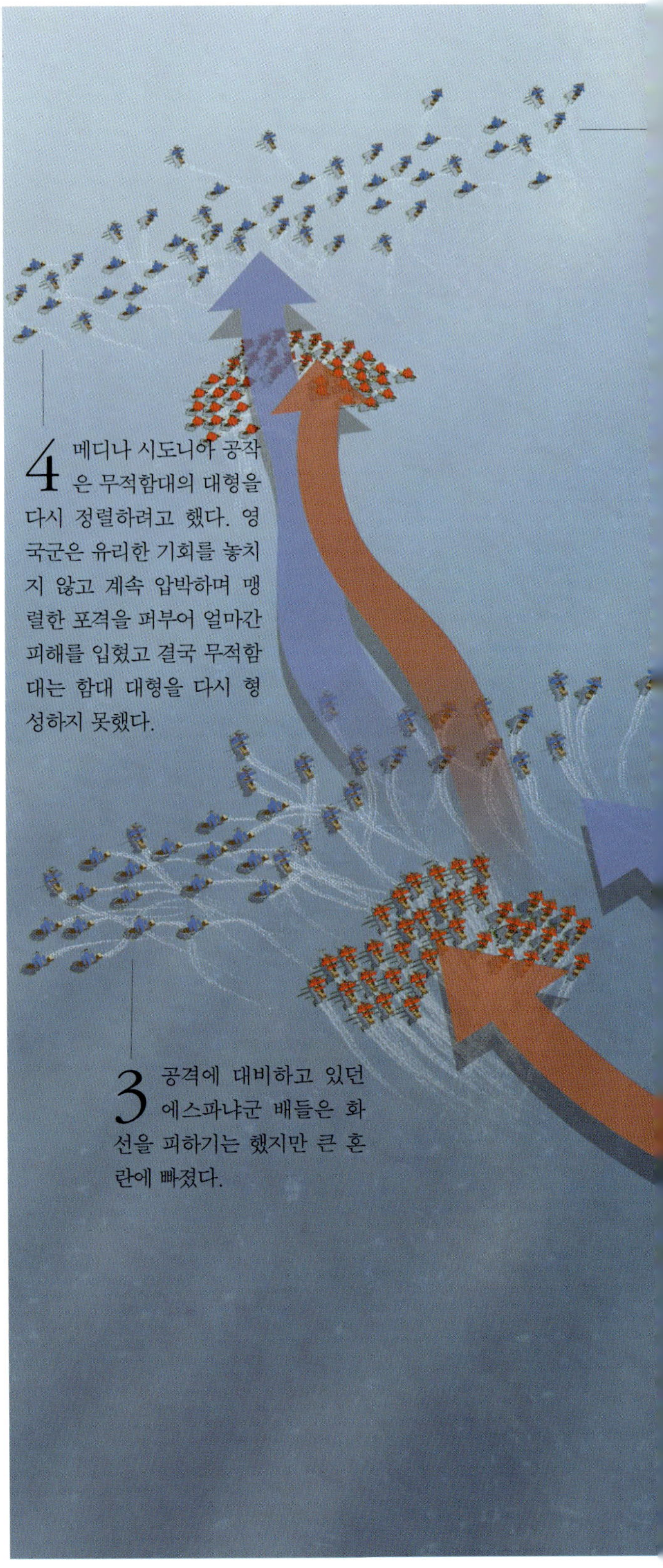
4 메디나 시도니아 공작은 무적함대의 대형을 다시 정렬하려고 했다. 영국군은 유리한 기회를 놓치지 않고 계속 압박하며 맹렬한 포격을 퍼부어 얼마간 피해를 입혔고 결국 무적함대는 함대 대형을 다시 형성하지 못했다.
3 공격에 대비하고 있던 에스파냐군 배들은 화선을 피하기는 했지만 큰 혼란에 빠졌다.

스코틀랜드
북해
잉글랜드
그라블린
칼레
에스파냐령 네덜란드
프랑스

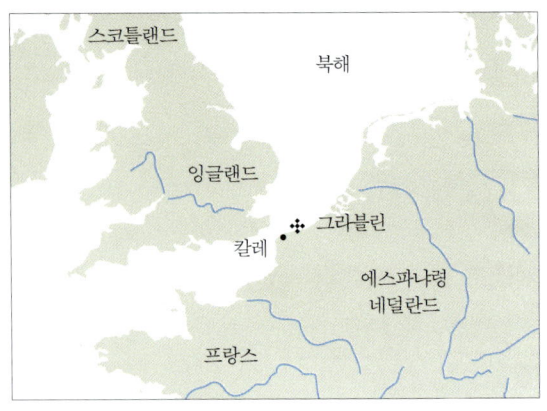

그라블린 해전은 칼레 바로 북쪽 영국 해협에서 벌어졌다. 에스파냐 무적함대의 결정적 패배는 에스파냐의 영국 침공 계획을 무산시켰고 영국이 대양을 지배하는 시대의 신호탄이 됐다.

5 향풍(특정 지역에 어느 시기나 계절에 따라 특정 방향에서 자주 불어오는 바람)과 교전에서 입은 피해 탓에 무적함대는 약속한 지점에서 침공 함대와 만나지도, 영국 해안을 습격하지도 못했다.

1 결판이 나지 않은 영국 해협에서의 교전 후, 무적함대는 네덜란드의 에스파냐 선단이 영국 침공을 위한 준비를 마치기를 기다리며 칼레 앞바다 정박지에서 피난처를 찾았다.

2 8월 7일 밤 동안 영국 하워드 해군성장은 정박한 에스파냐군 배들 사이로 화선을 떼보냈다.

5장 해전 259

지도 않았다.

메디나 시도니아 공작은 고결하고 신심이 깊으며 숙명론에 경도된 사람이었고, 이 세 가지 특징은 그가 무적함대 원정을 이끄는 동안 모두 드러나게 된다. 그의 병력은 1만 9천 명의 병사를 태운 전함 40척과 추가로 지원된 선박 90척으로 구성되었으며, 파르마 공작은 침공에 필요한 소형 선박 3백 척과 추가로 2만 7천 명의 베테랑 보병들을 에스파냐령 플랑드르에 보유하고 있었다.

각종 방해와 지연 요인들

1588년 5월 25일 리스본에서 출항한 직후, 상황이 예상과 다르다는 것은 이미 분명해졌다. 함대는 기대보다 훨씬 느리게 가고 있었고 상당량의 군량이 이미 먹을 수 없게 되었다. 메디나 시도니아 공작은 불길한 예감을 품은 채, 예견된 폭풍우로 함대가 피해를 입고 일정이 어그러질 때까지 꾸준히 나아갔고, 7월까지 에스파냐의 북부 해안에서 무적함대를 재정비했다. 이제 위협이 충분히 가시화되자 엘리자베스 1세도 가만히 손 놓고 있지만은 않아서 어핑엄 찰스 하워드 경을 해군성장으로 임명하고 그에게 자신의 가장 무거운 배 40척을 주었다. 거기에 160척가량의 더 가벼운 배들도 합류했다. 이 배들은 함대의 정찰함과 초계함, 연락선과 보급선 역할을 했다. 무적함대가 영국 해협에 점점 가까이 다가오자 영국군의 전투 전대와 60척가량의 작은 배들은 에스파냐군의 배와 병사들을 기다렸다.

7월 29일 한 영국 상선이 에스파냐군 함대의 접근을 보고했다. 이 시점은 영국에게 불리했는데 정박지 코루냐에서 에스파냐군을 선제공격하려던 계획이 수포로 돌아간 뒤 현재 영국군 함대는 플리머스에서 재정비 중이었기 때문이다. 아크로열호에 올라탄 하워드 경은 7월 30일 야음을 틈타 수백 척의 배와 함께 항구를 떠나 메디나 시도니아 공작이 전진해오는 길목을 가로질러 이동했다. 영국군 함대와 화약 연기를 곧장 에스파냐군 정면으로 실어가는 바람이 부는 가운데 하워드 경은 교전을 준비했다. 무적함대도 십 년 전 레판토에서 돈 후안이 사용한 대형과 똑같은 초승달 대형으로 전투태세를 갖췄다.

영국을 뒤덮은 포화

하워드 경은 기사도를 준수하여 먼저 경고 포격을 한 후, 대열 끝에서 끝까지 3킬로미터에 걸쳐 늘어서 있어서 보는 이를 압도하는 에스파냐군 대형을 향해 이동했다. 에스파냐군 함대가 초승달 대형을 유지하며 움직이는 동안, 하워드 경과 그의 제독들은 현측 일제 사격을 위해 종렬 대형으로 에스파냐군 대형에 측면을 노출했고 곧 격렬한 연속 포격이 시작되었다. 하워드 경은 이 시점에서 사정거리를 좁힐지 확신이 서지 않았고, 에스파냐군도 머뭇거리며 응사하는 가운데 영국군의 포격은 별다른 성과를 보이지 못했다. 무경험은 위험 요소가 될 수 있는바, 에스파냐군의 가장 큰 배 두 척의 우연한 폭발, 그중에서도 함대 경리관paymaster의 본부가 있는 배의 폭발로 에스파냐군 함대에 일대 혼란이 일었다. 폭발로 파손된 배 가운데 하나인 로사리오호가 탐욕스러운 프랜시스 드레이크의 손아귀로 흘러 들어갔고 드레이크는 이 값나가는 전리품을 챙기기 위해 전투에서 빠졌다.

하워드 경은 잠시 퇴각했지만, 무적함대를 발견했으니 시야에서 놓치지 않으려고 애쓰는 한편, 함장들과 함께 무적함대의 계속되는 전진을 저지하기 위한 다음 움직임을 준비했다. 8월 1일 아니면 2일, 에스파냐군은 포틀랜드 빌 앞바다에서 평소 애용하는 전술을 몇 가지 시도하면서 날랜 레가소나호를 커다란 영국군 배에 접근시켜 갑판에 오르려고 애썼지만, 영국군 배는 신속한 포격으로 대응하며 재빨리 도망쳤다.

에스파냐의 갈레아스 전대도 트라이엄프호를 향해 달려들었지만 똑같은 결과를 만났다. 영국군 전함 가운데 가장 크며 마틴 프로비셔가 지휘하는 트라이엄프호는 바람이 잦아들어 함께 움직이던 소함정과 함께 바다 위에 발이 묶여 있었다. 산로렌소호의 중포대는 영국군 함포에 당한 만큼 거의 그대로 되돌려주고 있었지만, 바람이 불자 돛을 펼친 트라이엄프호는 항해 속도를 더 높여 교묘히 빠져나왔다. 갈레아스선들은 이틀 후 와이트 섬 인근의 좁은 물길에서 다시 이 영국의 베헤못을 추격했다. 프로비셔는 다시금 포탄 세례로 대응했고, 힘겹게 따라오는 에스파냐 혼합 기종보다 재빨리 내달려 안전한 곳으로 피신했다. 갈레아스선이 따라잡을 수 없는 것을 파괴할 수는 없었다.

잠깐의 휴식

영국군은 탄약을 마구 소모했고 따라서 하워드 경은 함대를 이끌고 잠시 도버로 물러나 포탄과 화약을 보급해야 했다. 나흘 동안 에스파냐군 함대는 아무런 방해를 받지 않고 항해를 계속하여, 메디나 시도니아 공작이 함대에 앞서 먼저 보낸 일련의 전언과 최신 소식들에 따라 파르마 공작이 기다리고 있는 곳에서 40킬로미터밖에 떨어지지 않은 곳까지 왔다. 에스파냐군 함대는 중립 지역이긴 하나 가톨릭 세력권인 칼레 정박지로 다가갔다. 그들은 그곳에서 침공 함대와의 접선 신호를 기다리며 파손된 배를 수리한 후, 침공 함대를 호위하여 승리로 나아갈 참이었다.

그곳에서, 영국 해협을 건너기 위한 맥주 한 통도 아직 준비가 되지 않았다는 파르마 공작의 답변을 받고 메디나 시도니아 공작은 기겁했다. 16세기 여행의 각종 예측 불가능한 요소들 때문에 무적함대의 전언이 지체되어, 결국 플랑드르의 군대가 영국 해협을 건널 채비를 다 갖추려면 6일을 더 기다려야 했다.

하워드 경은 이러한 상황 전개를 모르고 있었지만, 에스파냐군 배들이 칼레 항에 옹기종기 모여 있는 광경에 그가 어떻게 대응할 것인지는 불 보듯 뻔했다. 재보급을 받고 전투태세를 갖춘 하워드 경은 구할 수 있는 모든 배를 끌어 모아, 영국군의 두 가지 특별 무기 가운데 두 번째 무기로 에스파냐군 함대를 공격했다.

소이 무기는 지금까지 살펴본 대로 레판토 해전에서 사용되었고 무적함대의 에스파냐군이 사용할 수 있는 무기 가운데 하나였다. 만약 더 빠른 영국군 배들에 아주 가까이 다가갈 수 있었다면 에스파냐군은 도기 불항아리를 던지고 봄바로 불똥과 여러 발사체를 날려 보냈을 것이다. 2천 년 전 로도스 섬의 배들은 항아리에 담긴 불붙은 기름을 충각 너머로 적에게 끼얹었고 비잔티움 군대는 콘스탄티노플이 침공당했을 때 그리스 화약을 여러 차례 사용했다. 기원전 332년 티레 시에서 알렉산드로스 대왕의 공성 기구도 불을 이용한 무기에 파괴되었다. 영국군이 곧 사용하려는 무기는 결코 새로운 것이 아니었다.

화선

화선은 20세기 이전에 유일하게 지능적으로 유도되는, 다시 말해서 선원들이 화염에 휩싸여 형체만 남은 배를 마지막 순간까지 조종해 적에게 바싹 붙인 후 탈출하는 무기였다. 에스파냐인들은 그러한 무기를 두려워할 만도 했는데, 4년 전 잠벨리라는 이탈리아인이 띄워 보낸 '안트베르펜의 지옥불'로 군대가 끔찍한 피해를 입은 경험 탓에 그들의 공포는 한

층 더했다. 그 시한폭탄들은 불, 타이머, 접촉 등에 의해 폭발하도록 장치된 배였으며 조류를 타고 흘러와 도시를 포위하던 수백 명의 에스파냐군 병사들을 죽였다. 메디나 시도니아 공작은 나중에 잠벨리가 운이 다한 안트베르펀을 탈출하여 영국에서 은신처를 찾았다는 사실을 알고 있었다.

이러한 공포에도 불구하고 메디나 시도니아 공작은 훌륭한 지휘관으로서 이런 종류의 공격을 사전에 대비하려고 했다. 그는 화선을 붙들어 예인해갈 보트들을 배치했고 바람과 조류를 타고 불타는 선체가 함대 사이로 접근하면 큰 배들은 닻을 풀고 그 선체를 피하라는 명령을 내렸다.

하워드 경은 8월 7일 밤 에스파냐군 함대를 향해 화선 여덟 척을 내보냈다. 에스파냐군 경계병들은 이 가운데 두 척을 가까스로 비켜가게 했지만 나머지 여섯 척은 무적함대에 점점 더 가까이 다가와 엄청난 재앙과 아수라장이 펼쳐졌다. 화선을 피하려던 산로렌소호는 노나 돛으로 빠져나올 수 없는 곳에 좌초하여 영국인들의 전리품 신세가 되었다. 다른 에스파냐군 배들은 닻줄을 끊고 바람과 조수에 배를 안전하게 붙들어줄 닻도 없이 불길이 일렁이는 어둠 속으로 사라졌다. 8월 8일 먼동이 틀 무렵 메디나 시도니아 공작은 정박지에서 산마르틴호와 다른 네 척의 대형 전함만이 영국군 전 함대와 마주하고 있는 것을 발견하고 필시 깜짝 놀랐을 것이다.

정박지 이름을 딴, 이후 벌어진 전투에서 메디나 시도니아 공작은 거친 바다와 불리한 바람에도 불구하고 뿔뿔이 흩어진 함대를 다시 규합하려고 필사적으로 애를 썼다. 한편 영국군 전함들은 (갈고리나 적선에 올라타려는 병사들이 닿지 못하게 안전한 거리를 유지하도록 신경 쓰면서) 유효 사정거리로 좁혀 들어와 포탄이 바닥날 때까지 속사포로 에스파냐군 전함들을 포격했다. 메디나 시도니아 공작은 무적함대를 이전 상태로 결집할 수 없었다.

영국인들이 표현한 대로, "신의 숨결"과 바람은 남아 있던 무적함대를 영국 침공군과 플랑드르 너머로 휩쓸어 가버렸고, 귀환하려던 배들 중 상당수가 아일랜드 해안에서 난파하여 처음 에스파냐를 출발

그림_ 여기 1630년대 군사 교본에 묘사된 것과 같은, 특별 제작된 화선들인 '안트베르펀의 지옥불'은 도시를 포위한 에스파냐군을 많이 죽였다. 조류에 실려오거나 선발된 선원들이 가까이까지 몰고 오는 이런 배들의 선체는 적의 함대에 불을 붙이거나 일정 시간 후 폭발했다. 불길이 번지기 전에 화선을 침몰시키거나 피하는 것만이 유일한 대책이었다.

한 200척의 배 가운데 60척만이 돌아올 수 있었다. 골칫덩이 영국을 진압하기 위해 나선 1만 9천 명 가운데 4천 명의 굶주린 병사들만이 이 비참한 여정을 마치고 귀향할 수 있었다.

1639년 다운스 해전: 에스파냐의 쇠퇴

네덜란드인들은 영국과 에스파냐의 격돌에서 단순한 구경꾼이 아니었다. 펠리페 2세가 영국에 보내려고 한 군대는 고집 세고 말을 듣지 않는 프로테스탄트 네덜란드인들을 진압하기 위해 플랑드르에 주둔하던 군대였고 네덜란드 배와 선원들도 무적함대 원정 이전과 원정 동안 영국인들을 돕고 에스파냐인들에게 피해를 입히기 위해 최선을 다했다. 네덜란드 선박들은 침공 함대가 집결하는 것을 저지하려고 했지만 파르마 공작의 기동 작전에 말려 내해 수로로 유인되고 말았다.

메디나 시도니아 공작의 함대가 출항하여 파괴되고 난파한 지 반세기 후, 그라블린의 두 맞수 가운데 어느 쪽도 이전의 모습이 아니었고 네덜란드도 마찬가지였다. 하늘 높이 치솟은 에스파냐의 국력은 내려올 일만 남았다. 그러나 점차 쇠퇴하고 있던 에스파냐는 무적함대의 침몰과 다른 좌절에도 불구하고 여전히 무시할 수 없는 세력이었다. 영국은 바다에서 자신들의 유능함을 아무도 놓칠 수 없게 만방에 과시했고, 이전에는 개척하지 못했던 교역로와 시장이 영국 항해가들의 대포와 뱃머리 앞에서 문을 열었다. 그러나 그들에게도 경쟁 상대가 있었다. 펠리페 2세와 그의 후계자들의 최상의 노력도 수완이 뛰어나고 집요한 네덜란드인들을 제압하기에는 충분하지 않아서 네덜란드인들은 1568년에 스파냐에 대항한 반란 이래로, 최초에 반란을 주도한 7개 주州의 독립을 줄곧 유지해왔다. 1628년, 그들은 아르마다 해전에 버금가게 일격을 가해 에스파냐인들을 휘청거리게 만들었다. 그 해에 피트 헤인 (네덜란드 독립 전쟁에서 활약한 네덜란드 해군)은 플로타(신대륙에서 에스파냐까지 정기적으로 운항하는 호송 선단) 전체를 포획하여 에스파냐 갤리선에서 4년간 노예로 지낸 것에 복수했다. 네덜란드에 대항한 에스파냐의 노력을 뒷받침해줄 예정이던 신세계의 모든 금은보화가 이제 에스파냐에 대항한 네덜란드공화국의 노력을 뒷받침해주게 되었다.

다른 유럽 국가들도 무적함대의 패배를 지켜보면서 대서양 선박과 대포의 위력이 입증되었다는 사실을 놓치지 않았다. 유럽의 조선 기술자들은 그라블린 해전에서 두 가지 교훈을 이끌어냈고 그 교훈들은 도버 해협 앞바다에 위치한 다운스라는 정박지로 모여든 세 함대에서도 뚜렷이 드러났다. 그라블린 해전에 대한 오늘날의 이해는 그 전투에서 중요한 교훈이 단 하나가 아니라 두 가지라는 사실을 다소간 가려왔다. 더 빠르고 조종이 쉬운 배들은 아닌 게 아니라 엘리자베스 1세 시대에 해협에서 벌어진 여러 전투의 산물이며 네덜란드 해안의 얕은 여울목들은 위대한 범선의 시대에 유명한 프리깃함frigate과 '74문포함'(2층 갑판에 74문의 대포를 탑재한 전열함의 일종)으로 진화하게 될 내항성이 뛰어난 중량급 전함들을 낳았다. 갈레아스선들을 상대로 벌인 두 차례 싸움에서 전혀 밀리지 않았던 트라이엄프호는 그러한 리바이어던들의 긴 계보의 첫머리를 열게 될 것이었다.

메디나 시도니아 공작은 커뮤니케이션을 위해 작

> 인위적인 불길에 휩싸인 여덟 척의 배가 상상할 수 있는 가장 무시무시한 화염을 내뿜으며 …… 나란히 다가왔다. …… 무적함대의 배들은 즉시 닻줄을 끊었다.
> ─ 산로렌소호의 에스파냐 선원

5장 해전 263

그림_ 네덜란드군에게는 "금박을 한 악마"로 통하는 두려움의 대상이자, 찰스 1세와 영국 선원들에게는 바다의 제왕이었던 소버린호의 모습이다. 1637년에 진수된 이 '리바이어던'은 3층 갑판에 100문이 넘는 청동 대포를 탑재했다. 소버린호나 바사호처럼 괴물 같은 '왕립' 전함들은 이러한 배들을 진수한 왕국의 부와 전투력의 구현이자 국왕들의 최후의 논쟁 수단이었다.

고 가벼운 종범선〔모선에 딸린 작은 쌍돛배〕을 이용했다. 하워드 경은 그러한 일련의 종범선을 무적함대의 전진 길목에 배치하여 초계함으로 사용했고 드레이크는 연안 습격 시 이용했다. 네덜란드 해적들은 이러한 초기 종범선보다 약간 더 큰 배들이 정찰과 해적질에 유용함을 발견했고 찰스 1세 치세에 이르러서는 영국인들과 프랑스인들도 그런 배를 사들이거나 모방했다. 그러한 배 가운데 하나인 영국의 난파선 스완호는 이런 종류의 배에 대해 아주 귀중한 세부 정보를 제공한다. 그런 배를 일컫는 네덜란드 용어 슬루프sloep는 찰스 1세의 해군에서 하나짜리 갑판에 대포를 탑재한 가볍고 빠른 전함을 뜻하는 영어 슬루프sloop로 자리를 잡았다.

네덜란드인들로 하여금 그 유명한 플라위트선〔평저선이라고도 한다.〕을 설계하여 다운스에서 에스파냐군에게 승리하게 해준 것은 조세법이었다. 관세는 상갑판을 기준으로 물렸는데, 그 부분이 가장 측정하기 쉬웠기 때문이다. 이에 따라 관세를 절약하는 길은 길고 좁으며, 상갑판이 하갑판보다 작아, 측면이 아치 형태를 띠는 홀수선이 낮은 선박을 건조하는 것이었다. 그 결과는 구조가 매우 튼튼하여, 이전 설계들보다 선원이 덜 필요하면서도, 더 무거운 화물이나 대포를 실을 수 있고 풍랑이 심한 바다에서도 잘 싸우는, 항해 능력이 뛰어난 배가 탄생했다. 마르턴 판 트롬프 제독이 에스파냐인들에 맞서 내보낸 이 중량급 배들은 삭구와 무장 측면에서 하워드와 드레이크의 배들과 매우 닮았지만 선체가 더 튼튼하고 무장을 더 많이 할 수 있었으며 내구성이 굉장히 뛰어났다. 트롬프 제독이 아낀 아에밀리아호는 겉보기와 달랐다. 비슷한 배를 탄 네덜란드인과 에스파냐인, 포르투갈인은 아시아의 해안에서 곧 격전을 벌이게 된다.

영국과 에스파냐, 프랑스, 그리고 특이하게도 스웨덴은 더 깊은 항구와 트라이엄프호의 성공을 상기하면서 트라이엄프호의 발전 경로를 따랐고, 이러한 경향을 가장 뚜렷이 드러내는 것은 배를 진수시킨 국왕의 권력과 부와 위신을 구현한 배, 바로 '왕립 전함'이었다. 그러한 배들은 복잡한 조각과 정교한 금박 장식, 포문 안쪽에 줄줄이 늘어선 중포와 중포 둘레의 화려한 채색으로 소유주의 부와 권력을 천명했다. 인양된 난파선 바사호는 17세기의 신종 베헤못을 들여다볼 수 있는 비길 데 없는 기회를 제공한다. 이런 배들의 진화 과정을 추적하기란 어렵지 않다.

'바다의 제왕'호

헨리 8세의 열망은 메리로즈호의 건조와 침몰, 영국의 그라블린 해전 승리에서 드러나듯이 성공적 혁신과 처참한 실패를 동시에 낳았다. 메리로즈호에는 적이 갑판에 올라타는 것을 막기 위해 그물이 있었지만 정작 배가 침몰할 때 선원들은 바로 그 그물에 걸려 죽었다. 그러나 침몰한 메리로즈호의 선체 밑바닥에서

그림_ 찰스 1세의 선장船匠들은 국왕이 가장 아끼는 전함의 뒷부분에 금박을 입힌 장식을 새겨서 국가의 위신과 권력을 빛나게 했다. 이런 장식들은 국가의 부를 과시하고 배와 바다에 떠 있는 함대에 긍지를 심어주었으며, 가까운 거리에서 배를 쉽게 알아볼 수 있게 했다. 프랑스 선박들은 이런 장식을 거적을 덮어 보호하기도 했다.

수레 포가에 장착된 채 발견된 중포는 이후 등장한 더 성공적인 배들에 새로운 설계 가능성을 열어주었다. 적재 중량이 만재 흘수선에 거의 접근하고 포문이 열려 있는 전함은 뒤집어질 가능성이 있다. 이런 일이 메리로즈호와, 1627년 스웨덴의 바사호에서 그리고 1세기 후 키베롱 만에 있던 프랑스의 테세호에서 일어났다. 그러나 이런 배들이 제시하는 이득은 너무 유혹적이라 그러한 악마의 거래를 거부하기 힘들었다. 이런 배들은 탑재된 포대가 바닥짐 기능을 해서, 포격을 견딜 수 있게 설계된 선체에 중포를 많이 실을 수 있었고 트라이엄프호가 갈레아스선들의 두 차례 위험에서 멋지게 벗어나면서 보여준 우아한 활주를 가능케 하는, 하늘 높이 치솟은 범선 삭구들을 지탱할 수 있었다.

해저에서 인양되어 복구된 후 현재 스톡홀름에 보존되어 있는 바사호의 길이는 69미터이며 폭은 11.7미터이다. 바사호는 175명의 선원과 300명의 병사들 외에도 64문의 대포를 실을 수 있게 건조되었고 64문의 대포 가운데 48문은 아르마다 해전 이후 표준이 된 24파운드 포였다. 선체와 마찬가지로 바사호의 포들은 범선에서 대포가 띠게 될 최종 형태에 도달했다. 바사호의 대포들은 규격화되어, 함대의 병참 업무뿐 아니라 전투의 스트레스 속에서 대포를 장전하고 발사해야 하는 선원들에게도 큰 도움이 되었다. 이 대포들은 청동으로 주조되었는데, 영국의 혁신이 실패한 한 가지 사례를 반영한다. 영국의 설계자들은 사격 속도가 더 빠르고 더 강력한 무기를 추구하면서 쇠막대와 쇠테를 두들겨 포미 장전식 연철 대포를 만들었다. 그러나 발사 때 압력으로 연결부가 갈라졌고 약실을 고정시켜주는 쐐기가 있는데도 분리 가능한 약실 주변으로 불꽃이 솟구쳤다. 아직은 해상에서 포미 장전식 포의 시기가 아니었다.

2세기 동안 선호된 해군 대포는 가능하면 청동으로 주조된 튼튼한 일체형 대포였고 청동 대포가 불가능하면 덜 튼튼한 철제 대포였으며, 최대 14.5킬로그램의 포탄을 날려 보낼 수 있는 대포였다. 이전에 이보다 더 큰 대포들도 있었지만 이 시기의 대포들은 그 전신들보다 사격 속도가 두 배 이상 빠르며 정확도가 더 우수했다. 대포를 포문 밖으로 빼는 장비들을 다소 개선함으로써 사격 속도는 얼마간 더 증가했을 것이다. 이런 유형의 대포는 1865년에도 여전히 해상에서 운용 중이었다. 청동 대포는 이 시기 사치의 표시였다. 키베롱 만 전투 때까지도 영국의 보고서들에는 포획한 적선에서 '놋쇠 대포'를 발견하고 기뻐했다는 이야기가 들어 있었다.

찰스 1세는 다운스 대전투를 저지할 수도 심지어 중재할 수도 없다는 사실을 알게 되었다. 다운스에서 마르턴 판 트롬프 제독은, 다시금 화선에 의해 칼레에서 밀려나 이 영국 정박지가 안전한 곳이기를 기대하고 찾아온 에스파냐군 함대를 전멸시켰다. 찰스 1세의 좌절감은 다운스 해전 8년 후에 피니어스 페트가 설계하여 진수한 1,500톤의 괴물 '왕립 전함'의 이름에 잘 표현되어 있다. '바다의 제왕sovereign of the seas호'〔소버린호라 줄여 부르기도 한다.〕는 3층 갑판에 때로 100문이 넘는 포를 탑재했고 또 그 포들을 아주 맹렬히 쏘아댔기 때문에 소버린호의 포격의 예

> 우리 배는 에스파냐 배보다 더 빠르게 항해할 수 있으며 더 민첩하다. …… 우리 배는 더 많은 대포를 실었고 …… 포수들이 더 뛰어나서 그들이 한 발을 발사할 때 두 발을 발사한다.
> ___ 영국 선장, 니콜라스 고거스

그림_ 침몰했다가 인양된 스웨덴의 바사호는 17세기 전함의 설계를 이해하는 데 지대한 공헌을 했다. 규격화된 병기와 개량된 포가와 같은 선진적 특징들은 바사호의 불운한 선원들이 원시적인 생활을 하고 있었고 선체에 들보가 부족했던 사실과 대조되었는데, 높은 돛대와 갑판에 비해 들보가 부족하지 않았다면 1627년 처녀 출항에서 배가 뒤집히는 일은 일어나지 않았을지도 모른다.

봉을 받아낸 네덜란드인들에게서 "금박을 한 악마"라는 별명을 얻었다. 국왕의 위신과 결정적인 화력에 대한 요구는 [1805년] 트라팔가르 해전의 전열에 있어도 어색하지 않을 17세기의 배를 만들어냈지만, 찰스 1세는 결국 그 대가로 자신의 머리를 내놓게 된다.

전투가 개시되다

1639년 9월 15일에 개시된 전투의 장소는 그라블린 해전 장소와 똑같은 곳, 즉 영국 해협이었다. 전술과 목표도 똑같았다. 강력한 에스파냐군 함대는 병사들을 수송해 뭍에 상륙시키려고 했으며 방어하는 쪽 전대들은 침공을 저지하기 위해 공격적으로 움직이고 있었다. 이번에는 안토니오 데 오켄도 제독이 에스파냐군의 남은 거대 전함 가운데 45척을 이끌었는데, 이는 13,000명의 에스파냐군 신병들을 벨기에 해안으로 싣고 가는 약 30척의 수송선의 호위 함대였다. 네덜란드군은 그러한 많은 수의 병력에는 폴더polder[네덜란드의 해안 간척지]의 머스킷보다 해상의 대포가 더 뛰어난 대응이라고 판단했고, 에스파냐군 함대를 발견했을 때 트롬프 제독은 비록 자신의 전대에는 기함을 빼면 단 열두 척밖에 없었지만 예전의 하워드 경처럼 탄약이 버티는 한 근접전을 그만두려 하지 않았다.

네덜란드군은 커뮤니케이션과 협조 측면에서 에스파냐군보다 더 뛰어났다. 다음 날 추가로 다섯 척의 배가 트롬프 제독의 전대에 합류하자 트롬프 제독은 에스파냐군 함대의 숨통을 끊으러 갔다. 트롬프 제독의 부하들은 마치 양떼에 달려드는 늑대들마냥 에스파냐 수송선을 향해 달려들었다. 네덜란드군 대포의 연발 사격은 놀라서 어쩔 줄 모른 채 밀집해 있는 에스파냐군 보병들에게 끔찍한 인명 피해를 입혔다. 에스파냐군 보병들은 쏟아지는 포격에 속수무책으로 당할 수밖에 없었는데, 그들에게 쏟아진 포

다운스 해전
1639년

신병 1만 3천 명을 태우고 에스파냐에서 플랑드르로 향하던 총 75척의 거대한 에스파냐군 함대는 마르턴 판 트롬프 제독이 이끄는, 18척이라는 훨씬 적은 수의 네덜란드군 함대에 길목을 차단당했다. 영국의 경고와 해안에 배치된 포대의 지원 포격은 네덜란드군 전함과 짙은 안개 때문에 힘을 쓰지 못했다. 네덜란드군 전함들은 얕은 물에서 활동할 수 있게 설계되었고 선원들도 배를 능숙하게 다룰 줄 알았기 때문에 마르턴 판 트롬프 제독은 공격 대형을 유지한 채 에스파냐군 함대의 정박지로 침투할 수 있었다. 더 작은 네덜란드군 배들이 사방에서 둘러싸고 선체에 포격을 퍼부으며 갑판 위의 새파란 에스파냐군 신병들을 학살하는 동안, 에스파냐군이 의지할 것이라고는 용기 외에는 별로 없었다. 다운스 해전의 결과는 영국의 해군력이 더 이상 비웃음거리가 되지 않도록 강력한 해군을 건설한다는 목표로 찰스 1세가 '선박세'를 뜯어낸 것이었다. 다운스 대학살에도 불구하고 에스파냐의 해상력은 또 다른 거대한 함대를 건설할 만큼 끄떡없었지만 공격적이고 대담한 마르턴 판 트롬프 제독은 네덜란드공화국의 급성장하는 해군력을 확실하게 입증해보였다.

교전은 영국 해역인 켄트 앞바다에서 벌어졌다. 다운스 해전은 남아 있는 에스파냐 해군력을 파괴하고 플랑드르에서 에스파냐 해군의 입지를 크게 약화시키는 한편, 북해에서 네덜란드 해군의 우위를 확립했다.

1 네덜란드군 함대를 피해 에스파냐군 함대는 중립국 영국의 다운스 정박지로 피신한다.

3 일단의 네덜란드군 전대가 존 페닝턴 경이 이끄는 영국의 선단이 개입하는 것을 막는다.

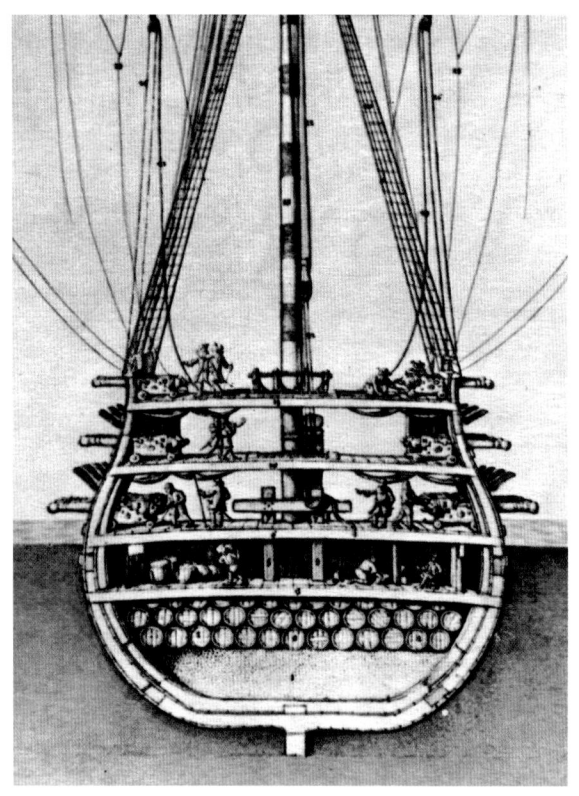

그림_ 화력과 추진력 사이에서 적절한 균형을 찾은 이후의 원양 항해 전함들에 탑재된 무거운 대포들은 용적 톤수가 점점 커져가는 거대한 배들을 물 위에서 움직이게 하기 위해 필요한, 하늘 높이 치솟은 일련의 돛대와 돛을 안정시키는 바닥짐 역할을 했다. 포격에 취약한 화약고와 늘어난 항해 일정을 위한 저장고는 만재 흘수선 한참 아래에 배치되어, 적의 포격에 영향을 받지 않았다. 배들은 전투 시에는 돛을 별로 이용하지 않았고 추격하거나 도주할 때 넓게 펼쳤다.

탄 가운데 일부는 자욱한 연기 속에서 아군의 수송선을 적선으로 착각한 채 무턱대고 포격을 한 에스파냐군 전함에서 날아온 것이었다. 네덜란드군의 선박 조종술과 공격성 때문에 오켄도 제독은 중립국 정박지로, 즉 이번에는 다운스로 함대를 피신시키는 것 말고는 달리 방도가 없었다. 에스파냐군 함대가 그곳에 도착했을 때, 존 페닝턴 경 휘하의 영국 전대는 네덜란드군 함대에게 트롬프 제독이 전투를 개시한다면 자신들도 에스파냐 쪽에 가담하겠다고 위협하며 진로를 바꿀 것을 명령했다.

트롬프 제독은 네덜란드로 상황을 보고하는 전언을 보내는 한편, 칼레에서 화약을 구입해 함대에 보급하며 답변을 기다리는 시간을 유익하게 활용했고, 그의 전언은, 교전 명령과 함께 네덜란드공화국의 해군력 전체가 그에게 힘을 실어주기 위해 그의 깃발 아래로 속속 모여드는 결과를 낳았다. 대학살의 피해를 복구하면서 북쪽으로는 맞바람을, 남쪽으로는 적군 전함을 마주하고 있던 오켄도 제독은 네덜란드군에게 주도권을 내주었다. 결국 10월 10일, 트롬프 제독은 페닝턴 경의 경고 사격을 가볍게 무시하며 에스파냐군에 치명타를 날리기 위해 이동했다.

다운스 정박지의 지형은 횡대 전술을 요구했다. 트롬프 제독의 가벼운 전함들(아에밀리아호도 탑재한 대포가 46문이고 800톤밖에 나가지 않았다.)은 짙은 안개 속에서 서로 접촉을 유지하며 선미와 선수를 잇댄 채 종렬 대형으로 에스파냐군 함대를 향해 나아갔다. 에스파냐군 함대는 아에밀리아호보다 두 배 가까운 선원들이 승선해 있고 68문의 대포를 탑재한 거대한 산타테레사호를 중심으로 모여 있었다. 트롬프 제독은 역사를 잘 알고 있었다. 전함 96척과 화선 12척이 에스파냐군 진영을 파고들었다. 트롬프 제독은 영국군 진영을 향해서도 일단의 전대를 파견해, 만약 페닝턴 경이 영국의 중립을 강제하려 할 경우 공격하라고 명령했다. 그러나 페닝턴 경은 개입하지 않았다. 국제법도, 산타테레사호의 위력도 네덜란드군의 맹습 앞에서 에스파냐군을 구할 수 없었다.

에스파냐군 기함에 불이 붙으면서 엄청난 폭발이 일어났고 다른 에스파냐군 배들도 해변에 좌초되어 처참하게 부서지거나 불에 탔다. 한 네덜란드인 변절자 휘하의 아홉 척만이 7,000명의 생존자를 이끌고 가까스로 학살을 피할 수 있었다. 에스파냐의 해군력이 마지막으로 붕괴하는 순간이었다.

1759년 키베롱 만 해전: 자연의 힘

1759년 해상의 배와 대포, 전술은 1세기 전 트롬프 제독이 운용했을 때와 거의 같았다. 한 가지 변화는 가벼운 전함인 아에밀리아호와 소버린호 같은 초대형 전함 사이에 중간급의 전함이 출현한 것이었다. 또 다른 변화상은 프랑스의 해군력이 성장하여, 1340년 슬라위스 전투 이래 처음으로 장기간 주요 해상 강국의 지위를 누리게 되었다는 것이었다.

아에밀리아호 같은 프리깃함은 먼 해외까지 해군력을 행사할 수 있는 순항 능력과 사정거리 그리고 적의 활동을 감지하고 보고할 수 있는 속도 등등 한마디로 그 크기를 훨씬 능가하는 귀중한 능력을 보유했다. 그러나 아에밀리아호가 찰스 1세의 '금박을 한 악마'와 대적했더라면 결과는 금방 짐작할 수 있었으리라. 네덜란드인들에게는 괴물 같은 '왕립 전함'의 공격을 견딜 수 있고 심지어 반격도 할 수 있는 빠른 전함이 바람직한 것 같았고 프랑스의 리슐리외 추기경의 생각도 마찬가지였다. 1628년 영국인들이 프랑스 해안의 프로테스탄트 반란군을 지원하자 리슐리외 추기경은 프랑스 해군이 그러한 개입을 차단하기에 무력하다는 사실을 깨달았다. 프랑스에는 해군력이 필요했으며 해군력을 키우기 위해 새로운 노선을 채택할 기회도 존재했다.

리슐리외 추기경은 교역을 확대함으로써 30년 전쟁에서 국왕의 활동에 자금을 대려고 했지만 그러자면 프랑스 상선들을 보호할 필요가 있었다. 네덜란드공화국이 정치적으로 우호적인 태도를 보이는 가운데 리슐리외 추기경은 네덜란드인들로부터 크고 작은 선박을 구입했다. 이 가운데 가장 주목할 만한 것은 바사호를 설계한 조선 장인, 호로트 형제가 1626년 암스테르담에서 건조한 아름답고 성능이 뛰어난 생루이호였다. 이 네덜란드인들은 대포를 최상

그림_ 바퀴가 달린 나무 포가에 설치된 주철 대포는 모든 규모의 전함에 적합한 값싸고 실용적인 무기였다. 대포는 두꺼운 바퀴 덕분에 포열 갑판 위를 잘 굴러다녔고 선원들은 굵은 밧줄로 대포의 반동을 확인했다. 그림 왼쪽에 보이는 코르크 마개 뽑이 같은 긴 막대기는 쓰고 남은 약포를 제거하기 위한 것이며 스폰지와 물통은 포탄을 여러 차례 발사한 후 대포를 씻어내기 위한 것이다. 포수가 대포의 장약을 점화할 때 이용하는 구멍인 화문을 깨끗이 씻어내기 위해서도 각종 도구가 이용되었다. 규격화된 포탄의 크기가 대포를 설명하는 데 적용되어 '24파운드 포' 같은 용어가 생겨났다.

그림_ 흔히 '전투 장루 fighting top'라고 부르는, 18세기 전함에 높이 솟은 중간 돛대 위의 발사대에 설치된 쿠호른 박격포 같은 무기들을 통해서, 공중에서 죽음이 찾아올 수도 있었다. 해병 저격수의 총알이나 포탄이 강타해 적선의 상갑판을 날려버려서 배가 움직이지 못할 수도 있었고 장교들만을 겨냥한 저격으로 적선의 '머리를 제거할' 수도 있었다. 1653년 마르턴 판 트롬프 제독은 그러한 저격 총알에 죽임을 당했다. 넬슨 경도 그러한 총에 맞아 죽게 된다.

으로 운용할 수 있는 넓직한 포열 갑판 gun deck을 선호해서 생루이호에도 60문의 대포를 탑재할 수 있는 너른 포열 갑판이 있었다. 그들은 범선의 삭구도 개량하여 이 커다란 프랑스군 전함은 성능 개선의 혜택을 볼 수 있었다. 갑판 바닥에 설치한 격자창은 위에서 떨어지는 각종 파편들로부터 선원들을 보호하고 갑판 아래로 채광과 통풍이 가능하게 해주었다. 이 원형[생루이호]을 구입한 후 프랑스의 선장들은 생루이호의 디자인을 모방했고 프랑스 해군이 성장함에 따라 자신들만의 구상도 결합하게 되었다.

훗날 등장한, 더 많은 대포를 탑재한 새로운 설계의 전함은 규정 탑재 대포 문수를 따서 명칭을 붙이게 되었고 그래서 '74문포함'이라 불렸다. 프랑스군이 혁신을 추구하는 동안 영국군은 표준화를 추구하고 있었는데, 제임스 2세 치세기에 '등급' 체계가 도입되어 영국 해군의 선박들을 분류하게 되었다. 1696년의 우연한 화재로 전소되기 전까지 소버린호는 이 체계 아래서 ("로열소버린"호라고 재명명되어) '1급' 함으로 규정되었다. 아에밀리아호 같은 배는 전투 대형에 거의 낄 자리가 없는 '5급' 함으로 규정되었다. 영국인들이 열성적으로 포획하여 함대에 편입시킨 '74문포함'과 74문포함을 모방한 함선들은 '3급' 함으로 규정되었는데, '3급'이라는 용어가 흔하게 사용되어 이후에는 다소 다른 의미를 띠게 되었다. 이 3급함들은 고도로 효과적이고 유용한 전투함으로서, 세계의 주요 해군에서 주력 전함이 되었다. 프랑스 해군은 일찍이 1660년대에 대단히 실용적인 이러한 전함을 수십 척 보유했다.

새로운 설계의 프랑스군 전함은 네덜란드 유형을 바탕으로 한 좁고 튼튼한 선체에 네덜란드 항구들이 수용할 수 있는 것 이상으로 높은 흘수선을 결합시켰다. 3층 갑판 대신 2층 갑판에 대포를 탑재함으로써, 프랑스군 전함들은 파도가 넘실거릴 때에도 좌우 움직임이 심하지 않아서 더 정확한 포격이 가능했다. 네덜란드, 프랑스, 영국 등의 인도 무역과 동방 무역 항해는 삭구와 선박 건조에서 더 많은 개선을 이끌어 좀조개와 거친 바다, 포탄의 혹독한 난관을 견딜 수 있게 선체가 더 두꺼워졌다. 속도는 장기 무역 항해에서, 그리고 더 묵직한 영국산 참나무로 만든 강력한 영국군 전대에 맞서 프랑스군이 선호하게 된 전투 형태에서 중요한 요소였다. '게르 드 쿠르스guerre de course' 즉 추격전은 빠르고 강력한 프랑스 해군의 배들이 에스파냐와 영국, 때때로는 네덜란드한테까지도 희생이 큰 전쟁을 치르게 할 수 있었다. 프랑스 해군의 프리깃함이 작은 선박들을 포획하고 해적과 무슬림 습격자들을 물리치는 동안, 74문포함들은 '1급' 골리앗들이 없을 때 좀 더 크기가 나가는 적선을 상대했다.

우수한 프랑스식 설계

이러한 새로운 배들의 설계에서 간과해서는 안 될 한 가지 요소는 선원들을 위한 편의 시설이 증가했다는 점이다. 레판토 해전 당시 베네치아 갤리선상의 생활 조건은 어떤 식으로든 날씨가 나빠지면 몹시 비참했기에, 선원들이 궂은 날씨에 노출되기만 해도 함대는 엄청난 인명 손실을 겪었다. 에스파냐군의 대포보다 질병과 영양실조가 하워드 함대의 영국군을 더 많이 죽였으며, 인양된 바사호가 확실히 보여준 것은 거대 전함의 대포와 조각 장식들의 화려한 장관 속에서 옷깃을 나무집게로 여민 얇은 옷을 걸친 선원들이 돛과 대포와 닻을 다루는 고된 일로 지친 몸을 누일 해먹 한 장 지급받지 못했다는 사실이다.

프랑스인들은 달랐다. 빛과 공기는 선원들의 안위와 건강에 좋았고 영국 선원들이 주방의 불로 조리한 좋은 상태의 '슬럼slum'[묽고 맛없는 스튜를 가

그림_ 프랑스 선원들은 전함의 대포와 돛을 다루는 일 외에도 '함상의' 보병으로 싸워야 할 일도 많았다. 그들이 소지한 선원용 단검은 기술보다는 힘이 필요한 무기였으며, 팔다리를 절단하거나 더 날렵한 무기들을 산산조각 낼 수 있었다. 부싯돌 발화식 머스킷으로는 적선에 올라타서 싸울 때 총알을 발사할 수 있었고 그러한 싸움에서는 나이프와 밧줄 걸이, '갑판용 창'도 유용하게 쓸 수 있었다.

그림_ 프랑스의 과학적 설계는 키베롱 만에서 콩플랑 제독의 기함이었던 솔레이유루아얄호에서 잘 드러난다. 너른 갑판과 승강구 덕분에 솔레이유루아얄호는 어둡고 좁은 영국 배들보다 더 쾌적했으며 더 매끈한 선체는 더 빠른 속도와 장거리 항해를 허락했다. 설계가 발전하면서 갑판은 점점 더 평평해지고 유선형을 띠게 되었다. 프랑스 배들은 영국의 뱃사람들이 매우 탐내는 전리품이었으나 콩플랑 제독은 영국인들의 수중에 넘겨주느니 차라리 솔레이유루아얄호를 포기하고 불태우는 편을 택했다.

리키는 뱃사람들의 은어) 한 단지를 얻을 수 있으면 운이 좋은 반면, 프랑스인들은 벌레가 바글바글한 돼지고기와 비스킷 대신 따뜻한 식사와 벽돌 오븐에서 갓 구운 빵을 대접했다. 긴 항해를 나서면, 프랑스인들은 상자 안에 샐러드용 채소를 키웠는데 이런 채소들은 적어도 전술을 결정하는 장교 집단에게 비타민 부족으로 인한 신체적, 정신적 결과들을 감소시켜주었으리라. 영국군의 상황은 훨씬 더 나빴다. 그라블린 해전이 있기 전, 리처드 호킨스 경은 오렌지·레몬과 괴혈병에 대해서 위대한 신의 힘이 "이 과일 안에 그토록 놀랍고 알려지지 않은 장점을 감춰둔바, 이 질환의 확실한 치료제"라고 썼다. 이 혜안은 밝아오는 이성의 시대에도 무시되었고 그리하여 쿡 선장에 의해 재발견될 때까지 무수한 영국 선원들이 쓸데없이 고통을 겪고 목숨을 잃었다.

랭뱅시블호 모방하기

키베롱 만 해전 시대 직전의 한 가지 대표적 실례는 선박 설계에서 프랑스가 우위에 있다는 실례, 그리고 영국이 이를 극복하기 위해 터득한 수단을 예시한다. 1744년에 건조된 74문포함 랭뱅시블호L'Invin-

274

cible는 그 이름값에는 절대 미치지 못했지만 그럼에도 가공할 만했으며, 1745년에 동시에 공격해오던 영국군 배 세 척을 성공적으로 격퇴했다. 필연적으로 언제나 그런 것은 아니지만 흔히 질보다 양인지라, 나중에 랭뱅시블호는 같은 전대의 나머지 전함들과 함께 에드워드 보스커웬 휘하 14척의 영국군 전대에 포획되었다. 포츠머스로 예인된 랭뱅시블호는 설계 면에서 적지 않은 관심과 찬사를 불러일으켰다. 앤슨 경은 영국의 조선소에서 랭뱅시블호를 그대로 본뜬 배를 건조해야 한다고 거듭 충고했고 결국 해군 당국도 동의했다. 이 '복제품'들 가운데 첫 번째 배가 1755년, 키베롱 만 전투에 맞춰 진수되었다.

영국인들은 비록 프랑스인들만큼은 아니지만, 다운스 해전 이래로 선박 건조에서 독자적인 발전을 이룩했다. 기본적인 선체 설계 측면에서 영국 조선 장인들은 여전히 갈레온선에서 멀리 나아가지 못했다. 넬슨의 빅토리호는 1765년에 처음 건조되었을 때 오늘날 우리가 볼 수 있는 빅토리호의 마지막 모습보다 찰스 1세의 '왕립 전함' 소버린호와 더 닮아 보였다[빅토리호는 1798년에 대대적으로 개조되었고, 현재 포츠머스 항에서 영국 해군 박물관함으로 사용되는 빅토리호는 1805년 트라팔가르 해전 당시의 모습대로 복원한 것이다.]. 수십 년이 흐르면서 이제 기술이 전술에 영향을 미치는 것이 아니라 전술이 기술에 영향을 미치기 시작했다.

그라블린에서 하워드 경의 전투 대형은 본질적으로 '나를 따르라.'였다. 다운스에서 일렬로 늘어선 트롬프 제독의 대형은 짙은 안개 속에서 밀집 대형으로 각 배들 간 연락을 유지하려는 의도였다. 영국 해군은, 모든 주요 전투는 반드시 횡렬 대형으로 싸워야 하며 그러한 전술적 개념에 적합한 선박을 건조해야 한다는 결론에 이르렀다. 횡렬 대형의 영국군 함대는 영국과 유사한 사고방식에 따라 역시 횡렬 대형으로 싸운 네덜란드군 함대와 승부를 다퉜고, 선박 조종술을 빼면, 결국에는 우월한 영국의 자원이 군사와 민간 항해 분야 양쪽에서 네덜란드를 밀어내고 영국이 우위를 차지할 수 있게 해주었다. 그때가 되면 개개 전열의 각 구역에 위치한 전함들은 점점 더 복잡하게 정해진 신호로 전달되는 명령에 따라 자신의 위치에 대응하는 상대편 전열의 구역에 있는 전함들과 싸우고 있었다.

해군 교본

그라블린 해전 이후 수년 동안 영국군이 이어간 한 가지 유산은 빠르고 정확한 포격술이었는데, 요행이나 날씨, 기동 전술이 개입하지 않을 경우 영국군은 포격술로 프랑스군과 네덜란드군을 제압했다. 영국 해군은 규격화된 배와 대포, 삭구에 따라 전술과 기술도 체계화해서 딱딱하나 핵심적인 교전 수칙들을 창안했고, 해군 본부는 이러한 수칙과 지시 사항을 담은 교본을 펴내 전 함대에 배포했다. 1756년, 교본 대신 자신의 판단을 따랐다가 미노르카 섬의 포위를 푸는 데 실패한 존 빙 제독의 경우처럼 특정 상황에서 요구되는 지시 사항을 따르지 않았을 때는 함장들도 변명의 여지가 없었다. 볼테르가 냉담하게 언급한 대로, "다른 사람들을 고무하기 위해pour encourager les autres"[볼테르의 소설 『캉디드』에 나오는 말이다. "이 나라에서는 다른 사람들을 고무하기 위해 시시때때로 제독을 총살하는 것이 현명하다."] 존 빙 제독은 포츠머스에서 자신의 전함 후갑판에서 총살되었다.

영국 해군 본부의 서기관이자 그곳의 사실상 행정 문관이었던 새뮤얼 핍스의 일기는 종국적으로 네덜란드 해군과 프랑스 해군에 대해 영국 해군의 우위를 가져올 기술과 전술, 관료제적 기반을 채택할 때 영국 해군 체제가 작동한 모습의 완벽한 단면을 보여준다.

영국이 우위를 확립하기 전에 많은 싸움이 있었다. 윈스턴 처칠은 1756~1763년에 벌어진 7년 전쟁을 그 전 지구적 규모 때문에 "최초의 세계 대전"이라고 불렀다. 프리드리히 대왕과 그의 프로이센군 병사들은 슐레지엔의 벌판에서 마리아 테레지아의 오스트리아군 병사들과 싸웠고 아메리카의 식민지 정착자들은 영국군과 어깨를 나란히 하고 오하이오와 펜실베이니아의 숲 속에서 프랑스군 병사들과 원주민들에 맞서 싸웠다. 영국 동인도회사와 프랑스 동인도회사, 그리고 그들의 대리인들은 어안이 벙벙한 인도 아대륙의 현지 주민들 틈에서 싸웠고, 1759년에 콩플랑 백작 위베르 드 브리엔 휘하의 프랑스군 함대는 영국 제도를 공격하기 위해 집결한 병사들을 수송하는 또 다른 함대를 만나러 가는 길이었다. 새로운 프리깃함과 74문포함은 세계 어느 곳에서도 싸울 수 있었지만 전쟁을 빨리 끝내기 위해서 적의 심장부로 싸움을 가져가는 것보다 더 좋은 수는 없었다.

지휘관들

거친 날씨가 봉쇄 작전 중이던 영국군 전대를 해안에서 멀리 몰아냈을 때 브레스트에서 나와 선제 행동을 한 것이 보여주듯, 프랑스군 함대의 콩플랑 제독은 단호하고 대담한 인물이었다. 더 작은 영국군 전대가 21척의 대형 전함으로 구성된 콩플랑 제독의 함대를 발견했지만 콩플랑 제독은 공격적으로 그들을 몰아내면서 안전해보이는 키베롱 만의 정박지에서 그의 호위를 기다리고 있는 수송 함대로 다가갔다. 여전히 몰아치는 폭풍우는 점차 심해지고 있었고 프랑스군 함대는 1588년 메디나 시도니아 공작이 실패한 접선을 시도하러 출항했다. 정찰 임무를 띤 채 기다리고 있던 영국군 프리깃함은 프랑스군 함대의 도착을 알리는 소식을 듣고 호크 제독을 찾아 전속력으로 달려갔다. 1759년 11월 14일이었다.

콩플랑 제독에 맞서는 호크 제독은 그보다 조금 더 단호하고, 다소간 더 대담한 인물이었다. 그때 그는 휘하의 전대와 함께 더 깊은 해협의 어귀인 벨 섬 그늘에 바람을 피해 자리 잡고 있었는데, 평소엔 키베롱 만의 무수한 여울들이 배들의 항해를 허락하지 않았지만, 이번만큼은 배들의 항해를 허락했다. 에드워드 호크 제독은 브레스트에서 프랑스 함대의 모습을 놓쳤을 때 함대를 재보급할 기회가 있었고 그래서 23척의 전함을 프랑스군의 목적지에 매복시켰다. 콩플랑 제독과 부하 함장들은 영국 전함들이 섬에서 빠져나와 자신들과 맞서려는 것을 발견했다. 프랑스군 제독은 만 안쪽의 정박지로 가기로 결심했다. 그는 그곳에서 안전하게 함대의 수비 대형을 갖출 수 있으며 만약 영국군이 무모하게 여울과 바람을 무릅쓰고 공격해온다고 해도 자신이 더 유리할 것이라 믿었다. 다시금 지형이 전술을 결정하고 있었다.

수칙 — 교본 — 은 호크 제독에게 폭풍우가 잦아들기를 기다려 더 적합한 날씨에서 싸울 것을 요구했다. 돌풍과 풍랑이 몰아치는 이런 바다에서는 머스킷으로 무장한 채 각종 삭구에 배치된 병사들과, '살인자'로 통하며 적선의 상갑판에 포탄 세례를 날릴 수 있는 쿠호른이라는 짧은 대포의 귀중한 도움을 받을 수 없었다. 그런 포탄 하나가 1653년에 마르턴 판 트룸프 제독의 목숨을 앗아갔다. 그리고 또 다른 포탄이 트라팔가르에서 넬슨 경의 목숨을 빼앗으리라. 높은 파도 탓에 가장 유용하고 가장 무거운 대포가 탑재된 하갑판의 포문을 여는 것은 위험했다. 게다가 배들이 여울에서 좌초할 수도 있었다. 그러나 호크 제독은 대담하게 수칙과 신중함을 내던지고 프랑스군 함대를 뒤따라가 적선을 하나하나 공격하라는 신호를 함대에 보냈다. 그는 승전을 기대하며 이 결정에 자신의 경력과 조국의 안전, 어쩌면 그의 목숨까지도 내걸었다.

언제나 대담하게

좋은 제독과 위대한 제독을 가르는 것은 무엇이냐는 질문에 한 미국군 제독은 이렇게 답했다. "30초." 물론 호크 제독은 폭풍우와 바람이 휘몰아치는 동안 상황을 평가하고 결정을 내릴 시간이 더 많았다. 호크 제독으로 하여금 '달려들어라.'는 결정을 내리게 만든 것은 아무래도 나일 강 전투에서 넬슨 경이 내린 판단과 같은 것이리라. 적이 갈 수 있는 곳이라면 그도 갈 수 있다는 것이다. 오후 2시 30분, 영국군 전함들은 만 안쪽에 옹기종기 무리를 지은 두 번째 섬들을 지나갔고 프랑스군 함대와 전면적 교전이 시작되었다. 교전 초반, 내팽개친 교전 수칙을 상기시키는 갑작스러운 장애가 발생했다. 교전 명령이 떨어지고 나서 호크 제독의 전함 세 척이 세차게 몰아치는 빗속에서 서로 충돌한 것이다. 레판토부터 그라블린을 거쳐 다운스와 이번 경우에 이르기까지 해상 충돌에서 한

그림_ 장교의 세장검은 지위를 나타낼 뿐 아니라 이 시기 격식을 갖춘 전투에서 항복의 표시였다. 세장검은 치명적 무기였으며 더 무겁고 투박한 선원용 단검보다 더 길고 민첩했다. 해병들은 전함 위의 정예 병사들로서, 선원들 사이에서 규율을 유지하고 갑판에 올라타 싸우는 격렬한 전투에서 배를 지키거나 탈취하는 임무를 맡았다. 프랑스군의 머스킷은 영국군의 묵직한 '브라운 베스'보다 더 가볍고 다루기 편해서, 전함의 삭구들 사이에서 더 유용했다.

키베롱 만 해전
1759년

에드워드 호크 제독이 휘하 함장들에게 내린 명령은 "그냥 달려들어라."였지만 날씨와 대담함이 결합하여 그 해에 영국의 가장 결정적인 승리를 만들어냈다. 호크 제독은 그 뜻밖의 공격에서 아래쪽 포문 사용을 금지했지만, 그런데도 프랑스 해군을 압도했다. 그는 넬슨 경이 나중에 코펜하겐과 나일 강에서 따르게 될 선례를 세웠다. 두 강력한 함대가 프랑스 해안 앞바다에서 7년 전쟁의 승패를 사실상 결정지었다. 양측이 운용한 전함과 대포, 전술은 1세기 전 트롬프 제독이 다운스에서 운용했던 것과 완벽하게 동일하지는 않을지라도 거의 비슷했다. 영국군 프리깃함에 미행당하던 콩플랑 제독 휘하의 프랑스군 함대는 또다시 난폭한 바다를 벗어나 피난처를 찾았고, 다시금 적군 제독은, 즉 이번에는 '불멸의 호크'가 불리한 기상 여건과 불리한 지형에도 아랑곳 않고 공격을 감행해 기습의 이점을 노렸다. 기습당한 프랑스군 전함들의 용감한 저항에도 불구하고 철저하게 표준화된 영국군의 전술과 기술이 우위를 보였으며 저 멀리 신세계의 프랑스 군대와 요새는 더 이상 안전한 보급을 기대할 수 없게 되었다.

키베롱 만 해전은 1759년 11월 폭풍우가 몰아치던 밤, 프랑스 비스케 만에 위치한 생나제르 항 앞바다에서 벌어졌다. 호크 제독의 승리는 스코틀랜드에 침공군을 상륙시키려던 프랑스의 계획을 사실상 무산시켰다.

2 폭풍우가 계속 몰아치는 가운데 프랑스군 전함들은 키베롱 만의 얕은 바다를 통과해 피난처를 찾아 만 안쪽의 정박지로 접어든다.

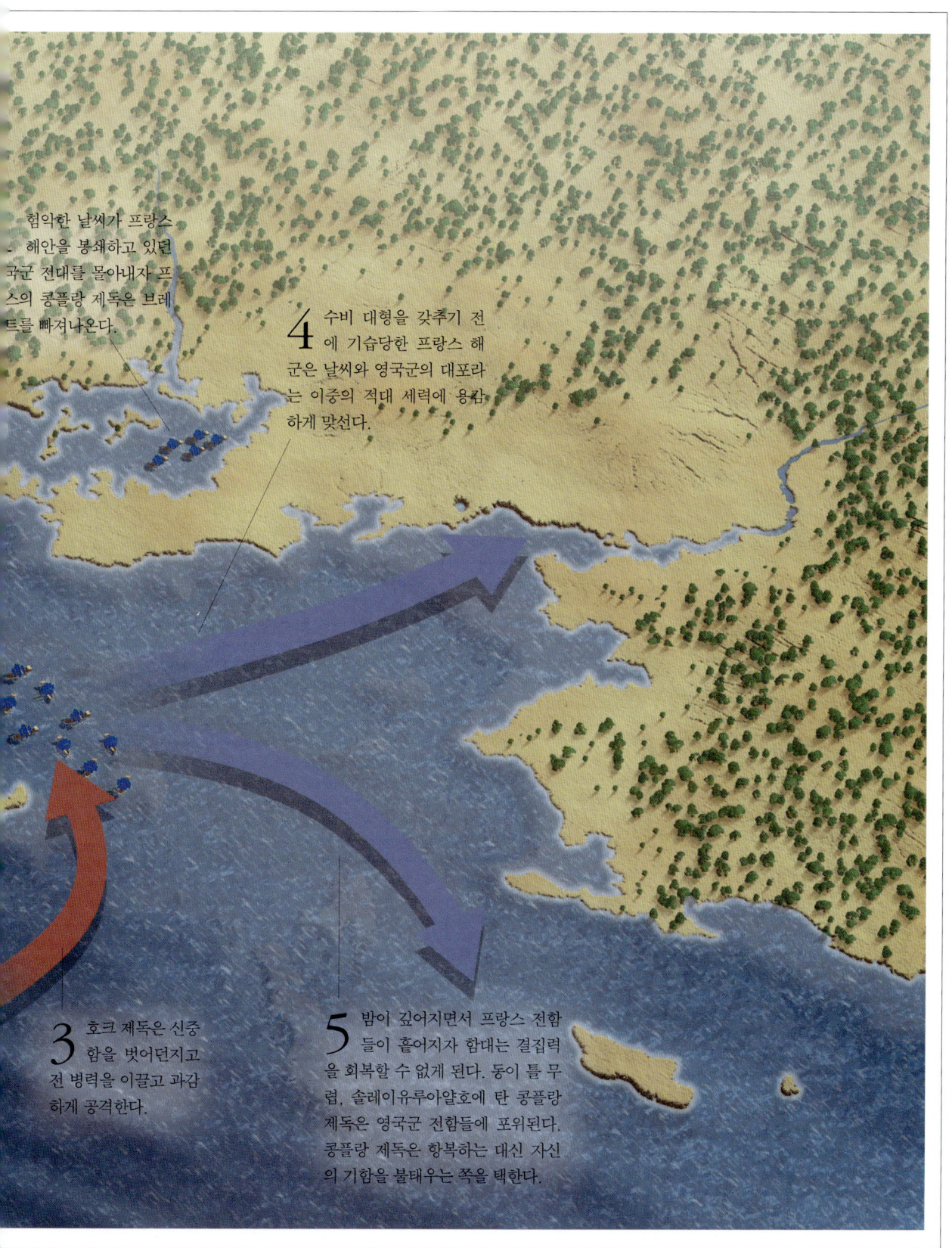

가지 요소만큼은 한결같다. 바로 지휘관이 앞장선다는 것이다. 로열조지호에 탄 호크 제독은 나머지 함대를 통과해 앞으로 나아갔고 마침내 기함 솔레이유루아얄호에 탄 채, 완벽하게는 아니지만 자신을 맞을 준비가 되어 있는 콩플랑 제독을 발견했다.

이 대결에서 프랑스군에게 가장 크게 피해를 입힌 것은, 호크 제독이 이런 악천후에 이런 위험천만한 얕은 여울에서 싸우는 편을 택하자 프랑스군이 당황한 점이었다. 영국군이 프랑스군 함대 후위를 향해 발포했을 때 콩플랑 제독은 아직 수비 대형을 갖추지 못했고 그런 폭풍우 속에서 싸울 준비가 되어 있지 않았다. 프랑스군 포수들의 포격은 그들을 향해 쏟아내는 영국군의 연속 포격보다 부정확했다. 용기는 분명히 어느 한쪽에만 국한되지 않았다. 토베이호가 맹렬히 공격해오자 프랑스의 테세호는 더 큰 화력을 얻기 위해 용감하게 하갑판의 포문을 열었고 미친 듯이 날뛰는 바닷물이 포문을 통해 선체로 쏟아져 들어와 곧 침몰했다. 프랑스군 전함 포르미다블호는 세 척의 영국 전함의 공격을 연달아 견딘 후 마침내 깃발을 내리며 항복했다.

콩플랑 제독은 갈팡질팡했던 것 같다. 그는 함대를 너른 바다로 이끌 것처럼 솔레이유루아얄호를 기동하다가 그다음 어둠이 내리자 다시 안쪽의 피난처로 향했다. 호크 제독은 닻을 내린 후 연철 닻과 강철 케이블이 버틸 수 있기를 바라는 것 말고는 도리가 없었다. 닻줄이 버티지 못한 그의 전함 두 척은 간밤에 여울로 떠밀려가 난파했기 때문이다. 이튿날

그림_ 호크 제독은 폭풍우가 몰아치는 날씨에 비스케 만에서 콩플랑 제독을 무찌른다. 바람에 떠밀린 영국군 전함들은 파도 속으로 낮게 선체를 기울여 포탄을 발사해 프랑스군 전함의 선체를 산산이 부수고 포수들을 죽였는데, 이는 영국군 전함들이 선호하는 전술이었다. 프랑스군 전함들도 마찬가지로 자신들이 선호하는 전술로 대응해서 "파도가 올라올 때 영국군 전함의 돛과 삭구를 향해 포격"했는데, 불미스러운 이중의 가능성, 즉 도주 혹은 추격의 가능성을 미리 없애는 전술이었다.

그림_ 3층 포열 갑판은 전투 범선들의 시대에 으뜸가는 '1급' 전함의 특징이었다. 맨 위층 갑판에는 장전된 대포가 수레 포가에 실려 다가오는 적선을 향해 언제든 발포할 수 있도록 열린 포문 밖으로 나와 있다. 가운데 갑판은 발사된 대포가 반동으로 배 안쪽으로 밀려난 모습을 묘사한다. 포수들은 상대적으로 안전한 이곳 안쪽에서 대포를 깨끗이 닦고 재장전할 것이다. 맨 아래 갑판은 닫힌 포문을 향해 안전하게 고정된 대포를 보여준다. 험한 날씨에 상하 좌우로 요동치는 배 안에서 '느슨한 대포'는 은유적인 의미 이상으로 위험했다.

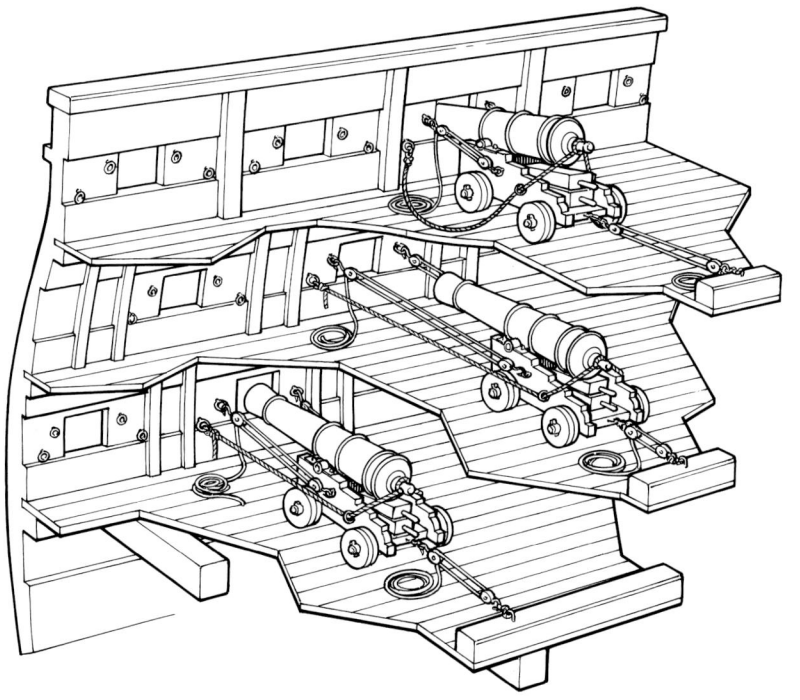

아침 나머지 영국군 함대는 솔레이유루아얄호가 자신들 한복판에 정박해 있음을 발견했다. 항복을 거부한 콩플랑 제독은 전투에서 벗어나려고 했지만 좌초했고 자신의 기함을 전리품으로 넘겨주는 대신 불태웠다. 프랑스군 전함 두 척은 남쪽으로 빠져나와 로슈포르로 도망쳤고 다른 여덟 척은 대포와 비품을 내버린 후 빌리안 강 어귀로 도망쳤다. 순전히 대담함과 뛰어난 포격술 덕분에 호크 제독은 성공적인 섬멸전을 치렀다. 영국군 쪽 손실은 전함 두 척과 선원 300명이었다. 프랑스군 측은 전함 세 척을 침몰로 잃고, 두 척은 적에게 포획되었으며 한 척은 불탔다. 나머지는 뿔뿔이 흩어졌고 프랑스의 침공 계획은 완전히 물거품이 되었다.

교전 원칙의 진화와 지휘관들의 전술적 정교함의 심화, 체계적인 포격술과 신호 전달에도 불구하고, 이 전투는 앞서 소개한 다른 세 전투보다 비조직적인, 대대적 난투전이었다. 지형, 전술, 기술 그리고 무엇보다도 날씨가 중요했지만, 키베롱 만에서는 인적 요인이 전투를 지배했으며 궁극적으로는 인적 요인이 운용되는 전투 기술과 근대 초기의 무력 충돌의 결과를 결정했다.

주요 전투 설명

그라블린 해전 (1588년)
소위 아르마다 해전으로 불리는 에스파냐군 함대의 영국 침공 작전에서 결정적인 교전이다. 메디나 시도니아 공작이 이끄는 에스파냐군 함대는 플랑드르의 그라블린 앞바다에서 영국군 함대의 공격을 받아 예정되어 있던 파르마 공작의 호송 선단과의 접선에 실패하였고 영국 침공 계획은 수포로 돌아갔다.

니우포르트 전투 (1600년)
네덜란드 독립 전쟁 당시 네덜란드 군대가 에스파냐 군대를 격파한 전투이다.

다운스 해전 (1639년)
80년에 걸친 네덜란드 독립 전쟁 말기에 벌어진 에스파냐군 함대와 네덜란드군 함대 간 해전이다. 네덜란드군 함대가 결정적인 승리를 거두며 이미 쇠약해진 에스파냐의 해군력은 더욱 약해졌다.

라미예 전투 (1706년)
에스파냐 왕위 계승 전쟁(1701~1714년) 당시 주요 전투 가운데 하나이다. 영국, 네덜란드, 덴마크 등의 동맹군이 프랑스군을 격파했으나 동맹 진영 내 이해관계의 충돌로 인해 프랑스는 이듬해 전황을 역전시킬 기회를 얻었고 전쟁은 1714년까지 간헐적으로 지속된다.

레판토 해전 (1571년)
지중해의 제해권을 둘러싸고 에스파냐를 중심으로 한 기독교 세력의 연합 함대가 오스만제국의 함대를 격파한 전투이다. 향후 이 지역에서 기독교 세력의 영향력이 실질적으로 확대되지는 않았지만 무적이라던 오스만군의 군사적 우위가 무너졌다는 심리적 효과가 컸다.

로스바흐 전투 (1757년)
7년 전쟁에서 프로이센군이 오스트리아-프랑스 동맹군을 격파한 전투이다. 프리드리히 대왕의 가장 큰 승리로 통한다. 로스바흐 전투를 끝낸 후 프리드리히 대왕은 로이텐에서 다시 오스트리아군과 전투를 치른다.

로이텐 전투 (1757년)
7년 전쟁(1756~1763년)에서 프로이센군이 오스트리아군을 상대로 결정적 승리를 거둔 전투이다. 이 승전을 바탕으로 프로이센은 앞선 오스트리아 왕위 계승 전쟁에서 획득한 슐레지엔 영유권을 완전히 인정받게 된다.

뤼첸 전투 (1632년)
30년 전쟁(1618~1648년) 중기에 스웨덴이 중심이 된 프로테스탄트 세력이 신성로마제국-가톨릭 동맹 세력을 격파한 전투이다. 그러나 국왕 구스타브 아돌프가 전사함으로써 장기적으로 스웨덴은 30년 전쟁에서 주도권을 잃고 밀려나게 된다.

몰타 포위전 (1565년)
성 요한 구호기사단을 중심으로 한 기독교 세력이 몰타섬을 포위한 오스만 군대를 물리친 전투이다. 지중해의 제해권을 둘러싸고 벌어진 기독교 세력과 오스만제국의 충돌에서 몰타 섬은 가장 중요한 전략적 요충지였으며 향후 충돌에서 계속해서 기독교 세력의 수중에 남았다.

민덴 전투 (1759년)
7년 전쟁 당시 프로이센-하노버-영국 동맹군이 프랑스군을 격파한 전투이다.

브라이텐펠트 전투 (1631년)
프로테스탄트 세력과 가톨릭 세력이 독일 지역의 주도권을 둘러싸고 격돌한 30년 전쟁에서 스웨덴군이 이끄는 프로테스탄트 세력이 처음으로 승리한 전투이다.

블레넘 전투 (1704년)
에스파냐 왕위 계승 전쟁 당시 주요 전투 가운데 하나이다. 프랑스에 맞선 동맹군이 프랑스-바이에른 연합군을 상대로 결정적으로 승리하여 오스트리아의 수도 빈에 대한 위협을 제거하고 향후 전황을 동맹군 측에 유리하게 이끌어간다.

아바나 포위전 (1762년)
7년 전쟁 당시 영국군이 카리브 해 지역의 에스파냐 식민지의 전략 항구인 아바나를 함락한 전투이다. 7년 전쟁이 종결되고 아바나 시는 다시 에스파냐에 넘겨졌지만 대서양 일대에서 영국의 제해권은 확고해졌다.

에지힐 전투 (1642년)
1차 영국 내전(1642~1646년) 당시 왕당파 군대와 의회군 사이에서 최초로 벌어진 정면 무력 충돌이다. 양측 모두 한두 차례 승기를 잡긴 했으나 경험과 규율이 부족한 급조된 군대 탓에 결정적인 승패를 짓지 못했고 내전은 향후 4년간 지속되었다.

오우데나르더 전투 (1708년)
에스파냐 왕위 계승 전쟁 당시 영국과 네덜란드, 오스트리아, 프로이센 등으로 구성된 대對프랑스 동맹 세력이 크게 승리한 전투이다. 동맹 세력은 이 승리를 바탕으로 프랑스 국왕 루이 14세의 손자인 에스파냐 국왕의 폐위를 요구했으나 루이 14세는 이를 거부했고 전쟁은 6년간 더 지속된다.

칼렌베르크 전투 (1683년)
2차 빈 포위전의 마지막을 장식하는 전투로, 이 전투에서 오스트리아를 중심으로 한 연합군이 빈을 포위하고 있던 오스만군을 몰아냈다. 이로써 중부 유럽에서 오스트리아의 헤게모니가 확고해졌다.

퀘벡 포위전 (1759년)
7년 전쟁 당시 영국군이 프랑스군을 물리치고 북아메리카의 거점 도시 퀘벡을 함락한 전투이다. 이 승전을 바탕으로 영국은 7년 전쟁이 종결된 후 북아메리카의 프랑스 식민지인 뉴프랑스 지역의 상당 부분을 획득한다.

키베롱 만 해전 (1759년)
7년 전쟁 당시 프랑스의 생나자르 항 앞바다에서 벌어진 영국군 함대와 프랑스군 함대 간의 해전이다. 영국군이 결정적으로 승리하면서 프랑스의 영국 침공 계획이 무산되었고 해상로를 장악한 영국이 향후 식민지에서 벌어진 전쟁에서도 유리한 고지에 서게 된다.

파비아 전투 (1525년)
이탈리아 지배를 둘러싸고 신성로마제국(카를 5세)과 프랑스(프랑수아 1세)가 대립한 이탈리아 전쟁 제2기에 벌어진 전투이다. 패배한 프랑수아 1세는 포로가 되어 굴욕적인 마드리드 조약(1526년)을 체결하고 이탈리아, 플랑드르, 부르고뉴 지방에 대한 영향력을 포기하게 된다.

프레드리크스텐 포위전 (1718년)
발틱 해 지역의 주도권을 둘러싸고 전개된 대북방 전쟁(1700~1721년) 말기에 벌어진 포위전이다. 이 포위전에서 스웨덴 국왕 카를 12세가 변사하여 스웨덴의 영향력이 약화되고 러시아가 이 지역의 중심 세력으로 부상하게 된다.

옮긴이 후기

근대 초기 유럽에서 국민 국가의 형성이란 어떤 의미에서 조세, 행정 체계, 기술, 전술 등 광범위한 부문이 결합해 효율적인 전쟁 기구가 수립되는 과정이다. 군사 부문에 초점을 맞춘 이 책은 이 시기 대표적인 전투를 실례로 들어 다양한 전술과 전투 기술을 체계적으로 설명한다. 이 책이 근대 초기 유럽 군사사를 이해하고자 하는 독자들에게 유용한 길잡이를 제공해줄 수 있기를 바란다. 책은 불가피하게 전투와 전술을 중점적으로 다루지만 다소 딱딱할 수도 있는 서술의 행간에서 그 옛날의 병사들이 포장되지 않은 흙길을 얼마나 녹초가 되도록 행군했을지, 진창에 빠진 무거운 대포를 빼내기 위해 포수들이 진흙을 뒤집어쓴 채 얼마나 안간힘을 썼을지, 무명 병사들이 얼마나 고달픈 삶을 이어갔는지 등에 대해서도 독자들이 잠시 생각해볼 수 있는 기회를 얻었으면 좋겠다.

언제나처럼 지면을 빌려 도움을 주신 분들께 감사의 말을 전한다. 늑장을 부리는 옮긴이를 재촉하지 않고 참을성 있게 기다려준 미지북스 식구들에게 감사하며 원고를 꼼꼼하게 검토하고 교정해준 박선미 편집팀장님께 특히 감사드린다. 편집팀장님의 노고가 없었다면 이 책은 결코 나오지 못했을 것이다. 바쁜 학업의 와중에도 측면 우회 기동 전술과 전투 대형 배치에 대한 기술적 질문에 친절하게 답변해준 후배 김정윤 군에게도 고맙다는 말을 하고 싶다. 항상 옮긴이를 격려해주는 가족과 친구들에게도 감사의 말을 전한다.

2011년 10월
최파일

참고 문헌

Adams, Simon. 'The Battle that Never Was: the Downs and the Armada Campaign' from M. J. Rodriguez-Salgado & Simon Adams, eds., *England, Spain and the Gran Armada, 1558-1604*. Rowman & Littlefield: 1991.

Allen, Paul C. *Philip III and the Pax Hispanica, 1598-1621: The Failure of Grand Strategy*. New Haven: Yale University Press, 2000.

Armstrong, Richard. *The Early Mariners*. New York: Frederick A, Praeger, Incorporated, 1968.

Anderson, Fred. *Crucible of War: The Seven Years' War and the Fate of Empire in British North America, 1754-1766*. New York: Alfred A.Knopf. 2000.

Andrews, K. R. 'Elizabethan Privateering,' from *Raleigh in Exeter X: Privateering and Colonization in the Reign of Elizabeth I*. London: David Brown: 1985.

Archihald, E. H. H. *The Wooden Fighting Ship in the Royal Navy AD 897-1860*. London: Blandford Press, 1968.

Barker, Thomas. *Double Eagle and the Crescent: Vienna's Second Turkish Siege*. Albany, NY: SUNY-Albany Press, 1967.

Black, Jeremy, ed. *European Warfare, 1453-1815*. New York: St. Martins Press, 1999.

Black, Jeremy. *European Warfare, 1660-1815*. New Haven: Yale University Press, 1994.

Bradford, Ernle. *The Sultan's Admiral: The Life of Barbarossa*. New York: Harcourt, Brace & World, Incorporated, 1968.

Bruijn, Jaap R. *The Dutch Navy of the Seventeenth and Eighteenth Centuries*. Studies in Maritime History Series. Charleston: University of South Carolina Press, 1993.

Brumwell, Stephen. *Redcoats: The British Soldier and the War in the Americas, 1755-1763*. Cambridge: Cambridge University Press, 2001

Chandler, David. *Marlborough as a Military Commander*. London: Spellmount 1989 (reprinted).

Chandler, David, *The Art of Warfare in the Age of Marlborough*. New York: Hippocrene Books. 1976.

Chandler, David, ed. *The Military Memoirs of Marlborough's Campaigns, 1702-1712*. London: Greenhill Books, 1998.

Corbett, Julian. *Fighting Instruction, 1530-1816*. London: Naval Records Society, 1906.

Davis, James C., ed. *Pursuit of Power: Venetian Ambassadors' Reports*. New York: Harper & Row, Publishers, 1970.

Delbriick, Hans. *History of the Art of War, Volume IV: The Dawn of Modern Warfare*, trans. Walter Renfroe. Lincoln: University of Nebraska Press, 1990.

Duffy, Christopher. *Frederick the Great: A Military Life*. London: Routledge. 1988.

Duffy, Christopher. *Instrument of War: The Austrian Army in the Seven Years War, Vol I*. Chicago: The Emperor's Press. 2000.

Duffy, Christopher. *Military Experience in the Age of Reason, 1715-1789*. New York: Barnes and Noble Books, 1997.

Duffy, Christopher. *The Army of Frederick the Great*. London: Hippocrene Books, 1974.

Fuller, J. F. C. *A Military History of the Western World, Volume II: From the Spanish Armada to the Battle of Waterloo*. New York: Da Capo Press. 1955.

Gerhartl, Getrud. *Belagerung und Entsatz von Wien 1683*.

Militärhistorishe Schriftenreihe, Heft 46, Wien: Österreichischer Bundesverlag, 1982.

Gilkerson, William. *The Ships of John Paul Jones*. Annapolis: United States Naval Academy Museum and the Naval Institute Press, 1987.

Glete, Jan. *War and the State in Early Modern Europe: Spain, the Dutch Republic and Sweden as Fiscal Military States, 1500-1660*. London: Routledge, 2002.

Guilmartin, John Francis. *Gunpower and Galleys: Changing Technology and Mediterranean Warfare at Sea in the Sixteenth Century*. Revised edition. Annapolis: Naval Institute Press, 2004.

Hall, Bert. *Weapons and Warfare in Renaissance Europe: Gunpower, Technology, and Tactics*. Baltimore: Johns Hopkins University Press, 2002.

Hakluyt, Richard (Jack Beeching, ed). *Voyages and Discoveries: The Principal Navigations, Voyages, Taffiques and Discoveries of the English Nation*. Harmondsworth: Penguin, 1987 edition.

Harding, Richard. *The Evolution of the Sailing Navy, 1509-1815*. British History in Perspective Series. New York: Sr. Martin's Press. 1995.

Hatton, R. M. *Charles XII of Sweden*. New York: Weybright and Talley, 1968.

Hale, J. R., ed. *Renaissance Venice*. Totowa: Rowman and Littlefield, 1973.

Hough, Richard. *Fighting Ships*. New York: G. P. Putnam's Sons, 1969.

Kelsey, Harry. *Sir Francis Drake: The Queen's Pirate*. New Haven: Yale, 1999.

Kemp, Peter, ed. *Oxford Companion to Ships and the Sea*. Oxford: Oxford University Press, 1976.

Kennett, Lee. *The French Armies in the Seven Years' War*. Durham: Duke University Press. 1967.

Lane, Frederic C. *Venice: A Maritime Republic*. Baltimore: The Johns Hopkins University Press, 1973

Lavery, Brian. *The Arming and Fitting of English Ships of War 1600-1815*. Annapolis: Naval Institute Press, 1988.

Lloyd, Christopher. *Ships & Seamen*. London: Weidenfield & Nicolson. 1961.

Luvaas, Jay, editor and translator. *Frederick the Great on the Art of War*. New York: Di Capo Press. 1999 (reprinted).

Lynn, John A. *Giant of the Grand Siècle, The French Army: 1610-1715*. Cambridge: Cambridge University Press, 1997.

Lynn, John A. *The Wars of Louis XIV*. New York: Longman, 1999.

Mahan, Alfred Thayer. *The Influence of Sea Power upon History 1660-1805*. Englewood Cliffs, New Jersey: Prentice Hall. 1980.

Mallett, Michael. *Mercenaries and their Masters: Warfare in Renaissance Italy*. New York: Rowman and Littlefield, 1974.

Martinez Hidalgo, Jose Maria. *Columbus' Ships*. Barre: Barre Publisbers. 1966.

Martin, Colin and Geoffrey Parker. *The Spanish Armada*. Manchester: Manchester Univ. Press, 2002 (revised edition).

Mattingly, Garrett. *The Armada*. London: Mariner Books, 1974.

McNeil. William H. *The Pursuit of Power: Technology, Armed Force and Society Since A. D. 1000*. Reprint edition. Chicago: University of Chicago Press. 1984(『전쟁의 세계사』, 신미원 옮김, 이산, 2005년).

Nolan, John S. 'English Operations Around Brest', *Mariner's Mirror*, 1994.

Nosworthy, Brent. *Anatomy of Victory: Battle Tactics 1689-1763*. New York: Hippocrene Books, 1991.

Oman, Charles. *The Art of War in the Sixteenth Century*. reprint London: Greenhill, 1987.

Paret, Peter. *Makers of Modern Strategy: From Macchiavelli to the Nuclear Age*. Princeton: Princeton University Press, 1986.

Parker. Geoffrey. *The Dutch Revolt*. London: Penguin, 1988.

Parker, Geoffrey. *The Grand Strategy of Philip II*. New Haven: Yale UniversityPress, 1998.

Parker, Geoffrey. *The Military Revolution: Military Innovation and the Rise of the West, 1500-1800*. 2nd edition. Cambridge: Cambridge University Press, 1996.

Phillips, T. R., ed. *Roots of Strategy: Sun Tzu, Vegetius, De Saxe, Frederick, Napoleon*. Harrisburg, PA: Stackpole Books, 1985.

Rodger, N. A. M., *The Safeguard of the sea: A Naval History of Britain, Vol I, 660-1649*. New York: Harper Collins, 1997.

Rodger, N. A. M. *The Wooden World: An Anatomy of the Georgian Navy*. New York: W. W. Norton & Company, 1996

Rodgers, William Ledyard. *Naval Warfare under Oars, 4th-16th Centuries: A Study of Strategy, Tactics and Ship Design*. Annapolis: Naval Institute Press, 1967.

Royale, Trevor. *The British Civil War: The Wars of the Three Kingdoms 1638-1660*. London: Palgrave Macmillan. 2004.

Showalter, Dennis E. *The Wars of Frederick the Great*. New York: Longman, 1996.

Stoye, John. *The Siege of Vienna*. New York: Holt, Rinehart and Winston, 1964.

Stradling, R. A., John Elliot, et al., eds. *The Armada of Flanders: Spanish Maritime Policy and European War, 1568-1668*. Cambridge: Cambridge University Press, 1992.

Tunstall, Brian, and Nicholas Tracy. *Naval Warfare in the Age of Sail: The Evolution of Fighting Tactics 1650-1815*. Annapolis: Naval Institute Press, 1990.

Unger, Richard W. *The Ship in the Medieval Economy: 600-1600*. London: Croom Helm Limited, 1980.

Villiers, Alan. *Men, Ships and the Sea*. 2nd ed. Washington: National Geographic Society, 1973.

Wedgewood, C. V. *The Thirty Years War*. New York: Routledge. 1987 (reprint)(『30년 전쟁(1618-1648)』, 남경태 옮김, 휴머니스트, 2011년).

Weigley, Russell. *The Age of Battles: The Quest for Decisive Warfare from Breitenfeld to Waterloo*. Bloomington: Indiana University Press, 1991.

Wernham, R. B. 'Elizabethan War Aims and Strategy' pp. 340-368 in *Elizabethan Government and Society: Essays presented to Sir John Neale*. Bindhoff. Hurstfield and Williams, eds. London, 1961.

Wilson, Peter H. *German Armies, War and German Politics: 1648-1806*. London: UCL Press, 1998.

Wingfield, Anthony. 'The Counter Armada of 1589' from *The Expedition of Sir John Norris and Sir Francis Drake to Spain and Portugal, 1589*, ed. R.B. Wernham. London: Naval Records Society, 1988.

Winton, John. *An Illustrated History of the Royal Navy*. San Diego: Thunder Bay, 2000.

찾아보기

가
갈레아스선 galleass   242, 243, 246, 249, 250, 252, 255, 256
갈레온선 galleon   242, 243, 254
갑옷(갑주) armour
   기병의 ~   81, 83, 88, 99, 112, 116
   보병의 ~   15
   선상의 ~   250, 252
   스위스인 ~   11
   에스파냐군 ~   17
   중세 ~   76
갤로우즈 포인트, 몰타의 Gallow's Point, Malta   199, 202
갤리선 galley   214, 216, 241~245, 247~250, 252, 253
검   12, 53, 72
   기병의 ~   84, 85, 117, 118, 129, 133
   사브르   133, 142, 143
   선원용 단검   273, 277
   언월도   131, 133, 200
   카츠발거 Katzbalger (고양이 배를 따는 칼)   12, 133
검은 군단 Black Legion   22, 23
검창 glaives   11
게인, 야콥 드 Gheyn, Jacob de   29
경기병 hussars   132, 133, 168
공병   150, 171, 217, 220, 222, 225
공성탑 siege tower   201, 204
괴혈병   274
구스타브 아돌프 Gustav Adolf, 스웨덴 국왕   104, 171, 179, 180, 211

~의 죽음   97, 100, 103
군사 개혁   30~33, 35, 87, 99, 153
뤼첸 전투   32, 85, 92~95, 97
브라이텐펠트 전투   35~39, 41~43, 93, 153
군 행정 구조   9~10, 50, 60, 72~73
~의 발전 과정   147~148
네덜란드   28~29, 31
란츠크네히트   13~16
스위스   11, 13
에스파냐   16~17, 150~151
프랑스 ~   50
군기 banner   기(깃발)를 보라.
군사 개혁
   네덜란드의 ~   25, 28~29, 148~149, 152
   러시아의 ~   171~172
   스웨덴의 ~   30~33, 35, 87~88, 99, 153
   프랑스의 ~   189
군사 훈련   147
   네덜란드 ~   152
   프로이센 ~   188
굴착(땅굴 폭파) 작업 mining
   영국의 ~   234
   오스만제국의 ~   196~197, 201
   이탈리아의 ~   197
궁수   76, 132, 241
   오스만제국 ~   248, 250, 252
귀스카르 장군 Guiscard, General   120, 124

규율   60
   기병의 ~   129~130
   네덜란드군의 ~   29, 152
   스웨덴군의 ~   30, 33, 41
   영국군의 ~   56, 275
   프로이센군의 ~   68, 73
그라블린 Gravelines 해전   242~245, 258~259, 263, 265, 267, 275
그랑송 Granson 포위전   10
그랜드 하버, 몰타의 Grand Harbour, Malta   197, 198, 200, 202~203
그리스 화약 Greek fire   199, 200, 261
기(깃발)   114, 119, 169
기병
   ~ 훈련   87, 93, 99, 103
   ~의 지배   179
   경기병 hussar/light cavalry   127, 131~133, 139, 167, 168
   네덜란드군 ~   119, 120, 124, 125, 128, 154, 156, 158
   덴마크군 ~   119, 120, 122, 125~128
   독일군 ~   21, 184
   라이터   79, 85, 86, 89, 90
   러시아군 ~   85, 132, 135
   바이에른군 ~   175
   스웨덴군 ~   35, 37, 38, 85~88, 91~95, 98~100, 103
   안장   137
   에스파냐군 ~   124, 149, 150, 156
   영국군(잉글랜드군)   52, 102~105, 108, 110~116, 125, 127, 128, 140,

142, 157, 158
오스만군 ~ 131, 132, 164~167
오스트리아군 ~ 71, 175, 185
중세 ~ 9, 75, 76
중창기병 lancer 77, 81
크로아티아인 ~ 94, 96
폴란드군 ~ 81, 85~88, 132, 168
프랑스군 ~ 23, 52, 58, 117~121, 124~126, 135, 136, 138, 140~143, 181
프로이센군 ~ 58, 67, 70, 71, 127, 132, 133, 139, 143, 186~187
피스톨 ~ 77, 81, 85
하노버군 ~ 142
황제군 ~ 23, 83, 98, 100, 101
흉갑 기병 83, 98, 100, 114, 115, 180
용기병도 보라.
기사 75, 76, 147
성 요한 구호기사단 197~199, 201

나

나다스디 장군, 프란츠 Nadasdy, Genral Franz 71
나르바 Narva 전투 181
나바로, 페드로 Navarro, Pedro 18, 197
나사우의 마우리츠 Maurits of Nassau 28~30, 152, 153, 179
니우포르트 전투 153~160
방어 시설 건설 207, 209
나사우의 에른스트 Ernst of Nassau 155
나사우의 요한 Johan of Nassau 29, 30
나폴리 21, 193, 197
낫창 bill hook 11, 164
낭시 Nancy 포위전 10
네덜란드
~군 보병 29, 121, 123, 146, 154
~군 체제 49, 50, 152
80년 전쟁 152, 154, 201, 205~207
군사 개혁 25, 28~29, 148~149, 152
기병 119, 120, 124, 125, 128, 154,

156, 158
니우포르트 전투 153, 156~161
다운스 해전 244, 245, 266~270, 275, 278
라미예 전투 52, 117, 119~128
머스킷 총병 29, 30, 124
배(전함) 156, 242, 264, 267, 270, 271
에스파냐 왕위 계승 전쟁 51, 58
오스텐더 포위전 205
장창병 25, 29, 30
포 154, 207, 222, 267, 270
화승총병 29, 30
네덜란드 반란 80년 전쟁을 보라.
네무르 공작 Nemours, Duc de 18
네이스비 Naseby 전투 106
넬슨 경, 호레이쇼 Nelson, Horatio Lord 238, 272, 277, 278
노르웨이
스웨덴의 침공 214~215
프레드릭스텐 포위전 216~219
니우포르트 Nieuport 전투 153, 156~161, 179

다

다리 놓기 150, 204
다운 원수, 레오폴트 Daun, Field Marshal Leopold 66~68, 70, 172, 183
다운스 Downs 해전 239, 244, 245, 263~270, 278
달베리, 에리크 Dahlberg, Erik 213, 214
대니얼 신부, R. P. Daniel, 'Pere' R. P. 132
대담공 샤를 Charles the Bold 70
덴마크
~군 기병 119, 120, 122, 125~128
~군의 포 213
~의 배(전함) 213, 215
30년 전쟁 35
에스파냐 왕위 계승 전쟁 51, 58
코펜하겐 포위전 211, 213, 214
도나우 강 175, 176

도리아, 안드레아 Doria, Andrea 243, 249
독일
기병 21, 84
네덜란드군 체제 49
란츠크네히트 13~16, 20~23, 162
민덴 전투 129, 133~136, 138, 140~143
블레넘 전투 174, 175, 177
30년 전쟁 35~36
안장 137
용병 32
돈 후안, 오스트리아의 Don Juan of Austria 238, 247, 249, 250, 253, 260
드레이크, 프랜시스 Drake, Francis 239, 242, 255, 256, 260, 264
디르샤우 Dirschau 전투 88
딕비 경, 조지 Digby, Lord George 113
딘, 존 마셜 Deane, John Marshall 128

라

라누아, 샤를 드, 나폴리 부왕 Lannoy, Charles de, Viceroy of Napoli 21, 22, 24
라미예 Ramillies 전투 52, 117, 119~128, 130
라벤나 Ravenna 전투 18~19
라우던 원수 Loudon, Field Marshal 172
라우엔베르크 공작 Lauenberg, duke of 168
라우펜 Laupen 전투 76
라운드웨이 다운 Roundway Down 전투 116
라이터 reiter 79, 85, 87, 90
라이프치히 36, 42, 94
란츠베르크 대령 Landsberg, Colonel 216, 217
란츠크네히트 Landsknecht 13~16, 20~25, 162
램지 경, 제임스 Ramsey, Sir James 104,

105, 108
러시아 132
　～군 기병 85
　군사 개혁 171~172
　나르바 전투 181
　7년 전쟁 65
　카자크 85, 132, 135
　쿠네르스도르프 전투 135
럼리, 헨리 Lumley, Henry 119~121, 125
레신 Lessines 54, 58
레오폴트, 안할트-데사우의 Leopold of Anhalt-Dessau 63~65, 172
레오폴트 1세, 신성로마제국 황제 162~165, 170, 173
레이바, 돈 안토니오 데 Leyva, Don Antonio de 20, 23
레판토 Lepanto 해전 238, 240~242, 244, 245, 247~253, 256, 260, 273
로렌 공작 Lorraine, duke of 165~170
로렌의 샤를 Charles of Lorraine 66~68, 70, 172
로마 193
로마제국 29, 50, 147, 160
로스바흐 Rossbach 전투 65, 66, 68, 182~188
로앙, 앙리 드 Rohan, Henri de 92
로이텐 Leuthen 전투 9, 65~72, 178, 182, 183, 185, 188
롤리 경, 월터 Raleigh, Sir Walter 255
루이 14세, 프랑스 국왕 51, 52, 117, 162, 163, 170, 171, 188, 222
루이 15세, 프랑스 국왕 172, 184, 188, 189
루이 2세, 앙기엥 공작 Louis II, Duc d'Enghien 170
루이스, 바덴 공 Louis, Prince of Baden 168, 174
루이스버그 Louisbourg 포위전 224
루카스 경, 찰스 Lucas, Sir Charles 113
루페르트 공, 라인의 Rupert, Prince of the

Rhine 103, 114, 119
　에지힐 전투 103~107, 110, 113, 115, 116
뤼첸 Lützen 전투 32, 84, 91~98, 100, 101, 103, 135
르 마르샹 장군, 존 Le Marchant, General John 143
리슐리외 추기경 Richelieu, Cardinal 271

마
마그데부르크 Magdeburg 35
마리냐노 Marignano 전투 76
마리아 테레지아, 합스부르크제국 여제 Maria Theresia, Habsburg empress 182, 276
마스트리흐트 Maastricht 222
마자랭 추기경 Mazarin, Cardinal 170
마젤란, 페르디난드 240, 242
마키아벨리, 니콜로 10, 13, 146~148
막스 에마누엘, 바이에른 선제후 Max Emanuel, Elector of Bayern 167, 168, 174~176, 178, 184
막시밀리안, 바이에른 공작 Maximilian, Duke of Bayern 146
막시밀리안 1세, 신성로마제국 황제 Maximilian I, Holy Roman Emperor 13, 14
말 117, 127~130
　기병도 보라.
말버러 공작, 존 처칠 Marlborough, John Churchill, Duke of 51, 52, 116
　라미예 전투 119, 121~127, 130
　병참 174
　블레넘 전투 173~178
　오우데나르더 전투 52, 54~58, 130
말플라케 Malplaquet 전투 62
망치 11
머스킷 musket 81, 143
　～ 약포 48, 62, 63, 67
　～에 대한 의존 증대 60

～의 개선 53, 60, 62~63
꽂을대 63
네덜란드 ～ 29, 30, 124
바퀴식 격발 장치 47, 78
부싯돌 발화식 ～ 46~48, 273
브라운 베스 63, 277
수류탄 210, 213
스웨덴 ～ 33, 35, 37, 88, 92, 93, 96, 101, 119, 213
스코틀랜드 ～ 65
신성로마제국 ～ 92, 96
심지 점화식 ～ 18, 40, 46, 47, 65
에스파냐 ～ 17, 18, 25, 77
영국(잉글랜드) ～ 40, 53, 105, 106, 108, 138, 276
오스만제국 ～ 200
프랑스 ～ 44, 45, 124, 173
장창과 탄환도 보라.
먼로, 로버트 Monro, Robert 92, 98
메그레, 필리프 Maigret, Philippe 216~218
메디나 시도니아 공작 Medina Sidonia, Duke of 254, 256~258, 260~263, 276
메디치, 조반니 데 Medici, Giovanni de 19, 20, 22
메리로즈호 Mary Rose 255, 265, 266
메베 Mewe 전투 88
메종 뒤 루아 Maison du Roi 117, 118, 124~126, 128, 138, 142
모라 포위전 Morat, siege of 10
모자, 프로이센군 척탄병의 61
모크 Mook 전투 81
모하치 Mohacs 전투 197
몬테쿠콜리, 라이몬도 Montecuccoli, Raimondo 149, 163, 171
몰로비츠 Mollwitz 전투 132
몰타
　포 199, 201
　포위전 197~203

290

몰트케, 헬무트 폰 Moltke, Helmut von 182
못 쓰게 된 포탄 241
몽뤽, 블레즈 드 Monluc, Blaise de 76
몽칼름 후작 Montcalm, Marquis de
   윌리엄 헨리 요새 포위전 223
   퀘벡 포위전 226, 228, 229
무스타파 파샤 Mustafa Pasha 198~201
무적함대, 에스파냐의 238, 244, 254, 255, 258~261, 263
뮈라, 요아생 Murat, Joachim 143
미늘창 halberd 10, 11, 72, 165
   스위스 ~ 10, 12, 20
미라벨로 평원 Mirabello, Park of 21, 22, 25, 26
민덴 Minden 전투 129, 133~136, 138, 140~143

바
바그람 Wagram 전투 143
'바다의 제왕' 호(소버린호) Sovereign of the Seas 264~266, 271, 272, 275
바르바로사 제독 Barbarossa, Admiral 243
바를레타 Barletta 전투 10, 16
바사호 Vasa 264, 266, 267, 273
바스토 후작 Vasto, Marquis del 22, 23
바이런 경, 존 Byron, Sir John 116
바이에른 179
   ~군 기병 175
   ~군 보병 175
   라미예 전투 128
   로스바흐 전투 186
   로이텐 전투 71
   블레넘 전투 173~178
   에스파냐 왕위 계승 전쟁 51
   칼렌베르크 전투 165~169
발데크 공 Waldeck, Prince 167, 168
발레타, 장 파리소 드 라 Vallette, Jean Parisot de la 197~199, 201
발렌슈타인, 알브레히트 폰 Wallenstein, Albrecht von 91~98, 100, 101, 103, 145, 146
발루아 왕가와 합스부르크 왕가 간 전쟁 10, 16, 19
발칸 59, 132, 197
발호프 Wallhof 전투 88
방겐하임 장군 Wangenheim, General von 135, 142
방돔 공작 Vendôme, duke of 52, 54~56
방어 시설 fortification
   ~의 혁신 194~195, 207, 211
   각보 194, 198
   경계 보초 209
   네덜란드군의 ~ 201, 206~208, 217
   노르웨이의 ~ 215
   능보 194, 197, 207, 224
   러시아의 ~ 181
   레티라타 retirata 195
   리벨리노 rivellino 194, 198, 208
   반월보 demilune 194, 208
   보람 205, 210
   성 191
   스한전 schanzen 207
   아바티스 abattis 224
   야전 ~ 18, 22, 70, 86, 150, 181, 201
   에스파냐군의 ~ 201, 205, 217, 229~331
   외안 counterscarp 198
   이탈리아의 ~ 17~19, 22, 193~196, 208
   중세 ~ 191~192
   토루 194, 207, 208
   프랑스군의 ~ 217, 220, 223~225
배(전함)
   ~의 혁신 237~238, 242, 255, 265, 271~273, 275
   갈레아스선 242, 243, 246, 249, 250, 252, 255, 256
   갈레온선 242, 243, 254
   갤리선 214, 216, 241~245, 247~250, 252, 253
   건조 기술 240~241, 263, 264, 270
   네덜란드 ~ 156, 242, 264, 267, 270, 271
   덴마크 ~ 213, 215
   레알호 real 245
   베네치아 ~ 242, 243, 246, 248~250, 252~253, 273
   삭구 242, 266, 273, 275
   상선 240, 246, 260, 271, 273
   선원들의 생활 조건 273~274
   스웨덴 ~ 214, 216
   바사호 264, 266, 267, 273
   슬루프 sloop 264
   에스파냐 ~ 229, 238, 244, 247, 253~260, 263, 266~270
   영국 ~ 224, 229~231, 255, 256, 260, 261, 273~278, 280, 281
   메리로즈호 255, 265
   바다의 제왕호(소버린호) 264~266, 271, 272, 275
   오스만제국 ~ 198, 243, 245, 249, 252, 253
   종범선 pinnace 264
   74문포함 263, 272~274, 276
   카라크선 242, 254
   프랑스 ~ 224, 242, 272~281
   프리깃함 frigate 271, 273, 276, 278
   화선 225, 228, 258, 259, 261, 262
100년 전쟁 161
밸푸어 경, 윌리엄 Balfour, Sir William 104, 110, 112, 113, 115
버프코트 buffcoat 88, 89
벌스트로드 경, 리처드 Bulstrode, Sir Richard 104~106
베게티우스 레나투스 Vegetius Renatus 28, 147, 148, 153, 180
베네치아 208
   레판토 해전 247~253, 273
   배(전함) 242, 243, 246, 248~250,

252~253, 273
포 248
이탈리아도 보라.
베른하르트, 작센-바이마르의 Bernhard von Sachsen-Weimar 93, 97, 101
베베른 공작 Bevern, duke of 65~67
벨기에 오스텐더 포위전 205, 206
　오우데나르더 전투 51~59
벨라스코, 돈 루이스 데 Velasco, Don Luis de 231
변경 전쟁 frontier warfare 59, 60
병참 184
　말버러 공작 존 처칠의 ~ 174
　해군의 ~ 244, 257
보그 중장 Vogue, Lt-Gen de 136
보니베, 기욤 드 Bonnivet, Guillaume de 19
보방, 세바스티앙 르 프레스트르 드 Vauban, Sébastien Le Prestre 197, 211, 215, 217~225
보병
　~의 지배 9, 72
　갑옷(갑주) 15
　경보병 35, 60, 72
　네덜란드군 ~ 29, 121, 123, 146, 154
　란츠크네히트 13~16, 20~25
　바이에른군 ~ 175
　사부아의 ~ 52
　스웨덴군 ~ 37, 94
　스위스 ~ 10~13, 22, 120, 138, 141, 157
　스코틀랜드 ~ 154, 156, 229
　에스파냐군 ~ 16~19, 77, 146, 154, 156, 201, 231
　　선상의 ~ 256~257, 267, 268
　영국군(잉글랜드군) ~ 52, 70, 108, 110, 113, 115, 116, 135, 136, 138, 140~141, 156, 157, 175, 223, 224, 226, 227
　예니체리 58, 164, 166, 169, 198, 199
　오스만군 ~ 58, 164~167, 198, 199
　오스트리아군 ~ 67, 72
　이탈리아 21, 23, 146
　척탄병 55, 61, 72, 138, 199
　판두르 pandour 59
　폴란드군 ~ 168
　프랑스군 ~ 18, 19, 22~25, 44, 45, 52, 120~125, 138, 175, 226~229
　프로이센군 ~ 60, 61, 64~67, 145
　하노버군 ~ 135, 136, 138, 140, 141
　해병 273, 277
　황제군 ~ 21~27, 94
　용기병도 보라.
보조를 맞춘 행진 63, 64, 70
보포르, 퀘벡의 Beauport, Quebec 228, 229
보헤미아 145, 183
부교 pontoon 150, 205
부르고뉴 76, 149
부르고뉴 공작 Bourgogne, Duc de 52, 54~56
부르봉, 샤를, 군 사령관 Bourbon, Charles, Constable 21~25
부르크슈탈 Burgstall 전투 88
북아메리카
　변경 전쟁 59
　7년 전쟁 223, 276
　캐나다도 보라.
뷔르템베르크 장군 Württemberg, General 120, 124
브라반트 Brabant 154
브라운 원수, 막시밀리안 Browne, Field Marshal Maximilian 172, 183
브라운슈바이크 142
브라이텐펠트 Breitenfeld 전투 35~39, 41~43, 92, 153, 173
브레슬라우 66~68, 72
브로글리, 빅토르-프랑수아 드 Broglie, Victor-François de 135, 140
브뤼셀 52
브뤼허 Brugge 52, 56, 154
블레넘 Blenheim 전투 52, 116, 130, 173~178
비롱 후작 Biron, Marquis de 54
비르구, 몰타의 Birgu, Malta 198, 201, 202
비어 경, 프랜시스 Vere, Sir Francis 156, 157, 159
비코카 Bicocca 전투 19, 77
빈 포위전 162~170, 191, 197
빌라르 원수, 클로드 Villars, Marshal Claude 170, 174, 184
빌레루아 공작, 프랑수아 Villeroi, François, Duke of 119, 122, 124, 128, 170
빌렘 로데비크, 나사우의 Willem Lodewijk of Nassau 29, 156, 157

사

사략선, 에스파냐의 privateer, Spanish 154, 158
사부아 Savoie 51
　오우데나르더 전투 52, 54~58
사부아의 외젠 공 Eugene de Savoie, Prince 52, 117, 171
　블레넘 전투 173~178
　오우데나르더 전투 53, 55~58
사상자
　니우포르트 전투 160
　다운스 해전 267, 268, 270
　레판토 해전 253
　로스바흐 전투 188
　로이텐 전투 72
　몰타 포위전 200, 201, 203
　브라이텐펠트 전투 41
　블레넘 전투 178
　아바나 포위전 235
　에스파냐 무적함대 262
　오스텐더 포위전 205
　칼렌베르크 전투 169
　코펜하겐 포위전 214

키베롱 만 해전　281
삭스 원수, 모리스 드 Saxe, Marshal Maurice de　149, 172, 179
산탄 canister shot　41, 42
살라만카 Salamanca 전투　143
30년 전쟁　75, 114, 149
　뤼첸 전투　32, 84, 91~98, 100, 101, 103
　브라이텐펠트 전투　35~39, 41~43, 92, 153
　스웨덴　30, 33, 41, 87
상비군　9, 10, 51, 151, 153
　네덜란드 ~　29, 32
　독일 ~　162
　러시아 ~　172
　스웨덴 ~　30, 32
　에스파냐 ~　16, 146, 151
　프랑스 ~　150, 161
　합스부르크제국 ~　13~14, 172
색빌 경, 조지 Sackville, Lord George　135, 142
생캉탱 St. Quentin 전투　79
샤를 8세, 프랑스 국왕　149, 150, 193
석궁　16, 17, 76, 241
선회 기동　78, 79, 81~83, 88, 91
성　191
　방어 시설도 보라.
성 고트하르트 고갯길 St. Gotthard Pass 전투　149, 163
성 안젤로 요새, 몰타의 St. Angelo, Malta　198
성 엘모 요새, 몰타의 St. Elmo, Malta　196, 198~203
성 요한 구호기사단 Hospitaller Knights of St. John, Order of　197~199, 201
세인트로렌스 강 St. Lawrence River　223~227
세인트찰스 강 St. Charles River　224~226
센글레아, 몰타의 Senglea, Malta　198, 200~202

소이 무기 incendiary weapons　199, 200, 252, 253
화선　225, 228, 258, 259, 261, 262
소총통 handgun　76, 77
　화승총, 머스킷, 피스톨도 보라.
손도끼 hatchet　61
수류탄　55, 61, 72, 138, 199, 211~213
수비즈 공, 샤를 드 로앙 Soubise, Charles de Rohan, Prince de　183, 185, 186, 188
쉘렌베르크 Schellenberg 전투　52
쉬테, 요한 Skytte, Johan　30
쉴레이만 '대제', 오스만제국의 술탄 Suleyman 'the Magnificent', Sultan of Turkey　197, 198, 201
슈트랄준트 포위전 Stralsund, siege of　35
슈포르켄 장군 Sporcken, General von　135, 138, 142
슐레지엔　65, 67, 68, 178, 183, 184, 188, 277
스웨덴
　~군 기병　35, 37, 38, 85~88, 91~95, 98~100, 103
　~군 보병　37, 41, 44, 94
　군사 개혁　30~33, 35, 87~88, 99, 153
　나르바 전투　181
　노르웨이 침공　214~215
　뤼첸 전투　32, 84, 91~98, 100, 101, 103
　머스킷　96
　머스킷 총병　33, 35, 37, 88, 92, 93, 101, 119, 213
　배(전함)　214, 216
　　바사호　264, 266, 267, 273
　브라이텐펠트 전투　35~39, 41~43, 153
　30년 전쟁　30, 33, 41, 87
　장창병　31, 33, 35, 44, 45
　7년 전쟁　65

코펜하겐 포위전　211, 213, 214
키르크홀름 전투　86
포　31, 33, 37, 38, 92, 98, 216~218, 266
프레드리크스텐 포위전　216~219
스위스
　~ 보병　10~13, 22, 120, 138, 141, 157
　니우포르트 전투　153, 156, 157
　미늘창　10, 12, 20
　바를레타 전투　10, 16
　사회 조직　10, 11, 13
　에스파냐 왕위 계승 전쟁　54
　'영구 평화' (1516년)　13
　용병　13, 19, 20, 22, 149, 179
　장창병　10, 14, 16, 20, 23, 76, 79, 149
　파비아 전투　20, 26
　하우펜　11, 13
스코틀랜드　278
　~ 보병　154, 156, 229
　니우포르트 전투　154, 156
　머스킷 총병　65
　변경 전쟁　59
　용병　32
　장창병　34
　킬리크란키 전투　49
스태보 대위, 로버트 Stabo, Captain Robert　229
스튜어트, 존, 알바니 공작 Stuart, John, Duke of Albany　21
스튜어트 대령, 제임스 Stuart, Lt-Col James　234
스피놀라, 돈 암브로시오 Spinola, Don Ambrosio　205
스헬더 강 Scheldt River　52, 54, 154, 204
슬라위스 Sluys 전투　241
신성로마제국
　뤼첸 전투　32, 84, 91~98, 100, 101, 103, 135
　머스킷 총병　92, 96

찾아보기　293

브라이텐펠트 전투 35~39, 41~43, 153
빈 포위전 162
상비군 162
파비아 전투 20~27
포 22, 41, 91, 96, 103, 168
황제군 기병 23, 83, 98, 100, 101
황제군 보병 21~27, 94

아

아랍 안장 137
아바나 Havana 포위전 229~235
아일라우 Eylau 전투 143
아일리아누스 Aelianus 28, 148
아쟁쿠르 Agincourt 전투 76
아프락신 원수 Apraxin, Marshal 183
안장 137
안트베르펜 204, 207, 261
알렉산드로스 대왕 76, 261
알리 파샤 Ali Pasha 247, 250, 252
알바 공작 Alva, duke of 152, 201, 209
알브레히트, 오스트리아 대공 Albrecht, Archduke of Austria 154~158, 160
앙리 4세, 프랑스 국왕 152
앙주의 필리프 Philip of Anjou 51
애버크롬비 장군, 제임스 Abercromby, General James 224
앤 여왕, 영국의 173
앨버말 백작, 장군 Albermarle, General the Earl of 231~233
앰허스트 장군, 제프리 Amherst, General Jeffrey 224
얀 3세 소비에스키 Jan III Sobieski, 폴란드 국왕 162~170, 191
에스트레 공작 Estrees, duc d' 183
에스파냐
　~ 왕위 계승 전쟁 50, 51, 170
　~군 기병 124, 149, 150, 156
　~군 보병 16~19, 77, 146, 154, 156, 201, 231
　선상의 ~ 256~257, 267, 268
국토 회복 운동 16, 151
군기 169
그라블린 해전 243~245, 258~259, 263
니우포르트 전투 153, 156~161
다운스 해전 244, 245, 263~270
라벤나 전투 18~19
레판토 해전 247, 257
머스킷 총병 17, 18, 25, 77
바를레타 전투 10, 16
배(전함) 229, 238, 244, 247, 253~260, 263, 266~270
사략선 154, 158
아바나 포위전 229~235
오스텐더 포위전 205
용병 149
이탈리아 전쟁 17~19
장창병 16, 17, 151, 156
체리뇰라 전투 18, 150
파비아 전투 22, 23
80년 전쟁 152, 154, 201, 205~207
포 18, 150, 260
해군 ~ 255, 256, 260
화승총병 16~18, 22, 25, 151, 157, 159, 248, 250, 252
에스파냐 왕위 계승 전쟁 49~51, 60, 119, 170, 220, 222
에식스, 로버트 데버루, 3대 백작 Essex, Robert Devereux, 3rd Earl of 53, 103, 104, 108, 110
에식스 대령, 찰스 Essex, Colonel Charles 110, 112~114
에지힐 Edgehill 전투 53, 103~106, 108~109, 115, 124
엘리자베스 1세, 영국 여왕 152, 253~255, 260
영국(잉글랜드)
　~ 배(전함) 224, 229~231, 255, 256, 260, 261, 268, 273~277, 280, 281
메리로즈호 255, 265
'바다의 제왕' 호(소버린호) 264~266, 271, 272, 275
　~군 기병 52, 102~105, 108, 110~116, 125, 127, 128, 140, 143, 157, 158
　~군 보병 52, 70, 108, 110, 113, 115, 116, 135, 136, 138, 140~141, 156, 157, 175, 223, 224, 226, 227
　~군의 포 104, 105, 110, 115, 224, 229, 232, 234
그라블린 해전 242, 258~259, 262, 263, 265, 275
네덜란드군 체제 49, 104, 153
네이스비 전투 106
니우포르트 전투 155~157, 160
다운스 해전 245, 266, 268, 270
라미예 전투 119~128
루이스버그 포위전 224
머스킷 총병 40, 53, 105, 106, 108, 138, 276
민덴 전투 133~136, 138, 140~143
블레넘 전투 173~178
아바나 포위전 229~235
에스파냐 왕위 계승 전쟁 51
에지힐 전투 53, 103~106, 108~109, 115
영국 내전 40, 53, 103, 110, 117, 153
오우데나르더 전투 54~58
윌리엄 헨리 요새 포위전 223
7년 전쟁 65, 223, 276, 278
퀘벡 포위전 223, 225~229
키베롱 만 해전 243, 276~281
킬리크란키 전투 49
해군 243, 255~258, 265, 266, 275, 276, 280, 281
스코틀랜드도 보라.
오먼 경, 찰스 Oman, Sir Charles 79
오버커크 백작 Overkirk, Count 58, 119, 120, 124, 125

오스만제국 59, 132, 149, 163, 164, 197
~군 갑옷 112
~군 기병 131, 132, 164~167
~군 머스킷 총병 200
~군 보병 58, 164~167, 198, 199
~군의 포 164, 196, 198, 199
~의 궁수 248, 250, 252
~의 배(전함) 198, 243, 245, 249, 252, 253
레판토 해전 247~253
몰타 해전 197~203
빈 포위전 162, 163, 191
예니체리 58, 164, 166, 169, 198, 199
칼렌베르크 전투 165~169
오스텐더 Oostende 154, 155
~ 포위전 205
오스트리아 132
~ 왕위 계승 전쟁 59, 60, 133, 145, 172
~군 기병 71, 175, 184
~군 보병 66, 71
~군의 포 67
군기 169
로스바흐 전투 184~189
로이텐 전투 9, 65~72, 178, 185
블레넘 전투 173~178
빈 포위전 162~170, 191
에스파냐 왕위 계승 전쟁 51
7년 전쟁 59, 60, 276
칼렌베르크 전투 165~169
콜린 전투 183
프라하 전투 183
합스부르크 왕가도 보라.
오스트리아 왕위 계승 전쟁 59, 60, 133, 145, 172
오우데나르더 Oudenarde 전투 52, 54~58, 116, 130
오켄도 제독, 안토니오 데 Oquendo, Admiral Antonio de 267, 270
오크니 백작 Orkney, Earl of 119, 121, 127
왈롱인 Wallon 154, 157
요한 게오르크 3세, 작센 선제후 Johan Georg III, elector of Sachsen 165, 167, 170
요한 게오르크 1세, 작센 선제후 Johan Georg I, elector of Sachsen 36, 42
용기병 dragoon 100, 103, 104, 112, 113, 117, 121, 123, 124, 129
용병 mercenaries 11, 13, 20~22, 32, 145~146, 148, 149
란츠크네히트 19, 21, 22
스위스 13, 19, 20, 22, 149, 179
스코틀랜드 32
우드 장군 Wood, General 128
우크라이나 163
울프 장군, 제임스 Wolfe, General James 224, 226, 227, 229
월드그레이브 백작, 장군 존 Waldegrave, John, General the Earl of 136
위그노 Huguenots 152, 156, 157
윌리엄 3세, 영국 국왕 51, 221
윌리엄 헨리 요새 포위전 William Henry, Fort, siege of 223
윌모트 경 Wilmot, Lore 108, 112, 113, 115, 116, 124
유스투스 립시우스 Justus Lipsius 148, 153
음악 183, 201
이데피오르, 노르웨이의 Iddefjord, Norway 214, 216
이브라힘 베이 Ibrahim Bey 165, 168~169
이탈리아
~ 보병 21, 23, 146
~ 화승총병 22, 25
~의 포 19, 193
라벤나 전투 18~19
에스파냐 왕위 계승 전쟁 147
체리뇰라 전투 18, 19, 150
파비아 전투 20~27
프랑스의 침공 18, 19, 150, 161, 193, 195, 197
베네치아도 보라.
인도 India 276
임레 퇴쾨이, 트란실바니아 공 Imre Thökoly, Prince of Transylvania 163

자

자이들리츠, 빌헬름 폰 Seydlitz, Willhelm von 133, 143, 185~188
작센 Sachsen 35, 42, 55, 66, 96, 97, 101, 103, 138, 141, 183
로스바흐 전투 183~188
칼렌베르크 전투 165~169
작센-힐부르크하우젠 장군, 요제프 폰 Sachsen-Hilburghausen, General Joseph von 183, 184, 188
장군
~의 발전 146, 147, 149~150, 170~172, 180~182, 189
제복 171, 180
장궁 longbow 76
장대 무기 polearm 10, 11
장블루 Gembloux 전투 81
장창과 탄환 pike and shot
~의 발전 10, 17, 28, 45, 62
~의 종식 46
스웨덴의 ~ 33, 35, 41
에스파냐의 ~ 77, 157
파비아 전투 20, 22, 25
프랑스의 ~ 45
장창병 pikemen 11, 72, 164
~ 훈련 13, 29, 30
~의 쇠퇴 46, 49, 62
네덜란드 ~ 29, 30
란츠크네히트 15, 16, 20~23
스웨덴 ~ 31, 33, 35, 44, 45
스위스 ~ 10, 20, 23, 76, 79, 149
스코틀랜드 ~ 34

에스파냐 ~ 16, 17, 151, 156
영국 ~ 110, 115
중세의 ~ 76
프랑스 ~ 45
전술
 기병 ~ 75
  ~ 난투전 118, 123~126, 130, 135
  네덜란드군 체제 104, 110, 153
  네덜란드의 ~ 125, 156, 157
  돌격 ~ 76, 77, 85, 87, 93, 104, 105, 117, 138, 142
  선회 기동 78, 79, 81~83, 88, 91
  소총통 76, 77
  스웨덴의 ~ 35, 87, 88, 91~93, 98~100, 103, 153
  신성로마제국의 ~ 37, 92, 97~98
  영국(잉글랜드)의 ~ 104, 106, 110, 112, 114~115, 118, 119, 127~128, 136, 143
  오스만제국의 ~ 131, 132, 165, 168~170
  중세 ~ 75~76
  클라이너 크리크 59
  폴란드의 ~ 86, 87, 166~168, 170
  프랑스의 ~ 18~19, 117~121, 124, 136, 138, 140~143, 174~175
  프로이센의 ~ 67, 70, 127, 132, 133, 143, 185~188
 보병
  ~의 진화 60, 62, 72~73
  네덜란드군 29, 156, 158
  네덜란드군 체제 30, 41, 46, 49, 60, 88, 104, 152, 153
  란츠크네히트 14~16, 20
  선형 전술 41, 49~50, 59
  스웨덴군 ~ 32~33, 35, 37, 44, 45, 104, 153
  스위스 ~ 10, 11, 13, 20
  에스파냐군 ~ 10, 16~19, 88, 158

영국군(잉글랜드군) ~ 46, 56, 58, 60, 104, 138, 175
오스만군 ~ 165
장창과 탄환 10, 17, 20, 22, 25, 28, 33, 35, 45, 46, 62, 157
총검 50, 51, 65, 72, 138
프랑스군 ~ 18, 19, 23, 26, 44~46, 49, 62, 120, 187
프로이센군 ~ 60, 64, 66, 68, 70, 73, 186~188
하노버군 ~ 136, 138
황제군 ~ 22, 23, 26, 37, 38, 92, 173
후진 사격 33, 46
포격 ~ 89, 92, 213
포위전 209~211, 221
 굴착(땅굴 폭파) 196~197, 234
 네덜란드의 ~ 207, 210
 노르웨이의 ~ 215~216
 몰타 ~ 197~199
 사다리 타기 213, 214
 스웨덴의 ~ 216, 218~219
 에스파냐의 ~ 204, 205, 207, 211, 234
 영국의 ~ 224, 226~227, 229~235
 오스만제국의 ~ 198~203
 이탈리아의 ~ 194~197
 참호 파기 sapping 210, 216~222
 프랑스의 ~ 220~229
해군 237
 갈고리 걸기 244, 262
 네덜란드 ~ 238, 245, 267~270, 275
 대형 239, 250, 260, 270, 275
 베네치아 ~ 243, 249, 250
 에스파냐 ~ 256, 257, 260~262, 267~270
 영국 ~ 258~261, 275~281
 오스만제국 ~ 249, 250, 252
 적선에 올라타기 244, 249, 253,

256, 260, 262
 충각으로 들이받기 241, 244, 256
 프랑스 ~ 276~281
전쟁 비용 146, 152, 155, 172, 178, 222
전투 개별 전투를 보라.
제복 168
 모자 61
 스웨덴 ~ 88
 영국 내전 153
 장교 ~ 171, 180, 277
 프랑스 ~ 181
제임스 2세, 영국 국왕 272
중세의 전쟁 75~76
직위 판매 171, 172
진지 camp 160, 161, 163, 209

차

차베스, 알론소 데 Chavez, Alonso de 238
찰스 1세, 영국 국왕 108, 264~268, 271
창 lance 75, 77, 81, 84
처칠, 존 Churchill, John 말버러 공작을 보라.
처칠, 찰스 Churchill, Charles 175
체리뇰라 Cerignola 전투 18, 19, 150
초른도르프 Zorndorf 전투 143
총검 46, 48~50, 142
 ~ 전술 50, 51, 65, 72
치텐, 한스 폰 Ziethen, Hans von 66, 70, 133
7년 전쟁 59, 60, 72, 133, 189, 223, 276
 로이텐 전투 65~72, 178
 민덴 전투 129
 키베롱 만 전투 276~281

카

카도간, 윌리엄 Cadogan, William 54, 57, 58, 119
카라 무스타파, 대大와지르 Kara Mustafa, Grand Vizier 163~167, 169, 170, 191

카라크선 carrack　242, 254
카를 9세, 스웨덴 국왕　86
카를 5세, 신성로마제국 황제　149, 151, 243
카를 10세, 스웨덴 국왕　211, 214
카를 12세, 스웨덴 국왕　171, 181, 214~218
카를로스 2세, 에스파냐 국왕　51
카리용 요새(타이콘데로가) Carillon, Fort (Ticonderoga)　224
카빈　117, 121, 129
카스트리 후작 Castries, Marquis de　136
카에타니, 오노라토 Caetani, Honorato　249
칼레　258, 261, 270
칼렌베르크 Kahlenberg 전투　165~169
캅카스　164
캐나다　215
　루이스버그 포위전　225
　북아메리카도 보라.
　퀘벡 포위전　223~229
커뮤니케이션　185, 238
　해군의 ~　212, 257, 261, 263, 267, 275
커츠 경, 존 Cutts, Lord John　175
케인 장군, 리처드 Kane, General Richard　118
케팔리니아 Kefallinía　196
코르도바, 곤살로 페르난데스 데 Córdoba, Gonzalo Fernández de　18, 147, 150
코르테스, 에르난도 Cortez, Hernando　147
코펜하겐 포위전 Copenhagen, siege of　211, 213, 214
콘도티에리 condottieri　149
콘스탄티노플　197, 261
콜로뉴 백작 Cologne, Comte de　142
콜린 Kolín 전투　182, 183
콩데 장군 Condé, General　220
콩타드 원수, 루이 드 Contades, Marshal Louis de　134, 135, 140, 142
콩플랑 제독, 위베르 드 Conflans, Admiral Hubert de　244, 274, 276, 278, 280, 281
쿠네르스도르프 Kunersdorf 전투　135
쿠바　아바나 포위전을 보라.
쿠호른, 메노 판 Coehoorn, Menno van　221
쿡 선장, 제임스 Cook, Captain James　274
퀘벡 포위전　223~229
크레시 Crécy 전투　76
크로아티아　59, 60, 94, 96
크롬웰, 올리버 Cromwell, Oliver　117, 118, 153
크리스티아니아, 노르웨이의 Christiania, Norway　215
크림　164
클라이너 크리크 Der Kleiner Krieg　59, 60
클루시노 Klusino 전투　85
키르크홀름 Kirkholm 전투　86
키베롱 만 해전 Quiberon Bay, battle of　239, 242~245, 266, 274, 276~281
키프로스　247, 248
킬리크란키 Killiekrankie 전투　49
킹슬리 장군, 윌리엄 Kingsley, General William　138

타

타반 원수 Tavannes, Marshal de　207
타비에르 Taviers　120~124
타타르인 Tatar　164, 165, 168, 170
탄약
　대포 ~　33, 37, 41, 142, 212, 240, 256
　머스킷 ~　48, 62~63, 67
　박격포 ~　207
탄환　장창과 탄환을 보라.
탈라르 원수, 카미유 Tallard, Marshal Camille　171, 173~178
태시트 tasset　11, 15

테르시오 tercio　16, 17, 37, 77, 79, 86, 146, 149, 151, 157, 160, 201
토르덴숄드 제독, 페테르 Tordenskjold, Admiral Peter　215, 216
투구　11, 15, 99, 112, 130
투르구트 파샤 Turgut Pasha　198~200
투창　76
튀렌 원수 Turenne, Marshal　149, 177, 220
튀른하우트 Turnhout 전투　154, 179
트롬프 제독, 마르턴 판 Tromp, Admiral Maarten van　238, 239, 244, 264, 266~272, 275, 277

파

파르도, 돈 페드로 Pardo, Don Pedro　196
파르마 공작 Parma, duke of　152, 204, 209, 256, 257, 260, 261
파비아 포위전 Pavia, siege of　20, 26
파비아 Pavia 전투　20~27, 77
파인스, 내서니얼 Fiennes, Nathaniel　113
파커 대위, 로버트 Parker, Captain Robert　52, 62
파펜하임 백작, 고트프리트 하인리히 폰 Pappenheim, Gottfried Heinrich Graf von　37~39, 41, 43, 91, 93, 94, 97, 98, 100, 103
80년 전쟁　152, 154, 201, 205~207
페닝턴 경, 존 Penington, Sir John　270
페르디난트 공, 브라운슈바이크의 Ferdinand, Prince of Brunswick　133~136, 140
페르디난트 2세, 신성로마제국 황제　145, 146
페스카라 후작 Pescara, Marchese di　21, 22, 24
펠리페 3세, 에스파냐 국왕　146, 154
펠리페 2세, 에스파냐 국왕　151, 154, 201, 247, 253, 254, 256, 257, 263
포　36, 37, 148

~ 혁신 192, 193, 207, 256, 266
~ 훈련 19
~의 규격화 206, 212, 257, 266, 272, 275
~의 등장 86, 156, 180
네덜란드군의 ~ 154, 207, 222
　해군 ~ 267, 270
덴마크군의 ~ 213
몰타의 ~ 199, 201
못 쓰게 된 ~ 115
박격포 207, 208, 217, 220, 223, 234, 276
베네치아의 ~ 248
베르소스 versos 252
스웨덴군의 ~ 31, 33, 37, 38, 92, 98, 216~218
　해군 ~ 266
에스파냐군의 ~ 18, 150, 206
　해군 ~ 255, 256, 260
영국군의 ~ 104, 105, 110, 115, 223, 230, 231, 234, 235
　해군 ~ 247, 255~258, 265, 266, 275, 281
오스만군의 ~ 164, 196, 198, 199
오스트리아군의 ~ 67
이탈리아군의 ~ 19, 193
중세의 ~ 191, 192
쿠호른 ~ 222, 272, 276
탄약 33, 41, 142, 212, 240, 256
탄약통 33, 37
팔코넷 falconet 252
포가 gun carrige 242, 243, 255, 257, 271
포미 장전식 ~ 240, 252, 266
포위전의 ~ 191~193, 196, 198, 202~203, 206, 207, 210, 211, 213, 217, 218, 228
프랑스군의 ~ 19, 23, 136, 141, 192, 193, 207, 220, 221, 223, 224
　해군 ~ 242, 280

프로이센군의 ~ 67, 187, 188, 220
해군의 ~ 241~243, 248, 255~257, 266, 271, 272, 275, 281
화구 199
황제군의 ~ 22, 41, 91, 96, 103, 168
포도탄 grapeshot 41
포르투갈 51, 264
포메른 Pommern 35
포위전 siege 148, 208~211
　개별 포위전도 보라.
포인트 레비, 퀘벡의 Point Lévis, Quebec 226~229
포콕 제독, 조지 Pocock, Admiral Sir George 231, 235
폴란드 35, 132
~군 기병 81, 85~88, 132, 168, 169
~군 보병 168
빈 포위전 162, 165, 191
안장 137
칼렌베르크 전투 165~169
키르크홀름 전투 86
폴란드 왕위 계승 전쟁 60
폴타바 Poltava 전투 181
퐁파두르 부인 Pompadour, Madame de 185, 188
표트르 대제, 러시아의 차르 171, 172, 181
푸아, 가스통 드 Foix, Gaston de 19
푸아얀 후작 Poyanne, Marquis de 136, 138
프라도, 돈 후안 데 Prado, Don Juan de 234, 235
프라하 전투 183
프랑수아 1세, 프랑스 국왕 20~23, 25, 26, 149
프랑스
~군 기병 23, 52, 58, 117~121, 124~126, 135, 136, 138, 140~143, 181
~군 보병 18, 19, 22~25, 44, 45, 52, 120~125, 138, 175, 226~229

군기 169
군사 개혁 189
라미에 전투 119~129
라벤나 전투 18~19
로스바흐 전투 181, 184~188
루이스버그 포위전 224
머스킷 총병 44, 45, 124, 173
메종 뒤 루아 117, 118, 124~126, 128, 138, 142
민덴 전투 129, 133~136, 138, 140~143
배(전함) 224, 242, 272~281
블레넘 전투 173~178
30년 전쟁 36
에스파냐 왕위 계승 전쟁 50, 170, 220, 222
'영구 평화' (1516년) 13
오우데나르더 전투 52, 54~59
용병 13
윌리엄 헨리 요새 포위전 223
이탈리아 침공 18~19, 149, 161, 192, 193, 195~197
체리뇰라 전투 18, 19, 150
7년 전쟁 65, 189, 223, 276, 278
퀘벡 포위전 223~229
키베롱 만 해전 243, 245, 266, 274, 276~281
파비아 전투 20~27
포 19, 23, 136, 141, 192, 193, 207, 220, 221, 223, 224
　해군 ~ 242, 280
해병 273, 277
프랑켄 Franken 183, 186
프레드리크스텐 Fredriksten 포위전 216~219
프레베차 해협 Preveza, Straits of 243, 247
프로비셔, 마틴 Frobisher, Martin 256, 261
프로이센 174

~군 갑옷(갑주) 112
~군 기병 58, 67, 70, 71, 127, 132, 133, 139, 143, 186~187
~군 보병 60, 64~67, 145
~군 척탄병 61, 72
~군의 포 67, 187, 188, 220
군기 169
로스바흐 전투 183~188
로이텐 전투 9, 65~72, 178, 185, 188
민덴 전투 129
보조를 맞춘 행진 63, 64, 70
안장 137
에스파냐 왕위 계승 전쟁 51, 54, 55, 58
7년 전쟁 60, 189, 276
콜린 전투 182, 183
쿠네르스도르프 전투 135
프라하 전투 183
프룬츠베르크, 게오르크 폰 Frundsberg, Georg von 14, 21, 24
프리드리히 대왕, 프로이센의 60, 61, 64, 73, 127, 276
~의 기병 130, 132, 133, 136, 143
~의 보병 145
군사 독트린 149, 151, 172, 178, 183
로스바흐 전투 182~189
로이텐 전투 9, 65~71, 179, 182~185, 188
콜린 전투 182, 183
쿠네르스도르프 전투 135
프라하 전투 182, 183
프리드리히 1세, 프로이센 국왕 162
플랑드르 52, 56, 154, 158, 256, 261~263, 268
플레시스 원수, 뒤 Plessis, Marshal du 220
플리싱언 Vlissingen 154
피렌체 193
피사 Pisa 195
피스톨

~ 기병 77, 73, 75, 117, 120
바퀴식 ~ 78, 81
부싯돌 발화식 ~ 79, 120
피스톨로 무장한 병사 77, 79, 81, 85, 90
피알리 파샤 Piali Pasha 198
피우스 5세, 교황 245, 247
피츠제임스 공작 Fitzjames, General 136, 138, 142
피콜로미니, 오타비오 Piccolomini, Ottavio 94, 100, 101, 103
필딩 장군 Fielding, General 113
핍스, 새뮤얼 Pepys, Samuel 275

하
하노버 55, 58, 65, 174, 184
~군 기병 143
~군 보병 135, 136, 138, 140, 141
민덴 전투 133~136, 138, 140~143
하를럼 Haarlem 207, 210
하우펜 Haufen 11, 13
하워드 해군성장, 찰스 Howard, Admiral Lord Charles 239, 256, 258, 260, 261, 273, 275
할렌 Hahlen 134, 135
합스부르크 왕가 149
란츠크네히트 13~16, 20~23
변경 전쟁 59
보헤미아 반란 145
빈 포위전 162~170
세력 확대 149
해자 194, 195, 198, 209
해적질 242, 249, 255, 261, 264
헝가리 59, 163, 197
헤센 Hessen 36, 55, 58, 142, 174
헤센의 프리드리히 공 Friedrich, Prince of Hessen 217
헤이설리그 경, 아서 Haselrig, Sir Arthur 101
헨리 7세, 영국 국왕 254
헨리 8세, 영국 국왕 254, 255, 265

헨트 Ghent 52, 56, 208
호엔프리트베르크 Hohenfriedberg 전투 145
호크, 에드워드 Hawke, Edward 239, 276~281
호킨스 경, 리처드 Hawkins, Sir Richard 274
홀슈타인-베크 공 Holstein-Beck, Prince of 175
홀크 장군, 하인리히 Holk, General Heinrich 92, 93, 96
화구 199
화승총 14~18, 72, 76, 81
~ 전술 17, 18, 20
~ 훈련 29
기병의 ~ 77
네덜란드군의 ~ 29, 30
에스파냐군 ~ 18, 151, 157, 159, 248, 250, 252
장창과 탄환도 보라.
후진 사격 체제 countermarch system 33, 46
훈련 61
기병 ~ 87, 93, 99, 103
머스킷 총병 ~ 63
장창병 ~ 13, 29, 31
척탄병 ~ 55
프랑스의 ~ 63, 193
프로이센의 ~ 189
피스톨로 무장한 기병 77
화승총병 ~ 29
흉갑 기병 cuirassier 83, 98, 100, 114, 115, 180
흐라버 Grave 포위전 209

찾아보기 299

지은이

크리스터 외르겐젠 런던대학교 유니버시티칼리지에서 박사 학위를 받았으며 스웨덴사 전문가이다. *Rommel, Scandinavia during World War II* 등 2차 대전에 관해 다양한 책을 썼다.

마이클 F. 패브코빅 마노아의 하와이대학교에서 박사 학위를 받았다. 현재 하와이 퍼시픽대학교의 역사학 부교수와 군사·외교 연구 프로그램의 책임자로 일하고 있다. 고대 군사사에 관한 책을 펴냈으며 출간 예정인 세계 군사사의 공저자이다.

롭 S. 라이스 아메리칸밀리터리대학교의 교수이며 고대 전쟁과 현대 해전에 관해 가르치고 있다. *Oxford Companion to American Military History*(공저)와 *Fighting Techniques of the Ancient World*(공저)를 썼다.

프레데릭 S. 스네이드 노스캐롤라이나 하이포인트대학교의 역사학 교수이다. 퍼듀대학교에서 유럽 군사사를 연구해 박사 학위를 받았다. 유럽의 전쟁에 관한 여러 책을 썼으며 현재 군사사협회의 남부 지부장이다.

크리스 S. 스코트 왕립역사학회와 '배틀필드 가이드 길드'의 회원이며 영국 군사사위원회와 '배틀즈 트러스트'에서 강의해왔다. 여러 권의 군사사 책을 썼고 잡지 『전장Battlefield』을 편집했으며 '배틀필드 가이드 길드'의 창립자 가운데 한 명이다.

옮긴이

최파일 서울대학교에서 언론정보학과 서양사학을 전공했다. 역사책 읽기 모임 '헤로도토스 클럽'에서 활동하고 있으며, 역사 분야를 중심으로 해외의 좋은 책들을 기획, 번역하고 있다. 축구와 셜록 홈스의 열렬한 팬이며, 1차 대전 문학에도 큰 관심을 가지고 있다. 옮긴 책으로 『백년전쟁 1337~1453』, 『바다의 습격』, 『인류의 대항해』, 『시계와 문명』, 『아마존』, 『대포, 범선, 제국』, 『십자가 초승달 동맹』, 『왜 제1차 세계대전은 끝나지 않았는가』, 『마오의 대기근』, 『왜 서양이 지배하는가』, 버트런드 러셀의 『자유와 조직』 등이 있다.

근대 전쟁의 탄생
1500~1763년 유럽의 무기, 전투, 전술

발행일	2011년 12월 1일(초판 1쇄)
	2022년 8월 30일(초판 4쇄)
지은이	크리스터 외르겐젠 외
옮긴이	최파일
펴낸이	이지열
펴낸곳	미지북스
	서울 마포구 서교동 468-3 401호
	우편번호 04003
	전화 070-7533-1848 팩스 02-713-1848
	mizibooks@naver.com
	출판 등록 2008년 2월 13일 제313-2008-000029호
책임 편집	박선미
출력	상지출력센터
인쇄	한영문화사
ISBN	978-89-94142-20-3 03390
값 35,000원	

- 블로그 http://mizibooks.tistory.com
- 트위터 http://twitter.com/mizibooks
- 페이스북 http://facebook.com/pub.mizibooks